*Ciência e Dialética
em Aristóteles*

FUNDAÇÃO EDITORA DA UNESP

Presidente do Conselho Curador
Herman Jacobus Cornelis Voorwald

Diretor-Presidente
José Castilho Marques Neto

Editor-Executivo
Jézio Hernani Bomfim Gutierre

Conselho Editorial Acadêmico
Alberto Tsuyoshi Ikeda
Célia Aparecida Ferreira Tolentino
Eda Maria Góes
Elisabeth Criscuolo Urbinati
Ildeberto Muniz de Almeida
Luiz Gonzaga Marchezan
Nilson Ghirardello
Paulo César Corrêa Borges
Sérgio Vicente Motta
Vicente Pleitez

Editores-Assistentes
Anderson Nobara
Henrique Zanardi
Jorge Pereira Filho

Oswaldo Porchat Pereira

Ciência e Dialética em Aristóteles

Coleção Biblioteca de Filosofia
Direção *Marilena Chauí*
Organização *Floriano Jonas César*

© 2000 Oswaldo Porchat Pereira

Direitos de publicação reservados à:
Fundação Editora da UNESP (FEU)

Praça da Sé, 108
01001-900 – São Paulo – SP
Tel.: (0xx11) 3242-7171
Fax: (0xx11) 3242-7172
www.editoraunesp.com.br
www.livrariaunesp.com.br
feu@editora.unesp.br

Dados Internacionais de Catalogação na Publicação (CIP)
(Câmara Brasileira do Livro, SP, Brasil)

Pereira, Oswaldo Porchat
    Ciência e dialética em Aristóteles / Oswaldo Porchat Pereira
– São Paulo: Editora UNESP, 2001. (Coleção Biblioteca de Filosofia)

    Bibliografia.
    ISBN 85-7139-340-0

    1. Aristóteles 2. Ciência 3. Dialética I. Título

01-0853   CDD-185

Índice para catálogo sistemático:

1. Aristóteles: Obras filosóficas   185

Editora afiliada:

Asociación de Editoriales Universitarias
de América Latina y el Caribe

Associação Brasileira de
Editoras Universitárias

*Apresentação da Coleção
Biblioteca de Filosofia*

No correr dos últimos vinte anos, vimos crescer no Brasil a produção de trabalhos em filosofia, bem como o interesse – de natureza profissional ou não – despertado pela filosofia em um novo público leitor. Do lado universitário, esse crescimento decorreu, sem dúvida, da expansão dos cursos de pós-graduação em filosofia, provocando pesquisas originais e rigorosas nos mais diversos campos filosóficos. No entanto, em sua maior parte esses trabalhos permanecem ignorados ou são de difícil acesso, pois são teses acadêmicas cujos exemplares ficam à disposição apenas nas bibliotecas universitárias, mesmo porque a maioria de seus autores são jovens e não são procurados pelo mercado editorial. Disso resulta que bons trabalhos acabam sendo do conhecimento de poucos. Do lado dos leitores universitários, aumentou a procura desses trabalhos porque constituem um acervo bibliográfico nacional precioso para o prosseguimento das pesquisas acadêmicas. Do lado dos leitores não especialistas, a demanda por textos de filosofia também cresceu, possivelmente ocasionada pelas dificuldades práticas e teóricas do tempo presente, que vive a crise dos projetos de emancipação, da racionalidade moderna e dos valores éticos e políticos, fazendo surgir o interesse renovado pelos frutos da reflexão filosófica.

Biblioteca de Filosofia pretende, na medida do possível, responder tanto à necessidade de dar a conhecer a produção universitária em filosofia como ao interesse dos leitores pelas questões filosóficas. Por isso, as publicações se destinam a divulgar os resultados de pesquisas de jovens estudiosos, mas também trabalhos que, entre os especialistas, são hoje clássicos da filosofia no Brasil e que, escritos como teses, jamais haviam sido editados.

Esta coleção, publicando trabalhos dos mais jovens e dos mais velhos, busca dar visibilidade ao que Antonio Candido (referindo-se à literatura brasileira) chama de um "sistema de obras", capaz de suscitar debate, constituir referência bibliográfica nacional para os pesquisadores e despertar novas questões com que vá alimentando uma tradição filosófica no Brasil, além de ampliar, com outros leitores, o interesse pela filosofia e suas enigmáticas questões. Que, afinal, são as de todos, pois, como escreveu Merleau-Ponty, o filósofo é simplesmente aquele que desperta e fala, e que, para isso, precisa ser um pouco mais e um pouco menos humano.

Marilena Chauí

para Ieda, Patrícia, Ana e Julia

Sumário

Apresentação   *15*

Prefácio   *21*

Introdução   *25*

I O saber científico   *35*

   1 A noção de ciência   *35*
      1.1 A ciência, a causa e o necessário   *35*
      1.2 A ciência e a categoria da relação   *44*
      1.3 A ciência e a alma   *47*
      1.4 Os outros usos do termo "ciência"   *52*

   2 A ciência que se tem   *54*
      2.1 A noção de ciência, a opinião comum e a realidade científica   *54*
      2.2 As coisas celestes e a ciência humana   *57*
      2.3 O paradigma matemático   *59*
      2.4 Aristóteles e a concepção platônica da ciência   *64*

3 Ciência e silogismo demonstrativo *67*
   3.1 A demonstração ou silogismo científico *67*
   3.2 O silogismo e as matemáticas *70*
   3.3 O silogismo científico e o conhecimento do "que" *74*
   3.4 Das condições de possibilidade da demonstração *76*

II O saber anterior *79*

1 As premissas da demonstração *79*
   1.1 Natureza das premissas científicas *79*
   1.2 Justificação de suas notas características *81*
   1.3 O conhecimento dos princípios, outra forma de ciência *81*

2 Ciência e verdade *83*
   2.1 O ser e o verdadeiro, no pensamento e nas coisas *83*
   2.2 A inteligência e as coisas simples *87*
   2.3 A verdade, função da razão humana *88*
   2.4 A ciência, sempre verdadeira *89*

3 O "que" e o porquê *91*
   3.1 As premissas, como causas *91*
   3.2 Silogismos do "que" e silogismos do porquê *93*
   3.3 A *ratio cognoscendi* e a *ratio essendi* *97*
   3.4 As ciências do "que" *98*

4 Do que se conhece mais e antes *100*
   4.1 Anterioridade e conhecimento prévio *100*
   4.2 Maior cognoscibilidade das premissas *101*
   4.3 A aporia do conhecimento absoluto *104*
   4.4 A noção de anterioridade *105*
   4.5 Comparação entre *Metafísica* Δ e *Categorias*, 12 *108*
   4.6 A anterioridade segundo a essência e a natureza *111*
   4.7 O caminho humano do conhecimento: investigação e ciência *117*

5 Os indemonstráveis *125*
   5.1 A noção de princípio *125*
   5.2 A indemonstrabilidade dos princípios *126*

5.3 Um falso dilema:
   regressão ao infinito ou demonstração hipotética   *128*
5.4 A teoria da demonstração circular   *133*

III Do demonstrado ao indemonstrável   *137*

1 O "por si" e o acidente   *138*
   1.1 As múltiplas acepções de "por si" e de acidente   *138*
   1.2 O "por si" e a essência; o *próprio*   *143*
   1.3 O "por si", o acidente e a ciência   *146*
   1.4 O necessário que a ciência não conhece   *148*

2 A "catolicidade" da ciência   *152*
   2.1 O κατὰ παντός   *152*
   2.2 O universal e a ciência   *153*
   2.3 Universalidade e sujeito primeiro   *154*
   2.4 Acepções diferentes de "universal"   *156*
   2.5 Objeções e respostas   *161*
   2.6 Superioridade da demonstração universal   *164*
   2.7 O universal científico e a percepção sensível   *169*

3 A falsa "catolicidade"   *172*
   3.1 Um primeiro erro contra a universalidade   *172*
   3.2 O segundo erro   *173*
   3.3 O terceiro erro   *175*
   3.4 Verdadeira ciência e saber aparente   *177*

4 O *frequente*   *178*
   4.1 Pode haver ciência do *frequente*?   *178*
   4.2 O acidente, o *frequente* e a matéria   *181*
   4.3 Duas acepções de "possível"   *182*
   4.4 A necessidade hipotética   *185*
   4.5 O *frequente* e o devir cíclico   *186*
   4.6 O *frequente*, objeto de ciência   *187*
   4.7 O que "no mais das vezes"
       ocorre e o que "muitas vezes" acontece   *189*

5 Da necessidade, nas premissas da ciência   *192*
   5.1 Ainda o "por si" e o necessário   *192*
   5.2 Prova-se a natureza necessária das premissas   *193*
   5.3 Necessidade ontológica e necessidade do juízo   *195*
   5.4 Sobre a multiplicidade de causas   *196*

6 Da indemonstrabilidade dos princípios   *198*
   6.1 Proposições primeiras e cadeias de atribuições   *198*
   6.2 Do caráter finito das cadeias: primeira prova "lógica"   *200*
   6.3 Segunda prova "lógica"   *203*
   6.4 A prova analítica   *205*
   6.5 A existência dos princípios e a análise da demonstração   *207*
   6.6 Finidade da ciência e finidade do real   *208*

IV A multiplicação do saber   *211*

1 Os gêneros da demonstração   *211*
   1.1 A noção de gênero científico   *211*
   1.2 A "passagem" proibida   *212*
   1.3 A "passagem" permitida, uma contradição aparente   *216*
   1.4 A física matemática e a doutrina da "passagem"   *219*

2 Os princípios próprios   *223*
   2.1 Gêneros e princípios   *223*
   2.2 Teses, hipóteses e definições   *225*
   2.3 As formas de conhecimento prévio   *228*
   2.4 Solução de uma falsa aporia   *230*

3 Os axiomas ou princípios comuns   *234*
   3.1 O terceiro elemento da demonstração   *234*
   3.2 "Comuns" e axiomas, dialética e ciência do ser   *236*
   3.3 Os axiomas e o silogismo demonstrativo   *240*
   3.4 Os axiomas matemáticos,
       a matemática universal e a filosofia primeira   *244*

4 A unidade impossível do saber   *250*
   4.1 Argumentos "lógicos" e argumentos analíticos   *250*

4.2 As categorias do ser e os gêneros científicos   *252*
4.3 Um paralelo com o platonismo   *255*
4.4 A dialética, os "comuns" e a sofística   *259*
4.5 As "questões científicas" e o "a-científico"   *260*
4.6 Novos argumentos dialéticos:
sobre o número de princípios   *263*

5 A divisão das ciências   *269*
5.1 As ciências, as partes da alma e as coisas   *269*
5.2 Ação, produção e contingência   *272*
5.3 Os elementos teóricos das ciências práticas e *poiéticas*   *273*
5.4 O homem, a contingência e os limites da cientificidade   *276*

V Definição e demonstração   *279*

1 Do que se pergunta e sabe   *281*
1.1 Quatro perguntas que se fazem   *281*
1.2 A ambiguidade das expressões aristotélicas   *283*
1.3 Ser em sentido absoluto e ser *algo*   *285*
1.4 A categoria da essência e as essências das categorias   *288*
1.5 Perguntar pelo ser, perguntar sobre a causa   *291*
1.6 Aporias sobre o termo médio   *294*
1.7 O sentido da discussão preambular   *297*

2 Aporias sobre a definição   *300*
2.1 O que se demonstra, o que se define   *300*
2.2 O silogismo da definição   *305*
2.3 Definições nominais e conhecimento da quididade   *310*

3 Demonstração e definições   *313*
3.1 Considerações preliminares   *313*
3.2 O silogismo "lógico" do "o que é"   *316*
3.3 A busca do "o que é" e o silogismo científico   *320*
3.4 A demonstração, caminho para a definição   *325*
3.5 Confirma-se e complementa-se a doutrina   *329*
3.6 As várias espécies de definição   *331*

3.7 Ciência, conhecimento de essências   334
3.8 Termina a exposição sobre a doutrina da ciência   335

VI A apreensão dos princípios   337

1 O problema   337
   1.1 Recapitulação   337
   1.2 Um conhecimento anterior ao dos princípios?   339
   1.3 Sensação, "experiência" e apreensão dos universais   344
   1.4 A indução dos princípios   347
   1.5 Indução ou inteligência dos princípios?   351

2 Os *Tópicos* e a dialética   355
   2.1 A dialética e as "ciências filosóficas"   355
   2.2 Características gerais da arte dialética   359
   2.3 Estrutura e conteúdo dos *Tópicos*   361
   2.4 Os *Tópicos* e a metodologia da definição   369
   2.5 A dialética e a "visão" dos princípios   370

3 A solução   374
   3.1 Um método dialético nos tratados   374
   3.2 A dialética e os *Analíticos*   378
   3.3 Indução e método dialético   384
   3.4 Indução dialética e "visão" dos princípios   387

Conclusão   395

   1.1 A "ciência lógica" e o sistema aristotélico   395
   1.2 A doutrina da ciência e a problemática do critério   400

Referências bibliográficas   411

Apresentação

Depois de ter lido o prefácio que Oswaldo Porchat Pereira escreveu para a primeira edição desta sua obra, terminada há mais de trinta anos mas somente agora publicada, não via qualquer motivo para esta minha apresentação. A parte hagiográfica, vamos dizer assim, já estava ali desenvolvida, contando inclusive como nossa longa e profunda amizade se entrelaçou com a fabricação deste livro. No que respeita a seu conteúdo, obviamente não tenho competência para examiná-lo no seu pormenor, pois, embora leitor assíduo de Aristóteles, não participo do grupo de helenistas capaz de ver novidades numa obra que tem sido lida e repensada por mais de dois mil anos. Sou apenas consumidor de comentários especializados. Mas como não queria estar ausente da festa desta publicação, imaginei que poderia escrever sobre o que este trabalho nos ensinou lá pelos anos 70. Não estaria assim sugerindo uma pista, dentre muitas, para ajudar o leitor na dura tarefa de digerir este livro? Nem mesmo isso se justificaria, entretanto, se o próprio Porchat incluísse em sua apresentação os tópicos vistos por ele como os mais relevantes de seu trabalho, ele mesmo desbastando o caminho do leitor. Fiz-lhe então duas sugestões: 1) que trocasse o nome de prefácio por posfácio, porquanto estava apresentando um texto já pronto; 2) que ele mesmo indicasse as linhas que lhe aparecessem as mais interessantes e mais inovadoras. Porchat me olhou muito concentrado e me respondeu: "Vou considerar muito seriamente esta sua sugestão".

Somente o fato de levá-la em conta já era auspicioso, pois de costume recusa-se a mudar uma vírgula do texto que lhe *aparece* acabado. Lembra-me que Victor Goldschmidt lhe propusera picar o livro em vários artigos que facilmente poderiam então ser publicados em revistas francesas. Obviamente isso nunca aconteceu. Admiro essa capacidade de fechar, característica de suas aulas e de seus escritos, mas às vezes desconfio que nela se escondam resquícios de seu dogmatismo. Costumo brincar dizendo que Porchat, de todos nós, é o mais dogmático, com a única diferença que escreve dogmaticamente para, em seguida, juntar às suas proposições o operador "Aparece que".

Dias depois ele me deu a resposta esperada: "Se os autores escrevem prefácios às edições subsequentes de uma obra já publicada, por que não posso escrever um prefácio a um texto já escrito?". De minha parte, continuo a pensar que um prefácio a uma segunda edição toma o livro sob novo aspecto, inclusive para dizer, quando é o caso, que nada foi mudado. Obviamente, no que respeita ao conteúdo do texto, depois de muitas gentilezas, acabou me confessando que não havia nada a mudar. Fez-me, porém, uma proposta inesperada: "Se você continua querendo lembrar os aspectos relevantes do livro para nossa discussão daqueles anos, posso eu mesmo escrever-lhe um roteiro facilitando sua tarefa. Posso resumir a discussão que tivemos outro dia".

Fiquei encantado com a solução e de imediato imaginei a molecagem de introduzir em meu próprio texto o roteiro do autor. Praticaria uma boa traição. No extraordinário prefácio escrito para o livro de Flávio Josefo, *A guerra dos judeus,* Pierre Vidal-Naquet mostra como esse historiador, embora profundamente judeu, assume aparentemente uma posição pró-romana, pois só assim, acreditava ele, seria possível conciliar os interesses de seu povo diante da invencibilidade, naquele momento, da maquinaria das legiões de Roma. É nesse sentido que falar numa tradição pode ter bom uso, pois em política nem tudo pode estar claro, sobrando contudo aos traidores a responsabilidade de ter ou não acertado quando se metem a pescar em águas turvas. Não seria o caso de imitá-lo? Se inicialmente traio a confiança de Porchat, que, depois do susto, porém, entrou na brincadeira, não é porque ele deve ser o primeiro a indicar os pontos relevantes de uma obra que deixou rolar anos na gaveta? Mas nessa boa traição, antes de tudo o que *aparece* é o próprio Porchat, do qual não poderia fazer melhor retrato se não me ocultasse atrás de um texto, que ele somente daria para uns poucos amigos. Eis o texto e seu autor.

Ciência e dialética em Aristóteles

- Uma análise longa e exaustiva da estrutura e conteúdo dos *Segundos Analíticos*.
- Estudo aprofundado da noção aristotélica de *epistéme*, fazendo-nos remontar a seus elementos e a suas condições de possibilidade. Mostrando como, ao contrário do que por muito tempo se disse, Aristóteles valorizou de modo todo especial o saber matemático, que tomou como paradigma em sua análise da cientificidade. São as matemáticas que revelam a Aristóteles a natureza da *epistéme*.
- Ciência, saber demonstrativo. A natureza dos silogismos da ciência. A natureza das premissas científicas. A noção de princípio e a indemonstrabilidade dos princípios. As noções de "por si" e de "universal", de "frequente" (*hôs epì tò polý*), de necessário".
- A noção de gênero científico e o problema da *metábasis* (passagem de um gênero a outro). A doutrina da *metábasis* e a natureza particular da física matemática. A questão da divisão das ciências.
- Todas essas questões são estudadas nos quatro primeiros capítulos, mostrando-se como se inter-relacionam e mutuamente se explicam. Como compõem uma doutrina coerente da ciência e se concatenam entre si de modo rigoroso. O que há de original nesse estudo não são os tópicos abordados, mas precisamente a reconstrução da estrutura da teoria aristotélica da ciência e sua "lógica"

interna, tal como ela se desenvolve no livro I dos *Segundos Analíticos*. Contra os estudos que preferiram apontar pretensas ambiguidades, aporias e hesitações na doutrina aristotélica da ciência.
- O cap. 5 é uma análise do livro II dessa obra, tem por conteúdo a importante noção de *definição* e sua relação com o saber demonstrativo. Mostra-se como o livro II é complemento indispensável do primeiro, como a teoria da definição, que ele difícil e laboriosamente desenvolve nos seus dez primeiros capítulos, é um estudo aprofundado da temática da essência e da quididade no quadro do conhecimento epistêmico. Aqui, por certo, um segundo ponto original da tese, uma vez que os estudiosos da problemática da ciência aristotélica se tinham antes preocupado com realçar as inegáveis dificuldades do texto, sem lograr refazer os passos "lógicos" de sua estruturação e sem apreender a unidade profunda dos *Segundos Analíticos*.
- O cap. 6, que trata da apreensão dos princípios, e a Conclusão constituem a parte crucial da tese e contêm sua contribuição mais importante para a compreensão da filosofia aristotélica. Estuda-se aqui a relação entre a teoria analítica da ciência e a dialética aristotélica, a que o filósofo consagra seus *Tópicos*, por muito tempo a parte menos estudada do *Órganon*. Sobre o pano de fundo da teoria da ciência exposta nos *Segundos Analíticos*, o seu último e tão discutido capítulo (*Anal. Post. II,19*), iluminado pela comparação com os *Tópicos* e outras passagens sobre a dialética, é objeto de uma nova interpretação.

Mostra-se a complementaridade entre a *Dialética* e a *Analítica*. Como a primeira se constitui como propedêutica à ciência, pratica um método preliminar de argumentação contraditória e crítica, que não se constrói sobre a *verdade*, mas se move no terreno da opinião e laboriosamente prepara o terreno para a apreensão dos princípios das ciências, princípios pelos quais as ciências principiam. Trata-se, na dialética, da etapa ascendente do processo de conhecimento, de natureza indutiva, indo do particular ao universal, do que é mais conhecido para nós e está mais próximo à sensação e à observação ao que delas está mais distanciado, ao que em si mesmo é mais cognoscível. Pela simplicidade de seus objetos, as matemáticas dispensavam a argumentação dialética. Mas, para que algo mais ou menos aproximado à cientificidade matemática se alcance nos outros domínios, o processo de investigação dialética se faz imprescindível, ele é chamado a desempenhar uma função tanto mais importante quanto mais complexo o objeto investigado, quanto maior a distância entre nosso "conhecimento" comum das coisas e a realidade delas em si mesmas, quanto maior o risco de nos enredarmos nas artimanhas do *lógos*.

- O esforço todo da dialética – ela cumpre também a função do que hoje chamamos de "pesquisa científica" – é precisamente o de permitir que a maior cognoscibilidade segundo a natureza e a essência se transforme numa cognoscibilidade *também para nós*, vencendo a "espontaneidade do estado de servidão do espírito humano". A dialética não engendra a intuição dos princípios, ela a torna possível. A intuição deles é o "ponto de inflexão em que se consuma a inversão crucial do processo de conhecimento", quando termina a etapa ascendente, investigativa, prospectiva e heurística e pode, então, ter começo a etapa descendente, demonstrativa e dedutiva, em que a ciência exibe sua estrutura lógica que reproduz a estruturação causal pela qual o real mesmo se articula.
- A elucidação das relações entre teoria do conhecimento científico e a dialética permite que se lance uma luz diferente sobre os tratados vários que compõem o *corpus aristotelicum*. Eles não se apresentam como cadeias silogísticas dedutivas, o que neles Aristóteles habitualmente nos expõe são "os meandros de sua investigação (dialética) em marcha, o lento tatear do trabalho preliminar de pesquisa", os argumentos de vária natureza, mais ou menos conclusivos, por vezes entre si contraditórios, de que lançou mão para estabelecer seus princípios e premissas. Mostra-se então como um grande número de estudiosos e comentadores, porque não compreenderam a complementaridade entre dialética e ciência, se vêem obrigados a

Apresentação

postular oposições desnecessárias entre a teoria da ciência e a prática da ciência em Aristóteles. Aqui também se torna óbvio quão impertinente e errôneo é querer traduzir em linguagem formal (moderna ou mesmo silogística) a sequência dos argumentos aristotélicos nos diferentes tratados: a investigação dialética, mesmo se ela *também* se serve aqui e ali de raciocínios dedutivos, é demasiado complexa e rica, permite-se toda sorte de expedientes, usa livremente de argumentos entre si contraditórios, explora opiniões, avança induções de variada natureza, ela é tudo *menos* uma sequência dedutiva que pode ser "formalizada".

Depois desse roteiro, publicado graças a uma boa traição, só cabe a palavra direta do próprio Porchat.

São Paulo, janeiro de 2001

José Arthur Giannotti

Prefácio

Este livro foi minha tese de doutoramento no Departamento de Filosofia na USP em 1967. Por várias razões não foi possível publicá--la naquela época. Posteriormente, fui adiando a publicação, por falta de tempo e de disposição para uma revisão completa do texto. Felizmente para mim, há alguns poucos anos, meu amigo e ex-aluno Ricardo Terra, então chefe do Departamento de Filosofia, tomou a iniciativa de fazer digitar o texto inteiro e presenteou-me com o disquete respectivo. Isso tornou finalmente possível a revisão. As modificações que fiz se restringiram, no entanto, a algumas pequenas passagens e a detalhes menores. Porque me pareceu que não havia por que alterar os pontos fundamentais de minha análise e interpretação em face da bibliografia mais recente sobre a problemática da ciência e da dialética em Aristóteles, tomei a decisão de manter quase intacta a redação primitiva. E, por falta de ânimo para tanto, nem mesmo procedi à atualização da bibliografia e à indicação de meus acordos ou desacordos com os trabalhos mais recentes. Entendi que tais modificações não trariam nenhum acréscimo substancial. Por isso mesmo, quer parecer-me que se justifica a publicação do livro na sua versão original. Mas cabe aos eventuais leitores, não a mim, o julgamento definitivo sobre a questão.

Marilena Chaui propôs-me gentilmente que o livro aparecesse na excelente coleção *Biblioteca de Filosofia*, que ela dirige. Aceitei com prazer o seu convite e lhe sou muito agradecido. Trinta e três anos depois de ser escrita, minha tese é, finalmente, publicada.

Quero, nesta ocasião, lembrar a memória de meus saudosos mestres Livio Teixeira e Victor Goldschmidt. Fui aluno de Livio Teixeira em 1956, na USP, quando eu completava meu bacharelado em Letras Clássicas. Desde essa ocasião, passei a admirar seu rigor e competência como historiador da filosofia moderna. Suas pesquisas sobre o pensamento de Descartes e Espinosa se tornaram marcos importantes da bibliografia brasileira nessa área. Mas admiráveis também eram sua honestidade intelectual e sua extraordinária modéstia. Embora tenha sido seu aluno somente naquele ano, sua influência foi decisiva para a definição de meu campo de trabalho. Foi Livio Teixeira quem primeiro me incentivou a orientar-me para o estudo da filosofia grega. Apoiou minha decisão de estudar filosofia na França e de trabalhar com Victor Goldschmidt, cuja obra admirava e utilizava em seus cursos sobre Platão. Quando voltei mais tarde ao Brasil, convidou-me para ser seu assistente no Departamento de Filosofia da USP e encarregou-me dos cursos sobre o pensamento antigo. Acompanhou sempre com interesse e carinho meus trabalhos.

A Victor Goldschmidt, com quem estudei em Rennes e Paris durante quatro anos, devo minha formação de historiador da filosofia. Ensinou-me a laboriosa arte da historiografia, a metodologia rigorosa na leitura dos filósofos e de suas obras. Foi ele que me orientou explicitamente para o estudo da relação entre dialética e conhecimento em Aristóteles. Se eu tiver acaso conseguido algum resultado sério e mais significativo nesta minha pesquisa, eu o devo ao método goldschmidteano. Goldschmidt me proporcionou também o exemplo notável da dedicação de um mestre a seus estudantes. Tive a oportunidade de revê-lo posteriormente algumas vezes, por ocasião de outras viagens à França. Uma grande amizade uniu-nos até sua morte prematura.

Quero também lembrar aqui o nome do Prof. George Henri Aubreton. Foi meu professor no curso de Letras Clássicas, incentivou-me muito ao estudo da língua e da literatura grega. Se pude fazer estudos na França, foi porque Aubreton para lá me enviou, tendo conseguido para mim uma bolsa do governo francês. Aceitou de boa vontade que eu mudasse de área e substituísse aos estudos de grego o da filosofia antiga. Continuou sempre a encorajar-me. Guardo também dele uma grata recordação.

O velho mestre Alexandre Correia deu-me livre acesso à sua excelente biblioteca de textos gregos e latinos, na época em que eu preparava meu doutoramento. Durante quase um ano, frequentei diariamente sua casa e pude ter acesso a fontes que não poderia consultar naquele tempo em outro lugar. A importância disso para minha pesquisa foi muito grande. É de toda justiça que eu o lembre aqui.

Meu amigo José Arthur Giannotti desempenhou um papel muito importante em meus estudos. Foi ele que me convenceu a ir primeiro para Rennes e não para Paris, a fim de que eu pudesse estudar com Victor Goldschmidt. Foi ele que me levou à casa do grande historiador, de quem se fizera amigo e a quem me recomendara. Nesse mesmo dia se decidiu meu destino intelectual. Goldschmidt aceitou a sugestão, que Giannotti na hora lhe fez, de tomar-me sob sua orientação. E o mestre persuadiu-me a desistir da pós-graduação em língua e literatura grega e a dedicar-me por inteiro, desde aquele mesmo momento, unicamente à filosofia. Tenho, pois, razões de sobra para ser muito grato a Giannotti. Tenho o privilégio de usufruir até hoje de sua amizade leal e carinhosa, embora ele nunca me tenha perdoado por eu ter mais tarde abandonado a filosofia grega clássica.

A Ricardo Terra, como já indiquei, devo a possibilidade que tive de retomar minha tese para revisão e publicação. E a insistência amiga para que eu o fizesse. Sem sua iniciativa e seu encorajamento, o texto ficaria inédito, pois, em verdade, eu já tinha desistido de publicá-lo. Mais não é preciso dizer.

A digitação do texto, com centenas de palavras e citações em grego, foi uma façanha de Marisa Lopes. Ela a isso consagrou um ano inteiro, por puro amor a Aristóteles. Não sei como agradecer-lhe. Como também não sei como agradecer a Roberto Bolzani, dileto ex-aluno e bom amigo, que supervisionou toda a digitação das palavras gregas e se encarregou incansavelmente de adaptar à nova paginação do livro as dezenas de referências cruzadas contidas nas notas, que remetem a passagens anteriores do próprio texto. Porque revi todas essas referências uma a uma, pude dar-me conta de quão extraordinário foi o seu trabalho, levado a cabo com grande propriedade.

The last, but not the least, quero agradecer a Ieda, minha mulher. A seu continuado apoio, dedicação, amor e carinho eu devo tudo quanto possa ter feito de bom nestes últimos quarenta anos.

São Paulo, 8 de setembro de 2000

Oswaldo Porchat Pereira

Introdução

Tanto já se disse e escreveu sobre a ciência em Aristóteles que poderíamos recear ser acusados de temeridade por termos consagrado todo um longo trabalho a uma temática sobre a qual amplamente dissertam quantas obras se dedicam a uma exposição geral do pensamento aristotélico. E ninguém desconhece que a intensa renovação dos estudos aristotélicos nas últimas décadas, em todo o mundo, tem-nos brindado com obras de inegável valor, nas quais se abordam, com profundidade, problemas direta ou indiretamente relacionados com a doutrina aristotélica da ciência. Porque se poderia, por isso mesmo, estranhar que tenhamos a pretensão de trazer algo de novo sobre a questão e que nela insistamos tão demoradamente, compreender-se-á que julguemos justificada uma sucinta explanação sobre o empreendimento a que nos lançamos.

Nosso intuito inicial era o de redigir uma pesquisa sobre a dialética de Aristóteles, conforme nos sugerira V. Goldschmidt, quando terminamos, em Rennes, nossa licença de filosofia. Mostrara-nos o ilustre historiador como se fazia necessário um estudo aprofundado dos *Tópicos*, revalorizando a dialética aristotélica e redescobrindo a significação que o filósofo lhe conferira e que a tradição historiográfica, com rara exceção, sistematicamente desprezara. Com efeito, coubera a Le Blond, em 1939, com sua bela obra sobre a lógica e o método científico de Aristóteles,[1] despertar a atenção para a importância da dialética dentro da metodologia aristotélica. E, anos mais tarde, E. Weil insistira[2] na urgência com que se impunha a revisão de uma concepção tradicionalmente errônea das relações entre a tópica e a analítica. Aubenque não publicara ainda a sua obra,[3] na qual, estudando o problema aristotélico do ser, ocupar-se-ia longamente em comparar a dialética e a ontologia. Tudo já indicava, porém, que a dialética aristotélica viria a atrair, proximamente, a atenção dos especialistas, conforme se evidenciaria com a realização, em 1963, do terceiro *Symposium Aristotelicum*, dedicado, precipuamente, ao estudo dos *Tópicos*, e com a recente publicação da obra de De Pater.[4] O curso de nossas pesquisas desviou-nos, entretanto, da intenção original; de fato, empreendendo a redação de um primeiro capítulo para a obra que nos propuséramos escrever, nele procuramos examinar a concepção aristotélica da ciência, porque se nos afigurava útil e, mesmo, imprescindível determinar, com exatidão, um conceito ao qual, precisamente, teríamos sempre de contrapor, em expondo a doutrina do filósofo, a noção de dialética. Aconteceu, porém, que esse estudo preliminar adquiriu dimensões bem maiores que as que lhe tínhamos *a priori* fixado. E o surgimento de dificuldades de interpretação concernentes à própria noção de ciência que não tínhamos previsto, a necessidade, em que nos vimos, de resolver questões que se nos afiguraram obscuras, assim como a de recusar soluções que, para elas, se haviam formulado e que nos pareceram insatisfatórias ou francamente inaceitáveis, levaram-nos, finalmente, a querer consubstanciar, neste trabalho, os resultados a que julgamos ter chegado, no que respeita a uma tal problemática,

---

[1] Le Blond, *Logique et méthode chez Aristote*, 1939.
[2] Weil, "La place de la logique dans la pensée aristotélicienne", 1951.
[3] Aubenque, *Le problème de l'être chez Aristote*, 1962.
[4] De Pater, *Les Topiques d'Aristote et la dialectique platonicienne*, 1965.

oferecendo-os agora à crítica construtiva dos especialistas. Seja-nos lícito dizer que a aceitaremos com humildade, por sermos o primeiro a reconhecer nossas falhas e lacunas.

Planejáramos escrever um livro sobre a dialética de Aristóteles, cujo primeiro capítulo versaria sobre a ciência. Acabamos, no entanto, escrevendo um livro sobre a ciência, cujo último capítulo trata, mais particularmente, da dialética. Não se creia, porém, que nos ocupamos, aqui, de toda a doutrina aristotélica da ciência. Ao contrário, muitas são as questões que deixamos propositalmente de lado ou que rapidamente tratamos, como, por exemplo, o importante problema do sistema aristotélico das ciências, que não abordamos senão na exata medida em que isso pode contribuir para melhor esclarecer a noção de ciência, que precipuamente nos importava.[5] Por isso mesmo, concentramos particularmente nossa atenção sobre os *Segundos Analíticos*, cujo objeto se sabe ser a definição e a análise do conhecimento científico. Trata-se de um texto, por certo, difícil, que não entrega seus segredos a uma primeira leitura, o que explicará, talvez, que tenha sido, até hoje, tão mal compreendido. E, entretanto, se se lhe busca desvendar a ordem interna que o estrutura, mediante uma leitura repetida, atenta e rigorosa, descobre-se, em verdade, como cremos tê-lo mostrado, um texto ordenado e coerente, que não vem macular nenhuma contradição interna, cumprindo adequadamente o objetivo que o filósofo lhe traçou e oferecendo-nos uma doutrina unitária do saber científico. Ao contrário de A. Mansion, nele não encontramos os sinais de uma composição atormentada nem a manifestação de hesitações de doutrina;[6] por outro lado, os dois livros que compõem o tratado pareceram-nos harmonizar-se plenamente, sem que pudéssemos descobrir, na doutrina da definição exposta no livro II, mais do que um complemento do estudo da demonstração que o livro I desenvolve, que a este não se contrapõe nem o corrige, como se tem pretendido.[7]

---
5 Cf., adiante, cap.IV, § 5: "A divisão das ciências".
6 Cf. A. Mansion, *Introduction à la physique aristotélicienne*, 1946, p.12-3.
7 Conforme, adiante, detalhadamente veremos, no cap.V.

No artigo já referido,[8] Weil julgava desejável, para uma compreensão correta das relações entre a dialética e a analítica, uma reinterpretação dos *Analíticos*: ficaremos satisfeitos se tivermos podido contribuir para que se cumpra, ao menos em parte, um tal voto.

Mas, se os *Segundos Analíticos* foram o objeto primeiro de nosso esforço de interpretação, ver-se-á que, muito ao invés de a eles nos restringirmos, fomos buscar, na obra inteira do filósofo, os elementos que pudessem vir a confirmar *ou a contradizer* a doutrina que, naquele tratado, encontramos explicitada. O que significa deixar manifesto que, no que respeita à questão controversa da unidade e coerência ou incoerência e contradição da doutrina aristotélica da ciência, não partimos de nenhum pressuposto nem formulamos hipóteses iniciais que devesse verificar nossa pesquisa; moveu-nos, tão somente, a intenção de deixar-nos guiar pelos próprios textos do filósofo, buscando reapreender seu movimento próprio e refazer os caminhos do pensamento que neles se exprimira.

No que se refere às questões de cronologia e datação das obras de Aristóteles, seguindo o exemplo de V. Goldschmidt, em sua obra consagrada ao estudo da estrutura e método dialético nos diálogos de Platão,[9] nós as ignoramos resolutamente, recusando-nos a dissolver, no tempo da gênese, as dificuldades da doutrina. Como afirmou, com razão, Aubenque: "na ausência de critérios externos, um método cronológico fundado sobre a incompatibilidade dos textos e cuja fecundidade se apoia, assim, sobre os insucessos da compreensão, corre, a cada instante, o risco de preferir às razões de compreender os pretextos de não compreender".[10] Não nos pareceu correto, com efeito, diante de contradições aparentes que não buscamos dissimular e de dificuldades de interpretação que não minimizamos, postular, como meio eficaz para saná-las, uma evolução qualquer da doutrina aristotélica, atribuindo--lhe momentos diferentes aos quais faríamos corresponder os textos

---

8 Cf., acima, n.2.
9 Goldschmidt, *Les dialogues de Platon*, 1963², p.X.
10 Cf. Aubenque, *Le problème de l'être...*, 1962, p.12.

que pareciam contradizer-se. Felizmente, aliás, a moda "jaegeriana" de interpretação vem sendo pouco a pouco abandonada, não tendo contribuído pouco para seu insucesso o desacordo generalizado, entre seus seguidores, quanto aos critérios de datação das obras do filósofo e de suas partes, assim como no que concerne aos pretensos resultados que o método genético deveria ter propiciado para a compreensão do pensamento de Aristóteles. Recortados os textos de diferentes maneiras, ao sabor dos caprichos da imaginação dos intérpretes, não mais se conseguiu do que converter toda a obra num imenso mosaico de textos justapostos, que nenhuma meditação filosófica poderia mais vivificar. Assim, A. Mansion descobria, nos *Segundos Analíticos*, "restos de redações de datas diversas, representado o pensamento do autor em fases de elaboração também diversas, e adaptados de maneira por vezes bastante insuficiente ao plano de conjunto no qual ele os fez entrar".[11]

Mas não privilegiamos, também, com açodamento, aquelas "contradições" nem nos apressamos a denunciar incoerências; renunciamos, desse modo, ao que se nos afigurava, antes, um expediente de simplificação e de facilidade. Não quisemos acoimar, sem mais, de inconsequente, o pensador que, a justo título, se orgulhava de ter sido o primeiro a estudar técnica e metodicamente a arte de raciocinar.[12] Tampouco julgamos válido abandonar o plano de análise "lógica" do sistema filosófico, para ir buscar, num plano psicológico, como propõe Le Blond, "na falta da unidade lógica, a unidade viva desse sistema".[13] Antes de apontar as "incongruências" do aristotelismo, em geral, e da concepção aristotélica da ciência, em particular, antes de falar em contradição e em ambiguidades e de para elas forjar explicações imaginosas, quisemos esforçar-nos por reconstituir a ordem das razões e os mecanismos lógicos próprios à obra. Não que buscássemos a coerência a qualquer preço ou que nos tenhamos aventurado, recolhendo elementos tirados de todos os tratados do filósofo, a uma

---

11 Cf. A. Mansion, *Introduction à la physique aristotélicienne*, 1946, p.13.
12 Cf. *Ref. Sof.* 34, 183^{b}16 seg., part. 184^{b}1-3.
13 Cf. Le Blond, *Logique et méthode...*, 1939, p.XX.

síntese coerente, mas artificial, desses dados, tentando "uma conciliação do inconciliável".[14] Um método que se pretenda rigoroso não se alimenta de preconceitos nem sabe o que vai encontrar: descobre. Mas procuramos situar-nos, em relação ao texto, do ponto de vista do seu próprio autor, encontrando em sua mesma obra os elementos que nos permitissem lê-la com a sua leitura, julgá-la a partir de seu mesmo ponto de vista crítico sobre ela, tendo a humildade necessária para levar a sério o que ele levou a sério,[15] sabedores de que se não mede a coerência de um sistema por uma teoria da contradição que se lhe imponha do exterior.

Fiéis ao método que o filósofo preconiza, não nos apressamos a conciliar os textos e somente após insistir em percorrer as aporias é que empreendemos trabalhar de resolvê-las. Entendendo que "as asserções de um sistema não podem ter como causas, ao mesmo tempo próximas e adequadas, senão razões, e razões conhecidas do filósofo e alegadas por ele",[16] tudo fizemos para não separar as teses propostas pelo filósofo do movimento de pensamento que a elas conduziu e do método que presidiu a esse movimento. Mas, assim fazendo, aconteceu-nos ver as aporias pouco a pouco resolver-se e as aparências de contradição explicar-se, dissipando-a. Aconteceu-nos, também, descobrir que muitas dificuldades provinham mais da leitura e interpretação com que a tradição e os autores gravaram os textos que da própria natureza destes, na sua "ingenuidade". Tendo preferido a atitude mais humilde do discípulo que se dispõe pacientemente a compreender antes de formular qualquer juízo crítico, temos a pretensão de ter sido premiados por nossa obstinação em apegar-nos a um método sem preconceitos; com efeito, a doutrina aristotélica da

---

14 Como teme Mansion que aconteça com os que não colocam o problema da cronologia das obras de Aristóteles. Cf. A. Mansion, *Introduction à la physique aristotélicienne*, 1946, p.4-5.
15 Como disse Owens, a propósito do método apropriado para interpretar Aristóteles: "It requires taking seriously what Aristotle himself took seriously". Cf. Owens, *The Doctrine of Being in the Aristotelian "Metaphysics"*, 1951, p.11.
16 Goldschmidt, V., "Temps historique et temps logique dans l'interprétation des systèmes philosophiques", in *Actes du XIème Congrès International de Philosophie*, v.XII, 1953, p.8.

ciência apareceu-nos, finalmente, contra a opinião da imensa maioria dos autores acreditados, perfeitamente *coerente* e provida de *inegável unidade*, rica na sua complexidade e "moderna" na sua problemática e em muitas de suas soluções, dessa "modernidade" que frequentes vezes atribuem aos tempos de hoje os que ignoram a história dos tempos passados. E não tememos, por isso mesmo, dizer o contrário do que se tem dito e aceito, sempre que nos pareceu a isso ser convidados pelos mesmos textos que líamos, como exigência de sua inteligibilidade.

Uma objeção mais séria poderia ser-nos feita: a de termos limitado o nosso estudo aos textos aristotélicos sobre a doutrina da ciência, sem que tenhamos tentado estudar como o filósofo põe em prática essa doutrina, nos seus tratados científicos. Ora, é, por certo, nossa convicção a de que tal estudo se impõe como condição absolutamente imprescindível para que se atinja uma compreensão plena e fecunda dos próprios textos doutrinários. Mas julgamos justificada a nossa empresa por uma tripla razão: primeiramente, porque o próprio filósofo consagrou todo um tratado, razoavelmente ordenado e acabado, à definição e explicitação de sua concepção da ciência, autorizando-nos *ipso facto* a considerá-la, num primeiro momento, em si mesma, como objeto privilegiado de uma parte de sua obra. Em segundo lugar, porque não nos parece possível proceder a um estudo sobre a prática científica, relacionando-a com os textos da teoria, se o mesmo sentido mais imediato destes se nos oculta, sob a facilidade aparente das fórmulas dogmáticas banalizadas pela sua repetição, cuja significação profunda, porém, se busca reviver no emaranhado das controvérsias da interpretação historiográfica. Finalmente, teremos a oportunidade de mostrar, neste trabalho, como a oposição que o filósofo decididamente estabelece entre a ciência e a investigação e pesquisa deverá obrigar-nos a um mínimo de cuidadosas precauções, no estudo dos tratados científicos, para que uma interpretação incorreta do método de exposição não nos venha, precisamente, induzir em erro quanto à concepção aristotélica da cientificidade. De qualquer modo, é evidente que nosso estudo não tem maior pretensão que a de contribuir para esclarecer um aspecto determinado do pensamento aristotélico, ainda que não se lhe possa negar, à noção de ciência, um papel fundamental na economia interna do sistema.

Resta-nos ainda fazer algumas observações de caráter geral. No que respeita ao *plano* de nossa exposição, foi-nos ele imposto pelo próprio desenvolvimento da pesquisa, isto é, pelo nosso esforço de explicitação da mesma doutrina do filósofo, sem que tenhamos recorrido a uma ideia preliminar. A simples leitura deixará manifesto como as questões se vão engendrando espontaneamente, a partir dos textos estudados, de maneira a progressivamente desenhar o esquema em que vêm inserir-se as respostas que exigem e mediante o qual se há de articular, por conseguinte, também o mesmo discurso que as estuda.

Por outro lado, no que concerne à *bibliografia* utilizada, ver-se-á que, se são numerosas as citações e referências aos autores e às obras mais importantes da historiografia aristotélica contemporânea, muitos títulos deixaram de ser mencionados, sobretudo de artigos publicados em revistas especializadas, por ter-nos sido impossível o acesso a tais escritos. De qualquer modo, na medida em que pudemos informar-nos sobre o seu conteúdo, é nossa crença a de que sua leitura não viria afetar os resultados a que chegamos.

Mas ativemo-nos sempre e preferencialmente, como se impunha, ao estudo e análise dos próprios *textos* do filósofo. Para tanto, servimo-nos da recente reedição do *Corpus* empreendida por Gigon[17] e, sobretudo, das edições críticas de Ross[18] e das que se fizeram na *Collection des Universités de France*. E não precisaríamos dizer quanto nos foi útil o excelente *Index Aristotelicus*, de Bonitz.[19]

---

17 *Aristotelis Opera* ex recensione Immanuelis Bekkeri edidit Academia Regia Borussica, editio altera quam curavit Olof Gigon, Berolini apud W. de Gruyter et Socios, MCMLX.
18 Seja na coleção da *Scriptorum Classicorum Bibliotheca Oxoniensis* (*Tópicos, Política* e *Retórica*), seja nas excelentes edições acompanhadas de textos e comentários, igualmente da Clarendon Press de Oxford (*Analíticos, Física, Da Alma, Parva Naturalia* e *Metafísica*). Para todas essas obras, nossas referências remetem a essas edições, salvo indicações em contrário.
19 Bonitz, *Index Aristotelicus*, 1955².

Se consultamos as melhores *traduções* estrangeiras que estavam a nosso dispor – e com as quais nem sempre concordamos, como se verá nas inúmeras notas em que as discutimos –, preferimos, no entanto, sempre que nos foi preciso citar os textos, propor a nossa própria tradução, na ausência de boas traduções em português para a grande maioria das obras de Aristóteles. O que exigiu de nós um não pequeno esforço, dada a inexistência de uma linguagem filosófica técnica em nossa língua. Procuramos dar às nossas traduções o máximo possível de literalidade, temendo a infidelidade ao pensamento do filósofo, vício de que não nos parecem livrar – se muitas das traduções estrangeiras, dentre as mais reputadas, na medida em que se permitem a introdução de noções e significações totalmente estranhas ao universo espiritual da Grécia antiga e do aristotelismo, em particular. Nesse sentido, não nos inibiu o temor de inovar e decididamente inovamos, quando nos pareceu poder, assim, salvaguardar melhor o sentido originário do texto grego. No que se refere às citações de autores estrangeiros, adotamos a norma de traduzi-los, sempre que os citávamos no corpo de nosso texto, e de manter a língua original, ao citá-los nas notas. E somente nestas, também, seus nomes compareceram.

Receamos que se nos censure o elevado número de *notas*, frequentes e extensas. Mas não cremos pudéssemos proceder de outra maneira e confessamos ter dado às nossas notas importância não menor que ao próprio texto. São elas de vária natureza, contendo desde as inevitáveis citações e referências, questões filológicas e pequenas explicações complementares, até longas explanações e discussões polêmicas, em que se expõe o detalhe das argumentações que justificam certas posições que assumimos e cuja presença, no corpo do texto, poderia tornar enfadonha e pesada a sua leitura. Defeitos, aliás, que nem sempre teremos conseguido evitar.

I
O saber científico

1 A noção de ciência

1.1 A ciência, a causa e o necessário

"Julgamos conhecer cientificamente (ἐπίστασθαι) cada coisa, de modo absoluto e não, à maneira sofística, por acidente, quando julgamos conhecer a causa pela qual a coisa é, que ela é a sua causa e que não pode essa coisa ser de outra maneira (μὴ ἐνδέχεσθαι ἄλλως ἔχειν)".[1] Tal é a noção famosa de conhecimento científico que os *Segundos Analíticos* formulam, quase em seu mesmo início,[2] e a cuja elucidação e explicitação pode, de certo modo, dizer-se que a totalidade do tratado se consagra. Noção que comentadores e autores incansavelmente citaram, repetiram e discutiram através dos séculos, tentando, com maior ou menor sucesso, compreendê-la e explicá-la em todo seu alcance e

---
1 *Seg. Anal.* I, 2, 71ᵇ9-12.
2 Precede-a, com efeito, apenas um capítulo introdutório, que, como logo veremos, trata da existência de conhecimentos prévios a todo e qualquer aprendizado ou ensinamento dianoético.

significado. Por ela entendemos, então, que, em sentido absoluto, só há conhecimento científico de uma coisa quando a conhecemos através do nexo que a une a sua causa, ao mesmo tempo que apreendemos sua impossibilidade de ser de outra maneira, isto é, sua necessidade. Com efeito, "uma vez que é impossível ser de outra maneira aquilo de que há ciência, em sentido absoluto, será necessário o que é conhecido segundo a ciência demonstrativa".[3]

Causalidade e necessidade, eis aí, por conseguinte, os dois traços fundamentais que caracterizam a ciência, tal como os *Segundos Analíticos* a concebem. Porque, se não se dá a presença conjunta de ambos, que é o que permite qualificar um conhecimento como científico,[4] será apenas acidental, diz-nos o nosso texto, a pretensa ciência que se tiver proposto, acidental à maneira sofística; não que a ausência do conhecimento da causa ou o caráter não necessário do objeto tornem sofístico o conhecimento que dele se proponha: o procedimento que se denuncia como sofístico seria, tão somente, a pretensão de ser ou de fazer-se passar por ciência, por parte de conhecimento que não possua aquelas qualidades que a definem.[5]

Entretanto, é preciso, desde já, acrescentar que não se estudam nos *Segundos Analíticos* as noções de causa ou de necessidade. No que concerne à primeira delas, somente a *Física* e a *Metafísica* nos oferecerão uma doutrina da causalidade;[6] vários textos, entretanto, nos próprios

---

[3] Seg. Anal. I, 4, 73ª21-23. Cf., também, 33, 88ᵇ31-2: "... a ciência é universal e procede por conexões necessárias, e o necessário não pode ser de outra maneira".

[4] Não tendo razão, portanto, Le Blond, ao fazer da verdade a característica primeira e mais geral do saber científico, em Aristóteles (cf. Le Blond, *Logique et méthode*..., 1939, p.57). Se a ciência aristotélica é, como veremos, sempre verdadeira, ocorre, entretanto, que, pelo mesmo fato de partilhar da verdade com outras disposições cognitivas da alma humana, não pode definir-se nem caracterizar-se primordialmente por ela.

[5] A sofística, de fato, não é senão um saber aparente (cf. *Ref. Sof.* 1, 165ª21), cujos argumentos se constroem, sobretudo, em torno do acidente (cf. *Met.* E, 2, 1026ᵇ15 seg.), isto é, do não necessário nem frequente (cf. ibidem, 27-33). É, antes de tudo, aliás, pela intenção (προαί ρεσις), pelo não buscar o saber real, mas apenas a aparência de conhecer, que difere o sofista do filósofo (cf. *Met.* Γ, 2, 1004ᵇ22 seg.).

[6] Os dois textos fundamentais de Aristóteles sobre a causalidade são o livro II da *Física* e o livro Α da *Metafísica*, a que se acrescentarão as importantes indicações do cap. 1 do livro I do tratado *Das partes dos animais*.

Analíticos ou em outras obras do filósofo, vêm sempre confirmar-nos aquela identificação do verdadeiro conhecimento científico com a apreensão da determinação causal.[7] A ausência de uma fundamentação física ou metafísica da noção de causa utilizada pelos *Segundos Analíticos* não nos estorvará, entretanto, como poderemos observar em acompanhando a marcha do tratado, a compreensão formal de como a ciência aristotélica se constitui em conhecimento da causalidade, independentemente da significação última que o filósofo lhe atribua. E, à medida que o tratado progride e que a definição de ciência se aprofunda, muito se explicita, aqui e ali, como veremos, sobre aquela noção, conforme o impõem as circunstâncias e as necessidades do momento. Lembrar-se-nos-á, por exemplo, que há sempre uma causa, que é idêntica à própria coisa que se investiga ou é distinta dela, e que é o mesmo conhecer o que é uma coisa e conhecer a causa de ela ser;[8] esclarecer-se-nos-á que, se há várias maneiras de nos interrogarmos sobre as coisas (sobre o fato de que é, sobre o porquê, sobre se a coisa é, sobre o que é ela),[9] a verdade é que, em todas as pesquisas ou indagações que fazemos, o que sempre buscamos é se há um termo médio (μέσον) ou causa, ou, então, qual é ele: "pois a causa é o termo médio e, em todas as pesquisas, é o que se investiga".[10] Sabemos, por outro lado, pela doutrina do livro II da *Física*,[11] que a *Metafísica* relembra e retoma,[12] que "as causas se dizem em quatro sentidos", como matéria,

---

7 Cf. *Seg. Anal.* II, 11, 94ª20; I, 13, 78ª25-6; *Fís.* I, 1, com., 184ª10 seg.; *Met.* E, 1, 1025ᵇ6-7; K, 7, 1063ᵇ36-7; A, 1, 981ª24 seg. Se não fazem esses textos menção expressa da necessidade, mas tão somente da causalidade, na caracterização do conhecimento científico, é que as duas problemáticas são, de fato, inseparáveis. Assim, em *Fís.* II, 9, esclarece-se o problema da necessidade nos objetos físicos, em relação com os problemas próprios à causalidade física.

8 Cf. *Seg. Anal.* II, 8, 93ª4-6. Atente-se, porém, em que a universalidade da determinação causal, que esta passagem põe em relevo, não implica, no aristotelismo, como poderia parecer, um determinismo absoluto, nem confere inteligibilidade plena a todo ser, isso graças à concepção aristotélica de acidente e do acaso (cf. *Met.* E, cap. 2-3, e *Fís.* II, cap. 4-6).

9 Cf. *Seg. Anal.* II, 1, com., 89ᵇ23 seg.

10 *Seg. Anal.* II, 2, 90ª6-7.

11 Cf. *Fís.* II, 3, 194ᵇ23 seg.

12 Cf. *Met.* A, 3, 983ª26 seg.; cf., também, *Seg. Anal.* II, 11, 94ª21-3.

como quididade, como princípio do movimento e como fim; é natural, então, que nos ocorra perguntar a qual ou quais desses sentidos respeita a causalidade científica. Os *Segundos Analíticos* ignorarão a pergunta até um de seus últimos (e mais difíceis) capítulos, para finalmente responderem que é por todas aquelas espécies de causas que provamos nossas conclusões.[13] Mas é certo que não abordam o fundo do problema e tal omissão se justifica, na mesma medida em que a complexa questão das significações múltiplas da causa ultrapassa, de muito, o domínio da teoria estrita da ciência, a que se atém o tratado.

Também a necessidade de que o objeto científico, em Aristóteles, se reveste, apenas será elucidada, nos *Analíticos*, de modo suficientemente aprofundado e adequado ao reconhecimento de sua presença e função na constituição de um conhecimento que mereça o nome de científico, sem que, entretanto, se perscrutem todas as suas implicações e sem que se abordem sua significação última e sua problemática física e metafísica. Porque a necessidade do objeto científico, negativamente determinada como um μὴ ἐνδέχεσθαι ἄλλως ἔχειν é, por certo, uma necessidade de ordem ontológica: nenhuma dúvida pode subsistir a esse respeito, em face do importante texto epistemológico em que a *Ética Nicomaqueia* explicitamente retoma a noção que os *Segundos Analíticos* propõem de ciência e melhor a esclarece: "Com efeito, todos entendemos que o que conhecemos cientificamente não pode ser de outra maneira ... O cientificamente conhecível, portanto, necessariamente é".[14] Donde a característica de eternidade, que se não dissocia da necessidade ontológica: "É eterno, portanto, pois as coisas que são necessariamente, em sentido absoluto, são, todas, eternas; ora, as coisas eternas são não geradas e imperecíveis".[15] Porque não pode ser de outra maneira, o necessário, então, é sempre e, porque

---

13 Cf. *Seg. Anal.* II, 11, 94ª24-5 e todo o capítulo. A *Física* repete explicitamente tal doutrina (cf. II, 7, 198ª22 seg.), a propósito do conhecimento físico.
14 *Ét. Nic.* VI, 3, 1139ᵇ19-23. Nunca é demais salientar a extraordinária importância do livro VI da *Ética* para o conhecimento da epistemologia aristotélica.
15 Ibidem, l. 23-4. Reconhecendo, embora, o aspecto insólito da expressão, preferimos traduzir ἀγένητον por *não gerado*, ao invés de servir-nos de uma perífrase.

sempre é, nem vem a ser nem parece. E não é outra a constante doutrina das obras que o filósofo consagrou à ciência das coisas físicas. Não nos diz, com efeito, o tratado da *Geração e do Perecimento* que "o que necessariamente é, também, ao mesmo tempo, sempre é, pois não é possível que não seja o que tem necessariamente de ser, de modo que, se é necessariamente, é eterno e, se é eterno, é necessariamente"?[16] Do mesmo modo, o tratado do *Céu* empenha-se longamente em provar que "tudo que sempre é é absolutamente imperecível. De modo semelhante, é não gerado",[17] para mostrar que "nem se gerou o Céu inteiro nem lhe é possível perecer, como alguns dele dizem, mas é um e eterno, não tendo princípio e fim de sua duração toda, mas contendo e compreendendo em si o tempo infinito".[18]

Não era preciso, entretanto, recorrer aos outros escritos de Aristóteles: são os mesmos *Segundos Analíticos* que assim interpretam, isto é, como uma necessidade ontológica, aquela necessidade própria ao objeto da ciência por que esta, como vimos, neles se define. Pois, mostrando o caráter eterno das conclusões que a ciência estabelece, ainda acrescentam: "Não há, portanto, demonstração nem ciência, em sentido absoluto, das coisas perecíveis".[19] E mostram, igualmente, que, das coisas perecíveis, também não há definição.[20] Aliás, dizer que o objeto da ciência é o μὴ ἐνδεχόμενον, o que não pode ser de outra maneira, assim determinando-o negativamente, em vez de dizer simplesmente que é o eterno, o que sempre é, em inalterável identidade consigo mesmo, é opô-lo a uma outra esfera do real, que se exclui *ipso facto* da ciência, ou seja, àquelas coisas todas que, verdadeiras embora e reais (ὄντα), são contingentes, isto é, podem, precisamente, ser de ou-

---

16 *Ger. e Per.* II, 11, 337^{b}35-338^{b}2.
17 *Céu*, I, 12, 281^b 25-6. Após ter definido, em I, 11, os termos "gerado" e "não gerado", "perecível" e "não perecível", o tratado do *Céu* demonstra, no capítulo seguinte, utilizando aquelas definições, a eternidade do Céu.
18 *Céu*, II, 1, com., 283^{b}26-9.
19 *Seg. Anal.* I, 8, 75^{b}24-25; v. todo o capítulo. Não é, entretanto, diretamente a partir da noção de necessidade que Aristóteles demonstra, aqui, a eternidade do objeto científico, mas a partir de sua universalidade, que adiante estudaremos.
20 Cf., ibidem, l. 30 seg.

tra maneira, ἐνδεχόμενα ἄλλως ἔχειν.²¹ E é evidente que não pode haver ciência a respeito dessas coisas, insistem os *Analíticos*: pois seria fazê--las incapazes de ser de outra maneira, quando elas podem ser de outra maneira.²² Torna-se-nos, pois, fácil compreender como pode a *Metafísica* declarar que não pode haver definição nem demonstração (não pode haver, portanto, ciência) das essências ou substâncias (οὐσίαι) sensíveis individuais,²³ "porque têm matéria, cuja natureza é tal que ela pode tanto ser como não ser; eis por que são perecíveis suas determinações individuais".²⁴

Parece, então, consumar-se a ruptura entre duas diferentes esferas do real, a da contingência e a da eternidade necessária, cuja oposição o filósofo frequentemente nos relembra: "uns dentre os seres, com efeito, são divinos e eternos, outros podem tanto ser como não ser (ἐνδεχόμενα καὶ ε ναι καὶ μὴ ε ναι)";²⁵ e, explicitando a relação entre a matéria e a contingência: "Como matéria, então, é causa para os seres que se geram o que é capaz de ser e de não ser; umas coisas, com efeito, necessariamente são, como as eternas, outras necessariamente não são ... . Mas algumas são capazes de ser e de não ser, o que, precisamente, é o que se pode gerar e perecer; pois isso ora é, ora não é. Donde, necessariamente, haver geração e perecimento para o que pode ser e não ser".²⁶

---

21 Cf. *Seg. Anal.* I, 33, 88ᵇ32-3. Sobre as várias acepções de ἐνδεχόμενον em Aristóteles, cf. *Prim. Anal.* I, 13 e consultem-se as preciosas referências de Bonitz (*Index*, p. 239ª30 seg.).
22 Cf. *Seg. Anal.* I, 33, 88ᵇ33-5.
23 Aceitamos integralmente as razões de Aubenque para preferir o termo *essência* a *substância*, na tradução de οὐσίαι: "Nous éviterons ce dernier vocable [subent.: substance] pour deux raisons: 1) *Historiquement*, le latin *substantia* est la transcription du grec ὑπόστασις et n'a été utilisé que tardivement et incorrectement pour traduire οὐσία (Cicéron emploie encore en ce sens *essentia*); 2) *Philosophiquement*, l'idée que suggère l'étymologie de substance convient seulement à ce qu'Aristote déclare n'être qu'un des sens du mot οὐσία, celui où ce mot désigne, sur le plan 'linguistique', le sujet de l'attribution et, sur le plan physique, le substrat du changement, mais non à celui où οὐσία désigne 'la forme et la configuration de chaque être' (Δ, 8, 1017ᵇ23)" (Aubenque, *Le problème de l'être...*, 1962, p.136, n.2).
24 *Met.* Z, 15, 1039ᵇ29-31.
25 *Ger. Anim.* II, 1, 731ᵇ24-5.
26 *Ger. e Per.* II, 9, 335ª32-ᵇ5. Mas recorde-se que Aristóteles concebe, para os seres eternos que se movem, uma matéria tópica (τοπική), matéria, não para a geração e o perecimento, mas tão somente para a translação de um lugar a outro, cf. *Met.* H, 1, 1042ᵇ5-6; 4, 1044ᵇ7-8; Λ, 2, 1069ᵇ24-6.

Mas que razões impedem o não necessário de ser cientificamente conhecido? É que as coisas contingentes, responde-nos Aristóteles, as que podem ser de outra maneira, uma vez fora de nosso campo de percepção, oculta-se-nos, também, se ainda são ou não.[27] Pois a permanente possibilidade de perecimento das coisas perecíveis faz que, quando se subtraem à nossa percepção atual, se convertam, para os que dela teriam ciência, em objetos despidos de qualquer evidência, porque não mais se sabe se algo de real ainda corresponde aos discursos que na alma se preservam.[28] Ora, "não pode ... a ciência ora ser ciência, ora ignorância".[29] Mas, pelo contrário, tal é, precisamente, o caráter da *opinião* (δόξα), à qual cabe conhecer o contingente,[30] cuja mutabilidade acarreta que venham a ser ora verdadeiros, ora falsos, a mesma opinião e o mesmo raciocínio que lhe concernem; precariedade esta que, por certo, não acompanha quantos juízos, porque concernem ao que não pode ser de outra maneira, por isso mesmo são eternamente verdadeiros ou falsos.[31] E, se também os *Segundos Analíticos* opõem à ciência a opinião, em salientando o seu caráter infirme (ἀβέβαιος),[32] também eles a fazem tal em consequência da natureza do objeto que, embora verdadeiro e real, pode, entretanto, ser de outra maneira.[33] Distinção que o próprio sentir comum sem dificuldade confirma, pois "ninguém julga opinar (δοξάζειν), mas ter ciência, quando julga impossível ser de outra maneira; mas, quando julga que a coisa é assim, sem que nada, entretanto, impeça que, também, de outro modo seja, julga então opinar, estimando que a um objeto tal respeita a opinião, ao necessário, a ciência".[34] É certo que a *Ética Nicomaqueia* pareceria, à primeira vista, contradizer uma tal doutrina, ao dizer-nos que a opinião,

---

27 Cf. *Ét. Nic.* VI, 3, 1139^{b}21-2.
28 Cf. *Met.* Z, 15, 1040^{a}2-4.
29 Ibidem, 1039^{b}32-3.
30 Cf. ibidem, 1039^{b}33-1040^{a}1; *Ét. Nic.* V, 5, 1140^{b}27 etc.
31 Cf. *Met.* Θ, 10, 1051^{b}13-7.
32 Cf. *Seg. Anal.*, I, 33, 89^{a}5-6.
33 Cf. ibidem, 88^{b}32 seg.
34 Ibidem, 89^{a}6-10.

que se divide segundo o falso e o verdadeiro "parece dizer respeito a todas as coisas e não menos às eternas e às impossíveis que às que de nós dependem".[35] Mas os *Segundos Analíticos* esclarecem plenamente a aparente dificuldade: é que se podem apreender objetos que, em si mesmos, são necessários e se podem conhecer eles como verdadeiros, seja apreendendo-os em sua mesma necessidade – deles, então, haverá ciência – seja, sem que como necessários se apreendam – e haverá deles, tão somente, opinião.[36] Não há problema, pois, em pôr-se que é possível opinar sobre tudo que se sabe,[37] se se tem bem presente ao pensamento que não podem ser totalmente idênticos os objetos da opinião e da ciência, ainda que possam dizer-se os mesmos num sentido semelhante ao em que assim se dizem os objetos da opinião falsa e da opinião verdadeira, quando, dizendo respeito ambas a uma mesma coisa, não se confundem eles, entretanto, quanto à sua quididade, que o discurso exprime.[38] Poderá haver, então, de uma mesma coisa, em homens diferentes, ciência num, opinião noutro; mas é absolutamente impossível que se deem ambas simultaneamente num mesmo homem, já que este teria de apreender, ao mesmo tempo, a mesma coisa, como incapaz e como capaz de ser de outra maneira.[39]

Não se esquecerá de que o não contingente não é a única significação do necessário no vocabulário filosófico de Aristóteles. De fato, o livro Δ da *Metafísica*, ao estudar o verbete "necessário",[40] mostra-nos que a necessidade ora diz respeito às condições sem as quais um bem não se realiza (necessidade, por exemplo, da respiração para a vida),[41]

---

35 *Ét. Nic.* III, 4, 1111^{b}31-3.
36 Cf. *Seg. Anal.*, I, 33, 89^{a}16 seg.
37 Cf. ibidem, l. 12-3.
38 Cf. ibidem, l. 23 seg.
39 Cf. ibidem, l. 38 seg.
40 Cf. *Met.* Δ, 5. Os três sentidos básicos do termo, aí indicados, são retomados em Λ, 7, 1072^{b}11-3. Aceitamos totalmente a interpretação proposta por Ross, em seu comentário a Δ, 5, não tendo razão Le Blond, ao distinguir, nesse capítulo, cinco diferentes sentidos de "necessário" (cf. Le Blond, *Logique et méthode...*, 1939, p.84 e n.4).
41 Cf. *Met.* Δ, 5, com., 1015^{a}20-6. É a necessidade que a *Física* chama de hipotética (ἐξ ὑποθέσεως), necessidade representada pela causa material dos seres naturais, sem a qual não se dá a forma, cf. *Fís.* II, 9 (todo o capítulo); cf., também, *Part. Anim.* I, 1, 639^{b}24-5; 642^{a}1 seg.

ora ao que é compulsório e à compulsão (por exemplo, o que põe obstáculo e estorva o impulso natural e a intenção deliberada),[42] ora ao μὴ ἐνδεχόμενον ἄλλως ἔχειν, ao que não pode ser de outra maneira.[43] Mas esta é a noção de necessidade, observa o filósofo, da qual, de algum modo, derivam as duas primeiras:[44] uma coisa faz ou sofre o necessário, enquanto compulsório, quando não lhe é possível (μὴ ἐνδέχεται) agir segundo o impulso próprio, isto é, quando não pode agir diferentemente do que age, em virtude da atuação do agente que a compele; e quando vida ou bem, também, não são possíveis sem certas condições (συναίτια), estas dir-se-ão necessárias e tal causa, uma forma de necessidade. Ora, é diretamente ao terceiro e principal sentido, ao que não pode ser de outra maneira, que esse texto da *Metafísica* explicitamente refere a necessidade da demonstração científica.[45] E mostra o filósofo como se dividem as coisas quanto à causa de sua necessidade: certas coisas, com efeito, devem sua necessidade a uma causa outra que não elas próprias, enquanto outras há que, não possuindo uma causa tal, são, ao contrário, elas próprias, a causa da necessidade de outras coisas.[46] E conclui que o necessário, em seu sentido primeiro e fundamental (κυρίως), é o simples (τό ἁπλοῦν), ao qual não é, com efeito, possível ser de muitas maneiras nem, portanto, sofrer mutação alguma; se há seres eternos e imóveis, tal há de ser, então, a sua natureza.[47] E não nos mostra, com efeito, a análise do devir levada a cabo pelo livro I da *Física* ser evidente que "tudo que devém é sempre composto (συνθετόν)"?[48] Eis, assim, o absolutamente necessário, o que não é contingente, bem definido, agora, em sua mesma positividade. Eis também, esclarecida a natureza do objeto a que a ciência, em última análise, se refere.

---

42 Cf. *Met.* Δ, 5, 1015ª26-33.
43 Cf. ibidem, l. 33 seg.
44 Cf. ibidem, 1015ª35-b6.
45 Cf. ibidem, 1015b6 seg.
46 Cf. ibidem, l. 9-11.
47 Cf. ibidem, 1015b11-5.
48 *Fís.* I, 7, 190b11.

1.2 A ciência e a categoria da relação

Vimos, assim, de modo adequado a nosso estudo, como a doutrina aristotélica da ciência a define, nos *Segundos Analíticos* e na *Ética Nicomaqueia* sobretudo, como o conhecimento de um objeto que ontologicamente se descreve como necessário: a ciência é *do ser*, e do ser necessário, eterno. Não nos estranhará, pois, que Aristóteles coloque a ciência entre os relativos (πρός τι), isto é, que a diga pertencente à categoria da relação.[49] Pois se dizem relativas, com efeito, "aquelas coisas que, aquilo, precisamente, que são, se dizem ser de outras coisas ou, de algum modo, em relação a outra coisa (πρὸς ἕτερον)".[50] Assim, o ser do relativo se não dissocia de sua relação a algo de outro, o qual será, por isso mesmo, um elemento necessário na definição daquele.[51] Doutrina que, aplicada à ciência, significa, como as *Categorias* expressamente o dizem, que "a ciência diz-se ciência do cientificamente conhecível",[52] que "a ciência diz-se aquilo mesmo, precisamente, que é, do cientificamente conhecível".[53] E que o ser da ciência implica, como elemento indispensável que integra sua mesma definição e essência, a referência ao ἐπιστητόν, ao cientificamente conhecível: nem foi outra coisa o que, desde a definição inicial de ciência proposta nos *Segundos Analíticos*, que vimos comentando, estivemos a mostrar.

Um esclarecimento, contudo, impõe-se: com efeito, dentre as propriedades que os caracterizam, distinguem-se, também, os relativos pela reciprocidade de sua relação aos seus correlativos (também estes dizem-se relativos àqueles: o dobro é relativo à metade e a metade, ao dobro, o dobro é dobro da metade e a metade, metade do dobro)[54] e

---

49 Cf. *Tóp.* IV, 4, 124ᵇ19; VI, 6, 145ᵃ13-8; *Met.* Δ, 15, 1021ᵇ6 etc.
50 *Cat.* 7, 6ᵃ36-7. O capítulo 7 das *Categorias* é inteiramente dedicado, como se sabe, à categoria da relação. Cf., também, *Met.* Δ, 15.
51 Cf. *Tóp.* VI, 4, 142ᵃ28-31.
52 *Cat.* 7, 6ᵇ34. Do mesmo modo, dir-se-á o cientificamente conhecível cientificamente conhecível para a ciência (cf. ibidem, l. 34-5).
53 *Cat.* 10, 11ᵇ28-9.
54 Cf. *Cat.* 7, 6ᵇ28 seg.

pela sua simultaneidade com seus correlativos, que daquela primeira propriedade decorre (porque há uma mútua correlação e o ser dos relativos não se dissocia da relação, a inexistência ou supressão de um dos termos da relação implica a inexistência ou a supressão do outro: não havendo dobro, não há metade e vice-versa[55]). Ora, conquanto seja um relativo, não possui tais propriedades a ciência, não caracterizando-se, de fato, pela reciprocidade e pela simultaneidade as relações entre a ciência e o cientificamente conhecível, ou entre o pensamento e o pensável, entre a medida e o mensurável: "o mensurável, e cientificamente conhecível e o pensável dizem-se relativos pelo fato de uma outra coisa dizer-se em relação a eles; de fato, o pensável significa que dele há pensamento, mas não é o pensamento relativo àquilo de que é pensamento (pois se teria dito duas vezes a mesma coisa); de modo semelhante, também a vista é vista de algo, não daquilo de que é vista (ainda que seja, por certo, verdade dizer isto), mas é relativa à cor ou a alguma outra coisa dessa natureza".[56] À primeira vista, confuso e, mesmo, contraditório, esse texto da *Metafísica* merece um exame mais atento. Indica-nos ele, em primeiro lugar, que a relação existente entre a ciência e seu objeto (o mesmo é válido dizer do pensamento, da percepção etc., mas é o caso particular da ciência que, aqui, nos interessa), se ela é constitutiva da ciência, não o é do cientificamente conhecido. É-o da ciência: com efeito, se, de um modo geral, o ser do relativo consiste no "estar numa certa relação com alguma coisa",[57] é certo que é plenamente essa a natureza da ciência, que *é* e se define pelo objeto necessário que conhece. Mas, enquanto, para os relativos, em geral, ocorre que a relação que os determina é simultaneamente constitutiva de ambos os seus termos, cujo ser por ela própria se delimita e estabelece, quer o filósofo frisar que o mesmo não ocorre com as formas várias de conhecimento, entre as quais a ciência. Aqui, a relação é unilateral, de um certo modo, na medida em

---

55 Cf. *Cat.* 7, 7^{b}15 seg.
56 Cf. *Met.* Δ, 15, 1021^{a}29-^{b}2.
57 *Tóp.* VI, 4, 142^{a}29.

que o objeto conhecido se põe como independente da mesma relação de conhecimento, de que é termo; *sendo*, então, de um ser que lhe não é conferido por uma ciência eventual que lhe diga respeito, é-lhe acidental, ao cientificamente conhecível, ser conhecido pela ciência. Não se definindo por ela, o objeto da ciência não se lhe dirá, portanto, relativo; ou melhor, se assim se diz, é apenas para significar-se que a ciência lhe é relativa, sem que com isso se exprima a sua natureza dele.[58] Mas, por isso mesmo, não se determinará a ciência, dizendo-a relativa ao cientificamente conhecível, isto é, não se definirá ela pela sua relação ao conhecível *como tal*; com efeito, raciocina Aristóteles, se o ἐπιστητόν indica que dele há ciência, definir a ciência por sua relação a ele, enquanto tal, seria incorrer na tautologia de dizê-la relativa àquilo de que há ciência. Por certo, nenhuma inverdade se profere, se assim se fala, mas porque a natureza própria do objeto se escamoteia, é a mesma natureza da ciência que se obscurece. E, sobretudo, assim exprimir-se é indevidamente tomar como reciprocáveis e simultâneos, à semelhança dos relativos em geral, a ciência e seu objeto. Disséramos, acima, que a definição de ciência teria necessariamente de incluir a relação ao ἐπιστητόν;[59] compreende-se, agora, que não é a menção abstrata de que há um cientificamente conhecível que nela deve figurar mas, sim, sua caracterização adequada, isto é, a sua explicação como ο μὴ ἐνδεχόμενον, o que não pode ser de outra maneira.

    Manifesta-se-nos, então, que o que nos traz diante dos olhos a linguagem difícil e insólita da categoria aristotélica da relação nada menos é que o problema magno do primado da coisa conhecida, por que um realismo epistemológico, entre outras coisas, se define. Se pudesse pairar dúvida sobre a correção da interpretação proposta para aquele texto da *Metafísica* dirimi-la-ia o compará-lo com a passagem

---

58 Quando o filósofo diz, então, que "o cientificamente conhecível é aquilo mesmo, precisamente, que é, relativamente ao oposto, à ciência; pois o cientificamente conhecível se diz cientificamente conhecível para algo, para a ciência" (Cat. 10, 11ᵇ29-31), há que entender-se que se trata do conhecível *unicamente enquanto lhe diz respeito a ciência*, interpretação, aliás, que o próprio texto sugere.
59 Cf., acima, n.52 e 53 deste capítulo.

bem mais explícita em que as *Categorias* também aludem ao caráter *sui generis* da relação entre ἐπιστητόν e ἐπιστήμη: "Não parece verdadeiro haver de todos os relativos uma simultaneidade de natureza; parecer-nos-á, com efeito, que o cientificamente conhecível é anterior à ciência, pois, na maior parte das vezes, é em havendo previamente as coisas que adquirimos as ciências: de fato, em poucos casos, ou em nenhum, ver-se-á surgir uma ciência simultânea ao conhecível. Além disso, o conhecível, uma vez destruído, suprime consigo a ciência, mas a ciência não suprime consigo o conhecível, pois, em não havendo conhecível, não há ciência – de nada mais, com efeito, seria ciência – mas nada impede que, não havendo ciência, haja conhecível ... . Além disso, destruído o animal, não há ciência, mas é possível haver muitos dentre os conhecíveis".[60] Não se poderia dizer de modo mais manifesto que o conhecível *é*, para além e antes de qualquer ciência que possa conhecê-lo. Trata-se, obviamente, no texto em questão, de um uso extremamente lato da noção de ciência, abrangendo o conhecimento do que devém e pode destruir-se, e que não se diria excepcional na linguagem do filósofo;[61] mas o que, aqui, nos importa é que, com toda a clareza desejável, se exprime a absoluta e incondicional primazia do objeto científico sobre a ciência, transposta em termos de anterioridade temporal: preexiste à ciência o seu objeto.

1.3 A ciência e a alma

Uma outra lição, porém, traz-nos, também, o texto em questão, que é de conveniência vivamente realçar. Com efeito, como um argumento a mais em favor da anterioridade do conhecido, supõe uma imaginária destruição do reino animal, que acarretaria a supressão de toda ciência, sem que nada viesse afetar boa parte do conhecível, isto é, todos os seres celestes e, no mundo sublunar, por exemplo, o reino todo das coisas inanimadas. Ora, assim colocar o problema é, como

---

60 *Cat.* 7, 7ᵇ22-35.
61 Cf., adiante, IV, 1.4 (isto é: cap. IV, § 1, seção 4).

bem se compreende, não apenas insistir no primado do conhecível mas, ainda mais, descrever literalmente a ciência como um atributo do ser animado: vive a ciência da vida do ser vivo e desaparece com ela. E parece-nos, com efeito, que não poderia ser de outra maneira, pois, a partir do momento em que se reconhece a absoluta anterioridade e primazia do objeto, como o faz Aristóteles, era necessário entender a ciência como um atributo do animal humano. E o filósofo é extremamente claro a esse respeito: a ciência está na alma, como em seu sujeito,[62] a ciência é um estado ou "hábito" (ἕξις),[63] portanto, uma qualidade da alma humana, "hábito" e não simples disposição (διάθεσις), em virtude de seu caráter duradouro e estável, que se não perde se grande mudança não ocorre, provocada por doença ou fato semelhante.[64] E, ainda segundo as *Categorias*, não são as diferentes ciências particulares senão qualidades, cuja posse nos faz tais ou quais.[65] É, também, como uma ἕξις que a *Ética Nicomaqueia* caracteriza a ciência, como um estado ou "hábito" capaz de demonstrar;[66] e como uma concepção ou juízo (ὑπόληψις) que diz respeito aos universais e às coisas que são, necessariamente.[67] É de fato a ciência uma espécie de (ὑπόληψις)[68] e é sob esse prisma de suas relações com as outras funções do pensamento, em geral, que a estudará o livro III do tratado *Da Alma*: o pensar (νοεῖν), com efeito, consiste, de um lado, na repre-

---

62 Cf. *Cat.* 2, 1ᵇ1-2.
63 Cf. *Cat.* 8, 8ᵇ29. Os dois sentidos principais do termo ἕξις, em Aristóteles (um certo ato do que tem e do que é tido ou uma disposição (διάθεσισ), segundo a qual o que está "disposto" está bem ou mal "disposto", cf. *Met.* Δ, 20, 1022ᵇ4-14 (o capítulo inteiro)), prendem-se, como nota Bonitz (cf. *Index*, p. 260ᵇ31 seg.), respectivamente, aos sentidos transitivo e intransitivo de ἔχειν. No primeiro sentido, a ἕξις diz-se segundo a categoria do "ter" (ἔχειν) (cf. *Cat.* 4, 2ª23); no segundo, que o termo latino *habitus* traduz bem, é a ἕξις uma espécie da qualidade (cf. *Cat.* 8, 8ᵇ26-7), um estado ou "hábito".
64 Cf. *Cat.* 8, 8ᵇ27-32. Aristóteles que frequentemente usa ἕξις e διάθεσις como sinônimos, dá aqui uma maior precisão aos dois termos, entendendo por ἕξις uma disposição mais duradoura e estável.
65 Cf. ibidem, 11ª32 seg.
66 Cf. *Ét. Nic.* VI, 3, 1139ᵇ31-2.
67 Cf. ibidem, 6, 1140ᵇ31-2.
68 Cf. *Fís.* V, 4, 227ᵇ13-4.

sentação ou imaginação (φαντασία), de outro, na concepção (ὑπόληψις) e esta diferencia-se em ciência, opinião, prudência e seus contrários.[69] Descrevendo a ciência como um "hábito", mostra-nos, também a *Ética* como a ciência, juntamente com a inteligência (νοῦς), integra a sabedoria (σοφία),[70] que é a virtude (ἀρετή) da parte científica (τὸ ἐπιστημονικόν), a qual constitui, por sua vez, uma subdivisão da parte racional da alma humana.[71] Ora, dizer que a sabedoria (que inclui a ciência) é a virtude da parte científica da alma é significar que ela é o melhor estado ou "hábito" dessa parte da alma, dizendo respeito à função (ἔργον) que lhe é própria.[72] É verdade que a própria noção da parte científica da alma está calcada sobre a natureza do objeto de que ela se ocupa; com efeito, se as duas partes da alma racional, a científica e a calculadora (τὸ λογιστικόν) assim se chamam, é porque por elas contemplamos, de um lado, aqueles seres que são tais que não podem os seus princípios ser de outra maneira (μὴ ἐνδέχονται ἄλλως ἔχειν), de outro, as coisas contingentes (τὰ ἐνδεχόμενα), por isso mesmo suscetíveis de ser objeto de deliberação ou cálculo;[73] como explica Aristóteles, a divisão entre as partes da alma acompanha e univocamente corresponde às diferenças genéricas entre as coisas, já que se deve o conhecimento que possuem a "uma certa semelhança e parentesco" com aquilo que conhecem.[74]

---

69 Cf. *Da Alma* III, 4, 427^{b}24-6.
70 Cf. *Ét. Nic.* VI, 7, 1141^{a}18-9;^{b}2-3. Poderia estranhar-se que a *Ética* contivesse textos epistemológicos tão importantes sobre a noção de ciência e a de sabedoria teórica; mas não se esqueça de que não somente o livro VI estuda tais noções, tendo em vista precisar as relações entre o saber teórico (σοφία) e o saber prático ou prudência (φρόνησις) mas, também, a própria noção de felicidade, supremo Bem do homem, tal como a *Ética* a define (ato da alma segundo a melhor e mais completa virtude (I, 7, 1098^{a}16-7)), implica, finalmente, a consideração da vida contemplativa ou teórica (cf. X, 7-9), vida de inteligência e de ciência.
71 Cf. *Ét. Nic.* VI, 11, 1143^{b}14-7, onde Aristóteles, resumindo toda a discussão precedente, opõe sabedoria e prudência como virtudes, respectivamente, de cada uma das subdivisões da parte racional da alma humana. Sobre a divisão da alma numa parte racional e numa parte irracional, cf. *Ét. Nic.* I, 13, 1102^{a}26 seg.; sobre as divisões da alma racional, cf. VI, 1, 1139^{a}5 seg. O estudo acurado dessas diferentes partes e de suas funções faz-se, obviamente, no tratado *Da Alma* (livros II e III).
72 Cf. *Ét. Nic.* VI, 1, 1139^{a}16-7. Sobre a noção de virtude (ἀρετὴ), cf. II, 5-6.
73 Cf. *Ét. Nic.* VI, 1, 1139^{a}6 seg.
74 Cf. ibidem, l. 8-11.

Mas, por outro lado, enquanto estado ou "hábito", a ciência o é de alguma coisa,[75] isto é, precisamente, da alma humana:[76] qualidade da alma, a ciência é modo de ser do homem, por cujo intermédio se relaciona este de um certo modo com seres de uma certa natureza, os que não podem ser de outra maneira, graças a uma certa familiaridade que lhe é natural e que torna, assim, o conhecimento possível. Donde a ambiguidade de uma expressão como "aquilo por cujo intermédio conhecemos", que pode significar, seja a ciência, seja a própria alma.[77]

Nem podia ser outra, de fato, a doutrina aristotélica da ciência, a partir do momento em que uma perspectiva decididamente realista instaurara o primado absoluto do objeto, reconhecendo como anterior e indiferente a todo conhecimento eventual que dele se ocupa, um mundo-real-que-está-aí e de que os homens fazemos parte. Será, então, sobre esse pano de fundo das coisas que se apreenderá e descreverá a mesma natureza do conhecimento, necessariamente secundária do ponto de vista ontológico que, de início, se privilegia. Mero comportamento dos homens em face das coisas, em que pesa à sua excelsa dignidade, a ciência, como todas as formas de conhecimento, pressupõe necessariamente as coisas e os homens. Visão ingênua do mundo? É, em todo o caso, a doutrina aristotélica da ciência. Ser entre os seres do mundo, a ciência que Aristóteles conhece não é constitutiva da coisa conhecida, mas, também ela, uma "coisa", que se oferece, igualmente, à reflexão do filósofo. Fundadas razões teve Cassirer de excluir de seu estudo sobre o problema do conhecimento, juntamente com Aristóteles, todo o pensamento grego, cuja unidade, desse ponto de vista, parece-nos indiscutível.[78] E é com toda razão que observa

---

75 Cf. *Cat.* 7, 6^{b}5.
76 Cf. *Tóp.* IV, 4, 124^{b}33-4: "a ciência diz-se do cientificamente conhecível, mas o estado e a disposição, não do cientificamente conhecível, mas da alma".
77 Cf. *Da Alma* II, 2, 414^{a}5-6.
78 Com exceção, por certo, do movimento cético, em que se poderia ser tentado a pressentir um precursor da modernidade. Por outro lado, numa filosofia como a de Platão, depois dos modernos estudos que se lhe têm consagrado, a interpretação realista parece irrecusável: o platonismo é um realismo das Formas ou essências.

que "em Aristóteles, a teoria do conhecimento não é mais que uma parte de sua psicologia":[79] ter-lhe-ia o filósofo dado integralmente razão, pois é ele mesmo quem nos remete, nos *Segundos Analíticos*, para o estudo das relações entre o pensamento, a intuição, a ciência, a sabedoria etc., à *Física* (isto é, ao tratado da *Alma*) e à *Ética*.[80] Torna-se bem fácil compreender, sem dúvida, por que recusa Aristóteles chamar à ciência medida das coisas.[81] Nós assim chamamos, à ciência e à percepção, para significar que por elas conhecemos as coisas (assim como chamamos medida, em sentido estrito, àquilo por cujo intermédio conhecemos a quantidade).[82] Na realidade, ciência e percepção são, antes, coisas medidas do que medidas das coisas; com elas ocorre algo de semelhante ao que nos acontece quando vem alguém medir-nos, em aplicando sobre nós a medida de um côvado: detendo sobre o conhecimento a primazia que sabemos, são as coisas que medem e que delas conhecemos, são os próprios seres a medida da ciência dos homens.

Torna-se, então, plenamente manifesto como, dos dois polos a que vimos ter a ciência referência necessária, que com algum inegável anacronismo, agora mais do que nunca evidente, denominamos sujeito e objeto, entender-se-á pelo primeiro tão somente o homem real, essa essência ou substância privilegiada, de cuja alma a ciência é propriedade; por razões óbvias, compete seu estudo à psicologia, isto é, à física aristotélica. Quanto ao que vimos ser o objeto da ciência, o necessário e a causa, seu mesmo caráter físico e ontológico converte-os em tema da mesma ciência física e da ciência do ser. Resta-lhe, à ciência,

---

79 Cf. Cassirer, *El problema del conocimiento en la filosofía y en la ciencia modernas*, I, p.56. Sobre as razões pelas quais o autor não inclui, em sua obra, um estudo da filosofia antiga, v. p.26 seg., em sua Introdução.
80 Cf. *Seg. Anal.* I, 33, 89^{b}7-9. Sobre as razões pelas quais é ao físico que cabe o estudo da alma, cf. *Da Alma*, I, 1, 402^{a}4 seg.; 403^{a}3-19. Por outro lado, quanto às razões de ocupar-se a *Ética* da ciência, v., acima, n.70 deste capítulo.
81 Cf. *Met.* I, 1, 1053^{a}31 seg.; 1057^{a}7-12.
82 Cf. *Met.* I, 1, 1052^{b}20.

uma última dimensão – e é dela que se ocupam, propriamente, os *Segundos Analíticos* –, a de sua organização e estruturação internas como saber constituído. Também será esse, então, o objeto privilegiado de nossa reflexão. Mas, acompanhando, naquele tratado, os passos da doutrina, veremos que, se a referência ao sujeito, isto é, ao homem como suporte do conhecimento e à ciência como um seu modo de ser, está praticamente ausente, considerações de ordem metafísica, concernentes ao ser do conhecível, revelar-se-ão imprescindíveis e o filósofo terá frequentemente de delas lançar mão para informar diferentes momentos de seu estudo sobre o saber científico.

1.4 Os outros usos do termo "ciência"

Entendemos, pois, que ter ciência é conhecer como se determina causalmente o ser necessário. Antes de passarmos a explorar, com o filósofo, conforme à exposição dos *Segundos Analíticos*, os desenvolvimentos todos que tal noção implica, apressemo-nos em deixar assente que nenhum outro texto de Aristóteles repudia nem desmente essa conceituação do conhecimento científico e que nenhum indício possuímos de que o filósofo tenha abandonado tão rigorosa concepção do saber. Matizá-la-á, por certo, com frequência – em escritos outros que não os *Analíticos*[83] –, mas o necessário ontológico e sua causalidade permanecerão sempre o ponto último de referência objetiva, em função do qual a ciência se constitui e define.[84] É certo, por outro lado, que um texto bem conhecido do livro Z da *Metafísica* formulará o que, à primeira vista, poderia parecer como uma outra noção de ciência: "e, com efeito, há ciência de cada coisa quando lhe

---

83 Senão de passagem e sem maior explicação ou discussão, cf. *Seg. Anal.* I, 30; II, 12, 96ª8-19 etc.
84 Segundo a interpretação que temos por certa e apoiada nos textos aristotélicos, mesmo quando, como em grande número de textos ocorre, diz-se a ciência do necessário e do frequente (ὡς ἐπὶ τὸ πολύ), cf., além dos textos citados na nota anterior, *Met.* E, 2, 1027ª20-1; K, 8, 1065ª4-6; *Ger. e Per.* II, 6, 333ᵇ4 seg. etc. Sobre o problema de como conciliar com a noção de necessidade a de ὡς ἐπὶ τὸ πολύ, falaremos oportunamente.

conhecemos a quididade (τὸ τί ἦν ε ναι)";[85] veremos, contudo, oportunamente, que se trata de noção que coincide objetivamente com a que vimos comentando, considerada, apenas, a partir de outro prisma. Finalmente, não se nos oponha, como objeção, que Aristóteles se serve, por vezes, de uma terminologia menos precisa e que emprega, por exemplo, o termo ἐπιστήμη (ciência) num sentido extremamente lato, ora chamando de ciência aos conhecimentos empíricos de astronomia náutica e opondo às ciências matemáticas as ciências "sensoriais",[86] ora falando da ciência que move as mãos do carpinteiro[87] ou opondo a ciência do senhor à ciência do escravo,[88] ora usando simplesmente, de modo indiscriminado, uma pela outra, as expressões ἐπιστήμη e τέχνη (arte):[89] com efeito, em nenhum desses casos subsiste uma qualquer ambiguidade quanto à significação visada nem possibilidade qualquer de atribuir-se ao autor uma referência ao saber científico *stricto sensu*. De um modo geral, então, sejam quais forem as dificuldades de interpretação, reais ou aparentes, que surjam, ao depararmos, no interior da obra aristotélica, com conceitos e problemas que correspondem a noções e atitudes que modernamente se dizem científicas, mormente em face de toda a concepção moderna de ciência experimental e de investigação científica, há que buscar-se a solução e a compreensão de cada situação e dificuldade dentro dos mesmos esquemas aristotélicos e segundo a sua concepção de ciência, se tememos a infidelidade ao pensamento do filósofo e o anacronismo.

---

85 *Met.* Z, 6, 1031[b]6-7. Cremos perfeitamente aceitável o emprego do vocábulo "quididade", já consagrado, aliás, pelos aristotelistas, para traduzir o τί ἦν ε ναι de Aristóteles.
86 Cf. *Seg. Anal.* I, 13, 78[b]34-79[a]16 e a excelente nota de Ross, ad locum. Cf. também, a expressão ἐπιστῆμαι τῶν αἰσθητῶν (ciências dos sensíveis), em *Da Alma* II, 5, 417[b]26-7.
87 Cf. *Ger. Anim.* I, 22, 730[b]16.
88 Cf. *Pol.* I, 7, 1255[b]20 seg.
89 Ver os múltiplos exemplos coligidos por Bonitz, cf. *Index*, p. 279[b]57 seg. Outro problema, entretanto, seria o de mostrar como a sistematização do conhecimento leva Aristóteles à tentativa de penetrar as técnicas de cientificidade a que corresponde, precisamente, a noção de ciência *poiética*, cf., por exemplo, *Met.* Θ, 2, 1046[b]3.

2 A ciência que se tem

2.1 A noção de ciência, a opinião comum e a realidade científica

Os *Segundos Analíticos* definiram o conhecimento científico. Mas como certificar-nos da correção ou incorreção de tal definição? Quando dizemos que temos conhecimento científico de uma coisa ao conhecer o processo causal que a engendra e a sua impossibilidade de ser de outra maneira, estaremos simplesmente explicitando a significação que visamos, ao proferir ἐπίστασθαι? Descreve-se, acaso, um conhecimento científico ideal independentemente de sua concretização atual entre os reais conhecimentos dos homens e da própria possibilidade de sua efetiva constituição? Teríamos, então, diante de nós, um modelo abstrato que se tentará imitar nas lides cotidianas dos homens de ciência, um conhecimento desejado e buscado, não uma ciência possuída.[90] Ora, é preciso dizer que uma tal perspectiva é totalmente estranha ao aristotelismo, em geral, e à sua maneira própria de compreender a natureza do conhecimento qualquer, em particular: assim como a sua *Ética* não nos prescreve ideais abstratos, que se não "encarnam" ao nível do concreto humano, nem a imitação de modelos inatingíveis que a vida da *polis* não verifica, mas está, toda ela, impregnada do que se poderia, sem dúvida, qualificar, como um *realismo moral*, sua doutrina do conhecimento científico – os *Analíticos* no-lo mostrarão – constrói-se, igualmente, sobre uma ciência que já faz parte das realidades humanas, porque conquista que se alcançou e que muitos cultivam. Em outras palavras, para Aristóteles, a ciência é, antes de tudo, um *fato*. Porque ela é uma realidade de nosso mundo humano e pode, por isso mesmo tornar-se, em seu mesmo ser, um objeto para nossa meditação, é-nos possível, nos *Segundos Analíticos*, após defini-la, comprovar a correção da definição proposta pelo seu acordo com a opinião geral e pela fidelidade

---

90 É o que aconteceria se, como pretende Aubenque (cf. Aubenque, *Le problème de l'être...*, 1962, p.322 e seg.), somente a teologia fosse ciência, aos olhos de Aristóteles, uma ciência, além do mais, que o filósofo teria mostrado inútil e, sobretudo, inalcançável.

com que descreva o estado dos que efetivamente possuem a ciência: "É evidente, por certo, que tal coisa é o conhecer cientificamente, pois os que não conhecem cientificamente assim como os que conhecem cientificamente julgam, os primeiros, que eles próprios se encontram nesse estado; os que conhecem cientificamente, porém, nele também se encontram, de modo que é impossível ser de outra maneira aquilo de que, em sentido absoluto, há ciência".[91]

Confirma, assim, a validade de definição proposta, em primeiro lugar, a opinião universal, reconhecida na mesma coincidência de pontos de vista com que definem ciência, não somente os que, efetivamente, a possuem, mas, também, quantos, ainda que não possuindo um real conhecimento científico, têm a pretensão de possuí-lo; e não provém tal pretensão senão do fato de que julgam conformar-se àquela definição o "estado" de alma em que se encontram (οἴονται αὐτοὶ οὕτως ἔχειν).[92] Porque, então, a significação conferida à mesma expressão com que designam seu "estado" os que obtiveram conhecimentos de uma certa natureza se vê consagrada pelo uso comum e vulgar, o acordo generalizado das opiniões servir-nos-á de argumento: apelamos para a Opinião, para saber o que é a Ciência.[93]

---

91 *Seg. Anal.* I, 2, 71^{b}12-6. Essa é uma das raras passagens em que os *Segundos Analíticos* se referem à ciência enquanto estado ou "hábito" da alma; fazem-no, aqui, indiretamente, mas, explicitamente, em II, 19, 100^{b}5 seg.

92 Como exemplo dos que, não possuindo um real conhecimento científico, têm, entretanto, a pretensão de possuí-lo e partilham da opinião correta sobre o que seja conhecer cientificamente, poderíamos, provavelmente, lembrar os partidários do "mecanicismo" na interpretação dos fenômenos naturais, refutados na *Física* (cf. II, 8, todo o capítulo). Mas Aristóteles, no texto dos *Analíticos*, parece ter em vista, não apenas os "cientistas", mas quantos julgam conhecer um fato qualquer de modo científico por crer conhecê-lo como necessário e incapaz de ser de outra maneira, desse modo evidenciando a significação universalmente conferida a ἐπίστασθαι.

93 Caberia a um estudo sobre a dialética aristotélica pôr em relevo a exata função da Opinião e as razões profundas de sua eficácia no processo de aquisição da verdade. Lembre-se que é, também, graças ao levantamento e à análise das opiniões comuns que se chega a estabelecer, nos dois primeiros capítulos da *Metafísica*, "qual a natureza da ciência procurada" (*Met*.A, 2, 983^{a}21) e a concluir, primeiro, que a sabedoria é "ciência que diz respeito a certos princípios e causas" (ibidem, 1, 982^{a}2) e, em seguida, que ela é "ciência teórica dos primeiros princípios e causas" (ibidem, 982^{b}9-10).

Mas, se não dispensou o filósofo o recurso à opinião comum, não se contenta, por certo, em assim proceder, para validar a definição de ciência que propôs. O texto acima transcrito é sobremaneira explícito: se podemos definir, com segurança, o conhecimento científico e, partindo de uma tal noção de ciência, sobre ela edificar nossa doutrina, em analisando suas implicações e consequências, não é senão porque os que se reconhecem possuidores de ciência possuem, de fato, um conhecimento cuja natureza é aquela mesma que descrevemos ao formular a definição que propusemos. Não apenas creem eles que tal coisa é a ciência, isto é, um conhecimento do necessário, pelas suas determinações causais; tal *é, também, a sua ciência*, também nesse "estado" se encontram (καὶ ἔχουσιν). Ciência *é fato* que está aí a nosso alcance, com aquelas mesmas características que discriminamos. É um certo ser do homem em nosso mundo, que podemos tomar como objeto de nossa reflexão e cuja presença sempre permite que, em a refazendo, confirmemos a indução que nos levou à definição formulada. A doutrina aristotélica da ciência assume, assim, em seu mesmo ponto de partida, pode dizer-se, uma significação e um fato primeiros: a significação de ἐπιστήμη e o fato de que há ἐπιστήμη no mundo dos homens. Mercê de tais conhecimentos prévios, que o teórico da ciência pode obter porque tem a seu dispor conhecimentos científicos já constituídos, pode ele empenhar-se em descrever pormenorizadamente a natureza e as condições de possibilidade daquilo que é, antes de tudo, uma realidade indiscutível. Porque a ciência é, ele pode saber o que ela é, "pois o que não é, ninguém sabe o que é".[94] Nesse sentido, não parece que Robin se equivoque, ao sugerir, sob um certo prisma, um paralelo entre o procedimento aristotélico e o empreendimento kantiano.[95] Se era preciso que insistíssemos em todos esses pontos, é

---

94 *Seg. Anal.* II, 7, 92^{b}5-6.
95 Cf. Robin, *Aristote*. 1944, p.60: "Au fond, Aristote a procédé, semble-t-il, de la même manière que Kant, quoique avec une intention différente: Kant se demandait en effet quelle est la portée et quelles sont les conditions du savoir; Aristote en détermine les conditions absolues et les moyens propes à le réaliser universellement; tous les deux ont pensé cependant que ce travail, *critique* chez le premier, *constructif* chez le second, devrait prendre pour base une science *déjà constituée*".

que os estudiosos do aristotelismo costumam dar ênfase unicamente às notas distintivas do conhecimento científico, em Aristóteles, negligenciando, no entanto, o que, a nosso ver, é tão importante quanto a noção mesma de ciência, isto é, aquelas razões que o filósofo explicitamente invoca para validar a definição estabelecida.

2.2 As coisas celestes e a ciência humana

Mas, se assim é, cabe-nos perguntar onde encontrou o filósofo essa ciência constituída sobre a qual se exerceu sua reflexão nos *Segundos Analíticos*, modelo real que orientou seu estudo do "estado" científico. Em outras palavras, onde encontrou ele seres necessários, conhecidos em suas determinações causais e na sua mesma impossibilidade de ser de outra maneira? A essa pergunta, já se deu como resposta que o conhecimento das revoluções dos astros e dos fenômenos celestes "oferece, visivelmente, ao Aristóteles dos 'Analíticos', o tipo ideal da ciência".[96] E, com efeito, não invoca o filósofo, no *Tratado do Céu*, como suficiente para convencer-nos, o testemunho concorde da percepção sensível, que nos assegura, consoante a tradição de uns a outros transmitida, não ter sofrido mudança alguma, em todo o tempo passado, nem o conjunto inteiro do céu exterior nem nenhuma de suas partes próprias?[97] Não nos diz, também, a *Metafísica*, ao refutar a doutrina protagórica do homem-medida, que é absurdo, ainda que as coisas que nos cercam estejam em permanente mudança e em si mesmas nunca permaneçam, delas partir para construir nossos juízos sobre a Verdade?[98] Ao contrário, "é preciso, com efeito, perseguir a verdade, partindo das coisas que estão sempre no mesmo estado e não efetuam nenhuma mudança. Tais são as coisas celestes: estas, de fato, não aparecem, ora com tais caracteres, uma outra vez, com caracteres diferentes, mas sempre idênticas e sem participar de nenhuma mu-

---

96 Le Blond, *Logique et méthode...*, 1939, p.79.
97 Cf. *Céu* I, 3, 270^{b}11-6.
98 Cf. *Met.* K, 6, 1063^{a}10-3.

dança".[99] Não gerados e imperecíveis são, com efeito, o primeiro Céu e suas partes, com os astros que nele brilham, os elementos de que estes se compõem e sua mesma natureza:[100] eles nos oferecem o espetáculo visível do divino.[101] Como se mostrou recentemente, o aristotelismo conhece uma como teologia astral, em que "os astros-deuses tomam ... o lugar das Ideias platônicas" e que se torna "o único fundamento possível de uma teologia científica".[102] Mas parecerá, então, que o conhecimento do Céu não somente fundamentará a teologia aristotélica mas, também, conforme parecem indicar os textos que referimos, a própria doutrina dos *Analíticos*, fornecendo, destarte, o protótipo da ciência sobre que se exercerá a reflexão analítica.

Não é, entretanto, o que ocorre. E uma bela passagem do *Tratado das Partes dos Animais* propõe-nos convincentes razões para que isso não ocorra:[103] é que, por excelsas e divinas que sejam as essências naturais que, sem geração nem perecimento, *são* por toda a eternidade, por maior que seja o deleite que nos proporciona a contemplação e o estudo das coisas celestes, devemos reconhecer que estão demasiado longe de nós e que nossa sede de saber encontra, na percepção sensível que delas temos, bem poucas evidências em que apoiar nosso conhecimento; por isso mesmo, contrabalança, em certa medida, à filosofia das coisas divinas aquela ciência, mais exata e mais extensa, das coisas que, mais próximas de nós, têm, também, maior afinidade com nossa natureza. Perspectiva própria de uma obra de biologia, por certo, mas suficientemente esclarecedora para mostrar-nos que não

---

99 Ibidem, 1, 13-7. O livro K, como se sabe, resume partes de outros livros da *Metafísica* e da *Física*; assim, a passagem em questão retoma a argumentação de Met. Γ, 5, 1010ª25-32.
100 Cf. *Céu* III, 1, com., 298ª24-27, onde Aristóteles recapitula assuntos discutidos nos dois livros precedentes.
101 Cf. *Met.* E, 1, 1026ª18; *Fís.* II, 4, 196ª33-4.
102 Cf. Aubenque, *Le problème de l'être...*, 1962, p.337. Sobre o tema da teologia astral, v. a bibliografia selecionada por esse autor, especialmente Festugière, *La révélation d'Hermès Trismégiste*, 1949, p.217 seg. Leia-se, também, a excelente nota de Le Blond, em seu comentário ao livro I do *Tratado das Partes dos Animais*, ad 644ª25, nota n.138 (*Aristote philosophe de la vie...*, 1945, p.181-3).
103 Cf. *Part. Anim.* I, 5, com., 644ᵇ22 seg.

pode o filósofo tomar nosso escasso conhecimento dos seres celestes como o paradigma constituído da ciência. Não desistiu, por isso, o filósofo de obter, na medida do que creu aos humanos possível, o conhecimento científico do mundo supralunar e o *Tratado do Céu* constitui o fruto magnífico desse seu empreendimento, explicando-nos qual é a estrutura e a ordem das coisas do Universo e por que é este tal como é, necessariamente. Mas não o faz sem reconhecer as grandes aporias que o conhecimento de tais objetos frequentemente envolve e limitar-se-á, por vezes, a tentar dizer o que aparece como verdadeiro (τὸ φαινόμενον) porque crê ser indício, antes de pudor que de temeridade, o contentar-se, em tal matéria, de alguns pequenos e felizes resultados, quando se é impelido pela sede da filosofia (διὰ τὸ φιλοσοφίας διψῆν).[104] De qualquer modo, não será nessa difícil, laboriosa e limitada ciência de seres tão distantes,[105] que o filósofo procura construir e alcançar, enriquecendo, mas, sobretudo, corrigindo os magros resultados das pesquisas de seus antecessores,[106] que ele vai encontrar a realidade científica de que precisa, para formular sua doutrina da ciência, e a cuja existência vimos os *Segundos Analíticos* fazer referência.[107] E, de fato, nenhuma alusão especial se faz ao conhecimento das coisas celestes em todo o livro I daquele tratado.[108]

2.3 O paradigma matemático

Onde encontrar, então, junto ao mundo que nos cerca, uma ciência constituída pelos homens, que corresponda à definição que propuse-

---

104 Cf. *Céu.* II, 12, com., 291^{b}24-8. Cf. *Part. Anim.* I, 5, 644^{b}26-7: καὶ περὶ ὧν εἰδέναι ποθοῦμεν.
105 Cf. *Céu*, II, 12, 292^{a}15-7.
106 E, com efeito, o tratado do *Céu* se constrói em refutando os pitagóricos e Anaximandro, Anaxágoras e Empédocles, os atomistas e Platão etc.
107 Cf., acima, I, 2.1.
108 Além de alguns poucos exemplos tirados da astronomia (os silogismos sobre a cintilação e a proximidade dos planetas e sobre a esfericidade e o aumento de luminosidade da lua (em I, 13), a referência à frequência dos eclipses de lua (em I, 8, *ad finem*), o livro I dos *Segundos Analíticos* alude à astronomia, como a uma dentre as várias ciências físico-matemáticas (Ótica, Mecânica etc.), nas quais se distinguirá entre o conhecimento do "que" e o do porquê (cf. I, 13, 78^{b}34 seg.), ou como a uma ciência que, tal qual a aritmética e a geometria, demonstra a partir de axiomas comuns e de princípios próprios (cf. I, 10, 76^{b}11).

mos, precisamente, porque, em refletindo sobre ela e contemplando-a, pudemos obter a definição que procurávamos? Ora, um exame sumário dos *Segundos Analíticos* permite-nos facilmente responder: *nas matemáticas*. Com efeito, a quase totalidade dos exemplos utilizados ao longo de todo o livro I dos *Segundos Analíticos* tomam-se das matemáticas e ciências afins;[109] é ao procedimento habitual dos aritméticos e geômetras que o filósofo sempre se refere;[110] é ao vocabulário técnico das matemáticas existentes que a doutrina aristotélica da ciência toma os vocábulos que serão seus próprios termos técnicos;[111] são as matemáticas e as ciências afins que se tomam explicitamente como exemplos de ciências;[112] em suma, a Ciência que o tratado descreve e caracteriza é um saber construído *more geometrico* com o rigor, a exatidão e a necessidade que o filósofo reconhece nas ciências matemáticas. Escritos algumas décadas mais tarde mas como resultado, também, de compilações anteriores (sabe-se que *Elementos de Geometria* se escreveram e conheceram anteriormente a Aristóteles[113]), os *Elementos* de Euclides ter-se-ão inspirado da doutrina aristotélica da ciência, segundo os *Analíticos*, e darão aos princípios da geometria um tratamento intimamente aparentado à teoria aristotélica dos princípios da ciência.[114] Assim, se é verdade não ter fornecido Aristóteles nenhuma contribuição direta aparente

---

109 Cf., por exemplo, *Seg. Anal.* I, 1, 2, 4, 5, 7, 9, 10 etc.
110 Cf., por exemplo, *Seg. Anal.* I, 7, 75^{b}7-8; 10, 76^{b}4 seg.; II, 7, 92^{b}15-6 etc.
111 Tais como "hipótese", "axioma" etc. Mas lembre-se que, também, os termos técnicos da silogística geral de Aristóteles têm uma provável origem matemática, cf. Ross, *Aristotle*, 1956^5, p. 33; *Prior and Posterior Analytics*, nota *ad Prim. Anal.* I, 1, 24^{b}16 etc.
112 Por exemplo, em *Seg. Anal.* I, cap. 7, 9, 10, 12, 13 etc.
113 A tradição unânime atribui a Hipócrates de Chio a primeira redação de *Elementos* (cf. Rey, *L'apogée de la science technique grecque*..., 1948, p.86), ainda na segunda metade do século V. Os exemplos geométricos utilizados por Aristóteles dever-se-iam aos *Elementos* de Theudios de Magnésia (cf. *id.*, *ibid.*, p.178, n.1). Sobre o estado dos estudos matemáticos, anteriormente a Aristóteles, consulte-se Milhaud, *Les philosophes géomètres de la Grèce*..., 1934^2; Heath, *A History of Greek Mathematics*, 1965.
114 A esse respeito, v. Robin, *Aristote*, 1944, p.60 seg; Ross, *Aristotle's Prior and Posterior Analytics*, Introduction, p. 52, 56 seg.; Brunschvicg, *Les étapes de la philosophie mathématique*, 1947, cap. VI: "La géométrie euclidienne", p.84-98; Rey, *L'apogée de la science technique grecque*..., 1948, 1, IV, p.181-94: "Euclide, Aristote et Platon".

para o progresso do pensamento matemático, diferentemente do que ocorreu com tantas outras ciências que criou, impulsionou ou para as quais contribuiu decisivamente, não deixa de ser verdadeira, por um lado, a afirmação de que "poucos pensadores contribuíram tanto como ele para a teoria filosófica da natureza da matemática"[115] nem, por outro, de ser manifesto – e é o que, fundamentalmente, aqui nos interessa – que a meditação aristotélica sobre a natureza do conhecimento científico se exerceu, sobretudo, sobre o exemplo das ciências matemáticas já constituídas na época do filósofo. Não terminara com o platonismo o papel estimulante desempenhado pelo desenvolvimento dessas ciências sobre o pensamento filosófico grego: vemo-las atuantes no mesmo cerne da doutrina aristotélica.[116]

Donde uma constatação que, antes de tudo, se nos impõe: é no estudo do pensamento matemático de seu tempo que Aristóteles crê, sobretudo, encontrar o conhecimento pela causa de seres necessários; ou melhor, é porque as disciplinas matemáticas que se designam como ἐπιστήμαι constituem um tal conhecimento, que pudemos definir a ἐπιστήμη, nos termos em que o fazem os *Analíticos*. E, com efeito, põe sempre Aristóteles os objetos matemáticos entre os ἀ δια, os seres eternos, tanto quanto as coisas celestes. Não nos diz a *Ética* que não se delibera sobre as coisas eternas, "como, por exemplo, sobre o universo e sobre a incomensurabilidade da diagonal e do lado" do quadrado?[117] Do mesmo modo, falar-nos-á a *Física* da comensurabilidade da diagonal e do lado, como de um não ser fora do tempo, isto é, que sempre não é, por opor-se a algo que sempre é, a um ser eterno, ou seja, à incomensurabilidade.[118] Também o fato de ter um triângulo seus ângulos iguais a dois retos apontar-se-á como um atributo eterno do

---

115 Ross, *Aristotle's Prior and Posterior Analytics*, Introduction, p.59.
116 Segundo a interpretação de Goldschmidt (curso inédito sobre "Le système d'Aristote", 1958-1959, que nos foi generosamente transmitido por M. Lucien Stephan, p.67-8), as matemáticas não são paradigmas somente para a Analítica aristotélica, mas também para a sua metafísica, ciência do ser enquanto ser.
117 Cf. *Ét. Nic.* III, 3, 1112ª21-3.
118 Cf. *Fís.* IV, 12, 221ᵇ23 seg., particularmente 222ª3-7.

triângulo,[119] de uma eternidade que, por certo, tem uma causa e pode ser demonstrada, já que se não confunde ser eterno com ser princípio (ἀρχή), como quisera Demócrito:[120] coisas há, com efeito, que, a necessidade que têm, devem-na a uma outra causa;[121] e o necessário e o eterno, como sabemos, implicam-se reciprocamente.[122] A rejeição aristotélica, definitiva e integral, de qualquer substancialidade ou essencialidade dos seres matemáticos, levada a efeito na grande polêmica, às vezes áspera, contra os platônicos que ocupa dois livros inteiros da *Metafísica* (M e N), por recusar que possa haver seres matemáticos "separados",[123] nem, por isso, os privou de ser: deles diremos que "são de alguma maneira" (τρόπον τινά) e, por isso, não são, em sentido absoluto (ἁπλῶς); com efeito, dizemos "ser" (τὸ ε ναι) em muitos sentidos.[124] Preserva-se, assim, graças à doutrina da pluralidade das significações do ser, isto é, graças à doutrina das categorias,[125] o *status* ontológico dos objetos matemáticos. Pois não se dirá, apenas dos seres "separados", que eles *são*, dos que são por si mesmos e absolutamente, mas também dos que, não sendo "separados", são afecções e atributos daqueles e deles se dizem.[126] Ocupando-se, então, de uma determinada categoria de ser,

---

119 Cf. *Met.* Δ, 30, 1025ª32-3.
120 Cf. *Ger. Anim.* II, 6, 742ᵇ17 seg., particularmente l. 26-29; cf., também, no mesmo sentido, *Fís.* VIII, 1, 252ª32-ᵇ5.
121 Cf. *Met.* Δ, 5, 1015ᵇ9-10.
122 Cf., acima, I, 1.1 e n.16.
123 κεχωρισμένα, cf. *Met.* M, 2, 1077ᵇ12-4 (o cap. 2 de M destinou-se precisamente a mostrar, contra o platonismo matemático, que se não podem considerar os objetos matemáticos como οὐσίαι independentes das essências ou substâncias sensíveis e separadas delas: só a οὐσία é "separada" (χωριστή), não o é nenhuma das outras categorias (cf. *Met.* Z, 1, 1028ª33-4). A matemática é ciência, portanto, que diz respeito a seres não separados (μὴ χωριστά, cf. *Met.* E, 1, 1026ª14-5; K, 1, 1059ᵇ13). O que é preciso dizer é que o matemático "separa" (χωρίζει) seus objetos, pois "são separáveis pelo pensamento" (cf. *Fís.* II, 2, 193ᵇ33-4; *Met.* M, 3, 1078ª21-3: o aritmético e o geômetra "separam" o que não está "separado"). Assim, se não são "separados" os seres de que se ocupam as matemáticas, pode dizer-se, no entanto, que elas os consideram "enquanto separados" (ἢ χωριστά, cf. *Met.* E, 1, 1026ª9-10).
124 *Met.* M, 2, 1077ᵇ16-7.
125 Sobre as categorias como diferentes significações do ser, cf. *Met.* Δ, 7, 1017ª22 seg.; Z, 1, com., 1028ª10 seg.; *Tóp.* I, 9 (todo o capítulo) etc.
126 Cf. *Met.* Z, 1, 1028ª18 seg. Será verdadeiro, portanto, dizer que os "não separáveis" – e, entre eles, os objetos matemáticos – *são*, cf. *Met.* M, 3, 1077ᵇ31-4.

isto é, da quantidade,[127] nela conhecendo seres necessários e eternos, cuja causalidade apreende, a matemática é plenamente ἐπιστήμη; em meditando sobre ela, é-nos possível definir e descrever a ciência.[128]

---

[127] Cf. *Met.* K, 4, 1061^{b}19 seg. A geometria, então, por exemplo, estudará os atributos que pertencem às coisas sensíveis "enquanto comprimentos e enquanto planos" (cf. *Met.* M, 3, 1078^{a}8-9).

[128] Não compreendemos, então, como possa Aubenque (cf. Aubenque, *Le problème de l'être...*, 1962, p.239) falar do caráter "fictício" do objeto das matemáticas, de uma ficção que lhes permitiria "imitar" o objeto da teologia e, assim, "paradoxalmente", ser ciências; e o mesmo texto, aliás, em que o autor pretende apoiar-se (*Fís.* II, 2, 193^{b}23-194^{a}12) nega explicitamente (cf. 193^{b}35) que qualquer falsidade resulte da "separação" a que procede o conhecimento matemático. A interpretação de Aubenque, além disso, não leva em conta a doutrina precisa dos seres matemáticos que Aristóteles formula no livro M da *Metafísica* nem analisa a significação última da doutrina dos *Segundos Analíticos* sobre a ciência e do uso paradigmático do saber matemático; parece-nos, aliás, que, se Aubenque pode sustentar que, para Aristóteles, só a teologia é ciência (cf. ibidem, p.322 seg.) e, entretanto, uma ciência impossível para o homem, de uma impossibilidade que é constatada e justificada de tal modo que "cette justification de l'impossibilité de la théologie devient paradoxalement le substitut de la théologie elle-même" (ibidem, p.487), foi porque, em última análise, não levou na devida consideração a doutrina dos *Segundos Analíticos* nem apoiou nela sua interpretação da doutrina aristotélica. S. Mansion, por seu lado, critica Aristóteles por sua "confusion du plan de la pensée avec celui de la réalité", uma confusão do lógico e do real que é "sous-jacente à toute sa conception de la nécessité" (cf. Mansion, *Le jugement d'existence...*, 1946, p.85), exemplificando com o fato de ter o filósofo dado "comme exemples de *choses nécessaires et éternelles* des conclusions de démonstrations mathématiques à côté de substances incorruptibles" (ibidem, p.86). Ora, mas a partir do momento em que os objetos matemáticos "são de alguma maneira", porque dizemos "ser" em muitos sentidos, as conclusões matemáticas exprimem realmente "coisas necessárias e eternas": tais são a doutrina aristotélica dos seres matemáticos e a doutrina mesma das categorias. E a leitura dos capítulos da *Metafísica* em que Aristóteles combate a concepção platônica dos seres matemáticos de modo nenhum nos leva, como pretende a autora (cf. ibidem, p.252), a "regarder les passages où il parle de l'éternité et de l'immobilité des choses même que le mathématicien étudie, comme d'importance fort secondaire" nem a tomar tais passagens como "des réminiscences de l'enseignement reçu jadis à l'Académie dont il n'a pas su se défaire, mais qui ne sont pas liées aux principes qu'il professe". S. Mansion, entretanto, entendera, desde o início (cf. ibidem, p.62-5), que a necessidade característica da ciência se estabelece, nos *Analíticos*, no plano de ligação entre conceitos e subordina a tal interpretação sua compreensão dos textos em que aparecem os exemplos matemáticos. Ora, todo o nosso comentário da noção de ciência proposta pelos *Analíticos* teve, precisamente, em mira dar ênfase ao caráter ontológico do necessário científico. Outro problema, porém – e este, extremamente sério e complexo – seria o de mostrar como a necessidade ontológica dos objetos matemáticos se concilia com a sua condição de afecções quantitativas das essências físicas individuais, submissas ao devir e, portanto, perecíveis: caberia a um amplo estudo sobre o sistema aristotélico das ciências (e sobre as relações entre o necessário e o devir, em Aristóteles) colocar com precisão e resolver este problema. De qualquer modo, a doutrina aristotélica é bastante precisa para que não nos enganemos: os objetos matemáticos *são*, de um ser necessário e eterno. E, em consequência disso, as matemáticas são, plenamente, ciências.

Restar-nos-ia responder a uma objeção que pretendesse apoiar-se no texto acima referido da *Metafísica*, segundo o qual deve partir-se na busca da verdade, das coisas que, como as celestes, nunca são de outra maneira e não, das coisas em fluxo e mudança,[129] para contestar toda interpretação que não veja na teologia astral o paradigma aristotélico da ciência. Mas, como se depreende facilmente da leitura do contexto e, igualmente, da passagem do livro Γ que, em verdade, aquela outra apenas retoma,[130] o que aqui se pretende é apenas censurar quantos estendem a todo universo observações que fizeram sobre um pequeno número de coisas sensíveis, por certo, em permanente mudança; pois eles não veem que "a região do sensível que nos cerca é a única que se perpetua no perecimento e na geração, mas ela nem mesmo é, por assim dizer, uma parte do Todo", de modo que teria sido mais justo absolver nosso mundo sensível, por causa do mundo celeste, que condenar o mundo celeste, por causa desta mínima parte do universo. A preocupação do filósofo, portanto, não é a de fornecer um paradigma para a doutrina da ciência, mas a de recusar que se tome o mundo sublunar como paradigma do universo e indicar que é na necessidade deste último que se encontrará a verdade da contingência do primeiro e o fundamento do conhecimento de que ela é suscetível. Mas em nada isto obsta a que as matemáticas, ciência que os homens conseguiram, nos revelem a natureza da ciência e nos sejam caução de que a ciência é humanamente possível.

2.4 Aristóteles e a concepção platônica da ciência

Esclarecida a noção de conhecimento científico e uma vez explicado como pudemos obtê-la, antes de descrevermos sob que forma tal conhecimento se nos apresenta, permitamo-nos constatar a inversão total de perspectiva operada pela teoria aristotélica da ciência em relação à doutrina platônica. É verdade, como já se sublinhou com

---

129 Cf. *Met*. K, 6, 1063ª13-17, citado acima, n.99.
130 Cf. *Met*. Γ, 5, 1010ª25-32; cf., acima, n.99.

insistência, que a concepção de ciência, em Aristóteles, guardou traços fundamentais da ciência, segundo Platão, e que a presença do legado platônico é de uma irrecusável evidência.[131] Afinal, não diz a ciência, em Platão, respeito ao ser e não o conhece como é?[132] Não concerne ela ao que é sempre a si mesmo idêntico?[133] Pois como se atribuiria o ser ao que não está nunca no mesmo estado?[134] Mas somente o que *é* é realmente cognoscível.[135] E Platão distinguira entre o que absolutamente é (παντελῶς ὄν) e é, por isso, absolutamente conhecível (παντελῶς γνωστόν), o que não é e é, por isso mesmo, incognoscível e o que pode ser e não ser, intermediário entre o que é e o que não é, conhecível, portanto, por algo intermediário entre a ciência e a ignorância, isto é, precisamente, pela *opinião* (δόξα).[136] Já vira, também ele, na ciência e na opinião, faculdades (δυνάμεις) da alma e já distinguira as faculdades da alma segundo a natureza dos objetos de que se ocupam.[137] Já recusara que pudesse a mesma coisa ser objeto de opinião e de ciência.[138] E classificara a ciência entre as coisas que são, por natureza, *de* outra coisa, isto é, que a algo são relativas:[139] a Ciência em si é ciência do Objeto em si, qualquer que ele seja, assim como uma ciência particular e determinada o é de um objeto particular e determinado.[140]

---

131 Cf. Zeller, *Die Philosophie der Griechen*, 1963[7], II, 2, p.161 seg.; 312-3 etc.; Mansion, *Le jugement d'existence chez Aristote*, 1946, p.11 seg.: a autora afirma mesmo que "Plus encore que Platon, Aristote insiste sur les caractères de nécessité, d'éternité et d'immutabilité de la science" (ibidem, p.12).
132 Cf. *Rep.* V, 478[a].
133 Cf. ibidem, 479[e]: ἀεὶ κατὰ ταὐτὰ ὡσαύτως ὄντα.
134 Cf. *Crát.* 439[e].
135 Cf. *Rep.* V, 477[a].
136 Cf. *Rep.* V, 477[ab]. Também, no *Teeteto*, Sócrates examinará e refutará as hipóteses de Teeteto que definem a ciência como opinião verdadeira (cf. *Teet.*, 187[b]-201[c]) ou como opinião verdadeira acompanhada de razão (cf. *Teet.*, 201[c]-210[b]).
137 Cf. *Rep.* V, 477[c-e]. E o *Timeu* falar-nos-á do parentesco existente entre os raciocínios e os objetos a que eles concernem: os que concernem ao permanente e ao que é firme são firmes e inabaláveis, os que concernem ao que é cópia daquele outro objeto serão apenas verossímeis, proporcionalmente à verdade dos primeiros, cf. *Tim.*, 29[bc].
138 Cf. *Rep.* V, 478[a].
139 Cf. *Rep.* IV, 438[b]: ὅσα γ'ἐστὶ τοιαῦτα οἷα ε ναί του.
140 Cf. ibidem, 438[cd].

Entretanto, apesar de todos esses pontos de aproximação ou, até mesmo, de coincidência entre o aristotelismo e o platonismo, uma mudança radical se consumara com a rejeição da doutrina das Formas, que nos obriga a conferir a frases e expressões que permaneceram inalteradas e a doutrinas análogas, que elas exprimem, uma significação radicalmente diferente: é que o objeto do saber é, no aristotelismo, totalmente outro, o universo físico e o Céu tendo ocupado o lugar deixado vago pelas Ideias em que não mais se acredita.[141] Ora, um dos resultados aparentemente mais paradoxais dessa transformação doutrinária é o novo estatuto das ciências matemáticas, no aristotelismo. Ninguém ignora, por certo, o interesse de Platão pelas matemáticas, cujo estudo tanto se desenvolveu, sob seu impulso, na Academia. E a *República* longamente se estende[142] sobre essas ciências privilegiadas para a formação e educação dos guardiões do Estado, que são as matemáticas, cuja função não é outra senão a de elevar a parte mais nobre da alma à contemplação do mais excelente de todos os seres.[143] E somente a homens nelas versados pode revelar-se a faculdade dialética, para a qual qualquer outro caminho é impossível.[144] Mas, se isso é verdade, não é menos verdade, também, que, para Platão, tais ciências não são senão o prelúdio de uma ária que só a dialética executa,[145] porque só ela tenta metodicamente apreender o que é, em si mesma, cada coisa.[146] As matemáticas, se apreendem algo do ser, conhecem-no como em sonho, incapazes de vê-lo à luz do dia.[147] Se lhes chamamos, então, ciências, não é senão em obediência ao uso comum, mas outra devia, de fato, ser a sua denominação, mais obscura que a de ciência:[148] *só a dialética realmente é ciência*, porque só ela é capaz de ir ao

---

141 Cf., acima, I, 2.2 e n.102.
142 Cf. *Rep*. VI, 522^b-31^c.
143 Cf. ibidem, 532^c.
144 Cf. ibidem, 533^a.
145 Cf. *Rep*. VII, 531^d-2^b.
146 Cf. ibidem, 533^b.
147 Cf. ibidem, 533^{bc}.
148 Cf. ibidem, 533^d.

princípio.¹⁴⁹ Ora, recusada pelo aristotelismo a doutrina do Bem e das Ideias "separadas", disperso agora o Ser segundo a tábua das Categorias, ocupando-se de uma esfera do real que plenamente apreendem e conhecem, não são mais as matemáticas disciplinas que indevidamente usurpam o nome de ciência sem possuírem real cientificidade; ao contrário, ἐπιστῆμαι de pleno direito, podemos, como vimos, interrogar-nos sobre o que é a ciência, tomando-as por paradigma. Donde podemos dizer, sem hesitação, que assistimos, no aristotelismo, a uma revalorização radical do conhecimento matemático.¹⁵⁰

3 Ciência e silogismo demonstrativo

3.1 A demonstração ou silogismo científico

Exposta a noção de conhecimento científico e comprovada a sua correção e validade, vão os *Segundos Analíticos* explicar-nos, agora, sob que forma tal conhecimento se nos apresenta: "Se também há, então, uma outra maneira de conhecer cientificamente, di-lo-emos mais tarde; mas afirmamos conhecer, também, através da demonstração (δι'ἀποδείξεως). Chamo de demonstração o silogismo científico (ἐπιστημονικόν); chamo, por outro lado, de científico aquele em virtude do qual, por tê--lo, conhecemos cientificamente".¹⁵¹ Que nos revela esse texto e que consequências ele implica, ou parece implicar? De início, parece-nos dar a entender que se operará uma restrição provisória em nosso campo de estudo: limitar-nos-íamos, por ora, apenas ao estudo da ciência demonstrativa, ressalvando embora a possibilidade de haver outra forma de

---

149 Cf. ibidem, 533ᶜᵈ. Assim, o homem que busca pela dialética chegar à essência de cada coisa e não pára até que apreende, pela mesma inteligência, o que o Bem é, em si mesmo, atinge o próprio termo do inteligível, cf. ibidem, 532ᵃᵇ.
150 Tudo isso supõe que o aristotelismo reconheça, então, a plena autonomia das ciências matemáticas. Como adiante veremos, tal é, precisamente, a doutrina aristotélica e o estudo desse tema ainda uma vez confirmará a interpretação que, aqui, propusemos.
151 *Seg. Anal.* I, 2, 71ᵇ16-9.

conhecimento científico, de que deveríamos falar oportunamente. Logo veremos, entretanto, que o conhecimento apodítico, o que se obtém mediante o silogismo científico, não é apenas uma entre outras formas de ciência; em verdade, o decurso do texto aristotélico mostrar-nos-á que a limitação de que partimos é apenas aparente e que, em sentido próprio, nenhuma outra forma há de ciência que não a demonstrativa.

Temos, então, que o *instrumento* do conhecimento científico é uma espécie de silogismo que chamaremos demonstração, silogismo este cuja cientificidade se manifesta no mesmo fato de identificar-se sua posse ("por tê-lo": τῷ ἔχειν αὐτόν) com o conhecimento científico. Não é a ciência o silogismo demonstrativo mas ele é o meio instrumental de sua efetivação, é o discurso de que ela sempre se acompanha.[152] E não somente é o discurso silogístico o seu instrumento mas constitui, também, uma forma de discurso em cuja mesma estruturação vamos encontrar transcritas as relações causais e necessárias que a ciência conhece. Os *Primeiros Analíticos* tinham-nos definido o silogismo: "Silogismo é discurso (λόγος) em que, postas certas coisas, algo de diferente das coisas estabelecidas necessariamente resulta do fato de elas serem".[153] Como tal definição de silogismo o mostra, esse discurso que caminha do que é previamente posto para algo de novo e diferente apresenta as duas características da causalidade e necessidade, por que vimos definir-se a ciência: no silogismo, chega-se a algo novo porque certas outras coisas foram postas e em resultado delas, como necessária consequência. Ocorre, porém, que se não confundem esta causalidade e esta necessidade internas do silogismo qualquer com a causalidade e a necessidade científicas. Com efeito, ao falar de demonstração ou *silogismo científico, implicitamente* já pressupomos que silogismos há que não demonstram e esta é, de fato, a doutrina constante de Aristóteles nos *Primeiros* e nos *Segundos Analíticos*. E já no mesmo início dos *Analíticos,* distinguia-se o silogismo, em geral, do

---

152 Cf. *Seg. Anal.* II, 19, 100^{b}10; *Ét. Nic.* VI, 6, 1140^{b}33.
153 *Prim. Anal.* I, 1, 24^{b}18-20. A mesma definição também nos *Tópicos* se encontra, cf. *Tóp.* I, 1, 100^{a}25-7.

silogismo demonstrativo, insistindo-se na identidade da forma silogística, quer se trate, ou não, de demonstração.[154] Mais adiante, explicita-se claramente a relação entre o silogismo e a demonstração, que não é senão um caso particular daquele: "Com efeito, a demonstração é um determinado silogismo, mas nem todo silogismo é demonstração".[155] Em nada difere esta doutrina do que encontramos em outra parte do *Órganon*, isto é, nos *Tópicos*.[156] E também os *Segundos Analíticos* confirmam-na explicitamente.[157] Temos, assim, que demonstração ou silogismo científico é aquele silogismo cuja causalidade e necessidade internas se ajustam à expressão da causalidade e necessidade que a ciência estuda. Dentro da silogística geral, diz respeito à ciência, portanto, uma única região bem determinada. E a passagem dos *Primeiros* aos *Segundos Analíticos* é a passagem do estudo daquela silogística geral ao de uma silogística particular, que à ciência serve de instrumento (o que não impede que ambos os tratados reunidos constituam um todo cujo escopo geral, conforme as mesmas palavras iniciadas dos *Primeiros Analíticos* indicam, é o estudo da demonstração[158]). Tenhamos, pois, por aceita, a especificidade da silogística demonstrativa.[159]

---

154 Cf. *Prim. Anal.* I, 24ª22-ᵇ15, onde Aristóteles distingue as premissas do silogismo demonstrativo das do silogismo dialético, acrescentando que em nada importa tal diferença para a produção dos respectivos silogismos.
155 *Prim. Anal.* I, 4, 25ᵇ30-1. E como vimos (cf. a nota anterior), os *Primeiros Analíticos* distinguem, como duas diferentes espécies de silogismos, o demonstrativo e o dialético.
156 Em *Tóp.* I, 1, com efeito, Aristóteles distingue como espécies (διαφοραί...) do silogismo a demonstração, o silogismo dialético, o silogismo erístico e o paralogismo em matéria científica. É extremamente útil a comparação entre esse texto e o cap. 1 do livro I dos *Primeiros Analíticos*: ambos, de fato, definem de modo idêntico o silogismo e ambos estabelecem uma distinção entre demonstração e silogismo dialético; é apenas diferente o intuito com que o fazem, os *Primeiros Analíticos* tendo em vista o silogismo em geral, de que vão minuciosamente ocupar-se, os *Tópicos* tendo em mira a determinação do silogismo dialético, a cujo estudo o tratado se destina (cf. *Tóp.* I, 1, 100ª21-4).
157 Cf. *Seg. Anal.* I, 2, 71ᵇ23-5. Algumas linhas mais adiante, em 72ª9-11, distinguir-se-á a premissa dialética da demonstrativa.
158 Cf. *Prim. Anal.* I, 1, 24ª10-1.
159 Se nela insistimos, é que se minimizou frequentemente a significação desse fato. Reconhecê-lo, entretanto, sem tentar atenuar a distinção que o filósofo claramente faz entre demonstração e silogismo, é levar a sério a contraposição que os *Analíticos* e os *Tópicos*, como vimos, estabelecem entre silogismo dialético e silogismo demonstrativo (cf., acima, n.154-7)

3.2 O silogismo e as matemáticas

Poderíamos, entretanto, perguntar onde encontra o filósofo fundamento para a afirmação de que é mediante a posse de uma certa forma do silogismo, dita silogismo científico ou demonstração, que se obtém a ciência. Nenhum argumento é invocado, naquele texto,

---

e, reconhecendo-se toda uma esfera da silogística que não respeita à ciência, caminhar para a valorização do silogismo dialético. Com efeito, nem sempre se reconheceu a significação do silogismo dialético, preferindo-se, às vezes, não insistir no caráter particular do silogismo demonstrativo; recusa-se, então, a unidade dos *Analíticos* e veem-se, nos dois tratados que os compõem, momentos diferentes do pensamento aristotélico. Tal foi a posição de, entre outros, N. Maier e F. Solmsen, para os quais o raciocínio dialético dos *Tópicos* representava uma primeira fase da lógica aristotélica; mas, enquanto Maier cria ter Aristóteles daí evoluído para a descoberta do silogismo, em geral, só posteriormente formulando a teoria do silogismo científico, pretendia F. Solmsen, em sentido inverso, que os *Segundos Analíticos* precediam os *Primeiros* no tempo e na doutrina e que o filósofo, tendo primeiramente formulado uma doutrina da ciência, somente mais tarde teria constituído uma teoria geral do silogismo. Leia-se a exposição sucinta e crítica dessas duas interpretações e uma discussão pormenorizada e pertinente das relações entre os *Primeiros* e os *Segundos Analíticos* em Ross, *Aristotle's Prior and Posterior Analytics,* Introduction, p.6-23. Ou então, reconhecendo-se embora a importância da dialética dentro da doutrina aristotélica, nega-se, contudo, o emprego do silogismo pela dialética; assim, Le Blond, concluindo, com Maier, a partir do fato de não aparecer o termo συλλογισμός nos livros II a VII dos *Tópicos*, pelo caráter tardio dos livros I e VIII, em que ele aparece, e pelo desconhecimento do silogismo por parte da dialética aristotélica, crê que "le syllogisme, en tant que tel, ne constitue pas un procédé charactéristique de la méthode dialectique" (cf. *Logique et méthode...,* p.30). Em importante artigo publicado em 1951, E. Weil apontou, como uma das razões para o desprezo histórico dos *Tópicos* de Aristóteles, a insistência dos estudiosos numa concepção errônea das relações entre a dialética e a analítica (cf. Weil, "La place de la logique dans la pensée aristotélicienne", 1951, p.283-315); não somente o autor afirma a origem dialética do silogismo, mas entende também que a descoberta do silogismo demonstrativo não levou à substituição da dialética por uma nova técnica nem ao abandono do silogismo dialético. Posteriormente, entretanto, Aubenque (cf. *Le problème de l'être...*, 1962, p.256, n.5), retomou a posição de Maier e, aceitando embora a possibilidade de um silogismo não demonstrativo, crê que a ordem do raciocínio dialético é oposta à ordem natural do silogismo. Mais recentemente, De Pater dedicou toda uma obra à descrição e à análise dos *Tópicos* aristotélicos (cf. De Pater, *Les* Topiques *d'Aristote et la dialectique platonicienne*, 1965), estudo sério e pioneiro nesse domínio; não julgamos, porém, dever acompanhar o autor nas suas conclusões sobre o silogismo dialético, enquanto pretende que, tendo a palavra "silogismo" muitos sentidos, o silogismo tópico e o analítico representam duas espécies diferentes do silogismo que não possuem uma forma comum mas que apresentam, ambas – e eis o que constituiria a essência do silogismo – apenas, uma relação de necessidade entre premissas e conclusão (cf., ibidem, p.70-2 e, part., n.31). Não cabe, porém, nos limites deste estudo, uma investigação sobre o método dialético de Aristóteles e sobre sua utilização do raciocínio silogístico.

para corroborar ou provar aquela asserção, donde parecer-nos lícito inferir que, também aqui, foi o comportamento efetivo das ciências existentes que permitiu, uma vez tomado como objeto de reflexão e exame, se desvendasse seu modo próprio de operação. Vimos, há pouco, terem sido as matemáticas o exemplo privilegiado de ciência já constituída sobre que se exerceu a reflexão aristotélica: estaremos, então, pretendendo que as matemáticas se nos revelam como uma forma de conhecimento que constrói silogisticamente suas inferências e que a análise da demonstração matemática é, para o filósofo, a garantia daquela afirmação? Não se trataria de uma interpretação passível de ser facilmente desmentida por quantos estudos têm procurado mostrar a origem biológica da lógica aristotélica?[160] Eis, entretanto, que o próprio filósofo vem textualmente declarar-nos, ao argumentar sobre a maior cientificidade da primeira figura do silogismo: "De fato, as ciências matemáticas por meio dela produzem suas demonstrações, como, por exemplo, a aritmética, a geometria e a ótica e, por assim dizer, quantas disciplinas empreendem a investigação do porquê".[161] E, por outro lado, algumas passagens, nos *Analíticos* e na *Metafísica*, contêm exemplos sugestivos que nos ajudam a compreender como Aristóteles terá entendido a construção silogística do raciocínio matemático.[162] Tomemos, então, um desses exemplos, o do teorema que prova serem iguais a dois retos os ângulos do triângulo.[163] Seja o triângulo ABC.

---

[160] Tal é, por exemplo, a posição de Brunschvicg (cf. *Les étapes de la philosophie mathématique*, 1947, p.72 seg.). O autor procura mostrar, com efeito, que o sistema silogístico dos três termos e das três proposições "constitue une sorte de vie organique, qui est parallèle à l'existence des choses et qui donne le moyem d'en comprendre la genèse" (p.79). Le Blond partilha igualmente essa hipótese, e para ele, é também a biologia que serve de guia para a lógica de Aristóteles: os exemplos matemáticos e o vocabulário de que o filósofo se serve nos *Analíticos* testemunhariam apenas de sua própria ilusão a esse respeito (Cf. Le Blond, *Logique et méthode...*, 1939, p.71-2).

[161] *Seg. Anal.* I, 14, 79^{a}18-21.

[162] Cf., por exemplo, *Seg. Anal.* I, 1, 71^{a}19 seg.; II, 11, 94^{a}28 seg.; *Met.* Θ, 9, 1051^{a}21 seg.; M, 10, 1086^{b}34-6.

[163] Cf. *Met.* Θ, 9, 1051^{a}21 seg. Ross (cf. nota *ad locum*), em cujo comentário e interpretação do raciocínio aristotélico nos apoiamos, julga provável que Aristóteles tenha conhecido a proposição sobre a igualdade dos ângulos do triângulo a dois retos em sua forma euclidiana

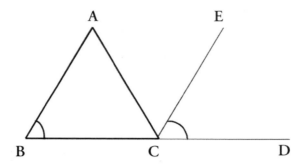

A construção geométrica, prolongando BC até D e traçando CE paralelamente a BA é obra do pensamento em ato do geômetra que, efetuando a necessária "divisão" (διαίρεσις) do espaço geométrico e das figuras, faz passar, também ao ato, o que era, até agora, simples potencialidade geométrica (δύναμις). Mas, uma vez efetuada a "divisão", a inferência silogística é imediatamente possível e a prova torna-se evidente. De fato, de proposições conhecidas, por teorema anterior, sobre os ângulos formados por secante a duas paralelas, tomadas como premissas maiores, concluímos silogisticamente que são iguais os ângulos CAB e ACE, assim como os ângulos ABC e ECD. Aplicando, agora, o princípio de que as somas de quantidades iguais são iguais, temos que a soma dos ângulos do triângulo (CAB + ABC + BCA) é igual à soma dos ângulos em torno do ponto C (ACE + ECD + BCA, ângulo comum às duas somas), enquanto somas de ângulos iguais.

(é a proposição I, 32 de Euclides). Mas Ross não leva em conta, em seu comentário, o caráter silogístico da demonstração, que mostramos ser importante, aos olhos de Aristóteles. Por outro lado, devemos reconhecer que a efetiva validação de nossa reconstrução do silogismo aristotélico sobre a igualdade da soma dos ângulos do triângulo a dois retos, que a seguir propomos, exigiria todo um desenvolvimento sobre a doutrina aristotélica do *um*, enquanto o mesmo que *ser*, do *mesmo* e do *igual* (cf., particularmente, Met. Γ, 2; I, 2 e 3). Esclarecer-se--ia, então, como se pode dizer que, se a quantidade *a* é *igual* à quantidade *b*, então sob um certo prisma *a* e *b* são *uma* só e a *mesma* quantidade, a quantidade *a* é a quantidade *b*, Mas um tal estudo iria bem além do escopo deste livro.

Concluído mais este silogismo, podemos agora construir o silogismo final da cadeia demonstrativa, tomando como premissa maior uma proposição anteriormente conhecida (sobre a igualdade dos ângulos em torno de um ponto a dois retos) e, como menor, a conclusão do silogismo que acabamos de demonstrar:

Toda soma dos ângulos em torno de um ponto é um ângulo de dois retos.

Toda soma dos ângulos de um triângulo é uma soma dos ângulos em torno de um ponto.

Toda soma dos ângulos de um triângulo é um ângulo de dois retos.

Manifesta-se, assim, que, aos olhos de Aristóteles, se é importante "a significação da intuição da construção para a compreensão da prova",[164] o que é essencial na demonstração geométrica – o que é realmente demonstrativo – é a cadeia silogística que leva à conclusão final, em introduzindo a sua causa próxima: "Por que são os ângulos do triângulo iguais a dois retos? Porque os ângulos em torno de um ponto são iguais a dois retos".[165] É fundamental compreender este ponto para dissipar confusões que concernem à questão da relação entre o raciocínio matemático e a silogística, *em Aristóteles*. Com efeito, três problemas há que são totalmente distintos e se não devem misturar: o da gênese histórica do silogismo e de sua descoberta, por Aristóteles, o da doutrina aristotélica sobre a demonstração matemática e, por fim, o da eventual correção ou incorreção da interpretação silogística do raciocínio matemático. Ora, quaisquer que tenham sido os caminhos que conduziram o filósofo ao silogismo – quer tenha ele nascido da reflexão aristotélica sobre as discussões dialéticas de que a Academia e o próprio Liceu foram o constante teatro ou de sua crítica aos processos

---

164 Como se exprime Ross (cf. nota *ad* Θ, 9, 1051ª32-3), que aí vê uma antecipação da doutrina kantiana da natureza sintética do procedimento matemático.
165 *Met.* Θ, 9, 1051ª24-5.

lógicos da argumentação platônica (sobretudo, ao método da divisão dicotômica[166]), quer das práticas e técnicas classificadoras da investigação biológica que a Academia já conhecia e que Aristóteles, como se sabe, grandemente impulsionou,[167] quer de qualquer outra origem – e seja qual for a aptidão ou inaptidão do silogismo para transcrever as inferências da geometria que Aristóteles conheceu,[168] outro problema – e este é o que aqui nos interessa – é o de saber como Aristóteles interpretou o raciocínio matemático. Ora, vimos que os textos do filósofo são meridianamente claros: a seus olhos, o exame dos processos de pensamento utilizados pelas ciências constituídas, *isto é, pelas matemáticas*, revela-nos a natureza silogística do discurso científico, o elemento doutrinal mais uma vez erigindo-se sobre a consideração do "fato" científico. Tal é a interpretação aristotélica e tal é o prisma sob o qual, explicitamente, Aristóteles elabora os *Segundos Analíticos*.

3.3 O silogismo científico e o conhecimento do "que"

Se o discurso científico assume, então, a forma da demonstração silogística, é natural que encontremos a terminologia silogística per-

---

166 Veja-se, por exemplo, a crítica do método platônico da divisão, em *Prim. Anal.* I, 31, onde Aristóteles o caracteriza como um *"silogismo impotente"* (46ª32). Segundo Maier, a origem do silogismo aristotélico deve-se, precisamente, à sua crítica do método platônico da divisão (cf. Maier, *Die Syllogistik des Aristoteles*, 1900, II, 2, p.77).

167 Leiam-se as páginas que Bourgey consagra à "observação biológica" no seu excelente livro intitulado *Observation et expérience chez Aristote*, 1955, p.83 seg., a nosso ver, uma das melhores obras da historiografia aristotélica contemporânea. Cf., também, Reymond, *Histoire des sciences exactes et naturelles dans l'Antiquité gréco-romaine*, 1955, 1ère Partie, Chap. 1er, § 7: "Aristote et l'école péripatéticienne. Les sciences naturelles", p.74-5. Sobre os "esquemas biológicos" utilizados por Aristóteles na constituição dos "quadros" de sua doutrina, cf. Le Blond, *Logique et méthode...*, 1939, p.346-70. Por outro lado, no que concerne a uma provável influência das técnicas classificadoras ligadas ao emprego da divisão, na Academia, sobre a metodologia aristotélica, v. a "Notice" de A. Diès, que precede sua tradução do *Político*, de Platão, na Collection des Universités de France ("Les Belles Lettres", p.XXVI seg.) e que contém o texto e a tradução da famosa passagem do cômico Epícrates sobre a diligência classificadora dos jovens acadêmicos.

168 Já Hamelin criticava Aristóteles por não ter reconhecido, *"puisque les essences mathématiques sont singulières"*, que *"les mathématiques échappent au syllogisme"* (cf. Hamelin, *Le système d'Aristote*, 1931² rev., p.181).

manentemente presente na doutrina dos *Analíticos* sobre a ciência: teremos de haver-nos necessariamente com premissas e conclusões, com termos médios, com as três figuras. Por isso mesmo, lembrar-nos-á o filósofo, desde o início, que proposição é uma ou outra das partes da contradição, afirmando ou negando um predicado de um sujeito, algo de algo (τὶ κατὰ ou ἀπὸ τινός).[169] Compreendemos, também, que o resultado do conhecimento científico se nos dará, necessariamente, sob a forma de conclusões dos silogismos ou de cadeias de silogismos (em que também servem como premissas de novos silogismos as conclusões de silogismos anteriores) e, portanto, sob forma de uma atribuição: provamos cientificamente que tal predicado pertence (ou não) a tal sujeito, provamos sempre algo de algo através do termo médio.[170] E, uma vez que é sempre a ciência relativa ao ser que ela conhece,[171] a atribuição que a conclusão exprime não é senão a expressão, por sua vez, de *que algo é*: "toda demonstração prova algo de algo, ou seja, que é ou que não é" (ὅτι ἔστιν ἢ οὐκ ἔστιν).[172] Nesse sentido, diremos que toda demonstração exprime o conhecimento científico de um "que é" (ὅτι ἔστιν), ela é sempre do "que" (ὅτι).[173] O que facilmente se

---

169 Cf. *Seg. Anal.* I, 2, 72ª8-14, onde se retoma a doutrina de *Prim. Anal.* I, 1, 24ª16 seg. e de *Da Int.*, cap. 5 e 6. Seguimos Colli (Cf. *Organon*, Introduzione, traduzione e note de G. Colli, Torino, Einaudi, p.893-6), na sua bem fundamentada correção do ἀποφάνσεως de *Seg. Anal.* I, 2, 72ª8-9 em ἀντιφάσεως, assim como, quando prefere, contra Ross, a lição do códice a, ἀντιθέσεως, em ª11, ao invés de ἀντιφάσεως dos outros códices. A passagem inteira de 72ª8-14 torna-se, assim, perfeitamente concatenada e compreensível.
170 Cf. *Seg. Anal.* II, 4, 91ª14-5: "com efeito, o silogismo prova algo de algo através do termo médio".
171 Cf., acima, I, 1.2.
172 *Seg. Anal.* II, 3, 90ᵇ33-4.
173 Cf. *Seg. Anal.* II, 7, 92ᵇ14-5; 3, 90ᵇ38-91ª2. Aristóteles, que, no início do livro II dos *Segundos Analíticos* (cf. II, 1, todo o capítulo), distingue entre a pergunta sobre o "que" (ὅτι) e a pergunta sobre se algo é (εἰ ἔστιν), em sentido absoluto, interpreta, no capítulo seguinte, essa distinção como uma distinção entre o "que" *ou* "se é", em parte (ἐπὶ μέρους) e o "que" *ou* "se é", em sentido absoluto (ἁπλῶς), isto é, entre o fato de algo *ser algo* (εἰ ἔστι τι) e o fato de algo *ser*, simplesmente (cf. II, 2, 89ᵇ36 seg.). Voltaremos longamente a esses textos no cap. V, ao falarmos da relação entre a demonstração e a definição. Quanto à tradução de ὅτι, nos casos em questão, em que a partícula se emprega, por vezes, substantivada, como termo técnico, julgamos preferível a tradução literal ("que"), apesar de sua insólita aparência. Mas não menos insólita era, na língua grega, a maneira por que Aristóteles

comprovará, observando-se como constrói suas demonstrações, por exemplo, a geometria.[174]

3.4. Das condições de possibilidade da demonstração

Se chegamos, então, ao conhecimento científico através do silogismo demonstrativo, se o que se conhece cientificamente se exprime como conclusão desse silogismo e se esse silogismo não difere formalmente, como vimos, de nenhum outro,[175] é natural que o filósofo se interrogue, agora, sobre que condições se devem preencher para que um silogismo seja demonstrativo, isto é, para que, exprimindo um conhecimento causal do necessário, seja o efetivo instrumento do saber científico. Quais são, por conseguinte, as condições de possibilidade da demonstração e, portanto, da ciência? Antes de acompanharmos o filósofo nesse novo passo, lembremos, no entanto, a questão preliminar que ele levantara, antes mesmo de abordar o estudo do conhecimento científico, com as próprias palavras iniciais dos *Segundos Analíticos*, ao observar que, em toda a esfera dianoética, isto é, onde quer que o conhecimento se exerça pelo pensamento e não, pela sensibilidade, aprendizado ou transmissão de conhecimento sempre se efetuam a partir de um conhecimento prévio que já se possuía.[176] Que assim se

---

a utilizava, forjando seu vocabulário filosófico. Em assim procedendo, evitamos dois inconvenientes, em um dos quais teríamos forçosamente de cair, em caso contrário: seja o de empregar perífrases, que variariam, necessariamente, na tradução de cada passagem e que diriam muito mais (ou muito menos...) do que disse o filósofo, seja o de utilizar um vocábulo como "fato", por exemplo (de que se servem Bourgey (cf. Bourgey, *Observation et expérience chez Aristote*, 1955, p.103; cf., entretanto, p.105), S. Mansion (cf. *Le jugement d'existence...*, 1946, p.163, por exemplo), Robin (cf. "Sur la conception aristotélicienne de la causalité", in *La pensée hellénique des origines à Épicure*, 1942, p.425) etc.; ora, não somente tal vocábulo tem, em nossas línguas modernas, acepções que em nada correspondem ao ὅτι aristotélico, como, também, ele se presta mal a traduzir a ideia aristotélica de que "algo é algo" ou de que "algo é, simplesmente". Além disso, passagens há, nos textos, em que a tradução "fato" seria absolutamente insustentável.

174 Cf. *Seg. Anal.* II, 7, 92^{b}16; cf., também, I, 10, ^{a}33-6; ^{b}8-11 etc.
175 Cf., acima, I, 3.1 e n.154.
176 Cf. *Seg. Anal.* I, 1, com., 71^{a}1-2 e todo o capítulo; cf., também, *Ét. Nic.* VI, 3, 1139^{b}26-7: "Todo ensinamento parte do que é previamente conhecido, como dizemos, também, nos Analíticos". V., acima, n.2.

passam as coisas, uma simples verificação indutiva poderá facilmente comprová-lo, pois, quer se trate das matemáticas ou de cada uma das outras ciências e artes, quer dos silogismos ou induções dialéticas, quer dos exemplos ou entimemas retóricos, vê-se que os raciocínios todos, sejam eles silogísticos ou indutivos,[177] partem sempre de algo que já se conhece:[178] é de algo conhecido que para algo de novo caminha o conhecimento, *na esfera dianoética*.[179] O exemplo mesmo das ciências matemáticas, que o texto ao lado dos outros refere, deixa-nos cientes de que também os conhecimentos que nos oferecem as ciências constituídas se desenvolvem numa progressão em que o pensamento discorre do que se conhece ao que se torna, a partir daí, conhecido. Sob esse prisma, a pergunta que há pouco formulávamos sobre as condições de possibilidade da demonstração científica poderá, então, reformular-se: que conhecimento anterior é necessário para que se construa um silogismo científico? E, visto que se constrói o silogismo sobre suas premissas: de que natureza são as proposições cujo prévio conhecimento nos torna possível erigir sobre elas a demonstração silogística? Propõe-se o filósofo a responder-nos; acompanhemo-lo, então, nesse seu passo.

---

[177] E toda convicção que em nós se produz provém sempre ou do silogismo ou da indução, cf. *Prim. Anal.* II, 23, 68^{b}13-4; *Ét. Nic.* VI, 3, 1139^{b}26-8. Atente-se, por outro lado, em que a indução se diz, nos *Tópicos*, uma das formas do raciocínio *dialético*, ao lado do silogismo (cf. *Tóp.* I, 12, o capítulo todo), enquanto os *Segundos Analíticos* não na apresentam como uma forma do raciocínio científico.
[178] Cf. *Seg. Anal.* I, 1, 71^{a}2-11.
[179] Precisão esta que, como veremos na ocasião devida, é extremamente importante.

II
O saber anterior

1 As premissas da demonstração

1.1 Natureza das premissas científicas

"Se conhecer cientificamente é, pois, como estabelecemos, também é necessário que a ciência demonstrativa parta de premissas verdadeiras, primeiras, imediatas, mais conhecidas, anteriores e causas da conclusão; pois, assim, também os princípios (ἀρχαί) serão apropriados à coisa demonstrada. Com efeito, haverá silogismo mesmo sem essas condições, mas não haverá demonstração, pois ele não produzirá ciência".[1] Esse texto é fundamental para a teoria aristotélica da ciência e nenhum exagero há em dizer que todo o primeiro livro dos *Segundos Analíticos* se estrutura em comentando-o; como mui corretamente se observou, o filósofo "consagra, praticamente, o resto do tratado a justificar cada uma dessas notas propostas como as

---

[1] *Seg. Anal.* I, 2, 71ᵇ19-25.

características da verdadeira demonstração".² Haveremos, pois, nós também, de longamente comentá-lo.

Das linhas acima transcritas uma coisa imediatamente resulta: é que o estudo das condições *sine quibus non* do conhecimento científico nos conduz diretamente ao exame da natureza particular das premissas do silogismo científico. Como era de esperar,³ ser-nos-á preciso buscar na natureza especial das premissas científicas a razão da mesma especificidade do raciocínio demonstrativo; e não é de outro modo, aliás, que também os *Tópicos* estabelecem, de início, a distinção entre a demonstração e o raciocínio dialético,⁴ caracterizando-os, a primeira, por repousar em premissas verdadeiras e primeiras (ou em premissas que se concluíram de premissas verdadeiras e primeiras), o segundo, por fundar-se em premissas aceitas (ἔνδοξα).⁵ Idêntico critério também preside à distinção inicial que os *Primeiros Analíticos* estabelecem, dentro das premissas silogísticas, entre premissas demonstrativas e premissas dialéticas, sobre que se estruturam os silogismos correspondentes.⁶

---

2 Le Blond, *Logique et méthode...*, 1939, p.74. Acrescenta, porém, o autor: "Nous ne le suivrons pas servilement, mais il nous semble qu'on peut grouper tous ces caractères de la démonstration, autour de deux conditions essentielles: la démonstration doit partir de propositions vraies, ἐξ ἀληθῶν, et elle doit se faire par la cause, δι'αἰτίας". A nosso ver, entretanto, nada justifica (cf., acima, cap. I, n.4), que se privilegie, assim, a característica de "verdade"; o temor de seguir "servilmente" Aristóteles e a recusa em acompanhar o progresso metódico do raciocínio do filósofo são, em nosso entender, os principais responsáveis por ter escapado a Le Blond a unidade coerente da doutrina aristotélica da ciência.

3 Cf., acima, I, 3.4.

4 Cf. *Tóp*. I, 1, 100ª27 seg.; cf., também, acima, cap. I., n.156.

5 Julgamos preferível traduzir o termo ἔνδοξον por proposição "aceita", rejeitando uma interpretação frequente, que o traduz por "provável", "verossímil" etc. Assim, Tricot, ad 100ª30: "premisses probables"; Régis, *L'opinion selon Aristote*, 1935, p.83-6, 140 etc.): "propositions probables"; Le Blond (*Logique et méthode...*, 1939, p.9 seg.): "probable"; Aubenque (*Le problème de l'être...*, 1962, p.258): "thèses probables". A definição do termo pelo próprio Aristóteles (ἔνδοξα δ τὰ δοκοῦντα πᾶσιν ἢ τοῖς πλείστοις ἢ πᾶσιν ἢ τοῖς πλείστοις ἢ τοῖς μάλιστα γνωρίμοις καὶ ἐνδόξοις, cf. *Tóp*. I, 1, 100ᵇ21-3) mostra-nos, com efeito, que sua significação primeira e fundamental diz respeito ao que é aceito (δοκεῖ, τὰ δοκοῦντα), parece (= é o parecer de, a opinião de) a todos, ou à maioria etc. Mais aceitáveis afiguram-se-nos as traduções de Pickard-Cambridge (*The Works of Aristotle*, Oxford Univ. Press, vol. I, *Topica and De Sophisticis Elenchis*, by W. A. Pickard--Cambridge) e de Colli (Aristotle, *Organon*), respectivamente, ad *Tóp*. I, 1, 100ª30: "opinions that are generally accepted" e "elementi fondati sull'opinione". Cremos não ser de pouca importância a tradução exata do termo para a correta interpretação da dialética aristotélica, a qual, precisamente, se ocupa do silogismo dialético, isto é, do silogismo que parte de ἔνδοξα.

6 Cf. *Prim. Anal*. I, 1, 24ª22-ᵇ3.

1.2 Justificação de suas notas características

A sequência imediata do texto aristotélico[7] é uma primeira justificação daquelas notas características e um primeiro esclarecimento sobre seu significado: "É preciso, portanto, que elas sejam verdadeiras, porque não é possível conhecer o não ser, por exemplo, que a diagonal é comensurável. Que se parta de premissas primeiras, indemonstráveis, porque [subent.: de outro modo] não se conhecerá cientificamente, em não se tendo demonstração delas; pois conhecer cientificamente, não por acidente, as coisas de que há demonstração é ter a demonstração. É preciso que sejam causas, mais conhecidas e anteriores: causas, porque é quando conhecemos a causa que conhecemos cientificamente; também anteriores, uma vez que são causas; e previamente conhecidas, não apenas da segunda maneira, pela compreensão, mas, também, por conhecer-se que a coisa é.[8] 'Anteriores' e 'mais conhecidas' dizem-se em dois sentidos: com efeito, não são idênticos o anterior por natureza (πρότερον τῇ φύσει) e o anterior para nós (πρὸς ἡμᾶς πρότερον) nem o mais conhecido (γνωριμώτερον [subent.: por natureza]) e o mais conhecido por nós (ἡμῖν γνωριμώτερον). Chamo anteriores e mais conhecidas para nós às coisas mais próximas da sensação, anteriores e mais conhecidas em absoluto (ἁπλῶς), às mais afastadas. As mais universais são as mais afastadas, as individuais, as mais próximas; e opõem-se umas às outras. Partir de premissas primeiras (ἐκ πρώτων) é partir de princípios apropriados: identifico, de fato, premissa primeira e princípio (ἀρχή). Um princípio de demonstração é uma proposição imediata (ἄμεσος), imediata é aquela a que não há outra anterior."

1.3 O conhecimento dos princípios, outra forma de ciência

Antes de estudarmos em detalhe todas essas noções, atentemos em que agora se patenteia para nós que o conhecimento prévio a

---

7 Cf. *Seg. Anal.* I, 2, 71ᵇ25 seg.
8 Aristóteles refere-se às duas formas de conhecimento prévio que distinguira em *Seg. Anal.* I, 1, 71ᵃ11-7: conhecimento da significação de um termo e conhecimento de que algo é (ὅτι ἔστι).

todo saber dianoético[9] assume, na esfera da ciência, o caráter de um conhecimento anterior de proposições de determinada natureza, premissas primeiras dos silogismos demonstrativos, que o nosso texto chama de princípios da demonstração e que diz indemonstráveis. Compreenderemos, então, que o conhecimento desses indemonstráveis iniciais a partir dos quais o silogismo demonstrativo se constrói constitui aquela outra maneira de conhecer cientificamente (ἐπίστασθαι) a cuja eventual existência vimos o filósofo fazer alusão, opondo-a à demonstração.[10] E, como dirá explicitamente, um pouco depois: "Nós afirmamos que nem toda ciência é demonstrativa, mas que a das premissas imediatas é indemonstrável".[11] Temos, assim, dentro da mesma esfera científica, um uso lato do termo ἐπιστήμη, designando tanto o conhecimento que se obtém por demonstração como aquele outro, por este, ao que vemos, exigido como sua condição *sine qua non*, das premissas primeiras, que não se demonstram. Convém, entretanto, esclarecer que esse uso mais amplo do termo não é o mais rigoroso e que Aristóteles, no mais das vezes, prefere reservar tal apelação ao conhecimento demonstrativo, claramente distinguindo entre o conhecimento causal do mediato e a apreensão do imediato, negando, por conseguinte, que possa haver "ciência" das premissas primeiras ou princípios, os quais, por serem "mais conhecidos que as demonstrações" e porque "toda ciência se acompanha de discurso" (ἐπιστήμη δ'ἅπασα μετὰ λόγου), dir-se-ão conhecidos, não pela ciência (ἐπιστήμη), mas pela inteligência (νοῦς): "haverá inteligência dos princípios".[12] Em sentido estrito, então, diremos que toda ciência é demonstrativa e que o conhecimento científico é *sempre* um conhecimento discursivo, sob forma de silogismo ou cadeia de silogismos que,

---

9 Cf., acima, I, 3.4 e n.176 a 179.
10 Cf., acima, I, 3.1 e n.151.
11 *Seg. Anal.* I, 3, 72ᵇ18-20.
12 Cf. a passagem final dos *Analíticos*, i. é, *Seg. Anal.* II, 19, 100ᵇ5-17; cf., também, *Ét. Nic.* VI, 6, todo o capítulo, particularmente 1141ᵃ7-8: λείπεται νοῦν ε ναι τῶν ἀρχῶν. Julgamos preferível traduzir νοῦς por "inteligência" a traduzi-lo por "intelecto" ou "intuição", por crermos mais fácil unificar sob aquele termo as diferentes significações que definem a expressão grega nos diversos textos em que o filósofo a emprega.

a partir de premissas primeiras ou princípios previamente conhecidos pela inteligência, obtém conclusões exprimindo um necessário, que é o seu objeto. Quanto ao uso lato do termo "ciência", abrangendo também o conhecimento dos princípios, podemos dizer que ele lhe atribui a denominação de ciência *eminentiæ causa*: o conhecimento dos princípios será ciência porque anterior e superior ao conhecimento científico, que nele encontra o seu fundamento.

2 Ciência e verdade

2.1 O ser e o verdadeiro, no pensamento e nas coisas

"É preciso, portanto, que elas [subent.: as premissas] sejam verdadeiras, porque não é possível conhecer o não ser, por exemplo, que a diagonal é comensurável".[13] Nada mais acrescenta Aristóteles para justificar o fato de ter incluído a verdade como uma das notas características das premissas científicas nem, tampouco, encontraremos, no restante dos *Segundos Analíticos*, uma doutrina qualquer da verdade científica; o último capítulo do tratado lembrar-nos-á, simplesmente, como algo sobre que não pode pairar dúvida, que, dentre os estados ou "hábitos" que concernem ao pensamento e com que alcançamos a verdade, enquanto uns também comportam a falsidade, como a opinião e o cálculo, outros há que são *sempre* verdadeiros: "são sempre verdadeiras ciência e inteligência".[14] Ora, não nos será difícil descobrir por que isto ocorre e por que a doutrina analítica da ciência não aborda a problemática da verdade.

Com efeito, ao ensinar-nos a *Metafísica* que o ser (τὸ ὄν), tomado em absoluto (ἁπλῶς), se diz em muitos sentidos (πολλαχῶς), inclui, entre eles, ao lado do ser por si (καθ'αὑτό) e do ser por acidente (κατὰ συμβεβηκός), do ser em ato (ἐνεργείᾳ) e em potência (δυνάμει), também o ser, como verdadeiro (ὡς ἀληθές), a que faz corresponder o não

---
13 *Seg. Anal.* I, 2, 71ᵇ25-6.
14 *Seg. Anal.* II, 19, 100ᵇ7-8.

ser, como falsidade (ὡς ψεῦδος).[15] Assim, de modo semelhante nas afirmações e nas negações, ao afirmarmos que Sócrates *é músico* ou ao dizermos que *é "não músico"*, estamos também dizendo que isso é verdade, do mesmo modo como, ao declararmos que não é a diagonal comensurável com o lado, estamos também dizendo que há falsidade em atribuir-lhe a comensurabilidade.[16] E, como nos explicarão E 4 a Θ 10, o ser, como verdadeiro, e o não ser, como falsidade, dependem de uma composição (σύνθεσις) e de uma separação (διαίρεσις) do lado das coisas (ἐπὶ τῶν πραγμάτων), ambos compartilhando dos membros de uma contradição:[17] o verdadeiro afirma onde há composição, nega onde há separação, enquanto o falso concerne aos juízos respectivamente contraditórios. Assim, "está com a verdade o que julga que o separado está separado e que o composto está composto, incorreu em falsidade aquele cujo estado [subent.: do pensamento] é contrário ao das coisas".[18] A verdade e a falsidade não se encontram, então, nas coisas (ἐν τοῖς πράγμασιν) mas no pensamento (ἐν διανοίᾳ), o que nos permite dizer que o ser, como verdade, está numa combinação (συμπλοκή) do pensamento e é, deste, uma afecção (πάθος),[19] o juízo verda-

---

15 Cf. *Met*. E, 2, com., 1026ª33-5; 4, 1027ᵇ18-9; Δ, 7, 1017ª31-2; K, 8, 1065ª21. Como nota, com razão, Aubenque, τὸ ὂν τὸ ἁπλῶς designa, em E, 2, 1026ª33, o "ser enquanto ser", de que o capítulo precedente fizera o objeto da filosofia primeira (cf. Aubenque, *Le problème de l'être...*, 1962, p.164, n.2).
16 Cf. *Met*. Δ, 7, 1017ª32-5.
17 Cf. *Met*. E, 4, 1027ᵇ18-23; Θ, 10, 1051ᵇ1 seg. Não cremos que Aubenque tenha razão (cf. Aubenque, *Le problème de l'être...*, 1962, p.165 seg.), quando interpreta, em 1051ᵇ2-3, τοῦτο δ'ἐπὶ τῶν πραγμάτων ἐστὶ τῷ συγκεῖσθαι ἢ διῃρεῖσθαι, como se Aristóteles, aqui ao contrário de como procedeu em E, 4, falasse de uma verdade, ao nível das coisas. Ainda que o autor procure mostrar, no que tem razão, que nenhuma contradição real existe entre os dois textos, nem mesmo nos parece, entretanto, que haja contradição aparente: a sequência do texto, em Θ, 10, e as expressões análogas às de 1051ᵇ2-3, em E, 4, 1027ᵇ21-2 (ἐπὶ τῷ συγκειμένῳ ... ἐπὶ τῷ διῃρημένῳ), indicam claramente, a nosso ver, que não cogita Aristóteles de nenhuma "verdade ontológica" ou "pré-predicativa", mas explica simplesmente que a verdade e a falsidade dizem respeito a juízos que retratam a composição e a divisão objetivas, ao nível das coisas. Cf., adiante, n.19 e 31.
18 *Met*. Θ, 10, 1051ᵇ3-5.
19 Cf. *Met*. E, 4, 1027ᵇ29-31; 34-1028ª1; K, 8, 1065ª21-3. Atente-se em que o texto de E, 4 não exclui, pelo fato de a isso não fazer alusão, que a essa combinação no pensamento corresponda uma composição nas coisas. Aliás, a sequência do texto mostra-o, com clareza.

deiro, imitando, pela sua mesma estruturação interna, a composição ou separação das próprias coisas. Mas, porque afecção do pensamento, "o ser, nesse sentido, é um ser outro que não as coisas que, em sentido próprio, são (ἕτερον ὄν τῶν κυρίως)",[20] isto é, outro que não o ser das categorias.[21] O ser, como verdadeiro, não é mais que um desdobramento, na alma do homem, do ser propriamente dito; se, sob esse prisma, diz respeito, em última análise, tanto como o ser por acidente, ao "restante gênero do ser", ao ser *por si* das categorias, em si mesmo não constitui, porém, alguma natureza de ser "exterior".[22] "Verdadeiro é dizer ... que o ser é, que o não ser não é".[23] Por isso mesmo, porque, como nos diz Θ 10, "não é, com efeito, por julgarmos, com verdade, que és pálido, que tu és pálido mas, por seres pálido, estamos na verdade, ao dizê-lo",[24] quando Aristóteles, nesse mesmo capítulo ao introduzir o ser, como verdadeiro, apresenta-o como κυριώτατα ὄν, como "ser, no sentido dominante",[25] se não queremos tomar essas palavras como simples glosa ao texto a ser suprimida,[26] deveremos interpretar esse "no sentido dominante" como "no sentido mais próprio", "no sentido mais comum" em que se usa a expressão: Aristóteles estaria, simples-

---

20 *Met.* E, 4, 1027ᵇ31.
21 Cf. Met. Δ, 7, 1017ᵃ22-4: "Dizem-se ser por si (καθ'αὑτά) quantas coisas se significam pelas figuras da atribuição (τὰ σχήματα τῆς κατηγορίας); com efeito, quantas se dizem elas, tantas são as significações de 'ser' (ε ναι)". Para uma outra interpretação do último membro dessa frase, cf. Aubenque, *Le problème de l'être...*, 1962, p.170 e n.3.
22 Cf. *Met.* E, 4, 1027ᵇ33-1028ᵃ2. Por esse motivo, o ser, como verdadeiro (assim como, por razões outras, o ser por acidente) não será estudado pela ciência do ser enquanto ser, cf. ibidem, 1028ᵃ2-4; K, 8, 1065ᵃ23-4.
23 *Met.* Γ, 7, 1011ᵇ26-7.
24 *Met.* Θ, 10, 1051ᵇ6-9. De modo que, como nos explicam as *Categorias*, (cf. *Cat.* 12, 14ᵇ11-22), se é certo que uma relação de recíproca implicação se estabelece entre o real e o discurso verdadeiro que lhe concerne (por exemplo: se há um homem, é verdadeiro o discurso que diz haver um homem e, se tal discurso é verdadeiro, há um homem), é certo, também, que há uma anterioridade natural do ser sobre o discurso verdadeiro, a qual podemos, inclusive, descrever em termos de causalidade: "de algum modo, manifesta-se a coisa como causa de ser verdadeiro o discurso" (ibidem, l. 19-20), enquanto, de nenhum modo, é o discurso verdadeiro causa de a coisa ser.
25 Cf. *Met.* Θ, 10, 1051ᵇ1-2.
26 Como quer Ross, cf. nota *ad locum*.

mente, a dizer-nos que, dos múltiplos sentidos de "ser", o que nos é mais imediato e comum e, sob esse ponto de vista, o mais próprio é aquele em que se toma uma frase como "Sócrates é músico" como expressão de que isso é *verdade*, anteriormente a qualquer especulação sobre a significação metafísica da proposição atributiva. Nenhuma contradição haveria, então, entre aquela afirmação e a de E 4, em que vimos o ser, como verdadeiro, dizer-se outro que não os seres κυρίως, "em sentido próprio", isto é, aqui: em sentido primeiro, fundamental do ponto de vista de uma filosofia do ser; trata-se, apenas, do uso, em sentido diferente, de um mesmo termo, que comporta, efetivamente, diferentes significações.[27] Nem estaria Aristóteles a chamar ao ser, como verdadeiro, de "ser, por excelência" nem a cogitar de uma "verdade ontológica", de um ser, como "abertura ao discurso humano que o desvela".[28]

---

27 Da mesma família linguística que κύριος (o que tem autoridade, senhor, mestre, soberano), o advérbio κυρίως, na linguagem aristotélica, aplicado à significação de um termo, "ipsam propriam as primariam alicuius vocabuli notionem, proprium ac peculiare alicuius notionis nomen significat" (Bonitz, *Index*, p. 416ª56 seg.). Assim, κυρίως designa apenas o uso próprio da expressão em oposição a seu sentido metafórico, ao seu uso κατὰ μεταφοράν, isto é, não um sentido ontológica ou epistemologicamente primeiro mas, simplesmente, o sentido literal, cf. *Tóp.* IV, 2, 123ª33-7 (o gênero atribui-se às espécies em sentido próprio e não, por metáfora); VI, 2, 139ᵇ2 seg. (os termos de uma definição correta, para serem claros, devem empregar-se em sentido próprio e não, em sentido metafórico); 140ª7, 13, 16; VIII, 3, 158ᵇ11-2; *Ref. Sof.* 4, 166ª16. Entretanto, ao falar das acepções κυρίως de natureza (por exemplo, em *Met.* Δ, 4, 1015ª14), de necessário (por exemplo, em *Met.* Δ, 5, 1015ᵇ12), ao dizer-nos que o ato é κυριωτέρως anterior à potência (cf. *Met.* Θ, 8, 1050ᵇ6), Aristóteles refere-se ao sentido "dominante", próprio, primeiro, fundamental desses vocábulos, enquanto significam o que é primeiro e fundamental no mesmo real, tal como o filósofo o concebe. Ora, quer parecer-nos que, quando Aristóteles fala, em *Met.* Θ, 10, 1051ᵇ1-2, do ser, como verdadeiro, como κυριώτατα ὄν, ele usa o termo numa acepção paralela àquela em que o emprega nos primeiros textos acima citados: não, propriamente, para designar o uso literal oposto a um uso metafórico do termo, mas, antes, o uso comum, em oposição a uma significação mais elaborada, um sentido mais literal e imediato em oposição, por exemplo, a uma significação filosófica. É, aliás, a interpretação que, também, parece sugerir Jaeger para a passagem, em questão, de *Met.* Θ e que Ross rejeita (cf. nota *ad locum*). Julgamos, com efeito, que uma tal leitura suprime toda a dificuldade do texto, sem corrigi-lo, mantendo ao mesmo tempo sua coerência interna e sua concordância com *Met.* E, 4.
28 Cf. Aubenque, *Le problème de l'être...*, 1962, p.168-9.

2.2 A inteligência e as coisas simples

Coisas há, entretanto, como as coisas simples (τὰ ἁπλᾶ) e as quididades, das quais, porque nelas não há composição (são ἀσύνθετα e, nelas, não consiste o ser num estar reunido, o não ser, num estar separado[29]), nem mesmo se pode dizer que esteja na διάνοια, isto é, no pensamento discursivo, a verdade que lhes concerne;[30] não se dirá, portanto, que verdade e falsidade aí se encontram como no caso precedente:[31] já que não é o mesmo o ser, também não será a mesma a verdade e o verdadeiro, aqui, será, tão somente, um νοεῖν, uma apreensão pela inteligência, que é um entrar em contato (θιγγάνειν) com a coisa;[32] não se formulará, a seu respeito, um juízo afirmativo (κατάφασις), mas dir-se-á a coisa numa simples enunciação (φάσις).[33] Do mesmo modo, a falsidade será, para tais coisas, algo de diferente ou, melhor, não haverá propriamente falsidade nem possibilidade de estar-se enganado a respeito delas, mas, apenas, ignorância (ἄγνοια), um não entrar em contato com a coisa, um não apreendê-la pela inteligência (μὴ νοεῖν).[34] De qualquer modo, também para as quididades e para os simples, é ainda o ser propriamente dito que se repete na alma do homem. E sabemos que "assemelham-se os discursos verdadeiros a

---

29 Cf. *Met.* Θ, 10, 1051ᵇ17-21.
30 Cf. *Met.* E, 4, 1027ᵇ27-8.
31 Cf. *Met.* Θ, 10, 1051ᵇ21-2.
32 Cf. ibidem, l. 22-24; 31-2; 1052ᵃ1. Ao contrário do que pretende Aubenque (cf. *Le problème de l'être...*, 1962, p.170), não corrige, aqui, Aristóteles "la théorie du livre E selon laquelle il n'y aurait vérité ou erreur que là où il n'y a composition et division". Ocorre, simplesmente que o livro E não aborda o problema da verdade e falsidade nos simples e quididades, limitando-se a dizer que, no que lhes respeita, nem mesmo na διάνοια se encontra a verdade (cf., acima, n.30), deixando ao livro Θ a explicação de que compete ao νοῦς apreender tais coisas e ser, portanto, o lugar de sua verdade. Mas não viu a maioria dos autores que Aristóteles opõe à διάνοια o νοεῖν, de 1051ᵃ32, 1052ᵃ1. A comparação desses textos com *Da Alma* III, 6, é, a propósito deste ponto, extremamente elucidativa: "a intelecção (νόησις) dos indivisíveis (ἀδιαίρετα) ocorre nas coisas a cujo respeito não há falsidade; naquelas em que há tanto falsidade como verdade, já há uma combinação de noemas como a formar uma unidade" (430ᵃ26-8).
33 Cf. *Met.* Θ, 10, 1051ᵇ24-5.
34 Cf. *Met.* Θ, 10, 1051ᵇ25-8; 1052ᵃ1-3.

como são as coisas".³⁵ Compreendemos, então, por que pode o filósofo usar da linguagem da verdade para falar das próprias coisas,³⁶ dizendo, por exemplo, dos primeiros que se deram à filosofia, que eles buscavam "a verdade e a natureza dos seres"³⁷ e aprovando que se chame à filosofia "ciência da verdade":³⁸ pois "como cada coisa é em relação ao ser, assim também é ela, em relação à verdade".³⁹

2.3 A verdade, função da razão humana

Por outro lado, uma vez que chamamos de virtudes aqueles estados ou "hábitos" (ἕξεις)⁴⁰ que permitem aos seres o perfeito cumprimento de sua tarefa ou função (ἔργον) própria,⁴¹ havemos de chamar virtude, no homem, o estado ou "hábito" segundo o qual ele realiza aquele ato da alma conforme à razão, em que consiste a função que lhe é absolutamente própria.⁴² Mas, em que consiste essa tarefa própria da razão humana ou, para servir-nos da linguagem aristotélica, qual a tarefa da parte racional da alma do homem?⁴³ Responde-nos o filósofo: "De ambas as partes noéticas a função é a verdade. Portanto, os 'hábitos' ou estados segundo os quais cada uma delas mais alcançar a verdade serão as virtudes de uma e outra".⁴⁴ Em outras palavras, o homem, enquanto razão, tem na verdade a sua função, na posse dela, a sua virtude.

---

35 *Da Int.* 9, 19ᵃ33. Em verdade, o texto diz respeito aos futuros contingentes: a indeterminação das proposições quanto à sua verdade ou falsidade reflete, apenas, uma indeterminação real das próprias coisas.
36 Cf. Bonitz, *Index*, p. 31ᵃ39 seg.: "Quoniam ἀλήθεια in eo cernitur, ut cogitatio concinat cum natura rerum [...], nominis usus modo ad τὸ ὄν et τὴν οὐσίαν, modo ad cognitionem et scientiam vergit". V. as numerosas referências coligidas por Bonitz.
37 *Fís.* I, 8, 191ᵃ24-5.
38 Cf. *Met.* α, 1, 993ᵇ19-20.
39 Ibidem, l. 30-31. No *Teeteto*, de Platão, também Sócrates leva o jovem Teeteto a admitir que, se não se atinge a essência (οὐσία), também se não atinge a verdade e não se pode, portanto, ter ciência, cf. *Teet.*, 186ᶜ.
40 Sobre a noção de ἕξεις, cf., acima, cap. I, n.63 e 64.
41 Cf. *Ét. Nic.* II, 5, com., 1106ᵃ14 seg.
42 Cf. *Ét. Nic.* I, 7, 1098ᵃ7 seg.
43 Cf. *Ét. Nic.* VI, 1, 1139ᵃ5 seg. Cf., também, acima, cap. I, n.71.
44 *Ét. Nic.* VI, 1, 1139ᵇ12-3.

2.4 A ciência, sempre verdadeira

Sob esse prisma, é-nos lícito, pois, dizer que estudar o que são arte, ciência, prudência, sabedoria, inteligência, é estudar aquelas virtudes "por meio das quais a alma humana, afirmando ou negando, está na verdade".[45] Ciência é a disposição ou estado por que a alma humana possui a verdade, sob forma demonstrativa. Pois não é ela conhecimento efetivo, mediante a demonstração silogística, do ser necessário, a partir de sua determinação causal? Dos seres que comportam a composição e a divisão, diz-nos o livro Θ,[46] uns sempre estão compostos e a separação é, neles, impossível, outros estão sempre divididos e nunca poderão compor-se, outros, enfim, há que comportam ambos os contrários, a composição e a separação; ora, forçoso é, então, para os que assim podem (τὰ ἐνδεχόμενα) uma e outra coisa, que sejam ora verdadeiros, ora falsos, a mesma opinião e o mesmo discurso que lhes concernem;[47] mas, para os seres em que essa contingência se não encontra, para os que não podem ser de outra maneira (τὰ ἀδύνατα ἄλλως ἔχειν), serão sempre verdadeiros ou sempre falsos os discursos que lhes respeitam. Apreensão real de uma composição ou divisão eternas, a ciência, tanto como a inteligência, é, então, sempre verdadeira.[48] É a "separação" eterna entre a diagonal e a comensurabilidade com o lado do quadrado que ela apreende "porque não é possível conhecer o não ser, por exemplo, que a diagonal é comensurável".[49] "Repetindo", então, na alma, desde as suas premissas, o ser "exterior", partirá necessariamente a ciência de premissas verdadeiras.[50] Pelas razões que vimos e não por alguma necessidade interna da silogística, pois sabemos ser possível obter silogisticamente conclusões verdadeiras,

---

45 Ibidem, 3, 1139^{b}15.
46 Cf. *Met.* Θ, 10, 1051^{b}9-17.
47 Cf., acima, I, 1.1 e n.27 a 31.
48 Cf. *Seg. Anal.* II, 19, 100^{b}7-8.
49 *Seg. Anal.* I, 2, 71^{b}25-6; cf., acima, II, 2.1 e n.13.
50 Veremos, entretanto, mais adiante, que a verdade dos primeiros princípios da ciência diz respeito, não à composição e à divisão, mas à outra forma de verdade, à apreensão de ἀσύνθετα (cf., acima, II, 2.2 e n.29 a 33).

também, de premissas falsas.⁵¹ E é a presença necessária daquela verdade que o filósofo tem em mente, quando opõe as premissas do silogismo científico às do dialético:⁵² a premissa científica assume, de modo definido (ὡρισμένως), uma das partes da contradição; assume-a o que demonstra e não interroga o interlocutor, como o dialético, que, por isso mesmo, partirá de uma ou de outra de duas proposições contraditórias:⁵³ é que a demonstração científica concerne sempre à verdade, não à opinião.⁵⁴ E o filósofo poderá, mesmo, dizer que "como se dispõe a ciência, assim também o verdadeiro".⁵⁵ Desdobramento efetivo do real na alma segundo as suas mesmas articulações, a ciência se confunde, formalmente, com o seu mesmo objeto, ela é a sua presença no homem: como "a alma é, de um certo modo, todos os seres",⁵⁶ "a ciência em ato é idêntica à coisa".⁵⁷

Compreendemos, então, que não há como não convir em que é um "próprio" da ciência, enquanto tal, o não poder despersuadi-la o discurso.⁵⁸ Trata-se, por certo, antes de tudo, do discurso interior, daquele que, segundo o Sócrates do *Teeteto*, "a própria alma consigo mesma discorre sobre as coisas que examina",⁵⁹ porque, como diz Aristóteles, "não é ao discurso exterior que concerne a demonstração, mas ao que está na alma, já que é assim, também, com o silogismo".⁶⁰

Os textos tornaram-nos, assim, evidente que a problemática da verdade concerne, no aristotelismo, em última análise, à ciência da alma. Pois, dentro de sua perspectiva realista, a verdade não é senão repetição "formal", no homem, do ser "exterior"; inclinado natural-

---

51 Cf. *Prim. Anal.* II, cap. 2-4.
52 Cf., acima, II, 1.1 e n.5 e 6.
53 Cf. *Seg. Anal.* I, 2, 72ᵃ9-11; *Prim. Anal.* I, 1, 24ᵃ22-ᵇ3; *Tóp.* I, 1, 100ᵃ27 seg.; *Ref. Sof.* 11, 172ᵃ15 seg.
54 Cf. *Prim. Anal.* II, 16, 65ᵃ35-7; *Seg. Anal.* I, 19, 81ᵇ18-23 etc.
55 *Ret.* I, 7, 1364ᵇ9.
56 *Da Alma* III, 8, 431ᵇ21.
57 Ibidem, 7, com., 431ᵃ1-2; cf. 4, 430ᵃ2-9. Quanto à noção de "próprio" (ἴδιον), um dos quatro *praedicabilia* aristotélicos, cf. *Tóp.* I, 4, 102ᵃ18 seg.
58 Cf. *Tóp.* V, 4, 133ᵇ36-134ᵃ3; 2, 130ᵇ15-8; *Seg. Anal.* I, 2, 72ᵇ3-4: "se é preciso que o que conhece cientificamente, em sentido absoluto, não possa ser despersuadido" (ἀμετάπειστον ε ναι).
59 *Teet.*, 189ᵉ.
60 *Seg. Anal.* I, 10, 76ᵇ24-5.

mente à verdade,[61] o homem alcança-o, por exemplo, na ciência: caberá à análise da faculdade intelectiva do homem mostrar como isso se dá.[62] Mas, à teoria analítica da ciência, que se ocupa da estrutura interna do discurso demonstrativo, bastará lembrar que o conhecimento científico é sempre necessariamente verdadeiro.

3 O "que" e o porquê

3.1 As premissas, como causas

Além de verdadeiras, são as premissas causas da conclusão do silogismo científico, o que é imediatamente manifesto pela própria noção de conhecimento científico, "porque é quando conhecemos a causa que conhecemos cientificamente".[63] É certo que, em qualquer silogismo corretamente construído, são as premissas causa material, isto é, a causa "a partir de que" (ἐξ οὗ) da conclusão,[64] e não o serão menos, portanto, no silogismo demonstrativo. E, em qualquer silogismo, também, uma vez que, "com efeito, o silogismo prova algo de algo através do termo médio"[65] e que "de um modo geral, com efeito, dizemos que não haverá jamais silogismo algum, atribuindo uma coisa a outra, se não se toma algum termo médio que, de algum modo, se relacione com uma e outra pela atribuição",[66] é o termo médio, contido nas premissas, causa da conclusão. É sempre *por* ele que é necessário provar[67] e, se algo se conclui que não tenha sido provado por termos médios, é sempre ainda possível perguntar o porquê (διὰ τί) de tal conclusão.[68] Provaremos assim, por exemplo, num silogismo afirmativo, que A

---

61 Cf. *Ret.* I, 1, 1355ª15-6.
62 Cf. *Da Alma* III, 4 seg.
63 *Seg. Anal.* I, 2, 71ᵇ30-1.
64 Cf. *Met.* Δ, 2, 1013ᵇ20-1; *Fís.* II, 3, 195ª18-9.
65 *Seg. Anal.* II, 4, 91ª14-5.
66 *Prim. Anal.* I, 23, 41ª2-4.
67 Cf. *Seg. Anal.* II, 6, 92ª10.
68 Cf. *Seg. Anal.* II, 5, 91ᵇ37-9.

pertence a C *por* pertencer a B e este, a C; e poderemos, eventualmente, igualmente provar que A pertence a B e B, a C, através de outros termos médios,[69] destarte construindo uma cadeia silogística em que as premissas de um silogismo são conclusões de silogismos anteriores. Por outro lado, porém, sabemos já que nem todo silogismo é científico e que a demonstração é apenas uma espécie particular do silogismo;[70] porque a ciência apreende, pela determinação causal, o ser necessário, exige-se, para a cientificidade do silogismo, que a causalidade que lhe é própria recubra e exprima, então, a causalidade real que a ciência conhece. Em sentido absoluto, diremos, agora, portanto, que "a causa é o termo médio",[71] podendo este exprimir, assim, os diversos prismas sob que se pode abordar a causalidade que engendra uma coisa: as causas todas de uma coisa poderão exprimir-se pelo termo médio.[72] Porque a causalidade interna do silogismo transcreve, na demonstra-

---
69 Cf. *Seg. Anal.* I, 19, com., 81ᵇ10 seg.
70 Cf., acima, I, 3.1.
71 *Seg. Anal.* II, 2, 90ᵃ6-7. E, como diz Filópono (cf. Ioannis Philoponi, in *Aristotelis Analytica Posteriora Commentaria* (Commentaria in Aristotelem Græca edita consilio et auctoritate Academiæ Regiæ Borussicæ, vol. XIII, Pars II, ed. Adolphus Busse), Proemium, p. 334, l. 4): ἐν μ ν τοῖς ἄλλοις συλλογισμοῖς ὁ μέσος αἴτιος ἦν τοῦ συμπεράσματος, οὐ μὴν δ καὶ τοῦ πράγματος, ἐν δ τῷ ἀποδεικτικῷ συλλογισμῷ ὁ μέσος αἴτιός ἐστι καὶ τοῦ συμπεράσματος καὶ τοῦ πράγματος.
72 Cf. *Seg. Anal.* II, 11, com., 94ᵃ20-4. Para exemplos de silogismos concernentes a cada uma das causas, leia-se todo o capítulo. Em verdade, não usa Aristóteles o termo ὕλη para designar a causa material (o termo, aliás, não aparece em todo o *Organon*), mas falará, em seu lugar, de τὸ τίνων ὄντων ἀνάγκη τοῦτ'ε ναι (l. 21-2: "aquilo que, se algumas coisas são, é necessário que seja"); e o exemplo dado é o de um silogismo matemático em que se prova que o ângulo inscrito num semicírculo (C) é um ângulo reto (A), tomando, por termo médio (B), a metade de dois retos (cf. ibidem, l. 28 seg.). Ora, a *Física* (cf. *Fís.* II, 9, 200ᵃ15 seg.), comparando a necessidade no raciocínio matemático à necessidade que comporta o devir natural das coisas físicas, opõe as premissas matemáticas à causalidade material no devir físico, precisamente, por isto, porque, nas matemáticas, de serem as premissas, engendra-se necessariamente a conclusão, enquanto, no devir físico, a causalidade hipotética da matéria não necessita o fim, mas é por este necessitada: em outras palavras, num silogismo físico, jamais se poderia utilizar, na premissa, a causalidade material; o que não é de estranhar, se se recorda que "como matéria ... é causa para os seres que se geram o que é capaz de ser e de não ser" (*Ger. e Per.* II, 9, 335ᵃ32-3), que "a matéria é causa do ser e não ser" (*Céu*, I, 12, 283ᵇ4-5), isto é, da contingência. Propõe, então, Santo Tomás (cf. *S. Thomæ Aquinatis in Aristotelis libros Peri Hermeneias et Posteriorum Analyticorum Expositio*, Marietti, in *Post. Anal.* II, 1, IX, n.494), que se interprete o τίνων ὄντων ἀνάγκη τοῦτ ε ναι de *Seg. Anal.* II, 11, 94ᵃ21-2, à luz do exemplo matemático proposto, no sentido daquela materialidade inteligível (ὕλη

ção, a causalidade "externa" das coisas, o fato de que a demonstração se faz pela causa não independe do valor objetivo das premissas, como estranhamente se pretendeu.[73]

3.2 Silogismos do "que" e silogismos do porquê

A nítida distinção entre aquelas duas causalidades, assim como sua coincidência no silogismo científico, são realçadas pela distinção que o filósofo introduz, no interior do domínio científico, entre os silogismos do "que" (ὅτι) e os do porquê (διότι), pois "há diferença entre conhecer o 'que' e o porquê".[74] Aristóteles considera dois casos distintos: um primeiro, quando os conhecimentos do "que" e do porquê dizem respeito ao domínio de uma mesma ciência; o outro, quando eles são considerados por diferentes ciências.[75] No que concerne à esfera de uma única ciência, duas são as possibilidades aventadas de ocorrer apenas um silogismo de "que". Tem-se a primeira "se não procede o silogismo por premissas imediatas (δι'ἀμέσων) (não se assume, com efeito, a primeira causa, mas a ciência do porquê concerne

---

νοητή) de que fala o filósofo em três passagens da *Metafísica* (cf. *Met*. Z, 10, 1036ᵃ9-12; 11, 1037ᵃ4-5; H, 6, 1045ᵃ33-36), ainda que sem maiores precisões a seu respeito. Cremos, no entanto, mais provável que Aristóteles esteja apenas oferecendo uma transposição, para o domínio matemático, da oposição matéria/forma, mostrando, então, como, ao contrário da materialidade física, a materialidade matemática, necessária e eterna, pode, exprimindo-se nas premissas do silogismo matemático, necessitar a conclusão. Quanto à interpretação de Ross, em seu comentário a *Seg. Anal.* II, 11, vendo naquela expressão, antes, uma referência à definição de silogismo dada em *Anal. Prim.* I, 1, 24ᵇ18-20, ela parece-nos bem menos satisfatória.

73 Cf. Le Blond, *Logique et méthode...*, 1939, p.74. Pretende o autor que o próprio Aristóteles teria, implicitamente, reconhecido, em *Seg. Anal.* I, 2, 71ᵇ13-6 a possibilidade de raciocínios científicos falsos! Entendemos, entretanto, que sua interpretação daquela passagem é absolutamente inaceitável e que esta não pode ser compreendida senão como, acima, a compreendemos, cf. acima, I. 2.1 e n.92.

74 *Seg. Anal.* I, 13, com., 78ᵃ22. ἐπίστασθαι, que traduzimos simplesmente por "conhecer", é aqui usado, como veremos, num sentido mais lato, incluindo, também, um conhecimento como o do simples "que", que não é rigorosamente científico. Sobre a tradução de ὅτι por "que" (conhecer-se *que* algo é), cf., acima, I, 3.3 e n.173.

75 Cf., respectivamente, *Seg. Anal.* I, 13, 78ᵃ22-ᵇ34 e 78ᵇ34-79ᵃ16.

à primeira causa (κατὰ τὸ πρῶτον αἴτιον))".⁷⁶ O que significa, então, que, constituído o edifício científico mediante uma cadeia silogística demonstrativa (na qual as conclusões dos silogismos que se vão obtendo passam a figurar como premissas para novos silogismos), cada um de seus elos, isto é, cada um dos silogismos que a compõem – e não apenas o silogismo inicial – contém uma premissa imediata, em que se exprime a causalidade próxima da coisa a demonstrar; em outras palavras, não basta, para possuir-se um autêntico silogismo do porquê, que o raciocínio explicite um processo causal de que resulte o fato expresso na conclusão mas é, também, preciso que se exprima como termo médio a causa mais próxima ao efeito em questão, isto é, a sua causa *primeira*.⁷⁷ Donde podermos compreender estar o filósofo a implicitamente dizer-nos (ainda que, por enquanto, não no-lo explique suficientemente) que a expansão do conhecimento científico mediante a construção de novos silogismos implica a continuada introdução de *novos princípios*, se é certo que o que Aristóteles chama de premissas imediatas são as premissas primeiras ou princípios.⁷⁸

---

76 Ibidem, 78ª24-6: ἐὰν μὴ δι' ἀμέσων γίνηται ὁ συλλογισμός (οὐ γὰρ λαμβάνεται τὸ πρῶτον αἴτιον, ἡ δ τοῦ διότι ἐπιστήμη κατὰ τὸ πρῶτον αἴτιον).
77 Se se considera, a partir do efeito, a série ascendente das causas constitutivas do processo que o engendra. A expressão πρῶτον αἴτιον, como é sabido, designa, na linguagem aristotélica, tanto a causa mais remota e, nesse sentido, primeira de uma coisa (vejam-se exemplos em *Fís.* I, 1, 184ª13; *Meteor.* I, 2, 339ª24; *Met.* A, 3, 983ª25-26; Γ, 1, 1003ª31) como a causa mais próxima, primeira em sentido inverso, a partir do efeito (como, por exemplo, em *Fís.* II, 3, 194ᵇ20; *Ger. Anim.* IV, 1, 765ᵇ6 etc.). No texto que comentamos (*Seg. Anal.* I, 13, 78ª25-6), designa obviamente, como todos reconhecem, a causa próxima: Aristóteles imagina um silogismo como o seguinte: "H pertence a E. E pertence a S. H pertence a S." Ora, se "E pertence a S" tiver sido provada por silogismo anterior, seria necessário que "H pertence a E" fosse uma premissa imediata para que se tratasse de um autêntico silogismo do porquê; se, ao contrário, porém, esta última premissa também se demonstra mediante um outro termo médio (Z, por exemplo: "H pertence a Z. Z pertence a E. H pertence a E"), aquele primeiro silogismo, ainda que partindo de premissas verdadeiras e exprimindo um processo causal verdadeiro, não o explicita segundo as suas articulações imediatas e, nesse sentido, não é expressão científica de um conhecimento do porquê, omitida Z, causa próxima de H.
78 Cf. *Seg. Anal.* I, 2, 72ª5-7; acima, II, 1.2. Como veremos, no cap. IV (cf., adiante, IV, 4.6 e n.287 seg.), o número de princípios da ciência não é muito inferior ao das conclusões que ela obtém e, por outro lado, ao número de termos médios que uma cadeia silogística assume correspondem outros tantos princípios da demonstração, nos quais se exprimem as causalidades imediatas (cf., adiante, IV, 4.6 e n.304 a 309 e 319).

Mas, num segundo sentido da expressão, dizemos que há silogismo do "que",[79] quando, ainda que proceda o silogismo por premissas imediatas (ou melhor, ainda que uma de suas premissas seja imediata), não se produz ele *pela causa*, isto é, não é a causa que lhe serve de termo médio, mas o efeito, por serem causa e efeito reciprocáveis e o efeito, mais conhecido: nada impede, de fato, que tal aconteça e que, sendo mais conhecido o que não é causa, por este se construa a demonstração, provando-se a causa pelo efeito. Seja, por exemplo, o seguinte raciocínio: designemos "planetas" por C, "não cintilar" por B e "estar próximo" por A e sejam A e B reciprocáveis, isto é, pode-se, indistintamente, atribuir A a B (o que não cintila está próximo) ou B a A (o que está próximo não cintila). É perfeitamente possível que a não cintilação dos planetas nos seja mais conhecida que sua proximidade – e é mesmo natural que isso ocorra – de modo que construiremos, mais facilmente, o seguinte silogismo:

A pertence a B (o que não cintila está próximo)
B pertence a C (os planetas não cintilam)
A pertence a C (os planetas estão próximos)

Ora, ainda que tal silogismo proceda a partir de premissas verdadeiras e que sua premissa maior, obtida da percepção ou por indução, seja uma premissa imediata, ainda que seja verdadeira sua conclusão e que se tenha ela obtido no interior de um domínio científico determinado, não reproduz sua causalidade interna a causalidade real das coisas; seu termo médio (B, a não cintilação) não é a causa da proximidade dos planetas mas, ao contrário, é o efeito dessa proximidade: é porque estão próximos que os planetas não cintilam. Isto significa que somente este outro silogismo:

B pertence a A (o que está próximo não cintila)
A pertence a C (os planetas estão próximos)
B pertence a C (os planetas não cintilam)

---
79 Cf. *Seg. Anal.* I, 13, 78ª26 seg.

é realmente um silogismo da causa ou do porquê (διότι), exprimindo por seu termo médio a causa real que engendra o "que" expresso em sua conclusão; quanto ao primeiro, procedente não pela causa, mas pelo "que" (tendo como termo médio o menor cujo "que é" o verdadeiro silogismo da causa conclui), não é ele senão um silogismo do "que".[80]

Se pudemos exemplificar um caso em que, dada a reciprocabilidade entre causa e efeito, era-nos fácil construir o silogismo da causa, é preciso reconhecer que, quando tal reciprocabilidade não ocorre e é o que não é causa (τὸ ἀναίτιον) o mais conhecido,[81] só nos é possível um silogismo do "que", cuja causalidade ignoramos. E temos, também, uma "demonstração" do "que" e não do porquê, quando o termo médio de que dispomos é exterior aos extremos,[82] como num silogismo em *Camestres*, que provasse, por exemplo, que paredes (C) não respiram (B) por não serem animais (A= termo médio). Com efeito, se a negação do médio (o fato de não serem animais as paredes) fosse a causa real de elas não respirarem, deveríamos, inversamente, ter na animalidade de algo a causa de sua respiração, o que é falso, se há animais que não respiram, porque desprovidos de pulmões. A e B não são reciprocáveis e o silogismo não manifesta a causa real de sua conclusão, entretanto, verdadeira.[83]

---

80 A distinção aristotélica, em *Seg. Anal.* I, 13, entre silogismo do "que" e silogismo do porquê não colide com sua doutrina de que toda demonstração é sempre do "que" (cf., acima, I, 3.3 e n.172 e 173): o silogismo científico é o que prova um "que" mediante um "porquê", dizendo-se, por isso, silogismo do porquê. Para outros exemplos aristotélicos de silogismos do "que" opostos a silogismos do porquê, cf. *Seg. Anal.* II, 13, com., 98ª35-b24. E, como diz Aristóteles, "se não é possível [subent.: às coisas em questão no exemplo dado] serem causas uma da outra [...]; se, portanto, a demonstração pela causa é do porquê (διὰ τί), a que não se faz pela causa, do 'que'", quem se serve da última não conhece o porquê da coisa (cf. ibidem, 98b16-21).
81 Cf. *Seg. Anal.* I, 13, 78b11-3.
82 Cf. ibidem, l. 13 seg.
83 Aristóteles assimila, ainda, a esses raciocínios certas argumentações hiperbólicas, em que se atribui um fato a uma "causa" distante e que não é, realmente, explicativa, cf. *Seg. Anal.* I, 13, 78b28-31.

3.3 A *ratio cognoscendi* e a *ratio essendi*

A análise dos exemplos e explicações aristotélicas sobre a diferença entre os silogismos do porquê e do "que" deixa-nos, então, manifesto que, nesse segundo sentido em que se tomam tais expressões,[84] só o silogismo do porquê é realmente científico, porque somente ele está amoldado à representação da causalidade real das coisas.[85] Nele, unicamente, "a razão lógica coincide com a causa real, a *ratio cognoscendi* com a *ratio essendi*"[86] e, somente a seu respeito, é possível dizer "que é a própria vida da relação causal que Aristóteles quis representar pelo silogismo".[87] E isto, porque é "um raciocínio objetivo, que nada mais faz do que imitar os silogismos da natureza".[88] Se a maioria dos autores relembra a distinção aristotélica entre aquelas duas espécies de silogismos, ocorre, entretanto, que não acentuam algo que se nos afigura extremamente importante para a correta compreensão da teoria aristotélica da ciência: é a preocupação do filósofo em mostrar-nos, mediante uma grande diversidade de casos e exemplos, a possibilidade de abordarem-se as questões pertinentes ao domínio científico por raciocínios que, embora corretos e construídos sobre premissas verdadeiras e, mesmo, necessárias, não constituem raciocínios verdadeiramente científicos, isto é, não nos proporcionam efetiva ciência daquilo que, por eles, se está conhecendo. Não se trata, apenas, de mais um exemplo de como o uso do silogismo transcende, de muito, a esfera do raciocínio estritamente científico mas, sobretudo, de compreender certos processos de conhecimento nos quais se efetua uma abordagem pré-científica do objeto da ciência. Isso ocorre, vimos o filósofo dizer--nos, quando aquilo que nos é mais conhecido não é a causa do fato

---

84 Cf., acima, II, 3.2 e n.79.
85 É óbvio, com efeito, que também no primeiro sentido acima descrito (cf. II, 3.2 e n.76 a 78), o silogismo dito do "que" não se amolda propriamente à expressão de causalidade real por omitir a relação de causalidade próxima.
86 Moreau, *Aristote et son École*, 1962, p.53.
87 Hamelin, *Essai sur les éléments principaux de la représentation*, 1962, p.199-200.
88 Le Blond, *Logique et méthode...*, 1939, p.105.

em estudo. Ora, o filósofo explica-nos que tal é o processo natural de ocorrerem as coisas, nosso processo de investigação principiando sempre, ou quase sempre, pelo conhecimento do "que" para, em seguida, indagarmos de seu porquê;[89] o que está, de qualquer modo, excluído é que se possa ter um conhecimento do porquê anterior ao da coisa que por ele se conhece: "investigamos o porquê, tendo o 'que'; por vezes, também, tornam-se eles, ao mesmo tempo, evidentes, mas de nenhum modo é possível conhecer o porquê anteriormente ao 'que'".[90] Ao encontrarmos, porém, o porquê e a causa, é-nos, então, possível, construir o silogismo do porquê, o qual, demonstrando o "que", exprime a ciência que, agora, possuímos. Mas os silogismos do "que" não caracterizam, assim, senão a etapa pré-científica do conhecimento, quando a ciência, ainda que em processo de constituição, *não se constituiu ainda*. A validade de seu uso, por certo, não se discute, ainda que lhes falte cientificidade; instrumentos eventuais de um conhecimento que fazem progredir, os silogismos do "que" são momentos de uma pesquisa destinada a alcançar e possuir elementos que venham, finalmente, a permitir a construção de um silogismo ou cadeia silogística, onde a causalidade interna do raciocínio espose, de fato, a causalidade real.

3.4 As ciências do "que"

Pode, acaso, haver ciências que não conheçam o porquê das coisas de que se ocupam? Aristóteles considera, com efeito, o caso em que o "que" e o porquê são objetos de diferentes ciências.[91] Mas, após tudo quanto pudemos compreender sobre o conhecimento da causa pela ciência, como admitir a possibilidade de que se limite uma ciência ao mero conhecimento do "que"? Consideremos os exemplos aduzidos pelo filósofo, que concernem, todos, às partes matemáticas da física,

---

89 Cf. *Seg. Anal.* II, 1, 89ᵇ29-31; 2, 89ᵇ39-90ᵃ1.
90 *Seg. Anal.* II, 8, 93ᵃ17-9.
91 Cf. *Seg. Anal.* I, 13, 78ᵇ34 seg.

isto é, à física matemática. Trata-se de conhecimentos que se subordinam a conhecimentos de outra ordem e mais exatos, de explicações concernentes a fatos empiricamente constatáveis, mas que têm seus fundamentos nas ciências matemáticas. É o caso das questões de ótica em relação à geometria, das de mecânica em relação à estereometria, das de harmônica em relação à aritmética, das de astronomia em relação, ainda, à estereometria. E considera, também, o filósofo uma terceira espécie de ciência,[92] que está para cada ciência física matemática como esta para a ciência matemática correspondente e que não vai além do relacionamento empírico dos fatos que se descobriram; assim, o conhecimento empírico do arco-íris está para a ótica matemática como esta para a geometria, a astronomia náutica se subordina à astronomia matemática como esta à geometria sólida, uma harmônica empírica relaciona-se com a harmônica matemática como esta com a aritmética etc.[93] Enquanto a ciência matemática pura estuda as propriedades gerais do número, linhas, sólidos, separadamente dos corpos físicos; enquanto a "terceira ciência" apenas coleciona e relaciona os fatos empíricos, a ciência física matemática explica esses fatos, recorrendo às razões que a primeira lhe fornece: seus raciocínios tomam, assim, das matemáticas, suas premissas maiores, indo buscar suas menores nas ciências da terceira espécie. Ora, é óbvio que estas últimas, lidando exclusivamente com o "que", constatando apenas *que* tal fato segue ou é atributo de tal outro, somente em sentido extremamente lato se dirão ciências,[94] já que, porque não fornecem explicações causais, seus processos e raciocínios nada têm de efetivamente científico: elas conhecem o "que" de que as ciências físicas matemáticas correspondentes dão o porquê. Mas também estas, recebendo das ciências matemáticas suas premissas fundamentais, dir-se-ão meros conhecimentos do "que", em relação a um porquê

---

92 Cf. ibidem, 78ᵇ38-79ᵃ2; 10-3.
93 Consulte-se a boa nota de Ross (*ad* 78ᵇ34-79ᵃ16), onde propõe o autor uma solução satisfatória para as dificuldades dessa passagem, que integralmente aceitamos.
94 Cf., acima, I, 1.4, sobre o emprego lato do termo ἐπιστήμη.

que as matemáticas estudam.⁹⁵ Não se pode, por certo, delas dizer, como das outras, que elas não determinam causalmente suas conclusões e que não procedem de maneira rigorosamente científica; mas porque se servem de premissas demonstráveis cujas demonstrações não contêm, não remontam à causalidade última dos fatos que suas conclusões exprimem. Tal é o caso de todas as demonstrações levadas a cabo por ciências como a ótica, mecânica etc.; de fato, uma vez que as proposições que tomam das matemáticas só nestas recebem sua fundamentação última, não se pode dizer dos silogismos daquelas ciências que possuam integralmente o porquê do que demonstram. As ciências matemáticas são, assim, anteriores e mais exatas do que elas⁹⁶ e, em sentido absolutamente rigoroso, só se dirá que estas últimas constituem conhecimentos científicos se associadas aos mesmos fundamentos matemáticos de que dependem.

4 Do que se conhece mais e antes

4.1 Anterioridade e conhecimento prévio

Uma íntima interdependência liga três das características que vimos qualificar as premissas da demonstração, a saber: sua causalidade, sua anterioridade e sua maior cognoscibilidade. É o que o próprio filósofo claramente exprime: "É preciso que sejam causas, mais conhecidas e anteriores: causas, porque ...; também anteriores, uma vez que são causas; e previamente conhecidas, não apenas da segunda

---

95 Como veremos no cap. IV (cf., adiante, IV, 1.3), não há contradição entre a interpretação aristotélica das ciências físicas matemáticas e a sua doutrina dos "gêneros" científicos e da μετάβασις impossível de um a outro.

96 Cf. *Seg. Anal.* I, 27, com., 87ª31-4: dizem-se mais exatas e superiores ciências que, como a aritmética, não se ocupam do substrato físico, relativamente às que dele se ocupam, como a harmônica; assim como também se dizem anteriores e mais exatas ciências que conhecem o "que" e o porquê, como a harmônica matemática, relativamente às que, como a harmônica empírica, não conhecem senão o "que". Acompanhamos Zabarella e Ross, no que concerne à interpretação das l. 31-3, cf. Ross, nota *ad locum*.

maneira, pela compreensão, mas, também, por conhecer-se que a coisa é. 'Anteriores' (πρότερα) e 'mais conhecidas' (γνωριμώτερα) dizem-se em dois sentidos: com efeito, não são idênticos o anterior por natureza (πρότερον τῇ φύσει) e o anterior para nós (πρὸς ἡμᾶς πρότερον) nem o mais conhecido (γνωριμώτερον [subent.: por natureza]) e o mais conhecido para nós (ἡμῖς γνωριμώτερον). Chamo anteriores e mais conhecidas para nós às coisas mais próximas da sensação, anteriores e mais conhecidas em absoluto (ἁπλῶς), às mais afastadas. As mais universais (καθόλου) são as mais afastadas, as individuais (καθ' ἕκαστα), as mais próximas; e opõem-se umas às outras".[97] Esta passagem é absolutamente fundamental para a compreensão do sentido profundo da ciência aristotélica e a inteligência correta de sua significação permitir-nos-á dissipar bom número de mal-entendidos que se originaram de sua má interpretação. Não é dos menores indícios de sua importância o fato de que, recentemente, se lhe tenha, a toda a sua última parte, recusado a autenticidade, tomando-a como uma interpolação.[98]

4.2 Maior cognoscibilidade das premissas

Já estudamos quanto concerne à função causal das premissas; estudemo-las agora do ponto de vista de sua anterioridade e de sua maior cognoscibilidade. Constatemos, de início, que, se o texto não nos explica no que consiste a anterioridade, ele a faz, no entanto,

---

97 *Seg. Anal.* I, 2, 71ᵇ29-72ᵃ5. De acordo com as interpretações de Ross, Colli (cf., *ad locum*) e S. Mansion (cf. *Le jugement d'existence*..., p.139), temos por menos aceitáveis as traduções que, de 72ᵃ4-5, propõem G. R. G. Mure (cf. *The Works of Aristotle*, Oxford Univ. Press, vol. I, *Analytica Posteriora*, by Mure, *ad locum*: "the most universal causes are furthest from sense and particular causes are nearest to sense"), Tricot (cf., *ad locum*: "les causes plus universelles..., etc.") e Aubenque (cf. *Le problème de l'être*..., 1939, p.62, n.1); não se trata de uma oposição entre causas universais e causas particulares mas, simplesmente, entre coisas mais universais e coisas mais próximas dos sentidos. Por outro lado, estranha-nos, também, que Aubenque traduza, em 71ᵇ31-2, προγινωσκόμενα por "antérieures aussi du point de vue de la connaissance" (cf. ibidem, p.55), tradução que, porque não literal, prejulga da interpretação a conferir-se ao texto.

98 É o que fez Aubenque (cf. *Le problème de l'être*..., 1939, p.62, n.1). Discutiremos sua interpretação nas páginas que seguem.

decorrente da causalidade: é porque são causas que as premissas são anteriores e, como nos diz uma outra passagem dos *Segundos Analíticos*: "a causa, com efeito, é anterior àquilo de que é causa".[99] Indica-nos, também, o texto que as premissas são previamente conhecidas (προγινωσκόμενα), isto é, seu conhecimento precede, no tempo, o conhecimento do que por elas se conhece, ou seja, das conclusões; nem poderia, parece óbvio, ser de outra maneira, pois, se se constrói o silogismo sobre suas premissas para engendrar a conclusão, como poderia ele constituir-se, se não fossem aquelas previamente conhecidas? Dizer, então, que o silogismo científico parte de premissas previamente conhecidas é apenas lembrar o que já nos expusera o filósofo[100] a respeito, não somente da ciência, mas de todo conhecimento dianoético, mostrando-nos que se caminha para algo de novo sempre a partir de algo que previamente se conhece, constituindo-se a διάνοια numa progressão. E distinguira o filósofo duas formas de conhecimento prévio,[101] que agora retoma, a propósito das premissas científicas: o conhecimento prévio necessário ou respeita ao "que", ao ὅτι ἔστιν de uma coisa, ao fato de que ela *é*,[102] ou é mera compreensão de uma significação ("o que é a coisa enunciada?"); ou é ambas as coisas: assumir-se-á, por exemplo, "que de toda coisa ou a afirmação ou a negação é verdadeira",[103] assumir-se-á, do triângulo, que significa tal e tal coisa, assumir-se-ão ambas as coisas da unidade, *o que significa e que ela é* (καὶ τί σημαίνει καὶ ὅτι ἔστιν). Ora, o

---

99 *Seg. Anal.* II, 16, 98ᵇ17.
100 Cf., acima, I, 3.4.
101 Cf. *Seg. Anal.* I, 1, 71ᵃ11-7; cf., também, acima, n. 8 deste capítulo.
102 Traduzimos literalmente ὅτι ἔστιν em *Seg. Anal.* I, 1, 71ᵃ12, 14, 16, assim como em 2, 71ᵇ33, deixando para o momento adequado (v. cap. IV), a discussão da exata interpretação a conferir-se a essas passagens, a qual envolve algumas dificuldades. Fica óbvio, de qualquer modo, nos textos em questão, que se trata de uma oposição entre o conhecimento do verdadeiro e real, enquanto tais, e a simples compreensão do significado de certos termos, enquanto distinto de qualquer conhecimento da verdade e realidade da coisa definida. Cf., também, acima, cap. I, n.173, sobre a tradução de ὅτι por "que".
103 O exemplo, à primeira vista desconcertante, do conhecimento de um "que é" (cf. *Seg. Anal.* I, 1, 71ᵃ13-4) será por nós discutido ao abordarmos, no cap. IV, o estudo dos axiomas ou princípios comuns.

conhecimento das premissas da demonstração tem, precisamente, essa dupla natureza: não se trata apenas da segunda modalidade de conhecimento apontada, de uma compreensão de significações mas, também, do conhecimento de "que a coisa é" (ὅτι ἔστιν), de que é real o que a premissa exprime.

Mas não se refere nosso texto unicamente ao conhecimento prévio das premissas mas, também, a um maior conhecimento delas: elas precisam ser mais conhecidas (γνωριμώτερα). Como dirá o filósofo um pouco mais adiante: "Uma vez que é preciso crer em e conhecer a coisa mediante o fato de ter-se esse silogismo que chamamos de demonstração e que há tal silogismo pelo fato de tais e tais coisas, de que ele parte, serem, é necessário, não somente conhecer previamente as premissas primeiras, todas ou algumas, mas, também, conhecê-las mais";[104] se não se conhecem elas mais do que a conclusão, teremos uma ciência meramente acidental, confirma-nos a *Ética Nicomaqueia*.[105] E por que razão deverão as premissas ser mais conhecidas, se não em razão de sua mesma função causal? "Sempre, com efeito, à causa pela qual (δι'ὅ) pertence cada coisa a outra, pertence-lhe aquela mais: aquilo que, por exemplo, é causa de que amemos uma coisa nos é mais caro".[106] Por conseguinte, se o conhecimento que temos das conclusões se deve ao que temos das premissas, se naquelas cremos por causa destas, havemos de conhecer e crer mais nestas.[107] Por serem causas eram as premissas anteriores, por serem causas serão, também, mais conhecidas: nem se concebe que se possa dizer conhecido pela causa um efeito que se conhece mais que a própria causa por cujo intermédio se conhece ele como efeito.

---

104 *Seg. Anal.* I, 2, 72ª25-9. Como observa, com razão, Ross (cf. nota *ad* 72ª28), ἢ πάντα ἢ ἔνια (todas ou algumas), a l. 28, refere-se à possibilidade, estudada por Aristóteles em I, 1, 71ª17-21, de inferir-se a conclusão científica no mesmo momento em que se descobre e formula a menor do silogismo. É óbvio que, nesse caso, não se poderia falar de anterioridade *cronológica* da premissa menor.
105 Cf. *Ét. Nic.* VI, 3, 1139ᵇ33-5.
106 *Seg. Anal.* I, 2, 72ª29-30.
107 Cf. ibidem, l. 30-2.

4.3 A aporia do conhecimento absoluto

Parecer-nos-ia tudo razoavelmente claro se não tivesse introduzido o filósofo logo a seguir, como vimos,[108] a distinção entre duas diferentes acepções de "anterior" e "mais conhecido" e não nos tivesse explicado que as coisas que, *para nós*, são anteriores e mais conhecidas, isto é, as que estão mais próximas da sensação, opõem-se e são outras que não aquelas que são anteriores e mais conhecidas *em sentido absoluto* e *por natureza*, isto é, as mais universais e afastadas da sensação. Ora, a anterioridade da causalidade real que as premissas da demonstração científica exprimem não pode, obviamente, não ser uma anterioridade em sentido absoluto e por natureza, como, por exemplo, a da interposição da terra, relativamente ao eclipse lunar, que é seu efeito.[109] Também há de ser, por outro lado, em sentido absoluto e por natureza a maior cognoscibilidade que daquela causalidade vimos decorrer. Nem é por outra razão, aliás, nós o sabemos,[110] senão porque exprime a causalidade real das coisas, que chama Aristóteles ao silogismo científico "silogismo do porquê". Parece-nos, então, tornar-se evidente que não é das coisas que nos são mais conhecidas e que, para nós, são anteriores, que parte a ciência: uma demonstração que partisse das coisas mais conhecidas e anteriores, para nós – é o próprio Aristóteles quem no-lo diz[111] –, não poderia dizer-se, em sentido absoluto, uma demonstração. Mas, por outro lado, como pretender que temos ciência, se *de fato* partimos do que, para nós, é mais conhecido e anterior? Como conhecer mais, conforme às exigências do conhecimento científico, o διότι (porquê) que o ὅτι ("que"), se conhecemos sempre o "que" antes do porquê, se partimos sempre do "que" para investigar o porquê,[112] se, em suma, é sempre o "que" que é anterior e mais conhecido? E,

---
108 Cf., acima, II, 4.1.
109 Cf. *Seg. Anal.* II, 16, 98^{b}16 seg. Não será científico, pois, provar-se, pelo eclipse, a interposição da terra.
110 Cf., acima, II, 3.3.
111 Cf. *Seg. Anal.* I, 3, 72^{b}31-2.
112 Cf., acima, II, 3.3 e n.89 e 90.

ainda mais, como conhecer previamente, pela ciência, as premissas e a causa,[113] se, *de fato*, conhecemos, sempre, previamente, a conclusão e o causado? Mas o que significa, então, dizer que as premissas científicas são, por natureza e em absoluto, mais conhecidas e anteriores, se não o são para nós? Tratar-se-ia, acaso, de uma "cognoscibilidade em si que não seria cognoscibilidade para ninguém",[114] "posta *a priori* fora de toda referência ao conhecimento humano"?[115] Mas isso seria reconhecer, nessa ideia de um *cognoscível* que não é conhecido dos homens,[116] uma ciência que não é humanamente possível.[117] Mostramos, no entanto, que essa não é a perspectiva aristotélica sobre a ciência;[118] cuidemos, pois, de resolver nossa aporia.

4.4 A noção de anterioridade

Comecemos, então, por examinar, mais de perto, a própria noção de anterioridade. Em dois textos aborda Aristóteles, de modo mais completo, os diferentes sentidos de anterior (πρότερον), a saber: *Met. Δ,* 11 e *Cat.* 12. Segundo o primeiro desses textos, quatro são as acepções

---

113 Cf., acima, II. 4.2.
114 Como quer Aubenque (cf. *Le problème de l'être...*, 1939, p.65), para quem a originalidade da teoria da ciência demonstrativa, nos *Segundos Analíticos*, consistiria, precisamente, nessa ideia de um conhecimento *em si*, independentemente da própria possibilidade humana de obtê-lo (cf. ibidem, p.67).
115 Cf. ibidem, p.54.
116 E γνωριμώτερος pode, com efeito, traduzir-se tanto por "mais conhecível" como por "mais conhecido", assim como γνώριμος, por "conhecível" ou "conhecido", cf. Bailly, A., *Dictionnaire Grec-Français*, 1950[6], verb. γνώριμος.
117 E Aubenque, aliás, crê que a passagem de *Seg. Anal.* I, 2, 71^{b}33-72^{a}5, distinguindo, a propósito das premissas da ciência, as duas acepções de "anterior" e "mais conhecido", torna impossível o próprio raciocínio silogístico, razão pela qual a rejeita: "Ce passage, qui rompt d'ailleurs l'enchaînement des idées, nous paraît être une interpolation. Car, loin d'éclairer la théorie du syllogisme, il en compromet singulièrement l'application: pour que le syllogisme soit humainement possible, il faut que les prémisses soient plus connues, non seulement en soi mais *pour nous*, que la conclusion. Or, on sait que l'une au moins des prémisses doit être plus universelle que la conclusion, ce qui, d'après la doctrine ci-dessus, la rendrait moins connue pour nous que la conclusion. On ne voit donc pas l'intérêt qu'aurait ici Aristote à insister sur une distinction qui réduit à l'impuissance les règles de la démonstration" (cf. *Le problème de l'être...*, 1939, p.62, n.1).
118 Cf., acima, I, 2.1.

em que se toma o termo: num primeiro sentido, diz-se anterior[119] o que está mais próximo de algum princípio ou começo, determinado absoluta (ἁπλῶς) ou relativamente, no que respeita, por exemplo, ao lugar, ou ao tempo,[120] ou ao movimento, ou ao poder, ou à ordem; num segundo sentido,[121] o que é anterior segundo o conhecimento (τῇ γνώσει) considera-se, também, como absolutamente anterior (ἁπλῶς πρότερον), devendo, no entanto, distinguir-se entre o anterior segundo o discurso (κατὰ τὸν λόγον) e o anterior segundo a sensação (κατὰ τὴν αἴσθησιν): são anteriores segundo o discurso os universais e, segundo a sensação, as coisas individuais; mas também o acidente é anterior ao todo, segundo o discurso, por exemplo, músico e homem músico: de fato, não pode este ser, como um todo, sem as suas partes, ainda que não possa haver músico sem alguém que o seja; num terceiro sentido,[122] dizem-se anteriores as afecções das coisas anteriores e, em quarto lugar,[123] temos, finalmente, a anterioridade segundo a natureza e a essência (κατὰ φύσιν καὶ οὐσίαν), que concerne àquelas coisas que podem ser sem outras, mas não estas sem aquelas; e como se diz "ser" em muitos sentidos, respeita essa anterioridade primeiramente ao substrato ou sujeito (ὑποκείμενον) – eis por que é anterior a essência (οὐσία) –; em segundo lugar, à potência e à *enteléquia:*[124] segundo a potência serão anteriores a parte ao todo, a matéria à essência; segundo a enteléquia, ser-lhes-ão posteriores. E conclui Aristóteles: "De um certo modo, então, todas as coisas que se dizem anteriores e posteriores assim se dizem segundo essa última acepção".[125]

---

119 Cf. *Met.* Δ, 11, com., 1018ᵇ9-30.
120 Cf. ibidem, l. 14-9.
121 Cf. ibidem, l. 30-7.
122 Cf. ibidem, 37-1019ᵃ1.
123 Cf. ibidem, 1019ᵃ2-14.
124 No mais das vezes, usa Aristóteles como sinônimos ἐνέργεια e ἐντελέχεια, designando o ato, isto é, a perfeição acabada de algo em oposição à mera potência (δύναμις); casos ocorrem, entretanto, em que "videtur Ar. ἐντελέχεια ab ἐνέργεια distinguere, ut ἐνέργεια actionem, qua quid ex possibilitate ad plenam et perfectam perducitur essentiam, ἐντελέχεια ipsam hanc perfectionem significet" (Bonitz, *Index*, p. 253ᵇ39-42; vejam-se as passagens indicadas pelo autor).
125 *Met.* Δ, 11, 1019ᵃ11-2.

Consideremos, por sua vez, a lista das acepções de "anterior" que nos fornece o cap. 12 das *Categorias*. Começam as *Categorias* por dizerem que "anterior" se toma em quatro sentidos,[126] os quais, como veremos, não recobrem exatamente aqueles quatro que vimos distinguir o texto da *Metafísica*: em primeiro lugar[127] e como sentido dominante (κυριώτατα), temos a anterioridade segundo o tempo; num segundo sentido,[128] diremos anterior o que se não reciproca segundo a sequência do ser (τὸ μὴ ἀντιστρέφρον κατὰ τὴν τοῦ εἶναι ἀκολούθησιν) e Aristóteles exemplifica com a anterioridade do um, em relação ao dois: se dois são, segue-se (ἀκολουθεῖ), imediatamente, que um é, mas não é necessário, se um é, que dois sejam; em terceiro lugar,[129] temos o anterior segundo a ordem (κατὰ τάξιν): é o caso, nas ciências matemáticas, dos elementos (στοιχεῖα), em relação às proposições geométricas (διαγράμματα),[130] das letras, na gramática, em relação às sílabas, dos preâmbulos, nos discursos, relativamente à exposição: num quarto sentido,[131] por fim, aceita-se como naturalmente anterior o que é melhor e mais digno de honra. Mas um quinto outro sentido de "anterior", continua o filósofo,[132] parece dever acrescentar-se a esses quatro: com efeito, dentre as coisas que se reciprocam segundo a sequência do ser, o que, de algum modo, é causa do ser de outra coisa dir-se-á, a justo título, naturalmente anterior; há, evidentemente, casos em que assim se passam as coisas, como na relação entre o fato de um homem *ser* e o discurso verdadeiro que lhe corresponde: com efeito, se um homem *é*, é verdadeiro o discurso em que dizemos que um homem *é* e, inversamente, se um tal discurso é verdadeiro, um homem *é*: e, por certo, de nenhum modo é o discurso verdadeiro causa

---

126 Cf. *Cat.* 12, com., 14ª6.
127 Cf. ibidem, l. 26-9.
128 Cf. ibidem, l. 29-35.
129 Cf. ibidem, 14ª35-ᵇ3.
130 Sobre o uso matemático do termo στοιχεῖα e o emprego de διαγράμματα (literalmente: figuras geométricas) para designar as proposições geométricas, cf. *Met.* B, 3, 998ª25-7 e as notas de Ross, *ad locum*.
131 Cf. *Cat.* 12, 14ᵇ3-8.
132 Cf. ibidem, l. 10 seg.

de uma coisa ser, mas é a coisa que, de algum modo, se manifesta como causa de ser verdadeiro o discurso.[133] "Em cinco sentidos, portanto, dir-se-á uma coisa anterior a outra".[134]

4.5 Comparação entre Metafísica Δ e Categorias, 12

Se comparamos esses dois textos, o das *Categorias* e o da *Metafísica*, impõem-se-nos, imediatamente, algumas reflexões. Em primeiro lugar, observamos que a anterioridade temporal, de uma certa maneira, privilegiada nas *Categorias* e apresentada como o sentido "dominante" de "anterior", aparece, no texto da *Metafísica*, relegada a um lugar secundário, como um dos exemplos, apenas, em que algo se diz anterior, pela sua maior proximidade de algum princípio ou começo; e vimos, também, o filósofo dizer[135] que tal acepção de anterioridade, assim como as que imediatamente se lhe seguem, se reduzem, de algum modo, àquele sentido último que a *Metafísica* privilegia como fundamental, a anterioridade segundo a natureza e a essência. Também se podem incluir, por um lado, naquela primeira e lata acepção de "anterior" reconhecida pelo texto da *Metafísica*, o terceiro e o quarto sentido que as *Categorias* distinguem, a anterioridade segundo a ordem e a anterioridade do melhor e mais digno de honra. Quanto à anterioridade segundo o conhecimento, que não está propriamente presente na lista proposta pelas *Categorias*,[136] vimos como nela se demora o texto de Δ, 11 e a distinção que estabelece entre a anterioridade segundo o discurso e a anterioridade segundo a sensação: por esta conhecemos, antes, as coisas individuais, por aquele, os universais, e

---

133 Cf., acima, n. 24 deste capítulo.
134 *Cat.* 12, 14ᵇ22-3.
135 Cf., acima, II, 4.4 e n.125.
136 Crê Ross que a anterioridade segundo a ordem, de que falam as *Categorias*, exemplificando com a anterioridade das premissas científicas, nas demonstrações, das letras, na gramática, e dos preâmbulos, nos discursos, "answers roughly" à anterioridade segundo o conhecimento, em *Met.* Δ, 11 (cf. com. introdutório a *Met.* Δ, 11). Mas o próprio exemplo do preâmbulo no discurso parece mostrar que as *Categorias* têm em vista a ordenação interna e relativa das partes de um todo, sem qualquer referência direta à questão do conhecimento.

pela sensação são-nos, portanto, também, as coisas individuais mais conhecidas, enquanto, do ponto de vista do discurso, são os universais que se caracterizam pela sua maior cognoscibilidade, já que não se poderia dissociar o maior conhecimento da anterioridade segundo o conhecimento. Ora, seria grande a tentação de ver, aqui, aquela mesma distinção de que nos falavam os *Segundos Analíticos*,[137] ao opor o anterior e mais conhecido por natureza e em sentido absoluto, isto é, as coisas mais afastadas da sensação, os universais, ao anterior e mais conhecido para nós, o que está mais próximo da sensação, as coisas individuais; e como a anterioridade em sentido absoluto e por natureza corresponde, obviamente, ao que a *Metafísica* chama de "anterioridade segundo a natureza e a essência",[138] distinguiríamos, então, entre um conhecimento anterior segundo o discurso que coincidiria com a própria anterioridade natural e essencial, caracterizando a apreensão das premissas científicas, e um conhecimento anterior segundo a sensação, que os *Analíticos* nos mostraram ser o conhecimento "para nós" das coisas. Entretanto, não apenas aos universais concerne o conhecimento segundo o discurso e o mesmo exemplo, que Δ nos propõe, da anterioridade do conhecimento do acidente (por exemplo, de "músico"), em relação ao conhecimento do todo ("homem músico"),[139] nos mostra não ser necessário que a anterioridade segundo o discurso corresponda à anterioridade absoluta segundo a natureza e a essência, embora isso muitas vezes tenha lugar;[140] também o livro M da *Metafísica* vem esclarecer-nos, ao dizer que "nem todas as coisas que são anteriores segundo o discurso são também anteriores segundo a essência. Com efeito, são anteriores segundo a essência quantas coisas, das outras separadas (χωριζόμενα), sobrepassam-nas quanto ao

---

137 Cf., acima, IV, 1.1 e IV, 3.3.
138 Cf., acima, IV, 4.4 e n.123.
139 Cf., acima, IV, 4.4 e n.121.
140 Assim, o ato é anterior à potência segundo o discurso e segundo a essência; segundo o tempo, é-o num sentido, não o é, em outro (cf. *Met.* Θ, 8, 1049^{b}10-1; o acabado é anterior ao inacabado, o imperecível, ao perecível, por natureza, segundo o discurso e quanto ao tempo (cf. *Fís.* VIII, 9, 265^{a}22-4) etc.

ser; por outro lado, as coisas são anteriores segundo o discurso àquelas cujas definições se compõem de suas definições. Pois, se as afecções (πάθη) não são à parte, relativamente às essências, como, por exemplo, um móvel ou um branco, branco é anterior a homem branco, segundo o discurso, mas não segundo a essência: não pode ele, de fato, ser em separado, mas é, sempre, conjuntamente com o composto (chamo de composto (σύνολον) o homem branco), donde ser manifesto que nem o que resulta da eliminação (τὸ ἐξ ἀφαιρέσεως) é anterior nem o que resulta da adição (τὸ ἐκ προσθέσεως) é posterior; com efeito, diz-se 'homem branco' por adição a 'branco'".[141] Fica, então, evidente, que a anterioridade do conhecimento das premissas da ciência, se constitui uma anterioridade de conhecimento segundo o discurso – e é natural que assim seja, uma vez que se acompanha de discurso toda ciência[142] e não se obtém ela pela sensação[143] –, configura, entretanto, um caso particular da anterioridade segundo o discurso, aquele em que tal anterioridade se ajusta à expressão do anterior segundo a essência e a natureza. Mas isso equivale a dizer que o discurso dos homens não se adapta imediatamente à ordem das coisas e que a adequação de nossa linguagem ao real não é espontânea: o conhecimento do ser segundo suas articulações próprias deverá estabelecer-se, então, frequentemente, mediante uma inversão da mesma ordem espontânea com que a linguagem se articula. E o próprio filósofo nos deixou explícito, ao afirmar a dependência de todas as acepções de anterioridade em relação à anterioridade segundo a essência, que também a anterioridade segundo o conhecimento não é a fundamental, na mesma medida, em que, de um modo ou de outro, se subordina àquela outra.[144]

---

141 Met. M, 2, 1077^{b}1-11.
142 Cf. Seg. Anal. II, 19, 100^{b}10.
143 Cf. Seg. Anal. I, 31 (todo o capítulo).
144 A afirmação desta subordinação (cf. Met. Δ, 11, 1019^{a}11-2) é bastante explícita e não deixa qualquer margem de dúvida quanto à correta interpretação a conferir-se ao texto. Por isso mesmo, não se pode interpretar o que diz o filósofo, em 1018^{b}30-1, que "num outro sentido, o anterior segundo o conhecimento [subent.: se diz] como anterior, também, em sentido absoluto"

4.6 A anterioridade segundo a essência e a natureza

Consideremos, pois, a anterioridade que o texto da *Metafísica* claramente privilegia, a anterioridade segundo a essência e a natureza (κατὰ φύσιν καὶ οὐσίαν). Principia Aristóteles por dizer-nos que são anteriores a outras as coisas que podem ser sem estas últimas, mas não estas sem aquelas.[145] Dada, porém, a multiplicidade de sentidos de "ser", impõem-se considerações mais detalhadas: a anterioridade primeira e mais fundamental diz respeito ao sujeito ou substrato (ὑποκείμενον) – "eis por que a essência é anterior;"[146] nem dizia outra coisa o texto de *Met*. M, que citamos,[147] ao mostrar como as coisas "separadas" sobrepassam quanto ao ser (τῷ ε ναι ὑπερβάλλει) as suas afecções. Assim, a anterioridade segundo a natureza e a essência diz-se, em primeiro lugar, da anterioridade da própria essência em relação às demais categorias; e não nos explica, de fato, o livro Z da *Metafísica* que todas as outras coisas se dizem seres (ὄντα), por serem

---

(ὡς καὶ ἁπλῶς πρότερον), como o faz Aubenque (cf. *Le problème de l'être...*, 1939, p.47), pretendendo que "c'est là le sens de l'expression lorsqu'elle est employée absolument". Ora, o filósofo, tendo estabelecido, nas linhas anteriores (cf. 1018^{b}9 seg.), que a anterioridade do que está mais perto de algum princípio ou é natural e *em sentido absoluto* (quanto ao lugar, ao movimento, ao tempo, por ex.: a anterioridade da guerra de Troia em relação às guerras Médicas) ou é relativa a algo ou a alguém (nesse sentido, por exemplo, o que está mais perto de nós, no tempo, se dirá anterior), diz, em seguida, ao expor uma outra acepção de "anterior", que *também* o anterior segundo o conhecimento se diz absolutamente anterior *e não*, que, quando algo se diz, em sentido absoluto, anterior, tal anterioridade é sempre a do conhecimento. E, na mesma medida em que a anterioridade segundo o conhecimento, quer diga respeito à sensação quer ao discurso, pode entender-se, conforme à perspectiva sob que se considere o conhecimento efetivo, como uma anterioridade natural, nada impede, por certo, que o que é anterior segundo o conhecimento, num ou noutro sentido, se diga absolutamente anterior; mas nada impede, também, que, do ponto de vista da ciência, isto é, de um conhecimento que apreende a ordem por que o real causalmente se articula, se oponha, como nos *Segundos Analíticos*, o conhecimento científico, como um conhecimento anterior segundo a natureza e em sentido absoluto, ao conhecimento que parte da percepção sensível. Cf., por outro lado, no que concerne às várias significações de ἁπλῶς, Bonitz, *Index*, p. 76^{b}39 seg.

145 Cf. *Met*. Δ, 11, 1019^{a}3-4: ὅσα ἐνδέχεται ε ναι ἄνευ ἄλλων, ἐκεῖνα δ ἄνευ ἐκείνων μή; cf. também, acima, II, 4.4 e n.123.
146 *Met*. Δ, 11, 1019^{a}5-6.
147 Cf., acima, n.141.

atributos quantitativos, qualidades, afecções etc. das essências?[148] Que nenhuma delas é separada (χωριστόν), mas só o é a essência[149] e que, porque cada uma dela é, *em virtude da* essência,[150] "o que, primariamente é e é, não algo, mas é em sentido absoluto (ἁπλῶς), será a essência"?[151] Por isso mesmo, a definição de cada um dos atributos deverá conter, como sua parte integrante, a definição da essência que lhe serve de substrato.[152] Se tal é, assim, a anterioridade segundo a essência e a natureza, em seu sentido mais fundamental, não nos esqueçamos, por outro lado, que uma das acepções do ser opõe ao ser em potência o ser em ato ou enteléquia:[153] relembra-a nosso texto de *Met.* Δ para dizer-nos que, sempre segundo o sentido fundamental de "anterior", umas coisas dir-se-ão primeiras segundo a potência, outras, segundo a enteléquia;[154] o que, evidentemente, não obsta a que, em sentido absoluto, a anterioridade segundo a natureza e a essência respeite à anterioridade segundo a enteléquia, na mesma medida da anterioridade absoluta do ato em relação à potência, não apenas dos seres eternos e imperecíveis, que não comportam potência, em relação aos perecíveis, que por ela se caracterizam[155] (anterioridade esta que define os seres necessários como seres primeiros, "pois, se estes não fossem, nada seria"[156]), mas anterioridade, também, no mundo do devir, da forma e da essência,[157] isto é, da causa final, em relação

---

148 Cf. *Met.* Z, 1, 1028ª18-20.
149 Cf. ibidem, l. 33-4.
150 Cf. ibidem, l. 29-30.
151 ibidem, l. 30-1.
152 Cf. *ibid.*, l. 35-6.
153 Cf. *Met.* Δ, 7, 1017ª35 seg.; E, 2, 1026ᵇ1-2; Θ, 1, 1045ᵇ33 seg.
154 Cf. acima, II, 4.4 e n.124.
155 Cf. *Met.* Θ, 8, 1050ᵇ6 seg. Todo o capítulo concerne à anterioridade do ato em relação à potência.
156 Cf., ibidem, l. 19.
157 Οὐσία (essência) designando, aqui, a mesma quididade (τὸ τί ἦν ε ναι), a forma (ε δος) de uma coisa; com efeito, o estudo sobre a essência a que procede o livro Z da *Metafísica* conclui, finalmente, que a causa pela qual a matéria é alguma coisa definida é a forma e "isto é a essência" (*Met.* Z, 17, 1041ᵇ8-9); e a forma não é senão a mesma quididade: "chamo de forma à quididade de cada coisa e à sua essência primeira" (*Met.* Z, 7, 1032ᵇ1-2). E não esqueçamos

à matéria, que é potência,[158] já que "as coisas posteriores segundo o devir são anteriores segundo a forma e a essência" (τῷ εἴδει καὶ τῇ οὐσίᾳ),[159] doutrina, aliás, que o filósofo frequentemente relembrou e utilizou ao longo de sua obra.[160]

Encontra-se a anterioridade segundo a essência na lista das acepções de "anterior" que nos propõem as *Categorias*? Ora, parece-nos que a segunda acepção distinguida nas *Categorias*, a anterioridade do que se não reciproca com outra coisa segundo a sequência do ser,[161] pode assimilar-se, sem maiores dificuldades, à anterioridade segundo a essência, que vimos entendida, de um modo geral, como a anterioridade do que pode ser sem outra coisa, enquanto o inverso não ocorre. Mas as *Categorias* tinham, também, distinguido uma quinta acepção, a anterioridade da causa em relação ao causado, dentre as coisas que se reciprocam segundo a sequência do ser:[162] é que, malgrado a reciprocação existente entre a coisa e o discurso verdadeiro sobre ela, não se pode não considerar a coisa como anterior, na mesma medida em que é, de algum modo, causa de que seja verdadeiro o discurso. O estudo dos silogismos do "que" e do porquê já nos familiarizou com o caso de efeito e causa reciprocáveis, que se podem provar um pelo outro;[163] ora, o fato de que um e outro possam tomar-se como termos médios de silogismos não significa, obviamente, que a relação causal seja, enquanto tal, reciprocável: não podem ser causa um do outro e

---

que a quididade se diz, num sentido primeiro e absoluto, da categoria da essência, mas das outras coisas, também, num sentido segundo, cf. *Met*. Z, 4, 1030ᵃ29-32; 5, 1031ᵃ7-14; nesse sentido, falaremos, também, da essência (οὐσία) de uma esfera ou círculo (cf. *Céu* I, 9, 278ᵃ2-4) e aplicaremos o vocabulário da essência às outras categorias, na medida em que, "separando-as", as "essencializamos" em pensamento: falaremos, por exemplo, no que concerne à categoria da quantidade, do que é *por si* (καθ᾽ αὑτό) segundo a essência (κατ᾽ οὐσίαν), como a linha, e do que o é, enquanto afecção ou disposição da essência, como o muito e o pouco, o comprido e o curto etc. (cf. *Met*. Δ, 13, 1020ᵃ17 seg.).

158 Cf. *Met*. Θ, 8, 1051ᵃ4 seg.
159 Ibidem, 1051ᵃ4-5.
160 Cf., por exemplo, *Fís*. VIII, 7, 261ᵃ14; *Ger. Anim*. II, 6, 742ᵃ20-2; *Met*. A, 8, 989ᵃ15-6; M, 2, 1077ᵃ26-7 etc.
161 Cf., acima, II, 4.4 e n.128.
162 Cf., acima, II, 4.4 e n.132.
163 Cf., acima, II, 3.2 e n.78 e 79.

"a causa, com efeito, é anterior àquilo de que é causa";[164] se definimos um e outro, tornar-se-á evidentemente essa anterioridade da causa, porque a definição do efeito mencionará a causa, mostrando que é por ela que o efeito se conhece, enquanto o inverso, por certo, não ocorrerá, se formularmos a definição da causa.[165] Mas, de ser e conhecer-se o efeito pela causa, enquanto nem é nem se conhece a causa, *enquanto causa*, pelo efeito, resulta, em verdade, uma relação assimétrica entre causa e efeito, que não é obliterada pela reciprocabilidade constatada: nesse sentido, a anterioridade da quinta acepção reduz-se à da segunda,[166] ao mostrar-nos a reflexão sobre a relação causal que, em última análise, há uma não reciprocabilidade fundamental: em seu mesmo ser, a causa é, sem o efeito, não este, sem aquela; a anterioridade da causa é sempre, portanto, uma anterioridade segundo a essência e a natureza. Inversamente, podemos, também, dizer que a anterioridade segundo a essência é uma anterioridade causal: diz respeito à causalidade da essência, enquanto substrato das suas determinações, e à causalidade da forma, enquanto causa final da potencialidade da matéria.[167] E não é difícil ver como a anterioridade absoluta da causa e da essência se acompanha de uma maior cognoscibilidade em sentido absoluto. Para um conhecimento absoluto, que apreende o ser segundo a sua própria ordenação e articulação, há de ser mais conhecível o que pode ser sem outras coisas, isto é, a causa, o substrato, a essência, que, por isso mesmo, sem as outras se conhecem; e menos conhecíveis, os efei-

---

164 Cf. *Seg. Anal.* II, 16 (todo o capítulo), part. 98^{b}16 seg.
165 Cf. ibidem, l. 22-4. Cf., também, *Met.* A, 2, 982^{b}2-4: "os princípios e as causas são o que há de mais conhecível cientificamente (μάλιστα ἐπιστητά) (com efeito, por eles e a partir deles as outras coisas se conhecem, mas não eles pelas coisas que deles dependem)".
166 É o que não vê Ross, que julga redutível a anterioridade da causa, tão somente, ao sentido mais geral de "anterior" exposto em *Met.* Δ, 11, isto é, ao de anterioridade segundo a maior proximidade de um certo começo ou princípio (cf. sua nota introdutória a *Met.* Δ, 11). É curioso, por outro lado, que Le Blond não dê à noção de anterioridade a atenção que ela merece no estudo da teoria aristotélica da demonstração e só se interesse pela anterioridade temporal das causas não simultâneas com seus efeitos (cf. *Logique et méthode*..., 1939, p.101).
167 Sobre a causalidade da essência e da forma, cf., por exemplo, *Met.* Z, 17, 1041^{b}7 seg.; 27-8: "isto [subent.: a forma] é a essência de cada coisa (pois isto é a causa primeira de seu ser)"; Θ, 8, 1051^{a}4 seg.; *et passim*.

tos, determinações, atributos, porque, não sendo senão por aqueles, por eles, também, em sentido absoluto, se hão de conhecer. Mas isso equivale, então, a dizer que o conhecimento absolutamente anterior não é senão o desdobramento, no plano do conhecimento, da anterioridade segundo a essência e a natureza. Quanto ao anterior para nós, por sua vez, não pode ser senão o que é, para nós, mais conhecível – e, por isso mesmo, conhecido.

A comparação entre os dois textos concernentes à noção de anterioridade, o de *Met.* Δ, 11 e o de *Cat.* 12 parece, assim, mostrar-nos, ainda que as duas listas de acepções de "anterior" não se recubram exatamente, uma inegável concordância de doutrina; ou, antes, a doutrina das *Categorias* sobre a anterioridade configura-se como uma forma menos elaborada da mesma doutrina que encontramos na *Metafísica*. Uma única discrepância, entretanto, mais aparente, na verdade, do que real, ainda não eliminamos: o fato de as *Categorias* dizerem a anterioridade temporal o sentido primeiro e "dominante" (κυριώτατα) de "anterior".[168] Com efeito, se isso significasse que "anterior", em sentido primeiro e absolutamente fundamental, se diz segundo o tempo, não haveria como não constatar uma flagrante contradição na doutrina, dificilmente redutível. Por outro lado, se recordarmos a doutrina aristotélica do movimento, facilmente verificaremos que conceder a primazia à anterioridade temporal equivale a antepor o movimento (de que o tempo é número[169]) ao ser; a potência (o movimento, que o tempo mede, é "a *entelequia* do que é em potência, enquanto tal"[170]) ao ato; a matéria, enfim, à forma e à essência; ora, não vemos como isso se conciliaria com toda a doutrina aristotélica do ser e da essência. Toda a dificuldade, porém, desaparece, se lembrarmos[171] que κυρίως, κυριωτέρως, κυριώτατα não designam necessariamente o

---

168 Cf., acima, II, 4.4 e n.127.
169 Cf. *Fís.* IV, 11, 219^{b}1-2; 220^{a}24-25; 12, 220^{b}9-10 etc. E, como diz *Fís.* VIII, 1, 251^{b}28: "*o tempo é uma certa afecção do movimento*" (πάθος τι κινήσεως).
170 *Fís.* III, 1, 201^{a}10-11; ^{b}4-5 etc.
171 Cf., acima, n.27 deste capítulo e nossa discussão sobre o verdadeiro, como κυριώτατα ὄν, em II, 2.1.

que é absolutamente primeiro e fundamental mas, também, o sentido mais literal e mais próprio: dizer, então, que o sentido "dominante" de anterior respeita ao tempo é apenas lembrar que o tempo é o "número do movimento segundo o anterior e o posterior",[172] que "antes", "anterior" são expressões que designam, primitivamente, uma relação temporal; em suma, a primazia da anterioridade temporal é meramente *linguística*.[173] Curiosamente, então, a própria noção de "anterior" a si própria se aplica, segundo as diferentes acepções que comporta: do ponto de vista da gênese do discurso humano, da constituição das significações no tempo, é anterior a anterioridade temporal; é, por outro lado, essencial e absolutamente anterior a noção de anterioridade essencial e em sentido absoluto. Assim interpretados os textos, à luz de outros do próprio filósofo, desaparecem a ambiguidade e a contradição aparente e readquire a doutrina uma satisfatória e coerente unidade, sem que tenhamos de recorrer a soluções mais engenhosas...[174]

---

172 *Fís.* IV, 11, 219b2.
173 Pois nem mesmo se pode dizer que a anterioridade segundo o tempo seja primeira, do ponto de vista da ciência física e do movimento: na medida em que a continuidade do tempo, na física aristotélica, segue a continuidade do movimento e esta, a da grandeza, "o anterior e o posterior no lugar são primeiros. E o são, aí, pela posição; mas uma vez que há, na grandeza, o anterior e o posterior, é necessário que, também, no movimento, haja o anterior e o posterior, por analogia com aqueles. Mas, também, no tempo, então, há o anterior e o posterior, por seguirem sempre um o outro" (*Fís.* IV, 11, 219a14-9).
174 Como nos parece ser a elegante solução que propõe Aubenque para o problema da anterioridade, em Aristóteles, sem que os textos do filósofo possam, a nosso ver, fundamentá-la. Com efeito, para esse autor, se o livro Δ da *Metafísica* parece omitir a anterioridade cronológica, é porque tal sentido de "anterior" está implícito "dès qu'on parle d'*avant* et d'*après*" (cf. *Le problème de l'être...*, 1939, p.47); a anterioridade segundo o conhecimento reduzir-se-ia forçosamente à temporal porque todo conhecimento se desenvolve no tempo e, se Aristóteles parece opor, às vezes, a anterioridade lógica à temporal, não significaria isto que a anterioridade lógica não é, também, uma anterioridade temporal, mas apenas que o tempo da definição lógica difere do tempo da gênese; de qualquer modo, porém, ainda que o discurso humano se esforce por inverter este último, tal inversão tem necessariamente de desenrolar-se "*dans* un temps qui n'est autre que celui des choses" (cf. ibidem, p.48); quanto à anterioridade segundo a natureza e a essência, que não é outra senão a ordem da causalidade, "qui suppose, au moins à titre de schème, la succession dans le temps" (ibidem), entende o autor que "le primat de l'essence lui-même n'est que le primat de la considération de l'essence", a anterioridade dependendo sempre, de qualquer maneira que

4.7 O caminho humano do conhecimento: investigação e ciência

Se tal é a conceituação aristotélica da anterioridade, como resolveremos, agora, as aporias que a oposição entre o anterior e o mais conhecido em sentido absoluto e por natureza, de um lado, e o anterior e o mais conhecido para nós, de outro, salientada pelo filósofo ao falar da anterioridade e da maior cognoscibilidade das premissas científicas, parecia implicar?[175] Se não nos fossem ainda suficientes, para apontar o caminho da solução buscada, as indicações implícitas que nos forneceu a discussão sobre a noção de "anterior" e que poderiam oferecer-nos a doutrina dos silogismos do "que" e do porquê, interpretada, agora, à luz daquela mesma discussão, um texto extremamente elucidativo de *Met.* Z vem explicar-nos, com toda a clareza desejável, o pensamento do filósofo. Com efeito, estabelecendo que o estudo da essência (οὐσία) deve começar pelo exame das essências sensíveis (já que se concorda, geralmente, em que algumas das coisas

---

se aborde o problema, do modo de consideração, "c'est à dire de *connaissance*": tal prioridade exprimiria apenas a obrigação de o discurso humano começar pela essência "s'il veut savoir de quoi il parle"; como, entretanto, "l'ordre de la connaissance, acte humain qui se déroule dans le temps, est lui-même un ordre *chronologique*" (ibidem, p.49), Aristóteles, ao opor o mais conhecido em si e por natureza ao anterior e mais conhecido para nós, estaria opondo dois modos de conhecimento, um de direito e outro de fato, introduzindo a original concepção de um conhecimento *em si*, fora de qualquer referência ao conhecimento humano (cf. ibidem, p.54), para o qual o ontologicamente primeiro coincidiria com o primeiramente conhecido (cf. ibidem, p.67). Não é de admirar que, com uma tal interpretação da anterioridade aristotélica, possa Aubenque atribuir a Aristóteles uma filosofia profundamente pessimista quanto ao alcance do conhecimento humano: jungido sempre à perspectiva de seu conhecimento "de fato", devendo sempre partir das coisas que lhe são mais conhecidas, nunca lograria o homem situar-se na perspectiva do que é anterior segundo a essência, por onde deveria, entretanto, começar, para ter uma verdadeira ciência; e a própria metafísica aristotélica, essencialmente aporética, seria uma "metafísica inacabada", por ser uma "metafísica do inacabamento" (cf. ibidem, p.505). Ora, toda nossa análise da noção aristotélica de anterioridade mostra ser insustentável a interpretação de Aubenque, ao privilegiar, como faz, a anterioridade cronológica; por outro lado, as aporias concernentes à oposição das duas ordens de conhecimento recebem, nos textos aristotélicos, como a seguir veremos, uma solução plenamente satisfatória e... "otimista": não esqueçamos, aliás, que pudemos mostrar ser a teoria aristotélica da ciência um estudo teórico *de uma realidade de fato* (cf., acima, I,2.1). E nada indica, nos textos do filósofo, que ele tenha jamais descrito da capacidade humana de elevar-se até a Ciência das coisas.
175 Cf., acima, II, 4.3.

sensíveis são essências), continua Aristóteles: "É, de fato, vantajoso avançar em direção do mais conhecível. Pois é assim que, para todos, se produz o aprendizado, por meio das coisas menos conhecíveis por natureza, em direção das mais conhecíveis; e esta é a tarefa – assim como, nas ações, ela é a de, a partir do que é bom para cada um, tornar o que é totalmente bom bom para cada um[176] –, do mesmo modo, aqui, partindo do que é, para si mesmo, mais conhecível, tornar o que é conhecível, por natureza, conhecido, para si".[177] O que é mais conhecido e primeiro para cada um, frequentes vezes, por certo, é apenas medianamente conhecido e pouco ou nada tem a ver com o real; ainda assim, é sempre a partir do que conhecemos, ainda que mal conheçamos, e através desses conhecimentos, que tentaremos conhecer o absolutamente conhecível.[178] O texto, extremamente claro, indica-nos o caminho a percorrer quando se busca o conhecimento das coisas segundo a mesma cognoscibilidade fundada em sua essência e natureza; tal caminho não é senão o mais natural e pressupõe o reconhecimento de que a cognoscibilidade de uma coisa, em sentido absoluto, não se reflete no conhecimento espontâneo por que ela nos é primeiramente acessível: porque as coisas mais conhecíveis, imediatamente, para nós e as, por natureza, mais conhecíveis não são as mesmas, é que devemos, se queremos conhecer verdadeiramente as coisas, caminhar desde o que para nós é mais claro até o que é mais claro em virtude de sua mesma natureza: temos necessariamente de partir do que é mais conhecível segundo a sensação.[179] Da sensação

---

176 Cf., também, *Ét. Nic.* V, 1, 1129ᵇ4-6, sobre os bens que os homens pedem em suas orações: tão somente os bens exteriores, quando deveriam pedir que as coisas boas, em sentido absoluto, fossem também boas para si.

177 *Met.* Z, 3, 1029ᵇ3-8. Γνώριμος (cf., acima, n.116 deste capítulo) pode traduzir-se tanto por "conhecível" como por "conhecido" e não vemos como possa tornar-se o texto inteligível sem lançar mão dessa possibilidade de dupla interpretação.

178 Cf. *Met.* Z, 3, 1029ᵇ8-12.

179 Cf. *Fís.* I, 1, 184ᵃ16 seg. O texto apresenta, entretanto, uma certa dificuldade para a interpretação, ao afirmar (cf. l. 23-5) que o conhecimento que vai da sensação ao que é mais conhecível por natureza caminha das coisas universais (καθόλου) para as particulares (καθ' ἕκαστα). Dentre as múltiplas interpretações que se têm proposto, cremos ser a melhor a

dependem nossas primeiras certezas e é das coisas individuais, que por ela conhecemos, que provêm os universais.[180] Podemos, mesmo, dizer que "sem ter a sensação, absolutamente nada se poderia aprender nem compreender",[181] já que os inteligíveis se encontram nas formas sensíveis.[182]

Mas, se o texto da *Metafísica* opõe, com bastante nitidez, a ordem da investigação e da pesquisa à ordem do real e do verdadeiro saber, mostra-nos, também, o escopo final que nos propomos: tornar conhecido de nós o absolutamente conhecível, *transformar a sua maior cognoscibilidade segundo a natureza e a essência numa maior cognoscibilidade para nós*; superar, portanto, a barreira que espontaneamente se ergue entre o conhecimento humano e a ordem por que o real, em si próprio, se ordena, de modo a permitir, destarte, à perspectiva do conhecimento humano assumir, por assim dizer, a mesma perspectiva das próprias coisas.

Eis, então, que a doutrina dos *Analíticos* plenamente se esclarece e se resolvem suas aparentes aporias à luz do ensinamento novo: há ciência quando o conhecimento humano supera a sua espontaneidade para situar-se na perspectiva nova de uma absoluta coincidência com a mesma ordem do ser. Porque o mais conhecido, para nós, agora, uma vez operada a "inversão" que torna a ciência possível, é o mais conhecível em si e por natureza, por isso podemos falar do "mais conhecido por natureza e em sentido absoluto", como característica das premissas científicas. E podemos dizer, igualmente, que a anterioridade absoluta segundo a essência e a causa se tornou, também, agora, uma anterioridade para nós. À progressão natural do saber e à ordem genética do

---

de Aubenque (cf. *Le problème de l'être...*, 1939, p.209-10), explicando a passagem por referência "à l'usage courant, populaire et péjoratif, du mot καθόλου, qui n'a pas ici le sens de l'universel aristotélicien, mais désigne une sorte de perception confuse, syncrétique et qui n'est générale que parce qu'elle est indistincte".

180 Cf., *Ét. Nic.* VI, 11, 1143^{b}4-5.
181 *Da Alma* III, 8, 432^{a}7-8. E a mesma construção do edifício científico depende tão estreitamente da sensação que os *Analíticos* dão como manifesto (φανερόν) que a supressão de um dos sentidos implicaria o desaparecimento de uma ciência correspondente, cf. *Seg. Anal* I, 18, com., 81^{a}38 seg.
182 Cf. *Da Alma* III, 8, 432^{a}4-5.

conhecimento a partir das sensações, em direção dos universais e no sentido de um afastamento cada vez maior daquelas, substitui-se, com a ciência, a ordem de um saber descendente, inversa daquela, seguindo as mesmas articulações do ser, passando do mais universal ao menos universal, do anterior ao posterior segundo a natureza, apreendidos como tais. Por outro lado, a cognoscibilidade maior do anterior por natureza, que passa ao ato no conhecimento científico, define-se, portanto, como potencialidade, relativamente a um conhecimento humano eventual, isto é, à ciência que os homens a seu respeito venham a constituir: a cognoscibilidade em si o é em referência a um saber absoluto que o homem atinge com a ciência, contrariamente ao que se sustentou.[183] E, do ponto de vista do saber científico uma vez constituído, é válido dizer que as premissas são previamente conhecidas, que o porquê se conhece anteriormente ao "que", que o conhecimento caminha da causa ao causado: é que não mais nos referimos à gênese espontânea e natural do conhecimento, mas à ordenação interna do novo saber que edificamos, esposando a ordem das coisas, tendo cumprido o programa que o texto de Z nos indicava.

Nem era outra, também, a doutrina aristotélica, ao expor, nos *Tópicos*, como se procederá à busca dialética da definição: com efeito, um dos tópicos que ensejam a crítica de uma definição dada[184] consiste em verificar se acaso não se formulou ela "por meio de termos anteriores e mais conhecidos". Pois, já que a definição se formula para fins de conhecimento e que, "como nas demonstrações", é a partir do que é anterior e mais conhecido que se conhece e não, a partir de

---

183 Cf. Aubenque, *Le problème de l'être...*, 1939, p.54, 65, 67; acima, II, 4.3 e n.114 seg.; II, 4.6 e n.174. Não é, também, aceitável, então, a interpretação de Ross (cf. *Aristotle's Prior and Posterior Analytics*, Introduction, p.54), ao pretender que se dirão as premissas do silogismo científico "mais conhecidas" unicamente no sentido de serem mais inteligíveis, ainda que nos sejam "less familiar": se assim fosse, o conhecimento científico, enquanto tal, não nos seria efetivamente dado. Nem nos é possível concordar com L. Brunschvicg (cf. *L'expérience humaine et la causalité physique*, 1949, p.150-1), quando, dizendo haver, em Aristóteles, "un renversement entre l'ordre e la connaissance et l'ordre de l'être", parece fazer do discurso científico demonstrativo uma mera exposição didática do sistema de conhecimentos constituído.
184 Cf. *Tóp.* VI, 4, 141ª26 seg.

termos quaisquer, torna-se manifesta a incorreção da definição que não preencher tais requisitos. E relembra o filósofo os dois sentidos em que se pode dizer algo anterior e mais conhecido (ou posterior e menos conhecido): em sentido absoluto (ἁπλῶς) e para nós (ἡμῖν); em sentido absoluto, por exemplo, são anteriores e mais conhecidos o ponto que a linha, a linha que o plano, o plano que o sólido, assim como a unidade é mais conhecida que o número, sendo o princípio de todo número, e a letra o é mais que a sílaba. Algumas vezes, ocorre, entretanto, continua o texto, precisamente o contrário e são-nos, de fato, mais conhecidos, do ponto de vista da percepção sensível, mais do que todos o sólido, o plano, mais do que a linha, a linha, mais do que o ponto; a maioria dos homens, aliás, conhece previamente coisas dessa natureza, enquanto a inversão dessa ordem espontânea do conhecer exige uma inteligência penetrante e excepcional.[185] Do ponto de vista científico, impõe-se essa inversão, ainda que reconheçamos ser preciso, talvez, *diante dos que são incapazes de conhecer dessa maneira*, formular a definição por meio dos termos que lhes são, a eles, mais conhecidos; em atenção a eles, definiremos, então, o ponto, a linha, o plano, como limites, respectivamente, da linha, do plano, do sólido, definindo o anterior pelo posterior. É que, sempre, no princípio, são mais conhecidas as coisas sensíveis, operando-se aquela inversão à medida que o pensamento se torna mais exato e rigoroso.[186] Mais uma vez, por este texto, de cujo sentido geral em nada difere aquele outro de Met. Z que acima examinamos,[187] confirma-se a unidade da doutrina: não se nos dá, de início, a adequação do nosso saber ao real, mas ela

---

185 Cf. *ibid.*, 141ᵇ13-4.
186 Cf. *Tóp.* VI, 4, 15 seg.; 142ᵃ2-4.
187 Ao contrário do que pretende Aubenque (cf. *Le problème de l'être...*, 1939, p.64-5), para quem, enquanto, nos *Tópicos*, o acesso à ordem da inteligibilidade em si é apenas uma penetração de espírito e de exercício, "à mesure que la pensée d'Aristote se développe, il semble bien que la perspective de cette coincidence [subent.: entre o que é mais conhecido para nós e o que é mais conhecido em sentido absoluto] soit de plus en plus différée"; o livro Z da *Metafísica* faria, então, dessa não coincidência uma "servidão permanente do conhecimento humano", a que nem mesmo o filósofo pode escapar, a cognoscibilidade em si tornando-se, finalmente, uma cognoscibilidade para ninguém. Ora, cremos ter podido mostrar que,

é, antes, o fruto de um laborioso esforço que precede a constituição do conhecimento científico. E esta passagem do mais obscuro, ainda que mais manifesto, em direção do que é claro e mais conhecido segundo o discurso (κατὰ τὸν λόγον), como diz Aristóteles a propósito da busca e estabelecimento de uma definição para a alma,[188] faz-se no sentido da manifestação da causa: deverá a definição procurada conter a causa e manifestá-la. Não teremos dificuldade, aliás, em integrar, nestes novos resultados que alcançamos, o que anteriormente dissemos sobre os silogismos do "que" e do porquê:[189] operando-se a inversão científica, aos silogismos do "que" da fase anterior à ciência substituem-se os silogismos do porquê, em que a *ratio essendi* coincide com a *ratio cognoscendi* e em que, por conseguinte, o anterior e mais conhecível em sentido absoluto se tornou premissa silogística, porque, também, agora, anterior e mais conhecido para nós.[190]

Se compreendemos, exatamente, este ponto, torna-se evidente, então, que não se confundem, absolutamente, no aristotelismo, ciên-

---

se é evidente que a distância entre o que nos é imediata e espontaneamente conhecível e o que o *é*, em sentido absoluto, é uma "servidão do espírito humano", nenhum texto aristotélico (e o de Z, menos do que qualquer outro) no-la descreve como uma "servidão permanente"; ao contrário, todos os textos convergem para apontá-la como uma servidão apenas inicial que o homem efetivamente supera pela posse da ciência. E a leitura de tratados como a *Física* e a *Ética*, que partem dessa não coincidência e dessa distância (cf. *Fís*. I, 1, 184ª16 seg.; *Ét. Nic.* I, 4, 1095ᵇ1 seg.), mostra-nos como eles têm a pretensão de tê-las definitivamente vencido, ao menos no que concerne a certos problemas fundamentais de seus domínios respectivos.

188 Cf. *Da Alma* II, 2, com., 413ª11 seg. Note-se a equivalência que Aristóteles estabelece, neste texto, entre o mais conhecido segundo o discurso e o mais conhecido segundo a natureza e a essência.

189 Cf., acima, II, 3.2 e n.78 seg.; II, 3.3.

190 Porque não compreendeu ter Aristóteles reconhecido a possibilidade real de transformar-se o mais conhecível segundo a natureza e em sentido absoluto em mais conhecível, também, para nós, Aubenque rejeita, como provável interpolação, a passagem de *Seg. Anal.* I, 2, 71ᵇ33-72ª5 (cf., acima, n.117 deste capítulo), porque todo silogismo terá, forçosamente, uma, ao menos, de suas premissas mais universal que a conclusão e, portanto, menos conhecível quanto à sensação e, consequentemente, "para nós". Se o ilustre autor tivesse razão, Aristóteles deveria condenar-nos, pura e simplesmente, à impossibilidade de conhecer silogisticamente, uma vez que, reiteradas vezes, afirma que a indução (ἐπαγωγή) é mais conhecível segundo a sensação e mais manifesta, para nós, do que o silogismo, porque caminha porque caminha das coisas individuais para as universais, das coisas conhecidas para as desconhecidas, cf. *Tóp.* VIII, 1, 156ª4-7; I, 12, 105ª13-9; *Prim. Anal.* II, 23, 68ᵇ35-7.

cia e investigação ou pesquisa "científica". Só é ciência o conhecimento que, porque se ajustou integralmente às articulações do real, é posse efetiva dele pela nossa alma; na ciência, a ordem do raciocínio "deve exprimir a própria ordem da natureza, traduzir as relações profundas que unem ou explicam os seres, em outras palavras, fundar-se sobre as relações íntimas de causalidade".[191] Mas, por isso mesmo, enquanto essa coincidência absoluta se não tiver, ainda, dado, enquanto estiver o homem a caminhar desde o que lhe é imediatamente anterior e mais conhecido, em busca do conhecimento segundo a essência e a natureza, enquanto investiga e pesquisa, portanto, *não há ciência*, ainda; percorremos, apenas, um domínio pré-científico que fazemos propedêutico ao saber científico que buscamos. Não é lícito, então, dizer que "a ciência comporta dois momentos: a pesquisa e a prova",[192] pois entendemos plenamente por que, para Aristóteles, só a "prova" é ciência. Muito menos, ainda, é válido opor aos *Analíticos* e à sua "teoria da ciência rígida e altiva, que exclui as conjecturas e não dá lugar senão à demonstração apodítica, que pretende descer da causa ao efeito e estabelecer-se no inteligível absoluto, que se dá como perfeitamente universal e impessoal", um outro Aristóteles que, nos tratados, teria desenvolvido uma outra concepção sobre a natureza do saber, "um Aristóteles muito menos rigoroso, infinitamente mais maleável que aquele que frequentemente se imagina, segundo a teoria dominante nos *Analíticos*", um pensador que tateia e que pesquisa.[193] Não é por-

---

191 Bourgey, *Observation et expérience chez Aristote*, 1955, p.102-3.
192 Mansion, *Le jugement d'existence...*, 1946, p.168.
193 Cf. Le Blond, *Logique et méthode...*, 1939, Introduction, p.XXII-XXIII. Também Bourgey (cf. *Observation et expérience...*, 1955, p.110-3) crê encontrar, nos grandes tratados científicos e nas obras filosóficas de Aristóteles, uma imagem bastante diferente do saber humano, em relação àquela que nos dão os *Segundos Analíticos*. Os trabalhos de biologia, sobretudo, revelariam esta nova concepção do saber, nascida das lides da própria pesquisa, privilegiando a observação e a experiência, servindo-se heuristicamente de hipóteses de trabalho, não tendo o filósofo,porém, tido tempo para explicitar sua nova perspectiva da ciência no plano teórico. Ora, pudemos mostrar como não se trata de uma nova perspectiva do saber humano nem de uma nova concepção da ciência, mas, tão somente, do esforço humano que prepara a posse final da ciência, da pesquisa preliminar que possibilitará a "inversão" científica, o saber rigoroso constituído *more geometrico* permanecendo sempre, porque é o único a coincidir com a ordem das próprias coisas, o modelo definitivo do conhecimento científico.

que os *Analíticos* "descrevem a ciência acabada, que desce das causas aos efeitos e coincide absolutamente com o dinamismo das coisas",[194] uma ciência em que não há lugar para o método, enquanto pesquisa, que se lhe oporá, como se se tratasse de uma outra orientação doutrinal e de uma dualidade de inspiração, a prática aristotélica da ciência, sua teoria do método de "invenção" da ciência, seu trabalho de investigação "científica";[195] não há, em Aristóteles, como se pretendeu,[196] dois personagens que se devem contrapor, o Platônico e o Asclepíada. O que há, simplesmente, é a oposição que o filósofo conscientemente estabelece e proclama entre ciência e pesquisa, entre o saber acabado, constituído em movimento descendente do mais universal ao mais particular, do mais cognoscível, por natureza e em absoluto, ao menos cognoscível, da causa ao causado e, de outro lado, o trabalho preliminar de investigação que segue o caminho exatamente inverso e cujo sucesso deverá permitir a constituição da ciência.[197] Mas, se assim é, não há como estranhar que coexistam com os textos dos *Segundos Analíticos*, que nos fixam os cânones do saber científico, os textos em que nos expõe o filósofo o seu método de pesquisa pré-científica e os em que o pratica, permitindo-nos acompanhar sua investigação em marcha. Eis, assim, então, que, mais uma vez, podemos assistir ao triunfo da unidade coerente do dogma, corretamente interpretado, sobre as tendências "divisionistas" de intérpretes eminentes...

---

194 Le Blond, *Logique et méthode...*,1939, p.105.
195 Cf. *ibid.*, p. 105-6, 186-7, 435 etc.
196 Cf. Gomperz, Th., *Pensadores Griegos*, Guaranis, 1952, tomo III, cap. IV e VII.
197 Não é difícil constatar quanto uma tal concepção do saber mantém e preserva da concepção platônica da ciência: para Platão, com efeito, o saber científico, em sentido rigoroso, constitui-se, apenas, no movimento descendente posterior à visão da essência, objeto e resultado do movimento ascendente da investigação dialética, cf. Goldschmidt, V., *Les dialogues de Platon*, 1963², p.9. Como diz, com razão, Aubenque (cf. *Le problème de l'être...*, 1939, p.62): "Aristote conservera l'idéal platonicien d'un savoir descendant, qui va du simple au complexe, du clair au confus, de l'universel au particulier".

5 Os indemonstráveis

5.1 A noção de princípio

"Que se parta de premissas primeiras (ἐκ πρώτων), indemonstráveis (ἀναποδείκτων), porque [subent.: de outro modo] não se conhecerá cientificamente, em não se tendo demonstração delas; pois conhecer cientificamente, não por acidente, as coisas de que há demonstração é ter a demonstração ... Partir de premissas primeiras é partir de princípios apropriados (οἰκεῖαι): identifico, de fato, premissa primeira e princípio (ἀρχή). Um princípio de demonstração é uma proposição imediata (ἄμεσος), imediata é aquela a que não há outra anterior".[198] Com essas duas últimas notas que caracterizam as premissas da demonstração, o serem primeiras e imediatas, introduziu-se, por fim, a noção de *princípio*, absolutamente fundamental para a teoria aristotélica da ciência. Sabedores de que o conhecimento científico, como todo conhecimento na esfera dianoética, parte de algo que previamente se conhece, viemos paulatinamente estudando a natureza desses conhecimentos anteriores, no que se refere ao silogismo demonstrativo, compreendendo que o que cientificamente se conhece e demonstra conhece-se e demonstra-se a partir de premissas verdadeiras, que exprimem a causalidade real da conclusão obtida e que são anteriores e mais conhecidas em sentido absoluto, segundo a natureza e a essência. Explica-nos agora o filósofo que as premissas básicas do raciocínio científico deverão também – como condição para que realmente o sejam para um determinado ramo do saber, a ele apropriadas – distinguir-se por um caráter *primeiro* e *imediato*, isto é, por prescindirem de qualquer premissa anterior que as justifique ou fundamente. Por isso mesmo, dir-se-ão *princípios*, porque por elas *principiam* as demonstrações. Conhecem-se, então, os princípios antes e mais do que as outras premissas e conclusões, já que por eles essas todas se conhecem, que

---

[198] Seg. Anal. I, 2, 71^{b}26-72^{a}8.

lhes são posteriores;[199] há de crer-se mais neles do que em tudo que deles depende, o que não seria possível se não os conhecêssemos ou não estivéssemos, em relação a eles, numa disposição ainda melhor do que se os conhecêssemos.[200] E compreende-se como possa a *Ética Nicomaqueia* afirmar que, se não se conhecem os princípios e não se creem eles mais que as conclusões, ter-se-á uma ciência meramente acidental.[201] Já que as causas se dizem em tantas acepções quantas as de "princípio"[202] e visto que se manifestou a anterioridade segundo a essência das premissas científicas como uma anterioridade causal,[203] o caráter imediato dessas proposições absolutamente anteriores que são os princípios não exprime, então, senão o caráter imediato da causalidade que engendra os efeitos que a ciência demonstra: os princípios concernem às causas primeiras do demonstrado.[204]

5.2 A indemonstrabilidade dos princípios

Enquanto premissas primeiras e imediatas, a que nenhuma outra é anterior, os princípios são, por isso mesmo, *indemonstráveis*. Fosse um princípio demonstrável, já que o conhecimento do demonstrável é a demonstração,[205] haveria a proposição que é primeira e absolu-

---

199 Cf. *Seg. Anal.* I, 2, 72ª30-2.
200 Cf. *ibid.*, l. 32-4.
201 Cf. *Ét. Nic.* VI, 3, 1139ᵇ34-5.
202 Pois *"todas as causas são princípios"*, sendo comum a todos os princípios o serem aquele primeiro ponto a partir de que algo é, devém ou se conhece, cf. *Met.* Δ, 1, 1013ª16-19; cf., também, *Met.* A, 1, 982ª1-3; 2, 982ª5; ᵇ2-4; 9-10; *Fís.* I, 1, 184ª10-6 etc.
203 Cf., acima, II, 4.6 e n.161 seg.
204 Sobre a noção de causa primeira (πρῶτον αἴτιον) cf., acima, n. 77 deste capítulo. Se todos os princípios, então, exprimem causas *primeiras*, no sentido de causas *próximas*, alguns dentre eles – os primeiros princípios das ciências, sobre os quais se constroem seus silogismos iniciais – exprimirão causas *primeiras*, também no outro sentido da expressão, no de causa *última e fundamental*.
205 Cf. *Seg. Anal.* I, 2, 71ᵇ28-9; 72ª25-6; II, 3, 90ᵇ9-10. Observe-se que o filósofo assume, sem maiores indicações, que não há outro conhecimento possível do demonstrável senão a demonstração. Mas não seria, entretanto, possível uma outra forma de conhecimento do demonstrável, por exemplo, a definição, sem que fosse necessário efetuar a demonstração? – eis um problema a que só o livro II dos *Segundos Analíticos* trará resposta, como veremos, ao estudar, no cap. V, as relações entre definição e demonstração.

tamente anterior de ser conhecida por demonstração, isto é, de ser posterior e segunda, relativamente às mesmas premissas a partir de que se demonstraria, o que é, manifestamente, contraditório: porque primeiros e imediatos, os princípios são indemonstráveis.[206] Repousa, pois, a demonstração sobre os indemonstráveis e neles se funda, a demonstrabilidade do objeto científico exigindo, como condição de sua possibilidade, a indemonstrabilidade de premissas últimas, de que a demonstração decorre. "Com efeito, haverá silogismo mesmo sem essas condições, mas não haverá demonstração, pois ele não produzirá ciência".[207] Já mostramos, aliás, como o conhecimento dos indemonstráveis, isto é, dos princípios da ciência, constitui aquela outra maneira de conhecer a que o filósofo fazia alusão, dizendo-a, também, científica, num emprego mais lato do termo "ciência".[208] E dá-nos Aristóteles[209] uma indicação preliminar de diferentes espécies de princípios, deixando para capítulos posteriores seu estudo sistemático:[210] distingue os axiomas e as teses e subdivide estas últimas em definições e hipóteses, que define e elucida com exemplos. A eles voltaremos, no momento adequado.

Atentemos, por outro lado, em que *não nos provou ainda* o filósofo a existência de princípios indemonstráveis para a ciência; de fato, afirmando haver, dentre as premissas científicas, certas proposições que são absolutamente primeiras e que denominou "princípios", fez-nos

---

[206] Não vemos, contrariamente a Aubenque (cf. *Le problème de l'être...*, 1962, p.54-5), nenhum paradoxo no texto aristotélico de *Seg. Anal.* I, 2, 71^{b}26-9. O filósofo não nos diz, de nenhum modo, que "as premissas são primeiras, *se bem que indemonstráveis*" nem que "elas são também primeiras, *porque* indemonstráveis", mas, simplesmente, que, *porque primeiras, elas são indemonstráveis*. Aubenque, coerente com sua interpretação, a nosso ver inaceitável, privilegia, então, a caracterização negativa dos princípios pela sua indemonstrabilidade (cf. ibidem, p.55, n.5), nela vendo a intenção do filósofo de exprimir a "impotência do discurso humano", ao invés de considerar preliminarmente, como parece impor-se, a identificação de princípio e de proposição imediata, absolutamente anterior, caracterização, esta, absolutamente positiva da noção de princípio.

[207] *Seg. Anal.* I, 2, 71^{b}23-5.
[208] Cf., acima, II, 1.3.
[209] Cf. *Seg. Anal.* I, 2, 72^{a}14-24.
[210] Cf. *Seg. Anal.* I, cap. 10 e 11.

ver, apenas, que a noção de proposição primeira implica indemonstrabilidade. Exemplificou com o que ocorre nas ciências matemáticas, em que podemos surpreender o uso de axiomas, teses, definições e hipóteses, a partir dos quais se constrói o edifício científico. Mas não está ainda demonstrado que a ciência exija como condição de possibilidade tais proposições primeiras, absolutamente anteriores e imediatas. E é, também, o próprio Aristóteles quem faz questão de ressaltar o fato de não ser universalmente reconhecida a existência dos princípios indemonstráveis: nem todos pensam, com efeito, que haja uma forma cientificamente válida de conhecer outra que não a demonstração e o filósofo consagra à crítica desse modo de conceber o conhecimento um capítulo inteiro dos *Segundos Analíticos*.[211]

5.3 Um falso dilema:
regressão ao infinito ou demonstração hipotética

Duas diferentes manifestações dessa atitude em face da ciência são por ele consideradas: de um lado, há os que recusam a possibilidade de qualquer ciência absoluta,[212] de outro, os que, aceitando-a embora, sustentam, no entanto, que toda proposição é demonstrável, acolhendo, destarte, como possível e válida, a demonstração circular.[213] Ambas acepções têm em comum o reduzirem unicamente à demonstração o processo científico do conhecimento[214] e, por isso mesmo, serão uma e outra objeto da crítica aristotélica.[215] Os primeiros, assumindo que não é possível conhecer cientificamente se não pela

---
211 Isto é, I, 3.
212 Cf. *Seg. Anal.* I, 3, 72ᵇ5-15.
213 Cf. ibidem, l. 6-7; 15-8; 25 seg.
214 Cf. ibidem, l. 15-6.
215 Na medida em que Aristóteles sustenta exigir a ciência demonstrativa um conhecimento preliminar, "uma disposição ainda melhor do que se conhecêssemos cientificamente" (cf., acima, II, 5.1 e n.200), conhecimento este que, porque alicerce indispensável do edifício científico, com mais forte razão, ainda, num sentido mais lato do termo, se dirá, também, ciência (cf., acima, II, 1.3). É o desconhecimento dessa "ciência" que Aristóteles condena nas críticas que estamos a considerar.

demonstração,[216] sustentam, então, que somos envolvidos numa regressão ao infinito (εἰς ἄπειρον ἀξιοῦσιν ἀνάγεσθαι): se o conhecimento científico de uma coisa se funda no conhecimento de premissas anteriores a partir das quais aquela se demonstra, se o conhecimento científico destas premissas exige que também elas se demonstrem a partir de outras que lhes serão, por sua vez, anteriores e assim por diante, nosso propósito de fundar cientificamente o conhecimento esbarra, então, no óbice que representa uma indefinida e contínua regressão à busca de uma anterioridade inesgotável. Pois, se não há premissas primeiras, a mesma impossibilidade de percorrer uma séria infinita – o que Aristóteles, de bom grado, lhes concede[217] – torna impossível que se conheçam realmente as proposições posteriores pelas anteriores. Introduzir-se-ão, acaso, premissas primeiras ou princípios, desse modo detendo-se a regressão estéril? Mas, se somente a demonstração é conhecimento científico, introduzir o não demonstrável é apelar ao incognoscível, do ponto de vista científico; ora, se não é possível *conhecer* as proposições primeiras, é manifesto que, em sentido próprio ou absoluto, nenhum conhecimento científico poderá haver daquelas proposições todas que por esses princípios se conhecerem e tiverem neles fundada a própria cognoscibilidade. O conhecimento delas será, forçosamente, meramente *hipotético*,[218] tendo, como único fundamento, princípios assumidos mas não comprovados. Nossos filósofos e Aristóteles estão, portanto, de acordo, sobre um ponto particularmente importante, isto é, sobre o fato de que a ausência de premissas primeiras e indemonstráveis torna impossível a própria ciência demonstrativa, no sentido absoluto em que a definimos. Eis-nos, assim, diante da grave aporia do começo do conhecimento, deparando com a impossibilidade aparente de possuir um conhecimento que parece já ter sempre começado. Supondo

---
216 Cf. *Seg. Anal.* I, 3, 72^{b}7 seg. Lemos, com Mure e Tricot, ἄλλως, a l. 8, que é a lição da maioria dos manuscritos; *contra*, Bekker e Ross: ὅλως.
217 Cf. ibidem, l. 10: ὀρθῶς λέγοντες.
218 Cf. ibidem, l. 15: ἐξ ὑποθέσεως.

todo conhecimento dianoético conhecimentos prévios – doutrina que vimos ser a do próprio Aristóteles[219] –, pareceria a ciência permanecer irremediavelmente suspensa a origens inapreensíveis e o que se conhece e demonstra, eternamente afetado pela precariedade insuperável de um princípio indefinidamente recuado. Diante de uma tal aporia, que ameaça definitivamente inquinar uma ciência que se pretenda absoluta, não se hesitou, então, em abandonar a pretensão ao absoluto e em denunciar a precariedade do conhecimento científico, de fato mas, também, de direito; manifestada, com efeito, a impossibilidade lógica de um fundamento último para o conhecimento, só nos resta partir de hipóteses que, sem demonstração, aceitaremos como verdadeiras, delas deduzindo as consequências que implicam: não saberia ir além a ciência dos homens e todo conhecimento não seria senão hipotético.

Ora, Aristóteles recusa liminarmente essa solução e, enfrentando decididamente a aporia, mantém os direitos da ciência absoluta: "Nós, porém, afirmamos que nem toda ciência é demonstrativa, mas que a das premissas imediatas é indemonstrável (e que isto é necessário, é manifesto; com efeito, se é necessário conhecer as premissas anteriores e de que parte a demonstração e se, num certo momento, surgem as premissas imediatas, estas são, necessariamente, indemonstráveis) – tais coisas, pois, assim dizemos e afirmamos haver, não apenas ciência, mas também um certo princípio de ciência (ἀρχὴν ἐπιστήμης), pelo qual conhecemos as definições".[220] Como se vê, se

---

219 Cf., acima, I, 3.4.
220 *Seg. Anal.* I, 3, 72ᵇ18-25. Preferimos traduzir, a l. 22, ἵσταται [lit.: "erguem-se", "levantam-se", "permanecem imóveis", "detêm-se"] por uma expressão como "surgem", que, de algum modo, sugere esse significado literal (indicando a existência de uma barreira, precisamente representada pelas premissas imediatas, que se impõe como termo necessário da regressão em busca da anterioridade), a servir-nos das perífrases de que lançam mão, habitualmente, os tradutores (cf., por exemplo, Mure, *ad locum*: "and since the regress must end in immediate truths", tradução que acompanha Tricot). Observe-se, por outro lado, que, se Aristóteles parece aceitar a denominação de "ciência" para designar o conhecimento dos princípios (cf. l. 18-20), em verdade, logo substitui-lhe a expressão "princípio de ciência" (ἀρχή ἐπιστήμης), assim chamando o que, em outros textos denomina "inteligência" (νοῦς), cf., acima, II, 1.3 e n.12: a ciência dos princípios é um princípio de ciência.

bem que Aristóteles ainda não proponha uma prova da existência dos princípios indemonstráveis,[221] ei-lo que, aceitando haver incompatibilidade entre a ciência absoluta e a redução de todo conhecimento, na esfera científica, ao que se obtém por demonstração, opõe, enfaticamente, aos pensadores que critica, a existência de um "princípio de ciência" que conhece, em sentido absoluto e sem demonstração, as proposições primeiras com que necessariamente deparamos, se empreendemos a caminhada regressiva a partir do *demonstrandum* em direção do que lhe é anterior e causa;[222] sabedores de que há uma ciência, em sentido próprio e absoluto,[223] afirmamos, também, agora, que é falso dizer que o conhecimento científico sempre já começou: ele começa com proposições primeiras e imediatas, isto é, com os ἀρχαί.[224]

Antes de acompanharmos o filósofo nas considerações que dedica à crítica dos que aceitam como científica a circularidade na demonstração, atentemos em que sua rejeição explícita de uma concepção do conhecimento científico que o considera meramente hipotético a nenhum momento significa a exclusão do uso de hipóteses nas pesquisas e investigações que constituem o que o filósofo considera, como vimos,[225] uma etapa propedêutica à verdadeira ciência. Mas, porque, quando Aristóteles fala de ciência, em sentido absoluto, refere-se, como sabemos, à plenitude alcançada de um saber constituído e

---

221 Essa prova, que estudaremos no cap. III, só será proposta em *Seg. Anal.* I, 22.
222 A polêmica aristotélica contra os que negam a existência e a possibilidade de uma ciência absoluta, em condenando o conhecimento a uma busca indefinida de seus princípios, e a firmeza da solução contrária que lhes opõe o filósofo constituem, a nosso ver, argumentos decisivos contra a interpretação de Aubenque (cf. *Le problème de l'être...*, 1962, p.214-9), para quem a ciência dos princípios seria tida, por Aristóteles, como impossível. É curioso que Aubenque não considere o importante texto de *Seg. Anal.* I, 3, que aqui comentamos, e nem sequer o mencione.
223 Cf., acima, I, 2.1.
224 Como conciliar, porém, esta afirmação com a doutrina de que todo conhecimento, na esfera dianoética, supõe conhecimentos anteriores (cf., acima, I, 3.4)? Veremos, no cap.VI, como a dificuldade, mais aparente que real, facilmente se remove.
225 Cf., acima, II, 4.7 e n.191 seg. Tal etapa, como veremos no cap.VI, pertence à esfera de competência da dialética, cujo estudo mostraria a importância da função heurística e eminentemente dialética do silogismo hipotético.

organizado sob a forma de uma dedução que se amolda à ordem de articulação das próprias coisas, não pode haver lugar, obviamente, numa tal ciência, para raciocínios hipotéticos: com efeito, aquela concepção rigorosa de ciência elimina, de antemão, a possibilidade de vir a nela inserir-se um saber precário qualquer empenhado, ainda, em busca de sua comprovação. E não poderia o filósofo ter sido mais explícito: se não temos senão hipóteses, não há verdadeira ciência e, se apenas fosse possível um saber fundado em hipóteses, a ciência seria impossível. Salta, assim, aos olhos a oposição fundamental entre o aristotelismo e as concepções dominantes na ciência moderna ou, melhor, na filosofia da ciência moderna. Não se confunda, no entanto, a oposição meramente terminológica com a metafísica: não se opõem à essência do pensamento aristotélico sobre a ciência os que, ainda que chamando de científicos as hipóteses e os resultados de seus trabalhos de pesquisa tidos como provisórios, admitem, no entanto, a possibilidade – ou alimentam a esperança – de tornar-se, um dia, definitiva a ciência dos homens e de vir a adequar-se, com exatidão, ao mundo das coisas: sua divergência com o filósofo, sob o ponto de vista em questão, encontra-se, tão somente, no uso mais lato do termo "ciência", associado a uma maior prudência na consideração dos resultados alcançados, que vem justificar a precariedade secularmente demonstrada das concepções científicas do passado. Mas a verdadeira oposição metafísica à concepção aristotélica da ciência parte, ao contrário, de quantos negam a possibilidade da constituição de uma ciência absoluta, de uma "coincidência" final entre o pensamento científico e as coisas. Porque, dos primeiros, pode dizer-se que continuam a perseguir o ideal de uma ciência aristotélica.[226]

---

[226] Como parece ser, por exemplo, o caso da teoria da relatividade de Einstein. E Bréhier já observava (cf. *Histoire de la philosophie*, 1955, t. II, 4, p.1073) que, buscando exprimir as leis físicas independentemente de todo ponto de vista particular de um observador qualquer, "il semble en effet que, dans ses lignes générales, la théorie de la relativité de Einstein aille dans le sens d'une épistémologie réaliste".

5.4 A teoria da demonstração circular

Terão razão Aristóteles e os pensadores que, acima, vimos por ele criticados, ao pretenderem incompatíveis uma ciência absoluta e o fato de só a demonstração poder reivindicar cientificidade? Não se evitarão, facilmente, todas as dificuldades com que, há pouco, nos deparávamos, afirmando que nada impede que se afirme a demonstrabilidade de todas as proposições? Por que não aceitar a possibilidade de se demonstrarem as proposições circularmente, isto é, umas pelas outras?[227] A teoria da demonstração circular é assim, a segunda atitude em face da ciência demonstrativa que o filósofo estuda e critica, também ela caracterizada pelo desconhecimento da noção de princípios indemonstráveis. Três argumentos serão aduzidos contra ela. Em primeiro lugar,[228] uma demonstração circular é incompatível com a anterioridade e maior cognoscibilidade das premissas em relação à conclusão. De fato, se a possibilidade da demonstração circular significa a possibilidade de demonstrarem-se as proposições umas pelas outras, portanto, sua equivalência funcional na demonstração, como conciliar isto com o fato de que a noção de anterioridade (assim como a de maior cognoscibilidade) exclui toda equivalência real? "Pois é impossível que as mesmas coisas sejam, ao mesmo tempo, anteriores e posteriores, umas em relação às outras".[229] Há, é verdade, um sentido em que se pode dizer que isso ocorre, se considerarmos que umas coisas se dizem anteriores e mais conhecidas em sentido absoluto, outras somente para nós, distinção a que nos habituou a utilização do método indutivo.[230] Nada impedirá, então, que certas coisas se digam, ao mesmo tempo, anteriores e posteriores, umas em relação às outras, já que assim se dirão em diferentes sentidos: as coisas anteriores, em absoluto, serão posteriores, para nós, e vice-versa. Nesse preciso sen-

---
227 Cf. *Seg. Anal.* I, 3, 72ᵇ17-8.
228 Cf. ibidem, l. 25-32.
229 Ibidem, l. 27-8.
230 Cf. ibidem, l. 29-30; cf., também, *Tóp.* VIII, 1, 156ᵃ4-7; I, 12, 105ᵃ13-9; *Prim. Anal.* II, 23, 68ᵇ35-7. V., acima, n.190 deste capítulo.

tido, nada nos impede falar em complementaridade e circularidade no processo "demonstrativo": podemos efetuar nossa prova a partir das coisas que são anteriores e mais conhecidas para nós, delas concluindo proposições que o são em sentido absoluto, assim como poderemos efetuar silogismos em sentido inverso, concluindo o que era mais conhecido para nós: não era outra a distinção entre os silogismos do "que" e do porquê.[231] Nem por isso, vamos conceder a nossos filósofos que todas as proposições são demonstráveis, tomando os silogismos do "que" por silogismos científicos, em desrespeito à nossa definição de ciência, em sentido absoluto. O que devemos, antes, dizer é que a demonstração que parte do mais conhecido apenas para nós não é demonstração, em sentido estrito. A demonstração científica exclui absolutamente a circularidade no conhecimento, *ainda que o processo total do conhecimento possa constituir-se de modo circular*, na medida em que as coisas mais conhecidas para nós, de que partimos para empreender a etapa ascendente e propedêutica à ciência, se possam demonstrar pelo raciocínio dedutivo, descendente, na mesma ciência.

Por outro lado,[232] a demonstração circular reduz-se a afirmar que, se uma coisa é, ela é, isto é, a afirmar que, se a proposição A é válida e verdadeira, ela é válida e verdadeira: "assim, é fácil provar todas as coisas".[233] Com efeito, consideremos as três proposições A, B e C:[234] se B se segue de A, necessariamente, e C, de B, então, de A segue-se, necessariamente, C. Ora, se A e B são tais que B se segue de A e A, de B (e nisso consiste o círculo a que aludimos), A pode substituir-se a C na sequência de proposições que acima consideramos e, em lugar de "A implica B, B implica C, portanto A implica C", teremos "A implica B, B implica A, portanto A implica A". E pouco importa que tenhamos considerado apenas três proposições, pois chegaríamos ao mesmo resultado para um número maior de proposições consideradas. Como vemos,

---

231 Cf., acima, II, 4.7 e n.189 e 190.
232 Cf. *Seg. Anal.* I, 3, 72^{b}32-73^{a}6.
233 Ibidem, 73^{a}6.
234 Como observa, com razão, Ross (cf. nota *ad* 72^{b}32-73 a6), ὅρων, a l. 35, deve traduzir-se por "proposições" e não, por "termos".

o segundo argumento de Aristóteles contra os partidários da demonstração circular, que sustentam serem todas as proposições demonstráveis, em sentido estrito, consiste em mostrar que eles reduzem o raciocínio demonstrativo à afirmação de uma identidade, convertendo o raciocínio científico numa mera tautologia; donde ficar-nos manifesto que o filósofo recusa toda concepção que não veja no silogismo demonstrativo um instrumento de progresso do conhecimento: é algo de novo e diferente que se conclui do fato de as premissas serem.[235]

Um terceiro argumento é aduzido pelo filósofo,[236] este de caráter mais técnico e fundado na teoria do silogismo. Com efeito, para que haja uma prova circular perfeita (uma prova e, não, uma demonstração, em sentido estrito), é preciso que se possa tomar a conclusão juntamente com as proposições conversas de cada uma das premissas para, assim, concluir, em cada um dos casos, a outra premissa (por exemplo, provaremos que todo A é C – a partir de "todo B é C" e "todo A é B" – e, igualmente, que todo B é C (tomando como premissas "todo A é C" e "todo B é A") e que todo A é B (tomando como premissas "todo C é B" e "todo A é C"). Ora, além de uma tal circularidade perfeita só encontrar-se na primeira figura silogística,[237] ela pressupõe, como condição *sine qua non* de sua possibilidade, a total convertibilidade dos termos A, B e C;[238] mas, dentre os objetos possíveis de demonstração, apenas os *próprios* (ἴδια)[239] gozam dessa total convertibilidade e

---

235 A mais radical das oposições separa, pois, Aristóteles do moderno positivismo científico. Assim, para um autor como Ayer, por exemplo, o conhecimento necessário é tautológico e todo conhecimento "factual", em que se incluem todas as "verdades" da ciência, é meramente hipotético (cf. Ayer, *Langage, vérité et logique*, 1956, p.97 seg.).
236 Cf. *Seg. Anal.* I, 3, 73ª6-20.
237 Cf. *ibid.*, l. 11-16, onde Aristóteles nos remete à sua teoria do silogismo, mais precisamente, a *Prim. Anal.* II, caps. 5-7.
238 Cf. *Seg. Anal.* I, 3, 73ª16-7; cf., também, *Prim. Anal.* II, 5, 57ᵇ32-58ª15.
239 Cf. *Seg. Anal.* I, 3, 73ª6-7. O "próprio", que se subdivide em "próprio" em sentido estrito e definição, juntamente com o gênero e o acidente, constituem os "predicáveis" da lógica aristotélica, isto é, as diversas modalidades de predicado que se podem atribuir a um sujeito, consideradas do ponto de vista da reciprocabilidade funcional, na atribuição, entre sujeito e predicado; o "próprio" é o predicado que, embora não indicando a quididade,

eles são, relativamente, pouco frequentes nas demonstrações. É vã, portanto, a tentativa de reduzir a cientificidade à demonstrabilidade, postulando a universal demonstrabilidade de toda proposição, pelo recurso à demonstração circular.[240]

É-nos extremamente difícil reconhecer a identidade dos pensadores acima criticados. Sugeriu-se que certos seguidores de Xenócrates terão proposto a tese da demonstração circular,[241] enquanto alguns julgam que a primeira crítica se dirige contra os Antistênicos;[242] os argumentos invocados estão, entretanto, longe de ser decisivos. Seja como for e quaisquer que tenham sido os pensadores que Aristóteles critica, deixa o filósofo bem manifesta a grande importância que confere à sua refutação. Pois o que tinham posto em xeque era a própria possibilidade de um saber humano apossar-se da mesma ordem das coisas.

Aristóteles expôs-nos as linhas gerais de sua doutrina dos indemonstráveis. Falta-nos ainda, porém, a prova real dessa indemonstrabilidade, a compreensão das razões profundas por que a ciência demonstrativa repousa necessariamente sobre proposições primeiras que se não podem demonstrar. Percorramos, então, com o filósofo, a longa caminhada que nessa direção empreende, analisando a natureza da coisa demonstrada e, nessa mesma análise, buscando o porquê de seus indemonstráveis princípios.

---

pertence unicamente ao sujeito, com o qual pode reciprocar-se na atribuição, cf. *Tóp*. I, 4, 101^{b}17 seg.; 5, 102^{a}18 seg.; 8, 103^{b}7-12.
240 Cf. *Seg. Anal.* I, 3, 73^{a}16-20.
241 É a opinião de Cherniss, in *Aristotle's Criticism of Plato and the Academy*, 1944, I, p.68 (*apud* Ross, nota *ad Seg. Anal.* I, 3, 72^{b}5-6).
242 Como pensa Maier, opinião mencionada e aceita por Ross, em sua mesma nota *ad Seg. Anal.* I, 3, 72^{b}5-6. Os argumentos de Maier, que se baseiam, aliás, em razões puramente extrínsecas, são resumidos por Ross em nota *ad Met.* Γ, 3, 1005^{b}2-5.

III
Do demonstrado
ao indemonstrável

"Uma vez que é impossível ser de outra maneira aquilo de que há ciência, em sentido absoluto, será necessário o que é conhecido segundo a ciência demonstrativa; ora, é demonstrativa aquela que temos por ter a demonstração. A demonstração é, portanto, um silogismo que parte de premissas necessárias".[1] Antes, porém, de o filósofo mostrar como a necessidade da coisa demonstrada pressupõe, assim, a necessidade das premissas a partir das quais ela se demonstra, principia ele por explicar-nos certas noções básicas de sua teoria da ciência, sobre as quais repousará, aliás, a própria prova final da indemonstrabilidade das premissas primeiras. Consideremos, então, o que se entende por atributos de uma totalidade (κατὰ παντός), "por si" (καθ'αὑτό) e universal (καθόλου).[2] Descobriremos que as conclusões que a ciência demonstra se apresentam sob a forma de proposições que atribuem um predicado a "todo sujeito", "por si" e "universalmente". Porque são essas as propriedades da coisa demonstrada e porque sob essa

---
[1] *Seg. Anal.* I, 4, 73ª21-4.
[2] Cf. ibidem, l. 24-7.

forma se configura a necessidade do cientificamente conhecido, poderemos, então, descobrir que também não são outras as propriedades das premissas do conhecimento científico.

1 O "por si" e o acidente

1.1 As múltiplas acepções de "por si" e de acidente

Quatro diferentes acepções do "por si" (καθ'αὐτό) distingue Aristóteles nos *Segundos Analíticos*.[3] Em primeiro lugar,[4] diz-se "por si", isto é, diz-se pertencer a uma coisa, *por si*, quanto lhe pertence no "o que é" (ἐν τῷ τί ἐστιν);[5] em outras palavras, pertencem a algo, *por si*, os elementos que integram sua quididade e que se exprimem, por conseguinte, no discurso que diz *o que é* a coisa, portanto, na sua definição.[6] Assim, a linha pertence ao triângulo, *por si*, e igualmente, o ponto, à linha, por fazerem parte, respectivamente, das definições do triângulo e da linha. Diremos, do mesmo modo, uma vez que "animal" pertence ao discurso que nos diz *o que é* Cálias, que animal é um atributo de

---

3 Cf. ibidem, 73ª34-ᵇ24. Compare-se com este texto a lista dos diferentes sentidos de καθ'αὐτό que nos fornece *Met.* Δ, 18, 1022ª24 seg., a qual coincide com a dos *Segundos Analíticos* em suas linhas gerais, ainda que menos completa e elaborada.
4 Cf. *Seg. Anal.* I, 4, 73ª34-7.
5 Seguindo o exemplo de Aubenque (cf., por exemplo, *Le problème de l'être...*, 1962, p.171), traduzimos literalmente a expressão τὸ τί ἐστιν. Cremos, com efeito, que, assim traduzindo, melhor se evidencia o sentido primeiro da expressão, conforme à explicação do próprio Aristóteles, nos *Tópicos*: "Digamos atribuir-se no 'o que é' (ἐν τῷ τί ἐστιν) todas aquelas coisas que é apropriado dar em resposta, quando se é interrogado sobre o que é (τί ἐστιν) o sujeito em questão; como, no caso do homem, quando se é interrogado sobre o que ele é, é apropriado dizer que é um animal" (*Tóp.* I, 5, 102ª32-5).
6 E, com efeito, entende-se por definição (ὁρισμός, ὅρος) o discurso do "o que é" (λόγος τοῦ τί ἐστιν, cf. *Seg. Anal.* II, 10, 93ᵇ29), que mostra *o que é* a coisa (τί ἐστι δηλοῖ, cf. *Seg. Anal.* II, 3, 91ª1), que é conhecimento de alguma essência (cf. ibidem, 90ᵇ16; 30), o discurso, enfim, da quididade (ὁ τοῦ τί ἦν εἶναι λόγος, cf. *Met.* Z, 5, 1031ª12), "discurso que significa a quididade" (λόγος ὁ τὸ τί ἦν εἶναι σημαίνων, cf. *Tóp.* I, 5, 101ᵇ38), "discurso que mostra a quididade da coisa" (λόγος ὁ τὸ τί ἦν εἶναι τῷ πράγματι δηλῶν, cf. *Tóp.* VII, 3, 153ª15-6). Sobre a diferença entre τί ἐστιν e τί ἦν εἶναι, ainda que, frequentes vezes, se usem como sinônimos, cf. Bonitz, *Index*, p. 763ᵇ47 seg.; Ross, nota *ad Met.* Z, 4, 1030ª29.

Cálias, *por si*, isto é, que Cálias é, por si, um animal (ζῷον ὁ Καλλίας καθ'αὑτόν).[7] Nesta primeira acepção, vê-se, então, que se diz pertencer a uma coisa, *por si*, aquilo que a coisa é *por si*, na medida em que ela "é" cada um dos elementos que compõem sua mesma definição.

Num segundo sentido,[8] dizem-se "por si" quantos atributos são tais que os mesmos sujeitos de que são atributos são elementos dos discursos que os definem; o curvo e o reto são atributos da linha, *por si* (do mesmo modo como o par e o ímpar, o primo e o composto etc., pertencem ao número, *por si*), pois pertencendo à linha como atributos, definem-se por discursos de que a mesma linha é elemento: dir-se-á, por exemplo, que reta é a linha tal e tal, assim como se dirá que par é o número com tais e tais propriedades. Como se pode observar, ocorre com esta segunda acepção de "por si", uma como inversão do primeiro significado da expressão, que não tem, aliás, merecido a atenção de autores e comentadores, apesar de sua importância para a teoria aristotélica da demonstração científica; de fato, se todo elemento da definição se diz pertencer à coisa definida, *por si* (primeira acepção), o atributo em cuja definição seu mesmo sujeito comparece – ao qual, portanto, pertence esse sujeito, *por si*, naquele primeiro sentido – diz-se, também, pertencer-lhe, *por si* (segunda acepção). Um exemplo esclarecerá melhor a questão: par é um atributo de número, *por si*, como há pouco vimos, no segundo sentido desta expressão: é atributo de número e inclui "número" em sua definição. Mas, por isso mesmo, porque "número" pertence à definição de par, dizemos que também o número pertence ao par, *por si*, segundo o primeiro sentido que explicitamos. Fica, então, evidente, que, se pertence uma coisa a outra, *por si*, no segundo sentido, também há que pertencer, *por si*, esta última à primeira, no primeiro sentido (ainda que o inverso não seja, obviamente, verdadeiro; o fato de uma coisa ser elemento da quididade de outra não significa, necessariamente, que seja um sujeito de que a outra é atributo).

---

7 Cf. *Met.* Δ, 18, 1022ª27-9.
8 Cf. *Seg. Anal.* I, 4, 73ª37-ᵇ3.

Ao que não se diz "por si" em nenhum dos dois sentidos indicados, aos atributos que se não atribuem a uma coisa de nenhuma dessas duas maneiras, chama Aristóteles de acidentes (συμβεβηκότα).[9] Músico ou branco, por exemplo, são atributos acidentais do animal: não pertencem à definição de animal nem ocorre "animal" em suas definições. Por outro lado, infere-se, do texto, estarmos em presença de uma classificação exaustiva dos atributos, conforme mais adiante, aliás, se dirá literalmente: "Com efeito, todo atributo pertence ou desse modo [subent.: por si], ou por acidente (κατὰ συμβεβηκός)...".[10]

Considera, ainda, Aristóteles dois outros casos em que algo é dito "por si". Assim, diz-se "por si", num terceiro sentido,[11] o que se não diz de algum outro sujeito. Assim, por exemplo, enquanto o caminhante é caminhante e o branco, branco, sendo uma outra coisa (ἕτερόν τι ὄν) e dizendo-se de um outro sujeito (por exemplo: homem), "a essência (οὐσία) e quanto significa um 'isto' (τόδε τι),[12] sem ser outra coisa, são o que, precisamente, são".[13] "Por si", designa, então, nesse sentido, as essências individuais e suas quididades: "por exemplo, Cálias é, por si, Cálias, e a quididade de Cálias".[14] E diremos "que é a quididade de cada coisa aquilo que ela se diz *por si*".[15] Porque todas as outras categorias que não a da essência dela são determinações e afecções e lhes é a essência o sujeito a que se atribuem e pertencem, incapazes de dele separar-se, nenhuma delas é, então, naturalmente *por si*.[16]

---

9 Cf. Seg. Anal. I, 4, 73^{b}4-5.
10 Seg. Anal. I, 6, 74^{b}11-2.
11 Cf. Seg. Anal. I, 4, 73^{b}5-10.
12 O τόδε τι ou "isto" – tal é a tradução literal de que preferimos servir-nos, seguindo, mais uma vez, o exemplo de Aubenque (cf. *Le problème de l'être...*, 1962, p.171 *et passim*; cf., também, acima, n.5 deste capítulo) – designa, na linguagem filosófica técnica de Aristóteles, habitualmente, as essências individuais (v. os textos referidos por Bonitz, *Index*, 544^{b}37 seg.); uma vez, porém, que é segundo a forma (ε δος) que se diz a matéria um "isto" (cf. *Da Alma*, II, 1, 412^{a}8-9; *Met. Z*, 17, 1041^{b}8-9), refere-se, por vezes, o τόδε τι à própria forma, cf. *Met. Δ*, 8, 1017^{b}25-6; H, 1, 1042^{a}28-9; θ, 7, 1049^{a}35.
13 Seg. Anal. I, 4, 73^{b}7-8; cf., também, 22, 83^{a}24-32.
14 *Met. Δ*, 18, 1022^{a}26-7.
15 *Met. Z*, 4, 1029^{b}13-4. Seguimos a lição e a interpretação de Ross, cf. nota *ad locum*.
16 Cf. *Met. Z*, 1, 1028^{a}18-29.

Pelo mesmo motivo, em *sentido primeiro* e *absoluto*, somente a propósito das essências se falará em quididade e, portanto, em definição.[17]

Por outro lado, é evidente que, neste sentido forte de "por si", a oposição do "por si" ao acidental se reveste de uma significação totalmente outra: "Às coisas que se não dizem, então, de um sujeito chamo 'por si' (καθ'αὐτά), às que se dizem de um sujeito, acidentes (συμβεβηκότα)".[18] Como se pode imediatamente verificar, a noção de acidente ganha, aqui, um significado extremamente amplo: designando quanto pertence às outras categorias que não a da essência, passa a recobrir, também, os mesmos atributos que, há pouco,[19] se diziam "por si", no segundo sentido da expressão, por pertencerem a sujeitos que compareçam como membros dos discursos que os definem. E, basta lembrar, com efeito, a noção de "acidente por si" (συμβεβηκὸς καθ'αὐτό), frequentes vezes utilizada por Aristóteles[20] e explicitamente oposta, na *Metafísica*, ao simples acidente: "*Diz-se, também, acidente num outro sentido, a saber: quanto pertence a cada coisa, por si, sem estar em sua essência como, por exemplo, para o triângulo, ter os ângulos iguais a dois retos*".[21] Se, por sua vez, compararmos a terceira e a primeira acepção de "por si", torna-se patente que essa ampla noção de acidente acima introduzida não compreende, integralmente, os "por si", conforme ao primeiro sentido da expressão. Com efeito, enquanto a terceira acepção respeita, tão somente, à categoria da essência, concerne a primeira aos elementos da definição ou da quididade, em qualquer categoria, na significação segunda e mais geral que reconhece a *Metafísica* poder conferir-se a tais termos.[22] E, se a linha, que pertence ao triângulo, *por*

---

17 Cf. *Met.* Z, 4, 1030ª29-30; 5 (todo o capítulo, particularmente, 1031ª1-2; 7 seg.).
18 *Seg. Anal.* I, 4, 73ᵇ8-10; Tricot, lamentavelmente, traduz καθ'αὐτά (l. 9) por "attributs par soi", embora Aristóteles tenha acabado de explicar que se trata das essências individuais: é tanto maior o contrassenso na medida em que são inconcebíveis "les attributs qui ne sont pas affirmés d'un sujet" (cf. *ad locum*). Cf., também, *Met.* Γ, 4, 1007ª31-3.
19 Cf., acima, n.8 deste capítulo.
20 Cf., por exemplo, *Seg. Anal.* I, 6, 75ª18-9; 7, 75ᵇ1; 22, 83ᵇ19-20; *Fís.* I, 3, 186ᵇ18-20; II, 2, 193ᵇ27-8 etc.
21 *Met.* Δ, 30, 1025ª30-2.
22 Cf. *Met.* Z, 4, 1030ª17 seg.; 5, 1031ª7-11. E porque, num sentido segundo, se falará em quididade e definição, também, nas outras categorias (vejam-se exemplos em *Céu* I, 9,

si, no primeiro sentido, se dirá, tanto quanto seu sujeito, um acidente, conforme ao terceiro, ocorre, por outro lado, que "animal", pertencendo a Cálias, *por si*, também, no primeiro sentido, de nenhum modo, por certo, há se dizer-se um acidente de Cálias, por ser Cálias uma essência e por participar "animal" de sua definição: o que equivale a dizer que os sentidos primeiro e terceiro de "por si", de algum modo, parcialmente se recobrem.

Num quarto e último sentido,[23] dir-se-á "por si" aquilo que a algum evento sobrevém, em virtude do próprio evento (δι'αὐτό), designando-se, então, por "acidente" quanto não lhe sobrevém dessa maneira. Assim, dir-se-á que foi mero acidente ter relampejado quando alguém caminhava e não, que sobreveio o relampejar ao caminhar, *por si*: não foi *por* caminhar alguém que relampejou; mas, se morre o animal a que se corta a garganta, visto que morre do corte e em virtude dele, dir-se-á que sobreveio a morte ao corte, *por si*. Como se vê, o "por si", nesta sua outra acepção, concerne à relação de causalidade que une dois eventos e um ao outro subordina.[24]

278ª2-3 (quididades da esfera e do círculo), *Ét. Nic.* II, 6, 1108ª6-7 (quididade da virtude) etc. (textos estes que Aubenque, curiosamente, ignora, ao pretender que a quididade concerne unicamente à categoria da essência (cf. *Le problème de l'être...*, 1962, p.462, n.1)), compreendemos que, também, se possa dizer de quantas coisas lhes pertencem, que são, *por si*, suas respectivas quididades: *"Dizem-se ser por si quantas coisas se significam pelas figuras da atribuição"* (Met. Δ, 7, 1017ª22-4).

23 Cf. *Seg. Anal.* I, 4, 73ᵇ10-6.

24 Com efeito, os exemplos de que Aristóteles se serve mostram claramente, como viu Ross (cf. nota *ad locum*), que não se trata, propriamente, de uma conexão entre sujeito e atributo, mas da relação causal entre dois eventos, que exprime a preposição διά. Por outro lado, a reflexividade das expressões δι'αὐτό e καθ'αὐτό respeita ao evento a que outro sobrevém como efeito e não, a este último, como erroneamente interpretam Colli e Tricot, em suas traduções respectivas desta passagem; seu erro torna-se patente, se se considera o exemplo das linhas ᵇ14-6: porque ocorre a morte em virtude do corte da garganta, também *pelo* corte da garganta (κατὰ τὴν σφαγήν). Também não é certo, como pretende Mure (cf. nota *ad locum*, reproduzida por Tricot), que esta noção de "por si" inclua a inerência das propriedades matemáticas a seu sujeito; tais propriedades constituem, pelo contrário, atributos καθ'αὐτά, no segundo sentido da expressão, acima definido.

1.2 O "por si" e a essência; o próprio

Tais são as diferentes acepções de καθ'αὑτό. Interessam todas elas, igualmente, à ciência? Em verdade, não considera o filósofo, no domínio do cientificamente conhecível, em sentido absoluto, senão as duas primeiras:[25] em ciência, o que se diz "por si" ou pertence à quididade e à definição do sujeito (primeira acepção) ou lhe pertence o sujeito à definição e à quididade (segunda acepção). Num ou noutro caso, pertence o "por si" necessariamente ao sujeito: "não lhes é possível, com efeito, não pertencer...".[26] Pois não pode, por certo, não pertencer ao sujeito quanto faz parte do discurso que diz o que ele é: não pode a linha não pertencer ao triângulo nem o ponto, não pertencer à linha. Mas não pode, também, não pertencer ao sujeito o atributo cuja definição o inclui. Com efeito, se faz parte o sujeito da quididade do atributo, não pode este, por certo, *ser* sem aquele; ora, uma união tão íntima e essencial se não explica senão pelo fato de pertencer o atributo ao sujeito segundo a essência (κατ'οὐσίαν) ou quididade deste,[27] "segundo a essência e segundo a forma" (κατ'οὐσίαν καὶ κατὰ τὸ εἶδος),[28] por ele próprio, sujeito (δι'αὑτό),[29] em virtude de sua mesma natureza. Como explicitará, um pouco mais adiante, o filósofo, pertence a um sujeito, *por si*, o que lhe pertence "enquanto tal", "enquanto ele próprio" (ᾗ αὐτό): "'Por si' (καθ'αὑτό) e 'enquanto tal' (ᾗ αὐτό) são a mesma coisa, como, por exemplo, ... ao triângulo, enquanto triângulo (ᾗ τρίγωνον), pertencem dois retos (e o triângulo, com efeito, é, por si, igual a dois retos)".[30] Mas, se assim é, não pode,

---
25 Cf. *Seg. Anal.* I, 4, 73ᵇ16 seg.; cf., também, 6, 74ᵇ7-10; 22, 84ᵃ11-7.
26 *Seg. Anal.* I, 4, 73ᵇ18-9: οὐ γὰρ ἐνδέχεται μὴ ὑπάρχειν; cf., também, 6, 74ᵇ6-7.
27 Cf. *Seg. Anal.* II, 13, 97ᵃ13. Cf. cap. II, n.157.
28 Cf. *Seg. Anal.* I, 33, 89ᵃ20.
29 Cf. *Seg. Anal.* I, 4, 73ᵇ18.
30 Ibidem, l. 28-32. E, nesta passagem, exemplifica também o filósofo esta mesma identidade entre o καθ'αὑτό e o ᾗ αὐτό, no que concerne à primeira acepção de "por si". Divergimos, assim, da interpretação de Ross (cf. nota *ad locum*), quando pretende que aquela identificação entre as duas expressões restringe o sentido de καθ'αὑτό, tal como previamente se definira. Por outro lado, cumpre observar que o uso técnico da expressão καθ'αὑτό,

na linguagem aristotélica, envolve um curioso problema de interpretação, não apenas doutrinário, mas também gramatical. Com efeito, dizer que A pertence a B καθ'αὑτό (*por si*) pareceria, à primeira vista, dever entender-se como afirmação de que A, em virtude de sua própria natureza, pertence a B, referindo-se, destarte, ao sujeito gramatical a reflexividade marcada pelo pronome. E não desmente, por certo, tal interpretação a doutrina, pois, conforme quanto se viu acima, é certo que é da natureza do que se diz "por si" pertencer a seu sujeito. Mas não esqueçamos que, do ponto de vista gramatical, essa interpretação não se impõe necessariamente. Com efeito, como explica J. Humbert (cf. *Syntaxe grecque*, 1954, § 94, p.62): "Le pronom réfléchi renvoie à la personne qui, *aux yeux de celui qui parle, domine* la *phrase* ou la *proposition*.Cette personne en est souvent le *sujet grammatical;* mais elle peut aussi y remplir les fonctions de complément, direct ou indirect". Donde ser-nos lícito também interpretar uma frase como "A pertence a B καθ'αὑτό", referindo a B, isto é, ao complemento *gramatical* (e sujeito *real* do atributo A) a reflexividade pronominal. No mesmo sentido entenderíamos todas as passagens em que ocorrem construções semelhantes. Ora, se uma e outra interpretações são aceitáveis, do ponto de vista da sintaxe, não o são menos, em verdade, do ponto de vista da doutrina; de fato, quanto vimos do *por si* fez-nos compreender que, se A pertence a B καθ'αὑτό, tanto se pode dizer que é da natureza de A pertencer a B como que é da natureza de B que A lhe pertença, já que A decorre necessariamente da quididade de B: A pertence a B, *por si* próprio, A, e em virtude do próprio B, *por "si"* (ele) próprio, B. É como se a ambiguidade gramatical se amoldasse satisfatoriamente às exigências da doutrina, a qual nos propõe a concepção de uma união tão íntima entre atributo e sujeito que suas naturezas se exigem recíproca e essencialmente. Ocorre, entretanto, que numerosos textos do filósofo são de molde a dissipar qualquer dúvida sobre o sentido primeiro que confere à atribuição καθ'αὑτό de um predicado a um sujeito; com efeito, passagens como as de *Prim. Anal.* II, 20, 66ᵇ22-3 (ἔστω τὸ Α τῷ Β καὶ τῷ Γ καθ'αὑτὰ ὑπάρχον); *Met.* Γ, 1, com., 1003ᵃ21-2 (τὰ τούτῳ ὑπάρχοντα καθ'αὑτό); 2, 1004ᵇ12-3 (καὶ ταῦτα ... καθ'αὑτοὺς ... ὑπάρχει τοῖς ἀριθμοῖς); Δ, 30, 1025ᵃ31 (ὅσα ὑπάρχει ἑκάστῳ καθ'αὑτό) etc., indicam-nos, com precisão, que Aristóteles entende a reflexividade do pronome como voltada para o complemento gramatical, isto é, para o sujeito real do atributo. Aliás, ao identificar o καθ'αὑτό e o ᾗ αὐτό (veja-se o texto referido no início desta nota), mostrando-nos que ter a soma dos ângulos igual a dois retos é atributo καθ'αὑτό do triângulo porque o triângulo, *enquanto triângulo*, tem tal atributo, deixa-nos manifesto que interpreta a reflexividade daquela expressão em referência primeira, sempre, ao sujeito real, coincida ele ou não com o sujeito gramatical. Vemos, então, como se hão de interpretar fórmulas substantivas tais como "os *por si*" (τὰ καθ'αὑτά), "os atributos *por si*" (τὰ καθ'αὑτὰ ὑπάρχοντα), "os acidentes *por si*" (τὰ καθ'αὑτὰ συμβεβηκότα) (cf. *Seg. Anal.* I, 4, 73ᵇ24-5; 6, 74ᵃ6-7; 75ᵃ18-9; 7, 75ᵇ1; cf., também, os textos acima referidos, n.20 deste capítulo), assim como construções como esta: "os universais pertencem por si, mas os acidentes, não por si" (τὰ ... καθόλου καθ'αὑτὰ ὑπάρχει, τὰ δ συμβεβηκότα οὐ καθ'αὑτά, cf. *Met.* Δ, 9, 1017ᵇ35-1018ᵃ1; cf., também, Z, 5, 1031ᵇ22-3 etc.). Com efeito, a reflexividade marcada pelo pronome pareceria, à primeira vista, ter necessariamente de respeitar ao termo que imediatamente o antecede, em cada um desses exemplos, devido à mesma inexistência de outro termo explícito a que pudesse concernir. Nada impede, porém, que, conhecendo agora o sentido exato conferido pelo filósofo à expressão καθ'αὑτό e a natureza de seu emprego sintático, compreendamos constituírem as fórmulas e frases acima transcritas expressões de uma linguagem filosófica técnica que se não mais interpretarão de modo meramente gramatical. Assim, os "acidentes *por si* 'ou' atributos *por si*" são aqueles atributos ou acidentes que pertencem a seus sujeitos por "si" (eles) próprios,

também, o sujeito dispensar seu atributo: não pode o triângulo não ser igual a dois retos, não podem não pertencer ao número os atributos opostos (τὰ ἀντικείμενα), tomados disjuntivamente, par ou ímpar, assim como não podem não pertencer à linha o reto ou o curvo.[31] Decorrendo, então, da mesma quididade de seu sujeito, ainda que dela não faça parte,[32] tal atributo *por si* aparece-nos como uma propriedade necessária daquilo de que é atributo, tanto quanto é necessário o que se diz "por si", por fazer parte da mesma quididade. E, se recordamos que os *Tópicos* definiam o *próprio* (ἴδιον) como "aquilo que não indica a quididade, mas pertence unicamente à coisa e com ela se reciproca na atribuição"[33] – por exemplo, animado (ἔμψυχον) é *próprio* de animal[34]

---

      isto é, em virtude da natureza dos mesmos sujeitos. Do mesmo modo, "os universais pertencem *por si*...", isto é, pertencem a seus sujeitos por "si" (eles) próprios, em decorrência da natureza dos sujeitos. Esclarecidos esses pontos, conceder-nos-á que traduzamos sistematicamente καθ'αὑτό por *por si*, como expressão técnica da linguagem filosófica aristotélica, *mesmo naquelas construções* em que seu uso, em português, seria, de um ponto de vista estritamente gramatical, inaceitável. Com isso, evitamos o inconveniente, a nosso ver, mais grave, de obrigar-nos a propor diferentes traduções, conforme às variações do uso sintático da expressão na língua grega, mais tolerante que a nossa. Se preferimos, por outro lado, tal tradução literal de καθ'αὑτό a expressões como "atributo essencial" ou algo semelhante, é que relutamos em introduzir, na tradução, conteúdos semânticos não contidos na expressão original. E não nos esqueçamos, também, de que não era, finalmente, menos insólito dizer, em grego, τὰ καθ'αὑτά (por exemplo, em *Seg. Anal.* I, 4, 73ᵇ24-25) do que o é, em português, a expressão "os *por si*".

31 Cf. *Seg. Anal.* I, 4, 73ᵇ18-24. Contra a eventual objeção de que o número, por exemplo, de que são atributos "por si" o par e o ímpar, podendo ser par e ímpar, não é necessariamente par nem necessariamente ímpar, explica Aristóteles que, de qualquer modo, é necessária a atribuição de um dos dois membros da disjunção; o mesmo se dirá para quantos pares ou grupos de atributos dividem exaustivamente – e esse é o caso dos *por si* que, aqui, se têm em vista – a extensão do sujeito considerado.

32 Cf., acima, III, 1.1 e n.21: não estar na essência (οὐσία), dela não fazer parte, entende-se, aqui, obviamente, no sentido de não pertencer à quididade, cf., acima, n.157 do cap.II. Esse texto de *Met.* Δ, 30 é, aliás, decisivo contra a interpretação da quididade (τὸ τί ἦν ε ναι) proposta por Aubenque (cf. Aubenque, *Le problème de l'être*..., 1962, p.460-72), para quem o atributo *por si* pertence à quididade e "le τί ἦν ε ναι est donc bien ce que la chose était avant l'adjonction des attributs accidentels, mais aussi ce qu'elle est après l'avènement des attributs par soi, c'est à dire de ces attributs qui finissent par être reconnus comme appartenant à l'essence (par exemple, la sagesse de Socrate, la richesse de Crésus, ou la proprieté des angles d'un triangle d'être égaux à deux droits)" (ibidem, p.465-6).

33 *Tóp.* I, 5, 102ᵃ18-9. Cf., acima, n.239 do cap.II.

34 Cf. *Tóp.* V, 6, 136ᵃ12.

e, portanto, não só pertence unicamente a animal mas, também, se algo é animal, é animado, tanto como, se é animado, é animal –, compreendemos que possa dizer-se um *próprio* o atributo *por si*, ainda que não se possa assim considerar, em sentido estrito, todo "acidente *por si*" tomado isoladamente (par, por exemplo, pertence a número, *por si*, mas nem todo número é par); ocorre, porém, que, considerados em conjunto, os *por si* (como par e ímpar) que, membros de uma mesma divisão genérica, dividem exaustivamente a extensão de um sujeito, poderão dizer-se pertencer ao sujeito como seus *próprios*, já que são com ele convertíveis.[35] Poderemos dizer que par ou ímpar são *próprios* de número, do mesmo modo como acima dissemos que lhe pertencem necessariamente; e Aristóteles se referirá, em *Met.* Γ, à paridade e à imparidade, à comensurabilidade e à igualdade etc., como a afecções *próprias* (ἰδία πάθη) do número, enquanto número.[36]

1.3 O "por si", o acidente e a ciência

Mas, se exige a natureza do *por si* que ele pertença necessariamente a seu sujeito, não ocorre o mesmo, por certo, com o acidente. Com efeito, não pertencendo à quididade de seu sujeito nem dela dependendo, não fazendo parte da definição do sujeito nem o tendo como elemento de sua própria definição, "*o acidente pode não pertencer*"[37] ao sujeito: definir-se-á, mesmo, o acidente por esse fato de poder pertencer, ou não, ao sujeito.[38] E, porque podem não pertencer, não são

---

35 Cf. *Seg. Anal.* I, 22, 84ª24: ἀντιστρέφοντα. Não se veja contradição entre essa descrição dos καθ'αὑτά, objetos da ciência demonstrativa, como *próprios*, e o argumento que, acima, vimos oposto aos partidários da demonstração circular (cf. II, 5.4 e n.237 a 240), baseado no fato de serem os *próprios*, relativamente, pouco frequentes nas demonstrações: é que o filósofo, aí, se limitara a considerar cada predicado a ser demonstrado, isoladamente e por si mesmo, e não, como um dentre os membros de uma mesma divisão genérica, que, em conjunto, pertencem, necessariamente, ao sujeito, com que se reciprocam na atribuição.
36 Cf. *Met.* Γ, 2, 1004ᵇ10 seg.; cf., também, *Part. Anim.* I, 1, 639ᵇ5; *Met.* M, 3, 1078ª7; *Da Alma* I, 1, 402ª9 etc.
37 *Seg. Anal.* I, 6, 75ª20-1.
38 Cf. *Tóp.* I, 5, 102ᵇ4 seg.; *Fís.* I, 3, 186ᵇ18-20; cf., também, *Met.* I, 10, 1059ª2-3 etc. Veja-se a doutrina geral do acidente, em *Met.* E, 2-3; cf., também, Δ, 30.

os acidentes necessários.³⁹ Por outro lado, estamos, obviamente, em presença de uma classificação exaustiva, como já assinalamos:⁴⁰ o que não é *por si* é acidente e vice-versa. Resulta, então, de tudo isso, claramente, que, "uma vez que pertence necessariamente, em cada gênero, quanto pertence por si e a cada sujeito enquanto tal, é manifesto que as demonstrações científicas concernem ao que pertence por si...".⁴¹ E, pela mesma razão, de quanto não pertence *por si* não pode haver ciência demonstrativa:⁴² porque a ciência é do necessário,⁴³ *não há ciência do acidente* – tal é a constante e conhecida doutrina aristotélica.⁴⁴ Mas, ocupando-se do que se diz *"por si"*, conforme às duas primeiras acepções que encontramos para a expressão, diz respeito, então, a ciência a quanto pertence à definição e à quididade dos sujeitos que estuda e a quanto pertence necessariamente a um sujeito e o tem como elemento de sua própria quididade e definição. O necessário que a ciência conhece apresenta-se-nos, assim, como um *por si*, ao mesmo tempo que constatamos que o problema da definição não é alheio à problemática da coisa demonstrada.⁴⁵

Quanto à terceira acepção de καθ'αὐτό, conforme à qual se dizem "por si" as essências e suas quididades,⁴⁶ cabe à ciência do ser enquanto ser dela ocupar-se, se a questão do ser se reduz, em última análise, à problemática de essência.⁴⁷

---

39 Cf. *Seg. Anal.* I, 6, 74ᵇ12; 75ᵃ31; *Fís.* VIII, 5, 256ᵇ9-10; *Met.* K, 8, 1065ᵃ24-5 etc. Mais exatamente, diremos que o acidente é o que nem é necessário nem frequente, nem sempre nem "no mais das vezes", cf. *Met.* K, 8, 1064ᵇ32-1065ᵃ3; E, 2, 1026ᵇ31-3. Sobre o sentido preciso desta caracterização do acidente, falaremos adiante, ao tratarmos do "frequente" (ὡς ἐπὶ τὸ πολύ).
40 Cf., acima, III, 1.1 e n.10.
41 *Seg. Anal.* I, 6, 75ᵃ28-30.
42 Cf. ibidem, l. 18-20.
43 Pois vimos que é como conhecimento causal do necessário que ela se define, cf., acima, I, 1.1.
44 Cf., por exemplo, *Met.* E, 2, 1027ᵃ19-20; K, 8, 1064ᵇ17-8; 30-1, etc.
45 Caberá ao livro II dos *Segundos Analíticos* estudar a precisa relação entre a definição e a demonstração, cf., adiante, nosso cap.V.
46 Cf., acima, III, 1.1 e n.11 a 17.
47 Cf. *Met.* Z, 1, 1028ᵇ2-7.

1.4 O necessário que a ciência não conhece

Mas, que coisa diremos do quarto sentido que reconhecemos naquela expressão?[48] Por que não pertenceria à ciência, em geral, ocupar-se do que se diz "por si", porque evento que a outro se subordina por um liame causal e de tal modo, que, se tem lugar este outro, não pode aquele não segui-lo, já que lhe sobrevém a ele, por ele próprio? Não é, acaso, necessário, que morra o animal a que se corta a garganta e que, portanto, ao corte, por causa e em virtude do mesmo corte, a morte sobrevenha? Mas não se está, então, em presença de efeito necessário que, por sua causa, se conhece e se conhece, portanto, cientificamente? Ora, não reconhece o filósofo cientificidade, como vimos, senão ao que se diz "por si" na primeira e segunda das acepções que distinguimos. Não nos será difícil, entretanto, perceber por que ele assim procede e compreendê-lo nos será, sobretudo, da máxima importância. Porque teremos aclarado um ponto nevrálgico da teoria aristotélica da ciência, deixando manifesta sua irredutível oposição às concepções da ciência que prevaleceram no mundo moderno.

Com efeito, o que significaria reconhecer a cientificidade do conhecimento do "por si" no quarto e último sentido enumerado? É fácil ver que isso equivaleria, simplesmente, a afirmar que, tomando-se dois eventos A e B, se é verdade que, dado A, segue-o necessariamente B, em virtude de e por causa de A, conhecer essa lei de produção do evento B será conhecê-lo cientificamente. Ora, fosse essa a concepção aristotélica do objeto científico e teríamos de confessar que, sob, ao menos, esse aspecto, ela se distanciaria, menos do que se tem pretendido, das teorias da ciência moderna. Não se ignora, por certo, a substituição progressiva, ocorrida em amplas esferas do pensamento científico contemporâneo, da noção de causa pela de um certo tipo de relacionamento entre dois eventos, nem a moderna introdução do cálculo das probabilidades em substituição à ideia de ligação neces-

---

48 Cf., acima, III, 1.1 e n.23 e 24.

sária. Cremos, entretanto, ser lícito pretender que haveria um ponto essencial de contato entre a concepção aristotélica e as modernas, se as mesmas relações entre fatos se considerassem, igualmente, por uma e outras, objetos de ciência e se as divergências respeitassem, antes, à interpretação conferida ao "determinismo" dos fatos. Ora, o que se pode facilmente mostrar é que a ciência aristotélica, tomada em sentido estrito, deve, coerentemente, excluir, de seu domínio, toda uma numerosa classe de relações causais e necessárias que a ciência moderna tomou por seu legítimo objeto e a que não recusou a dimensão da cientificidade.

E, de fato, tudo se esclarece do ponto de vista aristotélico, se atentamos em sua exata doutrina da necessidade e da causalidade. Se há algo que Aristóteles deixa absolutamente claro em sua análise da noção de causa, é a universalidade das determinações causais: de tudo há uma causa e, sem causa, nada ocorre, podendo a causa identificar-se, ou não, com a própria natureza da coisa.[49] Não escapam, assim, à esfera da causalidade as mesmas determinações acidentais que advém a um sujeito, ainda que pudessem não sobrevir-lhe: por elas, em última análise, a matéria é responsável,[50] "cuja natureza é tal que ela pode tanto ser como não ser".[51] O que acontece, entretanto, é que "das coisas que são ou devêm por acidente, também a causa é por acidente".[52] Ou, mesmo, mais precisamente, é acidente o que é produzido por uma causa também acidental. Pois, por que razão pode o acidente não pertencer a seu sujeito, isto é, de onde tira ele o seu caráter de não necessidade senão do fato de que não decorre da natureza do sujeito a que sobrevém? Há, por certo, atributos que pertencem necessariamente a seus sujeitos unicamente em lugares e momentos determinados: são aqueles que exige a natureza do sujeito, em determinadas relações de lugar ou tempo, e que, por isso mesmo,

---

49 Cf. *Seg. Anal.* II, 8, 93ª4-6; cf., acima, cap. I, n.8.
50 Cf. *Met.* E, 2, 1027ª13-5.
51 *Met.* Z, 15, 1039ᵇ29-30. Cf. *Ger. e Per.* II, 9, 335ª32-ᵇ5.
52 *Met.* E, 2, 1027ª7-8.

também se dirão, em sentido próprio, atributos "por si".⁵³ Mas, se a natureza do sujeito não exige, de nenhum modo e em nenhuma circunstância, suas determinações acidentais, por que lhe sobrevêm elas se não porque se produz, entre a causalidade própria ao sujeito e uma causalidade exterior, uma interferência que a ordem natural das coisas permitiu, mas não exigia, e que, de direito, era, por isso mesmo, imprevisível? A tempestade que arrasta para Égina uma embarcação e aí faz chegar o homem que para lá não se dirija pode exemplificar-nos a produção causal – e necessária – de um acidente (ir a Égina é, para o homem em questão, um acidente), dada a recíproca interferência de duas causalidades (a da tempestade e a da intenção humana) que nada obrigava a compor-se.⁵⁴ E não concebeu o filósofo um universo rigidamente determinado onde se produzissem por necessidade as mesmas interferências das diferentes séries causais que o percorrem; ao contrário, reivindica, ao menos para nosso mundo sublunar, inclusive a existência da sorte e do acaso, portanto, de causalidades meramente acidentais,⁵⁵ reconhecendo "uma iniciativa na natureza inconsciente análoga à que ele concede ao homem".⁵⁶

Segundo essa perspectiva, nada impede, então, que um resultado acidental se deva a toda uma série de eventos necessariamente encadeados segundo relações causais que o engendram e um ao outro subordinam: o homem que saiu de casa e pereceu nas mãos dos inimigos que o espreitavam sofreu o que, dadas as circunstâncias, teria necessariamente de ocorrer-lhe, ao sair de casa; e terá saído como necessária consequência do fato de ter sede, por sua vez necessariamente causada por ter-se alimentado de comida condimentada. Se pudéssemos, indefinidamente, assim remontar de efeito a causa, tudo, por certo, seria necessário. Mas eis que nos sustenta o filósofo dependerem tais

---

53 Cf. *Met.* Δ, 30, 1025ᵃ21 seg. e a excelente nota de Ross, *ad locum*. A ascensão e o pôr dos corpos celestes seriam exemplos desses atributos necessários que pertencem a seus sujeitos unicamente em determinados lugares ou momentos.
54 Cf. *Met.* Δ, 30, 1025ᵃ25-30.
55 Cf. *Fís.* II, 4-6, esp. 5, 196ᵇ24 seg.
56 Ross, *Aristotle's Metaphysics* I, p. 363 (em nota *ad Met.* E, 2, 1027ᵃ29).

processos de um princípio, além do qual não é possível remontar: seja, no caso presente, a ingestão dos alimentos condimentados a que nada, podemos supor, obrigava, nas circunstâncias presentes, o sujeito que consideramos. Por acidente, portanto, inicia ele toda uma série causal que, instaurada inelutavelmente pelo evento que a principia, com ele compartilha, entretanto, sua mesma acidentalidade originária. Diremos, então, que é um acidente para tal homem o mesmo fato, por exemplo, de morrer nas mãos dos inimigos que o esperavam.[57] Todos os efeitos produzidos pela ingestão de alimentos dir-se-ão, assim, segui-la, *por si*, no quarto sentido que acima distinguimos: não serão, menos, acidentes, em sentido absoluto, relativamente ao sujeito que, em má hora, decidiu alimentar-se. Também o exemplo da morte produzida pelo corte da garganta do animal[58] assim há de interpretar-se: o cortar-se-lhe a garganta é acidente que lhe sobrevém por interferência de causalidade que lhe é estranha: os efeitos que, *por si*, necessariamente o acompanham ser-lhe-ão, ao animal, por isso mesmo, em sentido absoluto, acidentais.[59]

Porque tais "por si", assim, finalmente, se integram no domínio da acidentalidade, deles não se ocupará a ciência aristotélica. Ainda que possamos conhecer como se relacionam causal e necessariamente eventos de tal natureza, não "previa" sua produção a ordem de necessidade ontológica que a ciência se dá como objeto. Esta última percorre as séries causais que a natureza das coisas, por si, engendra e não, aquelas que a interferência fortuita de séries causais ocasionalmente pode engendrar. Ora, não nos é difícil verificar como foi, precisamente, contra essa restrição do âmbito da causalidade científica que se pronunciou a ciência moderna; em linguagem aristotélica, é-nos, mesmo, lícito pretender que a ciência moderna encontrou um dos

---

57 Cf. *Met*. E, 3, 1027ᵇ1-6 (e todo o capítulo, consagrado ao estudo da causalidade acidental).
58 Cf., acima, III, 1.1 e n.23 e 24.
59 Isto é, no sentido de acidente que corresponde às acepções primeira e segunda de "por si". E o tratado da *Geração dos Animais* falará, a propósito de eventos dessa natureza, em "necessário, por acidente" (κατὰ συμβεβηκὸς ἀναγκαῖον, cf. *Ger. Anim*. IV, 3, 767ᵇ14-5), sem que tenhamos, como vemos, por que estranhar uma tal expressão.

fundamentos de seu extraordinário progresso na extensão do "por si" científico ao quarto sentido aristotélico da expressão: se o necessário que a este concerne pode assimilar-se à necessidade do compulsório e da compulsão,[60] a introdução do moderno método experimental como fonte de conhecimentos científicos representa a instauração da "violência científica" que, arrancando as coisas à sua ordem natural, impõe-lhes as condições que fazem interferir com sua causalidade própria a causalidade da *práxis* humana.[61]

2 A "catolicidade" da ciência

2.1 O κατὰ παντός

Antes, mesmo, de definir o "por si", explicara-nos Aristóteles o que se deve entender por atributo de uma totalidade, atributo "de todo sujeito" (κατὰ παντός).[62] Tomemos o exemplo de "animal", que se diz *de todo* homem; significa isto que, se é verdadeiro dizer, de determinado ser, que é um homem, é, também, verdadeiro dizer que é animal: ao que é atributo de uma totalidade, não lhe é possível pertencer a tal instância individual do sujeito, mas não, a tal outra, nem pertencer em tal momento, mas não, em tal outro. Nas mesmas objeções que levantamos, quando queremos impugnar uma atribuição a uma dada totalidade, encontramos indício suficiente de que é exatamente isso o que entendemos por atributo "de todo sujeito"; argumentamos, com efeito, com os casos em que a atribuição não é válida, ou com os

---

60 Necessidade que vimos ser concernente à atuação do que vem estorvar o impulso natural ou a intenção deliberada, cf., acima, I, 1.1 e n.42.
61 Não ignoramos, por certo, o papel da "experiência" nas investigações que o filósofo empreendeu em matéria física e biológica, a que consagrou Bourgey seu belo estudo (*Observation et expérience chez Aristote*, 1955); cf., também, Le Blond, *Logique et méthode...*, 1939, p.222-51. Mas, em Aristóteles, tal "experiência" nunca se destina senão a melhor pôr em relevo o comportamento "natural" e "habitual" dos objetos que se estudam, isto é, a melhor manifestar que atributos decorrem dos sujeitos, por si, segundo a ordenação própria das coisas que o mundo oferece à nossa contemplação.
62 Cf. *Seg. Anal.* I, 4, 73ª27 seg.

momentos em que ela é falsa.⁶³ Em outras palavras, diremos que um atributo pertence a uma totalidade, se e somente se ele pertence a qualquer membro da totalidade que se considere e em qualquer momento em que ele se considere. E, entretanto, não basta, ainda, que se afirme o atributo de toda a extensão do sujeito para que se esteja em presença de um *universal* aristotélico. Vejamos, então, o que entende o filósofo por καθόλου, em sua doutrina da ciência.⁶⁴

2.2 O universal e a ciência

Explica-nos Aristóteles que tal designação se aplica ao que "pertence a todo sujeito (κατὰ παντός), *por si* (καθ'αὐτό) e enquanto tal (ἧ αὐτό)".⁶⁵ E, como se identificam, como sabemos,⁶⁶ o "por si" e o "enquanto tal", vemos que o *universal* não é, para o filósofo, senão o *por si* considerado do ponto de vista da extensão. Se, com efeito, pertence o universal a todo sujeito, isto é, a uma totalidade genérica dada, não é senão pelo fato mesmo de que, por pertencer ao sujeito *por si*, necessariamente lhe pertence: "É manifesto, portanto, que quanto é universal pertence necessariamente às coisas".⁶⁷ Por isso mesmo, "dizemos ser universal o que é sempre (ἀεί) e em toda parte":⁶⁸ "isto, com efeito, é o universal, o que se aplica a todo sujeito e sempre",⁶⁹ a eternidade não sendo, mais uma vez, senão o corolário da necessidade.⁷⁰ Decorre, assim, a universalidade, tal como a concebe o filósofo, da essencialidade da

---

63 Cf. ibidem, l. 32-4; cf., também, *Prim. Anal.* I, 1, 24ᵇ28-30: "Dizemos atribuir-se uma coisa a todo sujeito (κατὰ παντός), quando nenhum caso se pode tomar do sujeito de que aquela não se diga".
64 Já que, como veremos, καθόλου se diz, também, em outros sentidos.
65 *Seg. Anal.* I, 4, 73ᵇ26-7. Cf. *Met.* Δ, 9, 1017ᵇ35: "*Com efeito, os universais pertencem por si*".
66 Cf., acima, III, 1.2 e n.30.
67 *Seg. Anal.* I, 4, 73ᵇ27-8. Com efeito, vimos, acima, que o "por si" pertence necessariamente ao sujeito, cf. acima, III, 1.2 e n.26. E, como disse Hartmann, distingue Aristóteles, no "universal", um duplo sentido: um sentido quantitativo e um sentido modal (cf. N. Hartmann, *Aristóteles y el problema del concepto*, 1964, p.15-6).
68 *Seg. Anal.* I, 31, 87ᵇ32-3.
69 *Seg. Anal.* II, 12, 96ᵃ15.
70 Cf., acima, I, 1, 1 e n.19 seg.

relação entre o sujeito considerado e o que dele se diz: o καθ'αὐτό fundamenta o κατὰ παντός e converte-se, desse modo, num καθόλου. Se a atribuição à totalidade permanece, pois, um componente fundamental da noção de universalidade (que um mesmo predicado seja verdadeiro de muitas coisas, eis a condição sem a qual não há καθόλου[71]), pode, entretanto, dizer-se, de um ponto de vista lógico, ser a compreensão que fundamenta a extensão. De um ponto de vista ontológico, por outro lado, integrando a quididade (primeiro sentido de "por si") ou dela decorrendo (segundo sentido de "por si"), o *universal* não é senão o aspecto quantitativo de que o "por si" se reveste para um sujeito que se individua numa multiplicidade de manifestações numericamente distintas, que "enforma" sua mesma quididade: o universal pertence ao sujeito "segundo a forma" (κατ'ε δος).[72] E, porque sabemos "que as demonstrações científicas concernem ao que pertence por si",[73] desvenda-se-nos, então, o exato sentido das declarações aristotélicas, nos textos tantas vezes repetidas e eternamente comentadas, de que "a ciência é conhecer o universal",[74] "a ciência é universal e procede por conexões necessárias",[75] "a ciência de todas as coisas é universal"[76] etc.

2.3 Universalidade e sujeito primeiro

Atentemos, por outro lado, em que, para falar-se de *universal*, em sentido estrito, é preciso que se esteja em presença de um sujeito *primeiro*: "o universal pertence ao sujeito, quando ele se provar de um caso particular qualquer do sujeito e, deste, como sujeito primeiro".[77] Que entenderemos, exatamente, por esta afirmação? Tomemos o exemplo da soma de ângulos igual a dois retos.[78] É possível, por certo, provar

---

71 Cf. *Seg. Anal.* I, 11, 77ª6-7.
72 Cf. *Seg. Anal.* I, 5, 74ª31.
73 *Seg. Anal.* I, 6, 75ª29-30, cf., acima, III, 1.3 e n.41.
74 *Seg. Anal.* I, 31, 87ᵇ38-9.
75 *Seg. Anal.* I, 33, 88ᵇ31.
76 *Met.* B, 6, 1003ª14-5. Cf., também, *Da Alma* II, 5, 417ᵇ22-3; *Met.* K, 1, 1059ᵇ26; M, 9, 1086ᵇ5-6; *Ét. Nic.* VI, 6, com., 1140ᵇ31 etc.
77 *Seg. Anal.* I, 4, 73ᵇ32-33. Cf., também, 5, 74ª12-3.
78 Cf. *Seg. Anal.* I, 4, 73ᵇ33 seg.

de uma figura que a soma de seus ângulos equivale a dois retos, mas não, de qualquer figura tomada ao acaso: o quadrado é uma figura, mas não é igual a dois retos a soma de seus ângulos; porque não se trata, então, de um atributo κατὰ παντός, em relação à figura, não se trata, obviamente, de uma atribuição universal. Consideremos, agora, o exemplo do triângulo isóscele: é certo que, qualquer que seja o triângulo isóscele particular que se considere, poderemos, sempre, provar que a soma de seus ângulos é igual a dois retos e teremos plenamente configurado um caso em que o atributo pertence a todo sujeito. Não é difícil, porém, compreender que uma tal demonstração não constitui, em sentido estrito, a demonstração científica de uma atribuição *por si* e *universal*. Pois, para qualquer triângulo que se tome, seja ou não isóscele, a mesma prova pode efetuar-se, o que mostra que não é por ser isóscele que o triângulo isóscele tem seus ângulos iguais a dois retos: se quisermos exprimir-nos com rigor, nem mesmo diremos que aquele atributo lhe pertence *por si*, a universalidade em questão sendo de maior extensão (ἐπὶ πλέον).[79] Em verdade, o atributo pertence ao isóscele, enquanto triângulo, e não, enquanto isóscele:[80] é anterior o triângulo ao isóscele, é o triângulo o sujeito primeiro da propriedade considerada.[81] E, com efeito, se se aplica o processo da ἀφαίρεσις e se "eliminam", progressivamente, as determinações do objeto,[82] se se toma, por exemplo, um triângulo isóscele de bronze cuja soma dos ângulos se mostra igual a dois retos, reconheceremos que, uma vez "eliminado" o ser ele de bronze, não pertence menos aquele atributo ao triângulo isóscele que remanesce; mas ele não pertence menos, também, ao triângulo que resta, se o ser isóscele se "elimina". Não

---

79 Cf. ibidem, 74ª2-3.
80 Cf. *Seg. Anal.* I, 24, 85ᵇ12-3.
81 Cf. *Seg. Anal.* I, 4, 73ᵇ38-9.
82 Cf. *Seg. Anal.* I, 5, 74ª37 seg. O termo ἀφαίρεσις, "eliminação" antes que "abstração", designa, precisamente, o processo pelo qual "subtraímos", às coisas, tais ou quais de seus atributos reais, para considerá-las, unicamente, sob determinados aspectos, que se tomam como objeto de estudo. A respeito da utilização de tal processo pelas matemáticas, cf. *Met.* K, 3, 1061ª28 seg.; *Do Céu* III, 1, 299ª15-7; *Da Alma* I, 1, 403ᵇ14-5 etc.

pode, entretanto, remontar mais alto o processo de "eliminação"; se se "eliminam" figura ou limite, é certo que se não tem mais aquele atributo, mas tais não são as primeiras determinações com que isso ocorre: "eliminado" o triângulo, já não mais pertence a qualquer figura limitada a propriedade de ter a soma de seus ângulos igual a dois retos e torna-se evidente que se não deve senão à triangularidade a presença de tal atributo nas determinações inicialmente consideradas. É do triângulo, portanto, que se fará a demonstração universal, enquanto sujeito primeiro.[83] Mas, se uma outra propriedade se considera, como, por exemplo, a equivalência da soma dos ângulos externos a quatro retos, poderemos mostrar que, se o triângulo isóscele a possui porque triângulo, não é este, no entanto, o sujeito primeiro, pois possui tal propriedade por ser figura retilínea: sobre esta far-se-á, então, a demonstração universal.[84]

2.4 Acepções diferentes de "universal"

Estudando as noções de κατὰ παντός, καθ'αὑτό e καθόλου, podemos, então, verificar que as conclusões que a ciência demonstra hão de formular-se como proposições que atribuam um predicado a um sujeito, universalmente e por *si*, pelo mesmo fato de exprimirem um conhecimento de atributo necessário. E, como nossa ciência constitui um *fato* de nosso mundo, que pudemos definir porque o pudemos surpreender em sua mesma realidade e tomar como objeto de nosso estudo,[85] compreendemos também que a própria contemplação das ciências a nosso alcance já no-las revela como conhecimento de universais: "a

---

83 Cf. *Seg. Anal.* I, 5, 74ᵇ2-4; 4, 73ᵇ39-74ᵃ2. Em *Seg. Anal.* II, 17, 99ᵃ32 seg., Aristóteles, tomando o exemplo de um atributo que pertence a um gênero, *por si*, pertencendo-lhe, portanto, a todas as espécies (assim, B a Δ e às espécies de Δ), precisará que admite o uso do termo "universal" para designar, num caso como esse, o predicado que se não reciproca com um sujeito (dizendo, portanto, que B pertence, *universalmente*, a cada uma das espécies de Δ, com as quais, tomadas uma a uma, obviamente, não se reciproca), chamando, então, de "universal primeiro" (πρῶτον καθόλου) ao mesmo predicado, enquanto, reciprocando-se com as espécies de Δ, tomadas em conjunto, diz-se pertencer-lhes (e a Δ), universalmente.
84 Cf. *Seg. Anal.* I, 24, 85ᵇ38-86ᵃ2.
85 Cf., acima, I, 2.1.

ciência é dos universais; isso é evidente a partir das demonstrações e das definições".[86] É pela primeira figura do silogismo, aliás, que as vemos, na maior parte das vezes, construir suas demonstrações.[87]

Não esqueçamos, porém, que, nos mesmos textos dos *Segundos Analíticos*, que concernem à doutrina da ciência, o sentido *técnico* de καθόλου que vimos estudando – atributo necessário e *por si*, que pertence a todo sujeito – não é o único que confere Aristóteles ao termo. E tampouco o emprega o filósofo nessa acepção na maioria de seus escritos. Assim, com efeito, a doutrina geral de silogística, nos *Primeiros Analíticos*, distingue entre a proposição *universal* (καθόλου), a particular e a indefinida, definindo como universal aquela em que se atribui o predicado a todo (ou a nenhum) sujeito[88] ou, em outras palavras, a que contém um predicado κατὰ παντός, conforme, acima, definimos esta expressão.[89] E por termos (ὅροι) *universais*, entendem-se, também, ao longo desse tratado,[90] quantos predicados se atribuem, pura e simplesmente, κατὰ παντός, assim como se denominam *universais* os silogismos de conclusões *universais*, nesse sentido da expressão.[91] Mostra, então, o estudo geral do silogismo que, sem *universal*, nem mesmo pode haver silogismo.[92] E a essa ampla acepção de καθόλου refere-se, também, o conhecido texto dos *Segundos Analíticos* que nos diz não haver termo médio, portanto, não haver demonstração, se não há *universal*.[93]

Mas, se tal uso de "universal", herdado, como se sabe, pela lógica clássica e incorporado à sua terminologia habitual, concerne, direta-

---

86 *Met.* M, 10, 1086ᵇ33-4.
87 Cf. *Seg. Anal.* I, 14, todo o capítulo.
88 Cf. *Prim. Anal.* I, 1, 24ᵃ16-7. No mesmo sentido, cf., também, II, 26, 69ᵇ2; *Tóp.* VIII, 1, 156ᵃ28, 30; ᵇ11 etc.
89 Cf., acima, III, 2.1. Considere-se, também, a expressão ἐν ὅλῳ ε ναι ἕτερον ἑτέρῳ (estar uma coisa em outra como num todo), que Aristóteles emprega como equivalente a "atribuir-se uma coisa a toda (κατὰ παντός) uma outra coisa", cf. *Prim. Anal.* I, 1, 24ᵇ26-8; cf. *Seg. Anal.* I, 15, *passim*.
90 Cf., por exemplo, *Prim. Anal.* I, 4, 26ᵃ18, 31; 26ᵇ1; 5, 27ᵃ2, 23, 26, 28, 29, 30; 6, 28ᵃ17; ᵇ5, 16, 31; 7, 29ᵃ23; 8, 30ᵃ6 etc.
91 Cf., por exemplo, *Prim. Anal.* I, 23, 40ᵇ18; II, 8, 59ᵇ26 etc.
92 Cf. *Prim. Anal.* I, 24, part. 41ᵇ22-6; *Tóp.* VIII, 14, 164ᵃ9-11.
93 Cf. *Seg. Anal.* I, 11, 77ᵃ7-8.

mente, à estrutura do juízo e ao que se convencionou chamar de sua quantidade, vamos encontrar, entretanto, o mesmo termo aplicado, na terminologia aristotélica, às próprias "coisas". Assim, com efeito, esclarece-nos uma importante passagem do tratado da *Interpretação* que "umas, dentre as coisas (τῶν πραγμάτων) são universais (καθόλου), outras, individuais (καθ'ἕκαστα) – chamo de universal o que se atribui naturalmente a muitas coisas, de individual o que se não atribui; por exemplo, homem faz parte dos universais, Cálias, dos individuais".[94] E, no mesmo texto, empenha-se o filósofo em distinguir claramente[95] entre a atribuição universal – por exemplo, "branco pertence a todo homem" (ou "todo homem é branco") – e o *universal* homem, que pode aparecer numa proposição não universal – assim, por exemplo, nas proposições indefinidas "homem é branco", "homem não é branco". Como se vê, "universal", aplicado às "coisas", designa um certo todo (ὅλον), que compreende uma pluralidade, por atribuir-se naturalmente a cada um de seus membros e "por serem todos eles, cada um de per si, uma única coisa":[96] homem, cavalo, deus são, todos, seres animados (ζῷα). Dizendo, assim, respeito, a totalidades naturais que configuram uma unidade genérica, correspondem os *universais* ao que o tratado das *Categorias* denominava *essências segundas* (δεύτεραι οὐσίαι), isto é, às formas ou espécies (εἴδη) e aos gêneros (γένη),[97] embora não devamos esquecer que, tal como ocorre com a definição e a qui-

---

94 *Da Int.* 7, com., 17ª38-ᵇ1. Cf., também, *Ger. Anim.* IV, 3, 768ª13; ᵇ13-5; 769ᵇ13 etc. Veja-se a mesma definição de universal proposta em *Met.* Z, 13, 1038ᵇ11-2, em que o universal se diz, também, comum (κοινόν); cf., também, *Met.* B, 4, 1000ª1; *Part. Anim.* I, 4, 644ª27-8. Poderia parecer que, definido como "o que se atribui naturalmente a muitas coisas", tal universal respeitasse, antes, à mesma estrutura da proposição atributiva, que às próprias coisas; mas é óbvio entender Aristóteles que a proposição em que o universal se diz dos indivíduos nada mais faz que exprimir a própria realidade *universal* constituinte das coisas individuais: o universal é "coisa".
95 Cf. *Da Int.* 7, 17ᵇ1 seg.
96 Cf. *Met.* Δ, 26, 1023ᵇ29-32.
97 Cf. *Cat.* 5, 2ª14 seg. Atente-se em que o fato de poderem atribuir-se as essências segundas às essências primeiras e, mais propriamente, de se lhe atribuírem como aquilo que o indivíduo, *por si*, *é* (o ε δος é a quididade, cf. *Met.* Z, 7, 1032ᵇ1-2; acima, cap.II, n.157; e o indivíduo é, *por si*, ele próprio e sua quididade, cf. *Met.* Δ, 18, 1022ª26-7; acima, III,1.1 e n.14) ou como um elemento de sua quididade (o γένος é o elemento primeiro da definição

didade,[98] também é possível estender as noções de gênero e espécie às outras categorias que não a de essência.[99] Os mecanismos psicológicos que levam ao surgimento, em nossa alma, das afecções que correspondem a tais *universais* são descritos pelo filósofo no famoso último capítulo dos *Segundos Analíticos*,[100] designando por *indução* (ἐπαγωγή) esse processo de conhecimento que obtém os universais a partir dos individuais, que a sensação apreende.[101] Recordemos, por outro lado, que a polêmica dirigida contra o platonismo o acusará, sobretudo, de ter convertido os *universais* em Formas ou Ideias separadas, pecado em que Sócrates não incidira:[102] converteu-se o ἓν κατὰ πολλῶν num ἓν παρὰ

---

e significa o "o que é", a essência, cf. *Tóp.* VI, 1, 139ª28-31; 5, 142ᵇ27-9; 143ª17-9; *Met.* Δ, 28, 1024ᵇ4-5; Z, 7, 1033ª4-5; I, 3, 1054ª30-1 etc., pertencendo, portanto, *por si*, àquilo de que é gênero) aproxima bastante esta acepção de "universal" daquela outra, que os *Segundos Analíticos* nos propuseram, cf., acima, III, 2.2 e n.65. Por outro lado, entretanto, acontecerá que, na medida em que o filósofo passar da simples análise do discurso e do estudo introdutório das *Categorias* para a constituição de uma teoria do ser ou da essência, o emprego de καθόλου a que aqui nos referimos, sofrerá uma restrição (cf. *Met.* Z, 13, todo o capítulo): se a essência é o "isto" e a forma, se o ser das coisas individuais lhes é conferido pela sua mesma quididade e por seu ε δος, não mais diremos *universal* o ε δος, mas, tão somente, o gênero (γένος), elemento comum que se diz de uma multiplicidade de εἴδη. A mesma doutrina reaparece nos *Segundos Analíticos*, onde se opõe ao καθόλου genérico o ε δος, como καθ'ἕκαστον e ἀδιάφορον, cf. *Seg. Anal.* II, 13, 97ᵇ28-31.

98 Cf., acima, III, 1.1 e n.22.
99 Cf., por exemplo, *Tóp.* IV, 1, 120ᵇ36, onde se mostra que espécie e gênero devem pertencer à mesma categoria, seja ela a da essência, ou da qualidade, ou a da relação.
100 Cf. *Seg. Anal.* II, 19, 99ᵇ34-100ª5 (cf., também, *Met.* A, 1, 980ª27 seg.). Tais afecções são os *"universais, enquanto se dão na alma, nela 'aquietam-se', 'fixam-se'"*, cf., ibidem, 100ª6-7, 16; ᵇ2. Esses παθήματα τῆς ψυχῆς imagens (ὁμοιώματα), na alma (cf. *Da Int.* I, 16ª7-8) dos *universais*, são o que mais corresponde, no aristotelismo, à noção de *conceito*, introduzida pela lógica posterior. É o que não viu Hartmann, o qual tem razão, entretanto, em recusar validade a quantas interpretações, como as de Prantl (cf. Prantl, *Geschichte der Logik in Abendlande*, 1955, Erster Band, p.135, 210 seg.) ou Zeller (*Die Philosophie der Griechen*, 1963, II, 2, p.204 seg.), emprestam a Aristóteles, anacronicamente, uma doutrina do conceito (cf. Hartmann, *Aristóteles y el Problema del Concepto*, 1964, p.23 seg.) e em não admitir que se traduzam por "conceito" termos como γένος, ε δος, καθόλου, λόγος, ὅρος, ὁρισμός, κατηγορία, ὑπόληψις etc. (cf. ibidem, p.13 seg.).
101 Cf. *Seg. Anal.* I, 1, 71ª6-9; 18, 81ᵇ6 seg.; II, 19, 100ᵇ4-5; *Tóp.* I, 12, 105ª13-14; 18, 108ᵇ10-1; acima, II, 4.7 e n.180 a 182 etc. Cf. também o texto, acima citado (cf. II, 4.1 e n.97), de *Seg. Anal.* I, 2, 71ᵇ29-72ª5, que opõe às coisas universais as individuais, as mais próximas da sensação e, por isso, anteriores e mais conhecidas para nós.
102 Cf. *Met.* Λ, 6, 987ᵇ1-10; M, 4, 1078ᵇ30-4.

τὰ πολλά, a unidade que se diz de uma multiplicidade numa unidade que se fez subsistir "ao lado da" multiplicidade.[103]

Ora, tais *universais* – e quantos, em outras categorias que não a da essência, se lhes podem assemelhar –, aparecendo como sujeitos quantificados universalmente nas proposições, por isso mesmo, ditas universais,[104] serão os sujeitos necessários das proposições científicas, em que se atribui o predicado ao sujeito, *por si* e universalmente, e em que constitui o predicado um *universal*, no sentido técnico da expressão, que estudamos acima:[105] predicados *universais* de sujeitos *universais*, assim hão de formular-se as proposições da ciência. Como, por outro lado, o atributo universal é verdadeiro de um sujeito primeiro,[106] podem os *Segundos Analíticos* dizer-nos que "o universal é sujeito primeiro";[107] do mesmo modo, já que o atributo universal pertence a seu sujeito, *por si* e enquanto tal e que "aquilo a que algo pertence por si é, para si próprio, causa [subent.: dessa atribuição]", dir-se-á que "é causa, portanto, o universal":[108] com efeito, por que pertence o atributo ao sujeito universal senão por ser este aquilo, mesmo, que é, ou seja: sua mesma essência? Dizer que a ciência é do *universal*[109] assume, assim, à luz destes novos textos, uma significação bem mais ampla, na mesma medida em que universalidade e causalidade, sob tal prisma, de algum modo, se recobrem.

Ao que tudo indica, então, se se levam em conta as diferenças de significação que encerra o "universal" aristotélico,[110] seja ao longo dos

---

103 Cf. *Seg. Anal.* I, 11, com., 77ª5-7. O texto das linhas 5-9 acha-se, evidentemente fora de seu lugar e Ross (cf. nota *ad locum*) julga dever situá-lo no cap. 22, após 82ª32-5. Somos, entretanto, de opinião que seu lugar natural é no cap. 24, após 85ᵇ22, onde Aristóteles repele a interpretação platônica dos universais.
104 Cf., acima, n.88 deste capítulo.
105 Cf., acima, III, 2.2 e n.65.
106 Cf., acima, III, 2.3.
107 Cf. *Seg. Anal.* I, 24, 85ᵇ25-6.
108 Cf. ibidem, l. 24-6.
109 Cf., acima, III, 2.2 e n.74 a 76.
110 Que não abordamos, todas, aqui. Lembremos, apenas, que o filósofo diz o silogismo mais *universal* que a demonstração, para significar, tão somente, a sua maior extensão, a demonstração sendo um caso particular do silogismo, cf. *Prim. Anal.* I, 4, 25ᵇ29-31; acima, I,

diversos tratados que compõem o *Órganon* seja no mesmo interior da doutrina analítica da ciência, aclara-se bastante a teoria, que o filósofo propôs, da universalidade científica. Manifestada e explicada a pluralidade dos sentidos, vizinhos, mas não coincidentes, que pode descobrir a investigação acurada, orientando-se pela indicações do próprio filósofo, enseja-se a leitura rigorosa, que faz desaparecer as "contradições" de que tantos bons autores não souberam desenredar-se.[111]

2.5 Objeções e respostas

Exposta sua doutrina da universalidade científica, não terá dificuldade o filósofo em responder às objeções especiosas que tendem a valorizar a demonstração particular (κατὰ μέρος), como se fora melhor (βελτίων) que a universal.[112] Por um lado, com efeito, pretende-se[113] que, sendo melhor aquela demonstração que faz conhecer mais e conhecendo-se mais uma coisa quando se conhece ela por si e não, por outra, será melhor a demonstração particular, que prova que o próprio sujeito tem tal atributo e não, aquela que prova que tal outra coisa o tem, como ocorre com a universal: não conhecemos, acaso, melhor

---

    3.1 e n.155; e que, frequentemente, designa como *universais* certos argumentos dialéticos de caráter geral que se podem produzir em apoio de determinada conclusão a ser provada, ainda que se reconheça não dizerem, especificamente, respeito à matéria particular em questão e não constituírem, por isso mesmo, uma demonstração científica, cf. *Fís.* III, 5, 204ª34; VIII, 8, 264ª21; *Ger. Anim.* II, 8, 748ª7-8 etc.

111 É, assim, que Hamelin (cf. *Le système d'Aristote*, 1931, p.236-41) julga encontrar, no pensamento de Aristóteles, uma luta entre duas tendências opostas, privilegiando, respectivamente, os pontos de vista de extensão e da compreensão, exprimindo uma dualidade de inspiração "qui jette l'incertitude et l'obscurité sur sa conception de la science" (cf. ibidem, p.236). Do mesmo modo, Le Blond (cf. *Logique et méthode...*, 1939, p.75 seg.) encontra, no aristotelismo, duas perspectivas conflitantes sobre o universal, uma certa obscuridade a respeito do papel do universal na ciência (cf. ibidem, p.83) e, mesmo, "une dualité fondamentale dans la conception de la science, qui trouve un écho dans les oscillations d'Aristote à propos des notions d'universel, de nécessaire et de cause" (ibidem, p.106). Reconheça-se, por outro lado, que coube a Mansion (cf. *Le jugement d'existence...*, p.94-107), malgrado a perspectiva "crítica" em que a autora se coloca, dar um bom passo para o esclarecimento da questão do *universal* aristotélico.

112 Cf. *Seg. Anal.* I, 24 (todo o capítulo).

113 Cf. ibidem, 85ª21-31.

o músico Corisco, quando conhecemos que o indivíduo Corisco é músico, do que, quando sabemos que o homem (universal) é músico? A demonstração universal provaria sempre que a outra coisa que não ao próprio sujeito considerado pertence o atributo em questão: a soma dos ângulos igual a dois retos prova-se que pertence ao isóscele, não enquanto isóscele, mas porque é triângulo e como triângulo. Por outro lado,[114] se é certo que não é o universal uma realidade separada das coisas individuais,[115] não se deve convir em que peca a demonstração universal por fazer nascer a opinião de que há tal universal separado e induzir-nos, pois, em erro? Assim, atribuir a igualdade a dois retos ao triângulo e não, ao isóscele levará à suposição de que há um triângulo *em si*, separado e distinto dos triângulos particulares. Evidentemente melhor será, então, a demonstração que diz respeito ao que realmente *é* e que não nos engana, isto é, a particular.

Tais argumentos são, obviamente, especiosos. E, respondendo ao primeiro deles, replica o filósofo[116] que, se um atributo como a igualdade dos ângulos a dois retos pertence ao triângulo isóscele, não porque isóscele, mas porque triângulo, quem conhece, apenas, ter o isóscele tal propriedade, ignorando, porém, sua atribuição universal ao triângulo, conhece menos, em verdade, o sujeito, enquanto tal, da atribuição. No que concerne, por outro lado, à segundo objeção, segundo a qual não se poderia conciliar com a rejeição do essencialismo platônico dos "universais" separados uma doutrina da demonstração universal que parece postulá-los, ou ao menos, sugeri-los, levando-nos a tratar os *universais* como realidades separadas, ao mesmo tempo que esse mesmo estatuto lhes é por nós recusado, responde-lhe o filósofo[117] que o universal, tal como o concebe, não é menos que certas coisas particulares – ao contrário, *é* ainda mais do que elas –, as quais se caracterizam, antes, por serem perecíveis (φθαρτά), enquanto as coisas

---

114 Cf. *ibid.*, ᵃ31-ᵇ3.
115 Cf., acima, III, 2.4 e n.102 e 103.
116 Cf. *Seg. Anal.* I, 24, 85ᵇ4-15.
117 Cf. *Seg. Anal.* I, 24, 85ᵇ15-22.

imperecíveis (ἄφθαρτα) se encontram nos universais. Pois, decorrendo da quididade, integrando-a ou confundindo-se com ela, conforme à acepção em que o tomemos, o universal, aquilo que "é sempre e em toda parte",[118] segue a eternidade do ε δος, para o qual não há devir:[119] a ciência do universal é-o do ser imperecível. Mas reconhecer a realidade do *universal* a nenhum momento implica – οὐδεμία ἀνάγκη, diz o filósofo[120] – a solução platônica ou platonizante dos universais separados: "pois não é necessário haver Ideias ou uma Unidade separada da Multiplicidade, para haver demonstração",[121] se a unidade que a demonstração significa e que se diz de muitas coisas não é mais que a unidade real e, ao mesmo tempo, formal da multiplicidade de coisas particulares que a matéria individua.[122] Se o platonismo julgou ver, nas ciências, um argumento decisivo e uma confirmação importante da doutrina das Ideias,[123] a preocupação aristotélica é, aqui, como bem vemos, a de insistir em que *não* "platoniza": entre um empirismo inconsequente e a doutrina das Formas, busca o filósofo em sua teoria da essência a solução correta do problema da universalidade científica. Não é responsável a demonstração científica pela defeituosa

---

118 Cf. *Seg. Anal.* I, 31, 87ᵇ32; acima, III, 2.2 e n.68.
119 Cf. *Met.* Z, 8, 1033ᵇ5 seg. E, se se relembra que o ε δος é a mesma quididade e essência (cf. *Met.* Z, 7, 1032ᵇ1-2; 17, 1041ᵇ7-9; acima, II, n.157; III, n.97), vê-se, claramente, que a realidade do universal aristotélico decorre da mesma realidade do ε δος, princípio formal e de unidade das coisas particulares. Desse modo, à imperecibilidade dos universais, que concernem às quididades e às formas, opõe-se a realidade menor das coisas particulares, sujeitas à geração e ao perecimento, em nosso mundo sublunar.
120 Cf. *Seg. Anal.* I, 24, 85ᵇ18-9.
121 *Seg. Anal.* I, 11, com., 77ᵃ5-6; cf., acima, n.103 deste capítulo, para o que respeita ao lugar exato desta passagem, nos *Segundos Analíticos*.
122 Sobre a individuação pela matéria, cf., entre outros textos, *Met.* Z, 8, 1034ᵃ5-8; 10, 1035ᵇ30-1; Λ, 8, 1074ᵃ33-6 etc.
123 Cf. *Met.* A, 9, 990ᵇ11-3, onde Aristóteles se refere aos argumentos tirados das ciências (τοὺς λόγους τοὺς ἐκ τῶν ἐπιστημῶν), em favor da teoria das Ideias; veja-se, também, a exposição de três desses argumentos por Alexandre de Afrodísio, reproduzida por Ross, em nota *ad* 990ᵇ11-5. Ross remete-nos, com razão, a textos platônicos como o de *Rep.* V, 479ᵃ-80ᵃ. Podemos, também, invocar, no mesmo sentido, a importante passagem de *Rep.* VII, 521ᶜ seg., sobre as ciências adequadas à formação do filósofo, porque se revelam manifestamente ἀγωγὰ πρὸς ἀλήθειαν (525ᵇ), impelindo a alma para a região superior das coisas *em si* (cf. 525ᵈ).

interpretação metafísica que se lhe dá: é-o o ouvinte,[124] o que a tem e sobre ela reflete, mas não a compreende e se deixa seduzir pela sereia da Academia.[125]

2.6 Superioridade da demonstração universal

Assim respondendo às objeções que se poderiam levantar contra o valor e sentido da demonstração universal, demora-se, ainda, o filósofo em toda uma série de argumentos em seu favor.[126] Argumentará, em primeiro lugar,[127] mostrando que, sendo o universal sujeito primeiro e, portanto, causa, visto que demonstração é o silogismo que mostra a causa e o porquê, é superior a demonstração universal. Também a comparação com a causalidade final será instrutiva para compreender-se a superioridade da demonstração universal.[128] Com efeito, se nos interrogamos sobre a causa final de um ato qualquer, prosseguimos nossa investigação até chegarmos a algo que não mais se faz em vista de e por causa de outra coisa; assim, se perguntamos por que alguém veio e ficamos sabendo que foi para receber um dinheiro, de novo perguntaremos por que veio receber o dinheiro e, sabedores de que o fez para pagar uma dívida e que, por sua vez, a paga para não ser injusto para com outrem, se nenhuma outra causa mais há para que isso se faça, teremos, então, em conhecendo o fim (τέλος) por que veio o homem em questão, o máximo de conhecimento sobre o porquê de sua vinda. O mesmo ocorrendo com a investigação

---

124 Ὁ ἀκούων, cf. Seg. Anal. I, 24, 85ᵇ21-2.
125 Poderia conjecturar-se, a partir de Seg. Anal. I, 24, 85ᵃ20, ter-se formulado, efetivamente, ainda em vida do filósofo, a acusação de "platonismo" contra a sua teoria da demonstração universal. E o que é, sobremaneira, curioso é que, apesar do esforço que faz o filósofo – e os textos que comentamos trazem disso um bom testemunho – para esconjurar toda possibilidade de conferir-se uma tal interpretação à sua doutrina, não se livrou da má compreensão dos estudiosos: é com frequência, de fato, que se insiste em "descobrir" no aristotelismo, "oposição" e, mesmo, "contradição" entre o "platonismo" da doutrina da ciência e a teoria da essência proposta pela *Metafísica*.
126 Cf. Seg. Anal. I, 24, 85ᵇ23-86ᵃ30.
127 Cf. ibidem, 85ᵇ23-7; acima, III, 2.4 e n.107 a 109.
128 Cf. ibidem, 85ᵇ27-86ᵃ3.

de todas as outras modalidades de causa, teremos, analogamente, o máximo de conhecimento sobre um fato investigado, quando conhecermos que algo se atribui a um sujeito, não por ser este outra coisa, mas tão somente por ser ele próprio. E é este último momento (τὸ ἔσχατον) de nossa pesquisa que é o seu fim (τέλος) e limite (πέρας).[129] Ora, a demonstração universal, porque, precisamente, nos mostra que determinado sujeito tem, por si mesmo, tal atributo (assim, o isóscele tem seus ângulos externos iguais a quatro retos porque triângulo e tem-nos o triângulo porque figura retilínea, mas a figura os tem, por si mesma, e ela é o sujeito da conclusão que se demonstra), por isso mesmo, fornece-nos o conhecimento máximo sobre a presença de tal atributo num sujeito, nisso evidenciando a sua superioridade. Um terceiro argumento[130] tirar-se-á de tender a demonstração, na medida em que se torna mais e mais particular, para as coisas individuais, infinitas em sua ilimitada dispersão, quando sabemos que "enquanto ilimitadas, não são as coisas conhecíveis mas, enquanto são limitadas, são conhecíveis".[131] Porque o individual, como nos diz, também, a *Retórica*,[132] "é ilimitado e não é conhecível". Por isso mesmo, então, são as coisas conhecíveis antes enquanto universais que enquanto particulares; antes, assim, enquanto se limitam pelos universais que lhes conferem a verdadeira individualidade.[133] Donde serem as coisas universais mais demonstráveis e ser a demonstração universal mais demonstração, portanto, superior. Em quarto lugar,[134] se a demonstração que nos faz, também, conhecer outra coisa, além da que é, propriamente, demonstrada, é preferível, a demonstração universal é preferível, pois quem conhece o universal conhece, também, o par-

---

129 Cf. ibidem, 85 ^{b}29-30.
130 Cf. ibidem, I, 24, 86^{a}3-10.
131 Ibidem, l. 5-6.
132 *Ret.* I, 2, 1356^{b}32-3.
133 Como diz Aubenque (cf. *Le problème de l'être...*, p.209): "si l'on entend par individuel ce qui est parfaitement déterminé, alors c'est l'universel qui posséderá la vraie individualité". É o que permite dizer o ε δος καθ'ἕκαστον, cf. *Seg. Anal.* II, 13, 97^{b}28-31; acima, n.97 deste capítulo.
134 Cf. *Seg. Anal.* I, 24, 86^{a}10-3.

ticular, mas o inverso não ocorre. Por outro lado,[135] a demonstração mais exata (e a única que é cientificamente válida) sendo a que parte de um princípio, será mais exata a que se serve, em seus silogismos, de termos médios mais próximos do princípio, ou seja, a que é mais universal (se se tem em conta que a maior proximidade do princípio corresponde à maior universalidade).

Mas alguns desses argumentos – é o próprio filósofo quem no-lo diz[136] – são apenas "lógicos" (λογικοί). Por argumentar "logicamente" (λογικῶς) – em oposição a uma argumentação que procede "analiticamente" (ἀναλυτικῶς),[137] "a partir do que já foi estabelecido" (ἐκ τῶν κειμένων)[138] – entende Aristóteles, como os vários exemplos em que aquela expressão aparece[139] o mostram, argumentar de modo meramente verbal ou mediante proposições de caráter geral, nem especificamente apropriadas à matéria em discussão nem particularmente concernentes ao gênero preciso de que nos ocupamos. Pois tal modo de proceder, que não se pode chamar de científico, serve-se, frequentes vezes, de elementos comuns (κοινά) a vários objetos e, assim, constrói, verbalmente, seus argumentos, permanecendo no âmbito de um discurso (λόγος, donde λογικῶς) que, embora visando determinado objeto, não se lhe ajustou ainda, movendo-se na esfera vaga do geral e do comum, isto é, do "abstrato".[140] Enquanto propedêutica a um conhecimento adequado e tomada como mera via de acesso ao saber

---

135 Cf. ibidem, l. 13-21.
136 Cf. ibidem, l. 23. Não o são o primeiro (85ᵇ23-7, cf. acima, n.127 deste capítulo) e o quarto (86ᵃ10-3, cf., acima, n.134 deste capítulo).
137 Cf. ibidem, I, 22, 84ᵃ7-8; ᵇ2.
138 Cf. ibidem, I, 32, ᵃ19-30. Uma argumentação ἐκ τῶν κειμένων, como a própria expressão o indica, serve-se, tão somente, de proposição já obtidas e estabelecidas pelo estudo em curso, adequadas, por conseguinte, ao objeto em estudo e diretamente a ele apropriadas. Em Ger. Anim. II, 8, 747ᵇ27-8, Aristóteles opõe a demonstração λογική à que procede a partir dos princípios apropriados (κ τῶν οἰκείων ἀρχῶν).
139 Além dos textos citados nas notas anteriores, cf. Fís. III, 5, 204ᵇ4 seg.; Met. M, 4, 1080ᵃ10; N, 1, 1087ᵇ21 etc.
140 Cf. Ger. Anim. II, 8, 747ᵇ28-30, que assim caracteriza a demonstração "lógica": "Digo-a lógica (λογική) por isto que, quanto mais universal, mais afastada está dos princípios apropriados". Sobre este uso de "universal", cf., acima, n.110 deste capítulo.

efetivo, essa modalidade de argumentação é própria à dialética e, neste preciso sentido, raciocinar λογικῶς é raciocinar dialeticamente.[141] Ora, é importante constatar que a mesma teoria aristotélica da ciência não desdenhou do emprego desses raciocínios dialéticos, que vêm preparar nossa aquiescência ao argumento mais exato e diretamente apropriado ao objeto em estudo, reforçar nossa persuasão, orientar-nos para a plena inteligência dele.

Passemos, porém, a uma prova mais precisa e exata, que nos trará o máximo de evidência da superioridade da demonstração universal.[142] Com efeito, bastar-nos-á retomar um dos argumentos não "lógicos" há pouco resumidos.[143] Pois a demonstração universal, concluindo uma proposição universal (por exemplo, que todo triângulo tem seus ângulos iguais a dois retos) demonstra, *ipso facto*, uma proposição *anterior* à conclusão eventual de uma demonstração particular (que concluísse, por exemplo, pertencer aquela propriedade ao triângulo isóscele).

---

141 Como diz Simplício (*in Phys.*, 476, 25-9, *apud* Aubenque, *Le problème de l'être*..., 1962, p.115, n.4), raciocinar λογικῶς é raciocinar κοινότερόν πως καὶ διαλεκτικώτερον. Cabe, com efeito, à dialética abordar tecnicamente as questões, por meio de argumentos que concernem às determinações *comuns* dos objetos, cf. *Ref. Sof.* 11, 172ª29-ᵇ1. Se assim é, frequentemente será correto traduzir "λογικός" por "dialético". Ocorre, entretanto, que, aos olhos de Aristóteles, se a argumentação "lógica", movendo-se na esfera vaga e abstrata do discurso sobre os "comuns" ou constituindo-se de modo puramente verbal, se pode, pertinentemente, empregar para preparar e tornar possível a aquisição de um saber real, é, por outro lado, condenável, por razões óbvias, a permanência definitiva nessa esfera de abstração, quando não se cuida de apropriar o discurso à natureza específica de cada objeto que se estuda e se tem a pretensão de propor como saber efetivo o que não pudera ser mais que um instrumento de pesquisa. Compreende-se facilmente, então, que uma tal maneira de proceder λογικῶς se dirá, antes, sofística que dialética (cf. *Ref. Sof.* 11, 171ᵇ6 seg.) e que aquela expressão se usará, segundo esse outro prisma, com um sentido nitidamente pejorativo, designando, por vezes, criticamente, os métodos e procedimentos dos platônicos, cf. *Ger. e Per.* I, 2, 316ª11; *Met.* Γ, 3, 1005ᵇ21-2 (τὰς λογικὰς δυσχερείας); Λ, 1, 1069ª27-8; N, 1, 1087ᵇ20; *Ét. Eud.* I, 8, 1217ᵇ21 (λογικῶς καὶ κενῶς) etc. Não é sem importância salientar que, por se não ter compreendido a distinção entre o uso dialético e o sofístico da argumentação λογική, tem-se, com demasiada frequência, incorrido em graves contrassensos a respeito da função, alcance e valor da dialética aristotélica.
142 Cf. *Seg. Anal.* I, 24, 86ª22-9.
143 O de *Seg. Anal.* I, 24, 86ª10-3 (cf., acima, n.134 deste capítulo). Como observa, com razão, Ross (cf. nota *ad* I, 24, 86ª22-9), não se trata, nesta última passagem, de um novo argumento, mas da retomada e explicitação do de 86ª10-3.

Essa anterioridade do universal[144] ao particular, anterioridade segundo a forma e a essência,[145] revelando-nos a mesma causa por que se atribui por si o predicado a cada um dos sujeitos particulares que o universal compreende, explica que, em tendo a proposição universal e anterior, tenhamos, em potência (δυνάμει) a proposição posterior, que provaria a demonstração particular:[146] sabendo que pertence a todo triângulo uma soma de ângulos igual a dois retos, também sabemos, potencialmente, que tal propriedade pertence, por exemplo, ao triângulo isóscele. O inverso, entretanto, não ocorre e o que possui a demonstração particular não tem conhecimento do universal, nem em potência nem em ato (οὔτε δυνάμει οὔτε ἐνεργείᾳ).[147] A superioridade da demonstração universal torna-se-nos manifesta, ao mesmo tempo que se nos patenteia não ser a passagem do conhecimento universal ao particular mais do que a explicitação e a efetivação das potencialidades do primeiro. E o particular que se torna assim conhecido conhece-se, em reconhecendo-se nele o universal que se possuía.[148] Não que a ciência universal se deva dizer meramente potencial; mas também

---

144 Cf., acima, III, 2.3. Cf. também *Seg. Anal.* I, 2, 72ª3-4 e, acima, II, 4.1.
145 Cf., acima, III, 2.2 e n.72.
146 Cf. *Seg. Anal.* I, 24, 86ª23-5. Entendendo, como Ross (cf. nota *ad* 86ª22-29), que, a l. 23-4, τὴν προτέραν e τὴν ὑστέραν não designam as premissas maior e menor de um silogismo, mas concernem, respectivamente, à demonstração universal e à particular, julgamos estar Aristóteles a comparar, do ponto de vista da anterioridade, tanto relativa como absoluta, as conclusões de uma e outra demonstração e não, as suas premissas.
147 Cf. *Seg. Anal.* I, 24, 86ª28-9.
148 Cf. *Seg. Anal.* I, 1, 71ª17 seg., onde o filósofo, buscando mostrar a possibilidade de coincidir, no tempo, a inferência da conclusão com a descoberta e formulação da premissa menor, explica como o conhecimento do universal contém, de algum modo (τρόπόν τινα) o conhecimento do particular que, no entanto, em ato e em sentido absoluto, não se conhece ainda. E vê, na distinção entre essas duas maneiras de conhecer, a solução da aporia famosa do Mênon, sobre a aparente impossibilidade de se adquirirem conhecimentos: não se pode buscar conhecer nem o que se conhece nem o que se não conhece, o que se conhece porque já se conhece, o que se não conhece porque, sem conhecer-se, como saber o que se deve buscar? Tem-se ou não se tem conhecimento, mas não se começa a conhecer e, no conhecer, tampouco se progride. Ora, com a distinção entre o conhecimento universal e o conhecimento particular, o primeiro contendo potencialmente o segundo, o segundo atualizando um conhecimento que, de algum modo, portanto, já se possuía a respeito do mesmo particular que, agora, em sentido absoluto, se conhece, dá Aristóteles a aporia por resolvida: nenhum absurdo resulta de que, ao mesmo tempo, se conheça e se

ela só conhece *em ato*, enquanto, precisamente, conhece o universal num particular que considera.¹⁴⁹ Ainda em favor da demonstração universal, pode dizer-se que, enquanto ela se caracteriza pela sua inteligibilidade, a demonstração particular tende para um conhecimento que, em si mesmo considerado, se aproxima gradualmente de juízos fundados na mera percepção sensível.¹⁵⁰

2.7 O universal científico e a percepção sensível

Se tal é a natureza do universal científico, imediatamente compreendemos que "não é possível conhecer cientificamente através da sensação".¹⁵¹ Esta apreende sempre, necessariamente, um "isto" (τόδε τι), aqui e agora,¹⁵² ou seja: uma coisa individual determinada quanto ao lugar e ao tempo; por isso mesmo, não pode ela atingir o universal que, compreendendo uma totalidade, não sofre tais limitações, mas é sempre e em toda parte.¹⁵³ Manifestamente, então, porque são universais as demonstrações e se não percebem pela sensação os universais, não poderá haver conhecimento científico, portanto demonstrativo, através de sensação.¹⁵⁴ Eis por que haveria, ainda, que buscar uma demonstração, mesmo se fora possível perceber pela sensação que o triângulo tem seus ângulos iguais a dois retos.¹⁵⁵ E,

---

ignore o que se aprende, uma vez que não é sob o mesmo aspecto que se ignora e se conhece; cf. *Seg. Anal.* I, 1, 71ᵇ6-7.
149 Cf. *Met.* M, 10, 1087ª10 seg. Aristóteles, aí, distingue, claramente, entre o conhecimento universal potencial e indeterminado e o conhecimento atual do universal num τόδε τι definido que se considera. Contrariamente a Ross (cf. nota *ad* 1087ª13), não vemos contradição entre essa passagem e a teoria dos *Segundos Analíticos* sobre a universalidade da ciência; não a contradiz tampouco o texto do *Da Alma* II, 5, 417ᵇ22-3 sobre a ciência atual dos universais, que nada impede se interprete, também, no sentido de um conhecimento em ato do universal *no particular* que a alma considera. Cf., também, *Fís.* VII, 3, 247ᵇ4-7.
150 Cf. *Seg. Anal.* I, 24, 86ª29-30.
151 Cf. *Seg. Anal.* I, 31, com., 87ᵇ28.
152 Cf. ibidem, l. 29-30. Mas lembre-se que τόδε τι pode, igualmente, designar o próprio ε δος (cf., acima, n.12 deste capítulo).
153 Cf. ibidem, l. 30-3.
154 Cf. ibidem, l. 33-5.
155 Cf. ibidem, l. 35-7.

ainda que presenciássemos a produção causal de um fato, tal como o eclipse da lua, que nossa ciência demonstra; ainda que sobre a lua estivéssemos e víssemos interpor-se a terra e privar-se a lua de sua luz, não representaria a simples percepção desse fato bruto um conhecimento da relação causal: saberíamos haver, naquele momento, um eclipse, desconheceríamos o porquê e a causa; não nos sendo dada uma percepção sensível da relação universal entre a interposição da terra e a privação de luz da lua, não perceberíamos que a privação de luz da lua "pertence" universalmente à interposição da terra.[156] É certo, por outro lado, que uma repetida ocorrência do mesmo fenômeno, uma percepção repetida da interposição da terra seguida de privação da luz lunar permitiriam que buscássemos o universal e se nos tornasse este evidente, a partir de uma multiplicidade de casos particulares, ensejando-nos, assim, a construção da demonstração do eclipse:[157] conhecendo-se, agora, que a privação de luz "pertence" à interposição da terra, *por si*, temos, nesta última, a causa real e, por conseguinte, o termo médio do silogismo demonstrativo. Desse modo, então, onde quer que se tenha algo que não coincide com sua causa e dela se distingue,[158] é a demonstração universal mais valiosa que a sensação ou que o mesmo conhecimento intelectivo: o universal é valioso porque indica a causa[159] e torna a demonstração possível.

---

156 Cf. ibidem, 87ᵇ39-88ª2.
157 Cf. ibidem, 88ª2-5. Assim, ο πολλάκις συμβαῖνον (que ocorre muitas vezes), pelo fato mesmo de sua repetição, permite-nos apreendê-lo *universalmente*, isto é, conhecer, graças à percepção renovada, uma relação causal e essencial constitutiva do próprio fato e, portanto, eternamente presente, quando, segundo uma lei invariável de repetição, o fato se reproduz. Incorre Le Blond, a nosso ver, em erro de interpretação, quando confunde, em nosso texto, uma tal πολλάκις συμβαῖνον com o ὡς ἐπὶ τὸ πολύ (frequente, "no mais das vezes"), aquilo que, embora não se dê necessariamente, quase sempre e na maior parte das vezes ocorre; tal confusão leva o autor a atribuir uma certa obscuridade ao pensamento aristotélico, no que concerne ao papel do universal na ciência (cf. *Logique et méthode...*, 1939, p.81-3). Abordaremos, nas páginas que seguem, a noção de ὡς ἐπὶ τὸ πολύ.
158 Sobre o fato de haver sempre uma causa, idêntica à própria coisa ou distinta dela, cf. *Seg. Anal*. II, 8, 93ª5-6.
159 τὸ δ καθόλου τίμιον, ὅτι δηλοῖ τὸ αἴτιον, *Seg. Anal*. I, 31, 88ª5-6. Por outro lado, é-nos inaceitável a interpretação que Le Blond propõe dessa passagem, segundo a qual καθόλου designaria, aqui, simplesmente, o geral, cujo conhecimento, permitido pela repetição re-

A problematização necessária de certos fenômenos e a longa investigação que precede a apreensão de suas causas e a possibilidade de sua demonstração decorrem, por vezes, de uma falha na sensação.[160] Fosse outra a nossa percepção do fenômeno, não teríamos, em muitos casos, necessidade de investigar; não que conhecêssemos pelo simples fato, por exemplo, de ver, mas, *a partir do* fato de ver, já teríamos o universal.[161] É o que aconteceria, para dar um exemplo, se víssemos os poros de um espelho ardente e a passagem da luz através deles: ser-nos-ia, imediatamente, evidente o porquê de ele queimar pois, embora percebendo, separadamente, apenas um caso singular, também compreenderíamos, ao mesmo tempo, que um fenômeno idêntico se passa em todos os casos,[162] dispensando-se qualquer processo continuado de investigação para a apreensão das relações causais em jogo. Uma simples variação imaginativa, estendendo-se tanto à reminiscência de eventuais casos semelhantes no passado, como à consideração dos simplesmente possíveis, revela-nos, de imediato, a partir de uma única experiência perceptual, o caráter universal das relações que nela se particularizam. Eis, também, porque pode Aristóteles, nas primeiras páginas do livro II dos *Segundos Analíticos*, sustentar, sem contradição real com o que nos explicou, há pouco, a propósito de um eclipse que se percebesse da própria lua, que, sem que fosse preciso investigar o fato e o porquê, tudo nos seria, imediatamente, evidente, a partir da percepção atual do eclipse: a partir da percepção, embora não *pela* percepção, produzir-se-ia o conhecimento do universal e da causa.[163] Tínhamos, por certo, razão ao dizer, acima, que não havia percepção da relação universal e causal e supusemos, como condição do conhecimento universal, a repetição de idênticas percepções do

---

novada do fenômeno, se converteria em uma via para a apreensão da necessidade (cf. *Logique et méthode...*, 1939, p.80-2). Ora, nenhuma razão há, ao contrário, como vimos, para que não se interprete, aqui, o universal, em sentido rigoroso; cf., entretanto, adiante, III, 4.7.
160 Cf. Seg. Anal. I, 31, 88ª11 seg.
161 Cf. ibidem, l. 13-4.
162 Cf. ibidem, l. 14-7.
163 Cf. *Seg. Anal.* II, 2, 90ª24-30.

mesmo fato; o que, agora, se acrescenta é que, nesses casos privilegiados em que o termo médio é objeto concomitante da percepção sensível, não é absolutamente indispensável a repetição real, cujas funções pode adequadamente suprir a mera variação imaginativa.[164]

3 A falsa "catolicidade"

3.1 Um primeiro erro contra a universalidade

Não se contenta Aristóteles de expor-nos sua teoria da "catolicidade" da ciência mas consagra, ainda, todo um capítulo dos *Analíticos*[165] ao estudo dos erros em que, por motivos contingentes, pode incidir o conhecimento humano, ao tentar constituir-se como ciência, isto é, como conhecimento efetivo do καθόλου. Adverte-nos, mesmo, o filósofo sobre a ocorrência frequente de tais erros, que nos levam a tomar por científica uma demonstração, sem que, no entanto, se prove a conclusão universalmente e de um sujeito primeiro.[166] Três são as modalidades de erro que se passam em revista. Ocorre a primeira delas,[167]

---

164 Se a interpretação que propusemos resolve a contradição aparente entre *Seg. Anal.* I, 31, 87ᵇ39 seg. e II, 2, 90ª24 seg., a propósito da percepção e conhecimento universal do eclipse por um observador situado na lua, na medida em que se toma o segundo texto, à luz do que explicara Aristóteles em outra passagem do mesmo cap. 31 do livro I (cf. 88ª11 seg.), como uma análise mais aprofundada da questão abordada pelo primeiro, assim não entende, por exemplo, Le Blond (cf. *Logique et méthode*..., 1939, p.81, n.4), para quem a segunda passagem "paraît contredire ouvertement le précédent et cela montre, une fois de plus, qu'Aristote n'a guère de souci d'accorder ses déclarations entre elles". Bourgey, por sua vez (cf. *Observation et expérience chez Aristote*, 1955, p. 107-8), reconhecendo embora não haver senão uma contradição meramente aparente, crê que se trata de uma descrição de "attitudes différentes, susceptibles l'une et l'autre de se rencontrer chez l'homme suivant les dispositions du moment" (ibidem, p.107) e interpreta o segundo texto, recorrendo à doutrina aristotélica da percepção, através da sensação, dos universais como homem, animal, etc. (cf. *Seg. Anal.* II, 19, 100ª16-ᵇ1). Mas não cremos deva confundir-se a percepção da universalidade genérica com a descoberta de uma relação universal, a partir da percepção sensível do termo médio.
165 *Seg. Anal.* I, 5.
166 Cf. ibidem, 74ª4-6.
167 Cf. ibidem, l. 6-8 e 16-7. Com Ross (cf. nota *ad* l. 6-13), suprimimos ἢ τὰ καθ'ἕκαστα, a l. 8, e entendemos τὸ καθ'ἕκαστον, a l. 7-8, como "espécie" e não, como objeto singular. Para um idêntico uso de καθ'ἕκαστον, cf. *Seg. Anal.* II, 13, 97ᵇ28-31 e acima, n.97 deste capítulo,

quando não dispomos de sujeito genericamente mais elevado a que atribuir determinada propriedade e cremos, por isso, que ela pertence universalmente a uma determinada espécie: é como se todos os triângulos que pudéssemos conhecer fossem isósceles e, por desconhecermos outras espécies do triângulo, não dispuséssemos da noção de triângulo, enquanto diferente e genericamente mais elevada que a de isóscele; advir-nos-ia, provavelmente, então, tomar a soma dos ângulos igual a dois retos como um atributo universal do triângulo isóscele. A limitação que nos seria imposta pela eventualidade de se não concretizar no real senão uma das espécies de um gênero, dificultando-nos, destarte, o conhecimento da universalidade genérica, seria responsável pelo surgimento de um conhecimento pretensamente científico, mas, em verdade, enganoso e deficiente. Não nos desconcerte o fato de o filósofo ter tirado seu exemplo de uma ciência matemática, em que a hipótese considerada nos parece absurda: o que há de extremamente importante, na passagem que examinamos, é o reconhecimento, por Aristóteles, da existência possível de condições objetivas, no mundo exterior, que ensejem e favoreçam uma interpretação defeituosa do real. A escolha do exemplo matemático quer, apenas, realçar, em abordando um caso extremo, a inautenticidade do conhecimento que os fatos mal interpretados podem, ocasionalmente, impingir-nos como ciência. Qualquer que fosse o domínio em que tal eventualidade se produzisse, o conhecimento que julgaríamos ter obtido seria tão falso como a falsa ciência matemática que resultaria de sermos levados, em não dispondo de equiláteros e escalenos, a admitir a igualdade a dois retos como um atributo universal do triângulo isóscele.

3.2 O segundo erro

A segunda modalidade de erro tem lugar[168] quando, havendo embora um gênero superior, concretizado em múltiplas espécies, a que

---

ad finem. Habitualmente, a expressão designa, como se sabe, a coisa individual, cf. Bonitz, *Index*, p. 225^{b}61 seg.
168 Cf. *Seg. Anal.* I, 5, 74^{a}8-9 e 17-32.

referir universalmente um atributo ou, em outras palavras, havendo, embora, diferentes espécies de um mesmo gênero que se poderiam reconhecer como tais, a ausência de um termo comum que as designe dificulta e impede a apreensão de sua unidade genérica e, por conseguinte, o conhecimento das propriedades universais do gênero. Dá-nos Aristóteles, como exemplo, o processo histórico da formação da teoria matemática das proporções: anteriormente provava-se a alternância dos termos (se A:B = C:D, então A:C = B:D) para as linhas, números, sólidos e tempos e se não tinha uma demonstração universal única, entretanto possível; a deficiência da terminologia matemática, que não permitia se considerassem essas diferentes entidades matemáticas no que lhes é comum, isto é, no serem quantidades, não espelhava senão a mesma inexistência de uma teoria geral da proporção. Mas a recente constituição de uma tal teoria[169] possibilitou a superação das antigas dificuldades e o advento de uma demonstração realmente universal, substituindo à universalidade numérica a universalidade científica, segundo a essência. Propõe-nos o texto, como bem se pode ver, uma esclarecedora ilustração de como considera o filósofo o devir histórico do conhecimento científico: o real matemático, como qualquer outro, não se entrega de uma só vez ao homem, mas se lhe entrega, ao longo do tempo histórico, como coroamento dos esforços que preparam sua efetiva aquisição científica. Gerações ou séculos pode demandar a caminhada propedêutica à ciência, tal como Aristóteles a concebe, antes que se lhe obtenha o termo programado. E a constituição de uma linguagem científica acompanha *pari passu* a própria constituição da ciência, de que é um requisito indispensável. Por outro lado, a análise da modalidade de erro que estamos considerando permite ao filósofo insistir, com ênfase, na distinção entre uma universalidade meramente numérica e a universalidade realmente científica: assim como se não atingia o verdadeiro universal, enquanto se demonstrava separadamente a

---

[169] Cf. ibidem, 74ª23: νῦν δ καθόλου δείκνυται. Refere-se Aristóteles à teoria geral das proporções formulada por Eudoxo e exposta no livro V dos *Elementos* de Euclides.

alternância dos termos para linhas, números, sólidos e tempos, do mesmo modo, se se prova, seja por demonstrações diferentes, seja, inclusive, por um só tipo de demonstração, mas separadamente, que os triângulos isóscele, escaleno e equilátero têm seus ângulos iguais a dois retos, "não se conhece, ainda, que o triângulo tem seus ângulos iguais a dois retos, senão à maneira sofística, nem [subent.: se conhece] do triângulo, universalmente, ainda mesmo que não haja nenhum outro triângulo além desses".[170] E é manifesta a razão pela qual não estaremos, ainda, em presença de uma demonstração científica: pois não se conhece que o triângulo tem tal atributo, enquanto triângulo, nem mesmo que todo triângulo o tem "senão de um ponto de vista numérico (κατ'ἀριθμόν)", não se conhecendo que todo triângulo o tem segundo a forma (κατ'ε δος).[171] Não poderia o filósofo ter sido mais enfático na condenação da pretensão indevida à cientificidade, por parte de um conhecimento que se limita a conhecer uma universalidade meramente numérica: ainda que saibamos que pertence tal ou qual atributo a todo sujeito e ainda que possamos demonstrar essa propriedade de todas as espécies do sujeito em questão, será um procedimento sofístico e inaceitável a tentativa de erigir em ciência um tal conhecimento, que não atinge a universalidade segundo a essência e a forma. Contra os arremedos sofísticos da verdadeira ciência, há que manter-se firmemente a distinção entre o κατὰ παντός e o καθόλου.[172]

3.3 O terceiro erro

Uma terceira forma de erro é, enfim, considerada pelo filósofo:[173] é quando se toma como todo, numa demonstração, o que do todo é, apenas, uma parte. É o que ocorrerá, por exemplo, se, tomando-se retas perpendiculares a uma terceira e provando-se que elas não

---

170 Seg. Anal. I, 5, 74ª27-30. Lemos, com Ross (cf. nota ad l. 29), καθ'ὅλου τριγώνου, ao invés da leitura comum dos códices καθόλου τρίγωνον.
171 Cf. ibidem, l. 30-2.
172 Cf., acima, III, 2.1 e III, 2.2.
173 Cf. Seg. Anal. I, 5, 74ª9-16.

se encontram e são, por conseguinte, paralelas, entender-se que se trata de uma demonstração universal e que o paralelismo decorre de serem as retas perpendiculares. Ora, pode demonstrar-se que são paralelas todas as retas que, secantes a uma terceira, sobre ela determinam ângulos correspondentes iguais; que isso ocorra, então, com as perpendiculares não é senão um exemplo desse fato geral. É erro análogo ao que ocorreria, se, considerando-se apenas o triângulo isóscele, se entendesse que a propriedade de ter os ângulos iguais a dois retos decorresse do fato de ser ele isóscele e não, do fato de ser triângulo. E o erro em questão difere daquela primeira modalidade que acima consideramos,[174] porque não dispúnhamos, então, senão de uma das espécies, enquanto, podendo, aqui, dispor de todas elas, não consideramos senão uma. Como se vê, provém o erro, nesta terceira modalidade, de se considerarem indispensáveis à demonstração todas as determinações do sujeito considerado. Uma real dificuldade em distinguir os atributos genéricos dos específicos surge da própria trama rica do real e da multiplicidade de suas manifestações que não vêm facilitar o trabalho de análise exigido para que se deslindem a verdadeira natureza dos fatos que se querem estudar e os efetivos relacionamentos que os subordinam a suas causas reais. A consideração preferencial e indevida de apenas uma das espécies de um gênero, introduzindo uma "falsa causa" na demonstração, converte-a, por assim dizer, em espécie única, de modo a interdizer-nos a apreensão da universalidade. Enquanto as duas primeiras formas de erro tinham de comum o fato de, nelas, considerar-se a totalidade numérica efetiva do sujeito da propriedade em estudo,[175] consiste, por sua vez, a terceira modalidade de erro, quanto à universalidade, em nem mesmo considerar-se a totalidade a que o atributo realmente pertence. Mas, num caso ou noutro, peca-se, sempre, contra a "catolicidade".

---

174 Cf., acima, III, 3.1 e n.167.
175 Com efeito, mesmo se o gênero-sujeito tem apenas uma espécie, como ocorre na primeira modalidade de erro estudada, não é falso dizer-se que a demonstração falsamente universal, que toma a espécie como sujeito primeiro, demonstra sobre a totalidade real do gênero.

3.4 Verdadeira ciência e saber aparente

Não será ocioso insistir na extrema importância dessas considerações que vimos expender o filósofo a propósito dos erros que espreitam o espírito humano, quando se lança à busca da universalidade científica. E a mesma denúncia de sua frequência[176] faz-nos suspeitar de que não é irrelevante para a exata compreensão da doutrina aristotélica da ciência uma atenta reflexão sobre o capítulo que Aristóteles lhes consagra. Ora, o primeiro ensinamento que de tal estudo, imediatamente, se retira é a nítida distinção estabelecida entre a verdadeira Ciência e a aparência ilusória de conhecimento científico em que podem os homens inadvertidamente comprazer-se. Conhecedores, embora, da teoria do universal científico, nem por isso estamos protegidos e imunizados contra as seduções das falsas universalidades. Não somente não se desvenda o real senão aos poucos e graças a um movimento progressivo que se desenvolve no tempo histórico, mas pode, também, o mesmo progresso na constituição do saber brindar-nos com enganosas evidências. A reflexão aristotélica sobre as três modalidades de erro quanto à universalidade da demonstração deixa-nos patentes as vicissitudes por que pode passar, e numa fase avançada de seu desenvolvimento, o processo de aquisição do conhecimento científico, segundo a concepção do filósofo; não apenas não tem o homem uma intuição direta e espontânea da ordenação por que o real se estrutura, mas os próprios resultados que, finalmente, alcança e que se lhe afiguram como científicos, mesmo segundo uma concepção correta da ciência, não podem, sem mais, presumir-se garantidos contra eventuais deformações imputáveis aos fatores de ordem contingente próprios às condições de sua elaboração. Não se preocupou, aqui, o filósofo – nem era a ocasião para isso – com proceder a uma investigação detalhada sobre a natureza e o mecanismo real dos diversos óbices capazes de impedir a efetivação de um conhecimento verdadeiramente científico

---

176 Cf., acima, III, 3.1 e n.166.

e de contribuir para que um conhecimento falso ou imperfeito assuma, indevidamente, uma aparência de ciência; interessou-lhe, tão somente, indicar, com o mínimo de necessária precisão, a existência de certas condições objetivas ou subjetivas de natureza a favorecer a aceitação de uma falsa universalidade.

    O que Aristóteles ainda não nos diz, entretanto, é como assegura-nos, de modo rigoroso e não mais sujeito à necessidade de reformulações oportunas, de que teremos, por fim, obtido um real conhecimento do universal. Se as vicissitudes da "ciência" humana nos advertem, uma vez superadas, sobre a possibilidade de um conhecimento apenas aparentemente científico, que condições teremos para decidir, sem risco de erro, que não é meramente subjetiva a nossa ciência e que, de fato, estamos de posse do real? Eis o problema fundamental do critério, a que vamos ter de retornar forçosamente. Mas já podemos perceber que a denúncia dos erros e ilusões da falsa "ciência" é muito mais que a banal constatação de que a "ciência" dos homens se enganou e pode enganar-se, com uma certa frequência. O problema que se coloca é o de saber se dispõem os homens de elementos para sustentar que não poderá jamais o discurso despersuadir conhecimentos que formularem. Para crer, com razão, que sua ciência é algo mais do que sua convicção de ter ciência.

4 O frequente

4.1 Pode haver ciência do frequente?

    Vimos Aristóteles condenar como insuficiente, do ponto de vista científico, todo conhecimento que, conhecendo, embora, pertencer um atributo à totalidade de um sujeito (κατὰ παντός), não no apreende segundo a essência e a forma. Se com tanta insistência, porém, repete o filósofo sua exigência de um saber científico rigoroso e recusa qualificar como científico quanto conhecimento não preencha todos aqueles requisitos com tanto empenho enumerados, torna-se-nos imperioso perguntar como haverão de interpretar-se os diversos textos em que nos aparece a ciência, não apenas como um saber do necessário e universal, mas, também, como conhecimento do que não ocorre senão na maior parte das vezes (ὡς ἐπὶ τὸ πολύ), isto é, do *frequente*? Diz-nos, com efeito, a *Metafísica* que "toda ciência é ou do eterno (τοῦ ἀεί) ou do frequente (τοῦ ὡς ἐπὶ τὸ πολύ)".[177] E os mesmos *Segundos Analíticos*, que encerram a rigorosa doutrina da ciência que vimos estudando, ao expor-nos que não pode haver ciência demonstrativa de quanto provém da sorte (ἀπὸ τύχης),[178] como procedem, senão argumentando com o fato de não ser necessário *nem frequente* o que da sorte procede? E acrescentam: "Ora, a demonstração concerne a uma dessas duas coisas".[179] Premissas e conclusão do silogismo científico serão, de fato, umas e outra, ou necessárias ou frequentes, a conclusão acompanhando a natureza das premissas.[180] E os princípios imediatos de uma demonstração do frequente serão, igualmente, frequentes.[181] Também o acidente será caracterizado pela *Metafísica*, não somente por oposição ao necessário, mas, também, ao frequente: é aquilo que, pertencendo a um sujeito, nem lhe pertence por necessidade, entretanto, *nem na maior parte das vezes*.[182] Será um acidente, por exemplo, o frio, durante a canícula, em que o tempo quente e seco é *frequente*.[183]

Natural é, pois, que nos ocorra perguntar como pode a teoria aristotélica da ciência, sem incorrer em contradição, reservar um lugar para o ὡς ἐπὶ τὸ πολύ, mediante o que, à primeira vista, se configura como uma estranha concessão ao mundo da contingência? Pois o que é "no mais das vezes", não sendo sempre nem necessariamente, não

---

177 *Met.* E, 2, 1027ª20-1; cf., também, K, 8, 1065ª4-5, que repete, literalmente, a mesma afirmação.
178 Cf. *Seg. Anal.* I, 30 (todo o capítulo).
179 Ibidem, 87ᵇ21-2.
180 Cf. ibidem, l. 22-5. Cf., também, no mesmo sentido, *Ret.* I, 2, 1357ª27-30.
181 Cf. *Seg. Anal.* II, 12, 96ª8-19.
182 Cf. *Met.* Δ, 30, 1025ª14-6; E, 2, 102⁶b31-3; K, 8, 1065ª1-3; acima, n.39 deste capítulo.
183 Cf. *Met.* E, 2, 1026ᵇ33-5.

pode, também, *ser de outra maneira*? Mas sabemos que o ἐνδεχόμενον ἄλλως ἔχειν é objeto de opinião e não, de ciência, uma vez que se não concebe uma ciência que possa transformar-se, pela instabilidade de seu objeto, capaz de ser e de não ser, em conhecimento falso e ignorância.[184] Compreenderemos, por certo, sem dificuldade, que a noção de ὡς ἐπὶ τὸ πολύ vem permitir ao conhecimento físico de nosso mundo sublunar[185] transformar-se em ciência, se recordamos a polêmica aristotélica contra os que postulam uma necessidade absoluta para os eventos naturais,[186] sua teoria do acaso natural (τὸ αὐτόματον),[187] sua constante doutrina de que "todas as coisas que se produzem naturalmente produzem-se ou sempre da mesma maneira ou na maior parte das vezes (ὡς ἐπὶ τὸ πολύ)".[188] E não nos adverte o tratado das *Partes dos Animais* sobre a impossibilidade de reduzir ao eterno a necessidade das demonstrações que concernem ao que se produz naturalmente?[189] Se a noção de ὡς ἐπὶ τὸ πολύ se destina, então, ao que tudo indica, a de algum modo salvar, contra Platão, o devir para a ciência, não nos será, também, necessário confessar, entretanto, que o filósofo o consegue ao preço de uma contradição ou, ao menos, de uma grande obscuridade? E os silogismos de uma tal ciência da natureza pareceriam assimilar-se aos entimemas retóricos, a maioria dos quais concernem ao simples frequente (ὡς ἐπὶ τὸ πολύ);[190] o que é o "provável" (εἰκός) da retórica senão o que se produz na maior parte das vezes?[191]

Compreendemos, então, que se possa ter falado dessa "*estranha noção de* ὡς ἐπὶ τὸ πολύ", em Aristóteles,[192] que se tenha tomado a "curiosa noção de ὡς ἐπὶ τὸ πολύ",[193] "como uma das significações

---

184 Cf., acima, I, 1,1 e n.25 seg.
185 Para a distinção, tornada famosa, entre o sublunar e o supralunar, cf. *Meteor.* I, 3, 340^{b}6-7; 4, 342^{a}30.
186 Cf. *Fís.* II, 8-9.
187 Que Aristóteles expõe, juntamente com o problema da sorte (τύχη), em *Fís.* II, 4-6.
188 *Ger. e Per.* II, 6, 333^{b}4-6; cf., também, *Fís.* II, 5, com., 196^{b}10-1; 8, 198^{b}34-6 etc.
189 Cf. *Part. Anim.* I, 1, 639^{b}30 seg.
190 Cf. *Ret.* I, 2, 1357^{a}30-2.
191 Cf. ibidem, l. 34; *Prim. Anal.* II, 27, com., 70^{a}2-6.
192 Cf. Hamelin, *Le système d'Aristote*, 1931, p.126.
193 Cf. Le Blond, *Logique et Méthode...*, 1939, p.79.

que, obscuramente, o universal aristotélico assume, evidenciando a profunda hesitação do filósofo sobre o papel da repetição, da enumeração na constituição da ciência",[194] que o leva, malgrado a rigorosa doutrina dos *Analíticos*, a conceder que "a ciência não consiste somente em penetrar razões necessárias".[195] E fica-nos claro, também, como se pode dizer que as fronteiras entre a ἐπιστήμη e a δόξα permanecem mal definidas, no aristotelismo, encontrando-se, no fato de a distinção estabelecida pelo filósofo entre o necessário e o contingente dizer, também, respeito ao objeto material, "a fonte das obscuridades que sua doutrina encerra".[196] Busquemos, no entanto, antes de postular o caráter insolúvel da aporia, examinar mais de perto o ὡς ἐπὶ τὸ πολύ aristotélico. Porque nada nos garante que a aporia não seja mais aparente que real, se é certo que a mesma menção, nos *Segundos Analíticos*, do frequente, ao lado do necessário, como objeto de ciência, pode, também, sugerir-nos que não viu, nisso, o filósofo uma dificuldade qualquer de ordem doutrinária. Todo problema consiste, precisamente, em esclarecer qual a exata natureza das relações entre a necessidade, a contingência e a "frequência", no pensamento de Aristóteles.

4.2 O acidente, o frequente e a matéria

Ora, ao tratar da questão do ser, como acidente, expõe-nos a *Metafísica*[197] que, como alguns seres são sempre e necessariamente e outros são, não necessariamente nem sempre, mas na maior parte das vezes (ὡς ἐπὶ τὸ πολύ), "este é o princípio e esta, a causa de haver acidente",[198] já que dizemos acidente o que não é sempre nem no mais das vezes. Que haja acidentes, então, não é mais do que uma consequência necessária de nem tudo ser ou devir de modo necessário e sempre, mas de a maioria, mesmo, das coisas, no mundo que nos

---

194 Cf. ibidem, p.83.
195 Cf. ibidem, p.80.
196 Cf. S. Mansion, *Le jugement d'existence...*, 1946, p.123.
197 Cf. *Met*. E, 2, 1026ᵇ7 seg.
198 Ibidem, l. 30-1.

cerca, dar-se apenas ὡς ἐπὶ τὸ πολύ.[199] Se atentamos bem no que nos diz o texto, percebemos, pois, que o acidente é oposto *conjuntamente* ao necessário e ao frequente, isto é, que se associa o frequente ao necessário, quando se considera a ocorrência de eventos fortuitos. Por outro lado, não se invoca, como explicação do acidente, uma mera ausência de necessidade, mas uma *substituição* do frequente ao necessário, no que diz respeito à maioria das coisas no mundo do devir. Se "frequente" e acidente ocupam complementarmente o lugar deixado vago pela ausência do necessário e do eterno, vemos, também, que é a "frequência", por assim dizer, que "faz as vezes" de uma necessidade que não se verifica. E a sequência do texto[200] vai esclarecer-nos que a matéria é a causa de assim substituir-se a frequência à necessidade e de surgir, por conseguinte, o acidente. Já conhecíamos a matéria como capaz de ser e de não ser,[201] mas nosso texto descrevê-la-á, agora, como "capaz de ser de outra maneira que não como é no mais das vezes".[202] Assim, o poder-ser-de-outra-maneira da matéria, por que se caracteriza a contingência, vem, em nosso texto, explicar o acidente *e não propriamente, o frequente*: poder ser de outra maneira é poder ser diferente do frequente, explicando, não por que ocorre o frequente, mas por que não é senão frequente e não é sempre que ocorre.

4.3 Duas acepções de "possível"

Se, num certo sentido, portanto, é correto dizer que o "frequente", pelo fato, mesmo, de não ser necessário, é somente um *possível*, não no diremos no mesmo sentido em que o dizemos dos eventos acidentais, por que a matéria é responsável. Distinção de sentidos que se impõe e que os *Primeiros Analíticos* nos propõem explicitamente,

---

199 Cf. ibidem, 1027ª8-13.
200 Cf. *Met.* E, 2, 1027ª13-5.
201 Cf., acima, I, 1.1 e n.26. E, como diz *Met.* Z, 7, 1032ª20-2: "Todas as coisas que se produzem ou pela natureza ou pela arte têm matéria; de fato, cada uma delas é capaz tanto de ser como de não ser e isto é a matéria em cada uma".
202 *Met.* E, 2, 1027ª14-5: ἐνδεχομένη παρὰ τὸ ὡς ἐπὶ τὸ πολὺ ἄλλως.

ao mostrar-nos[203] que se diz ἐνδέχεσθαι (ser possível) em duas acepções, o ἐνδεχόμενον (literalmente, o *possível*) designando, segundo a primeira delas,[204] o que se dá na maior parte das vezes (ὡς ἐπὶ τὸ πολύ), ao falhar o necessário (διαλείπειν τὸ ἀναγκαῖον), como, para o homem, o encanecer, o crescer ou o deperecer e, em geral, o que pertence naturalmente a uma coisa (τὸ πεφυκὸς ὑπάρχειν);[205] e, num segundo sentido,[206] designando "o indeterminado (ἀόριστον), o que é capaz de ser tanto assim como não assim", como, por exemplo, para um animal, o caminhar ou o haver um terremoto, quando caminha, e, em geral, o que provém do acaso, não sendo mais natural que tal fato ocorra e não, o seu contrário. E acrescenta o texto que não há ciência e silogismo demonstrativo dos possíveis indeterminados, dada a instabilidade do termo médio, enquanto os há dos possíveis naturais, sobre que se produzem argumentos e pesquisas.[207] Como podemos, imediatamente, verificar, confirmam-se os resultados de nossa análise, de há pouco, do texto da *Metafísica*. Acidente – aqui identificado aos resultados indeterminados que provém do acaso[208] – e frequente explicam-se como duas significações distintas e inconfundíveis do *possível* (ἐνδεχόμενον)[209] e torna-se-nos manifesto que, aos olhos de Aristóteles, *não se confunde o frequente com o contingente*, o que pode ser de outra maneira (ἐνδεχόμενον ἄλλως ἔχειν), o que é capaz de ser e de

---

203 Cf. *Prim. Anal.* I, 13, 32^{b}4 seg.
204 Cf. ibidem, l. 5-10.
205 Cf. ibidem, l. 7-8; cf. também 3, 25^{b}14-5.
206 Cf. *Prim. Anal.* I, 13, 32^{b}10-3.
207 Cf. ibidem, l. 18 seg.
208 É frequente esta identificação, atribuindo-se ao acaso tudo quanto não é necessário nem frequente, cf. *Seg. Anal.* I, 30, 87^{b}20-1; *Ger. e Per.* II, 6, 333^{b}6-7. Mas, em sentido rigoroso, explica-nos a *Física* que só se falará em sorte e acaso, quando a natureza – ou a inteligência – opera segundo uma causalidade acidental (cf. *Fís.* II, 6, 198^{a}5-7), isto é, quando algo se dá teleologicamente, por acidente, cf. *Fís.* II, 5, 196^{b}21 seg.; 8, 199^{b}18 seg. etc.). Quanto à diferença entre sorte (τύχη) e acaso (αὐτόματον), veja-se todo o capítulo 6 de *Fís.* II, lembrando embora que Aristóteles também usa, com frequência, τύχη em sentido amplo, englobando os eventos naturais que se devem ao acaso.
209 Em *Prim. Anal.* I, 3, Aristóteles estendera, ainda mais amplamente, o uso de ἐνδεχόμενον, na medida em que, também, o mesmo necessário (ἀναγκαῖον) pode legitimamente dizer--se *possível*, cf. 25^{a}37 seg.

não ser (δυνατὸν καὶ ε ναι καὶ μὴ ε ναι).²¹⁰ O frequente é o que provém da φύσις, um necessário falho, por certo, mas não menos que um necessário estorvado e impedido. É a demonstração, por isso, que lhe diz respeito e não, a lógica da contingência, com suas premissas e conclusões "problemáticas".²¹¹

O tratado da *Interpretação* já distinguira,²¹² dentre as coisas que não são nem devêm por necessidade, as que se produzem ocasionalmente (e sobre as quais não é mais verdadeira a afirmação antecipada que a negação) e aquelas que, preferencialmente e no mais das vezes (ὡς ἐπὶ τὸ πολύ), se produzem numa determinada direção, ainda que lhes seja possível ocorrer em sentido contrário. Tais são, como sabemos, os seres da natureza,²¹³ que, em si mesmos, têm um certo princípio o qual, por um contínuo movimento, os conduz a um fim (τέλος) determinado: a partir de um tal princípio, neles tem lugar, não, por certo, a consecução invariável de um mesmo resultado, nem um resultado ocasional, mas um tender a um mesmo fim, se não sobrevém algum impedimento (ἂν μή τι ἐμποδίσῃ).²¹⁴ E, com efeito, "nos seres físicos,

---

210 Com efeito, se, de acordo com a maioria dos autores, entendemos por contingente o que pode ser de outra maneira (ἐνδεχόμενον ἄλλως ἔχειν), não podemos dizer contingente o frequente, pelas razões que vimos. Eis porque traduzimos ἐνδεχόμενον, que engloba o frequente e o fortuito e indeterminado, por "possível" e não, por "contingente", como quase todos (por exemplo: Ross, Colli, Tricot etc.) traduzem, ao que cremos, por não ter devidamente apreendido a exata natureza do ὡς ἐπὶ τὸ πολύ aristotélico. Eis, também, por que não podemos aceitar a engenhosa interpretação de Régis (cf. *L'opinion selon Aristote*, 1935, p.93 seg.), para quem "l'ὡς ἐπὶ τὸ πολύ est formellement le contingent pour Aristote" (ibidem, p.95) e é objeto próprio da opinião (cf. ibidem, p.106), não ocupando-se dele a ciência senão na medida em que o sábio, intencionalmente, o considera sob um "aspect partiel, incomplet, qui ramène l'ὡς ἐπὶ τὸ πολύ à l'ἀναγκαῖον par une sorte d'abstraction" (ibidem, p.105).
211 Como nota Ross (cf. nota *ad Prim. Anal.* I, 13, 32ᵇ4-22), "it should be noted that the distinction [subent.: entre as duas acepções de ἐνδεχόμενον] plays no part in his general doctrine of the logic of contingency, as it is developed in chs. 13-22", isto é: todo o estudo do silogismo problemático não concerne ao *possível*, enquanto *frequente*.
212 Cf. *Da Int.* 9, 19ᵃ18-22.
213 Cf., acima, III, 4.1 e n.188.
214 Cf. *Fís.* II, 8, 199ᵇ15-8. Cf., também, *Part. Anim.* I, 1, 641ᵇ23-5. O finalismo da física aristotélica configura-se, assim, como uma recusa do determinismo da necessidade absoluta, reconhecendo uma tendência ao fim que, bem sucedida "no mais das vezes", também é, por vezes, obstada pela interferência de causalidades acidentais e estranhas ao processo natural.

as coisas se passam sempre da mesma maneira, se não sobrevém algum impedimento".[215] Nem se falará em acidente ou acaso, quando se produzem as coisas sempre ou no mais das vezes.[216]

4.4 A necessidade hipotética

E de onde provém aquele impedimento, senão da matéria, capaz de ser e de não ser? É que sua indeterminação (ἀοριστία) permite que princípios e causas estranhas venham efetivamente estorvar o processo natural do devir e perecer, levando as coisas a se comportarem de modo contrário à natureza (παρὰ φύσιν).[217] Mas, por outro lado, não se deve a regularidade com que atingem ὡς ἐπὶ τὸ πολύ seu termo final os processos naturais senão à essência de cada coisa:[218] "dos seres naturais é causa o ser de uma determinada maneira e esta é a natureza (φύσις) de cada coisa".[219] Em substituição à necessidade absoluta dos seres eternos, o mundo físico sublunar exibe uma outra forma de necessidade, a necessidade hipotética (ἐξ ὑποθέσεως),[220] necessidade da matéria ou causa material, enquanto condição sem cuja indispensável cooperação não chega a bom termo o devir natural nem se concretiza a presença atuante da forma. Assim como ocorre no domínio da técnica e da πρᾶξις humana – para que haja, por exemplo, uma casa, necessitam-se telhas e tijolos, sem os quais não haverá casa, ainda que não seja em virtude deles que tenha lugar o fim, a não ser como matéria[221] – assim, também, nos seres e eventos físicos, ainda que não necessite ao fim a matéria, o fim necessita a matéria: tais e tais coisas hão de, necessariamente, dar-se, para que o fim tenha lugar e, se não

---

215 Fís. II, 8, 199^{b}25-6.
216 Cf. ibidem, l. 24-5.
217 Cf. Ger. Anim. IV, 10, 778^{a}4-9.
218 Cf. Ger. e Per. II, 6, 333^{b}7 seg.
219 ibidem, l. 16-8.
220 Cf. Fís. II, 9, 200^{a}14 (veja-se o capítulo todo); Part. Anim. I, 1, 635^{b}23 seg. É a forma de necessidade a que aludia Aristóteles em Met. Δ, 5, 1015^{a}20-6, cf., acima, I, 1, 1 e n.41.
221 Cf. Fís. II, 9, 200^{a}24 seg.; Part. Anim. I, 1, 639^{b}25-30.

advém ele por elas, tampouco sem elas.²²² O ὡς ἐπὶ τὸ πολύ, visto sob tal prisma, não é senão o testemunho da atuação, no mundo físico, dessa outra forma de necessidade.

4.5 O frequente *e o devir cíclico*

Mas, se a matéria aristotélica, como a do *Timeu*,²²³ não se deixa persuadir inteiramente, como explicar, então, que não leve a melhor e que a forma e o fim prevaleçam, em que pese à má vontade daquela? Em outras palavras, como se dá que, malgrado a eventualidade, sempre presente, de a necessidade material opor impedimento eficaz aos processos da natureza, se comportem os seres naturais, ὡς ἐπὶ τὸ πολύ, da mesma maneira? É que o Céu é um Todo único²²⁴ e que a completação do Céu todo, envolvendo o tempo inteiro e a infinidade, é uma duração imortal e divina,²²⁵ a que, também, se suspendem o ser e a vida de todos os seres que se não situam além de seu movimento mais exterior.²²⁶ Por isso mesmo, a necessidade encadeia o devir e o movimento, os quais, no mundo sublunar, irão imitar, sob a forma de uma cíclica e necessária repetição, que devem ao fato de, em última análise, decorrerem da revolução eterna e circular do Céu, a permanência do eterno, que lhes falta.²²⁷ E essa geração circular, nós a temos manifesta, seja nas transformações com que os elementos se vão uns aos outros, reciprocamente, produzindo, segundo uma ordem constante, seja na infinda repetição das coisas individuais, engendrando-se, continuamente, na identidade específica das manifestações distintas das mesmas formas, que a matéria individua.²²⁸ Assim integrado na

---

222 Cf. *Fís.* II, 9, 200ª30-ᵇ4; *Part. Anim.* I, 1, 640ª2-8.
223 Cf. *Tim.*, 48ª. Mas, também no *Timeu*, a Inteligência domina a Necessidade, persuadindo-a a conduzir *a maior parte das* coisas no sentido do melhor (cf. *ibidem*). É impossível deixar de reconhecer que essa passagem contém, em germe, a doutrina aristotélica do ὡς ἐπὶ τὸ πολύ.
224 Cf. *Céu* I, 9 (todo o capítulo).
225 Cf. ibidem, 279ª25-8.
226 Cf. ibidem, l. 28-30.
227 Cf. *Ger. e Per.* II, 10 (o capítulo todo), part. 336ᵇ31 seg.; 11 (o capítulo todo), part. 338ª14 seg.; cf., também, I, 3, 317ᵇ33 seg.; *Céu* II, 3, (o capítulo todo); *Seg. Anal.* II, 12, 95ᵇ38 seg.
228 Cf. *Ger. e Per.* II, 11, 338ᵇ5 seg.

harmonia da unidade celeste, está assegurado o mundo da geração contra os desmandos da matéria: poderá esta, ocasionalmente, interferir de modo a obstar os processos naturais, mas não lhe é dado impedir que se passem as coisas, senão sempre, ao menos ὡς ἐπὶ τὸ πολύ, da mesma maneira.

4.6 O frequente, *objeto de ciência*

Se tais são a natureza e o sentido do ὡς ἐπὶ τὸ πολύ aristotélico, se ele é o substituto do necessário, para o mundo sublunar, exprimindo a manifestação da forma e da essência, numa regularidade que procede da ordem imutável, necessária e eterna do Céu, não é difícil reconhecer que, ao propor essa outra noção, não renunciou Aristóteles à sua concepção de ciência, que os *Analíticos* descrevem. Matizou-a tão somente,[229] ao precisar qual a natureza do conhecimento ajustado à expressão da causalidade operante numa natureza em devir. Trata-se, por certo, de uma degradação da necessidade científica, segundo uma forma de conhecimento *que lhe é, entretanto, plenamente assimilável*, correspondendo a uma degradação objetiva da necessidade ontológica, que com esta, porém, permanece indissoluvelmente solidária. Amolda-se o conhecimento à natureza do objeto; nem poderíamos conceber, no aristotelismo, que as coisas pudessem passar-se de outra maneira. Como nos diz a *Ética Nicomaqueia* – e na πρᾶξις do homem, mais ainda que no devir físico, está ausente a necessidade absoluta –, devemos contentar-nos, se falamos de coisas apenas *frequentes* e partimos de premissas *frequentes*, com ter, somente, conclusões dessa mesma natureza.[230] "Pois é próprio do homem cultivado buscar a exatidão, em cada gênero, tanto quanto a natureza da coisa o admite".[231] Não falaremos, então, em incorreção ou obscuridade e, ainda menos, em contradição, a propósito da doutrina aristotélica do frequente, nem estranharemos a noção ou a acharemos particularmente curiosa, compreendendo as

---

229 Cf., acima, I, 1.4 e n.83 e 84.
230 Cf. *Ét. Nic.* I, 3, 1094ᵇ21-2.
231 Ibidem, l. 23-5.

razões de haver uma ciência do frequente e por que podem os *Analíticos* apenas mencioná-la, centrando, embora, seu estudo na análise do conhecimento necessário: é que o ὡς ἐπὶ τὸ πολύ guarda vínculos bem definidos com a esfera da necessidade. Aparece-nos, também, claramente, como se poderá dizer científica a apreensão do ὡς ἐπὶ τὸ πολύ, ao mesmo tempo que se recusa cientificidade ao conhecimento do mero κατὰ παντός: é que se apreende, num caso, o que pertence segundo a forma e a natureza, ainda que não sempre, enquanto, no outro, a atribuição à totalidade não se explica nem causalmente se conhece. E, de modo que poderia parecer, à primeira vista, paradoxal, com a noção de "frequente", mais uma vez, patenteia-se o primado da compreensão sobre a extensão,[232] lá mesmo onde alguns pretenderam, precipitadamente, descobrir algo como um certo triunfo, no pensamento aristotélico, de uma concepção "extensivista" da ciência.[233] Mas "não se pronunciam corretamente, nem indicam a necessidade do porquê", diz-nos Aristóteles,[234] "aqueles que dizem que 'as coisas se produzem sempre assim' e estimam que esse é, nelas, o princípio", como se a simples descrição da ocorrência de sempre pudesse fazer as vezes de explicação científica.

É óbvio, por outro lado, que, assim como mesmo as coisas necessárias e universais podem ser, eventualmente, objeto de simples opinião e não, de ciência, se não se apreende, ao apreendê-las, a sua necessidade própria,[235] também o frequente dir-se-á apreendido por mera opinião, se não se conhece ele segundo a forma e a partir das reais determinações causais que o produzem. E, sobre um tal frequente, construirá a retórica os seus entimemas[236] e a dialética, os seus silogismos. Como

---

232 Cf., acima, III, 2.2.
233 É o caso, por exemplo, de Hamelin (cf. *Le système d'Aristote*, 1931, p.126) e, sobretudo, de Le Blond (cf. *Logique et méthode*..., 1939, p.79), que vê manifestar-se na noção de ὡς ἐπὶ τὸ πολύ "l'importance de la répétition, de l'universalité au sens précis du mot, κατὰ παντός, dans l'objet de la science".
234 *Ger. Anim.* II, 6, 742ᵇ17-20. A sequência do texto mostra ser Demócrito quem Aristóteles, aqui, particularmente, visa.
235 Cf., acima, I, 1.1 e n.35 a 39.
236 Cf., acima, III, 4.1 e n.190 e 191. Como o filósofo nos diz em *Prim. Anal.* II, 27, 70ᵃ3-4: "o provável (εἰκός) é uma premissa aceita (ἔνδοξος)"; sobre a noção de ἔνδοξον, v., acima, cap. II, n.5.

ocorre no domínio da universalidade, não se confundirá a frequência, segundo o número, com a frequência, segundo a essência e a forma. E muitos textos de Aristóteles poderão, por certo, citar-se, em que o ὡς ἐπὶ τὸ πολύ assim se emprega, em sentido frouxo.[237]

4.7 O que "no mais das vezes" ocorre e o que "muitas vezes" acontece

Por fim, permitamo-nos estabelecer que se não deve, em momento algum, confundir o ὡς ἐπὶ τὸ πολύ com certos fatos que invariavelmente se repetem segundo uma lei rigorosa e eterna, em se repetindo circunstâncias determinadas, os quais designa Aristóteles como πολλάκις γινόμενα (lit.: que se produzem muitas vezes), num texto particularmente famoso dos *Segundos Analíticos*,[238] cuja má interpretação tem sido, a nosso ver, causa de reais contrassensos sobre a doutrina do *frequente*, em Aristóteles.[239] Nele, diz-nos o filósofo: "Quanto às demonstrações e conhecimentos científicos dos fatos que se produzem muitas vezes, como os do eclipse da lua, é evidente que, enquanto o são [subent.: enquanto são demonstração e conhecimento] de um tal evento (τοιοῦδ'εἰσίν),[240] são eternos; mas enquanto não são eternos,

---

237 Como, por exemplo, em *Tóp.* II, 6, 112^{b}11-2; *Pol.* IV, 4, 1291^{b}9-10; *Ret.* II, 5, 1382^{b}5-6; 19, 1392^{b}22-33 etc.
238 Cf. *Seg. Anal.* I, 8, 75^{b}33-6. Cf., também, I, 31, 88^{a}3: πολλάκις συμβαῖνον.
239 Assim é que Régis afirma (cf. *L'opinion selon Aristote*, p. 104, n.3: "Le πολλάκις est ici synonyme de ὡς ἐπὶ τὸ πολύ, car de même que ce dernier indique l'existence d'une nature, de même le πολλάκις". Também S. Mansion (cf. *Le jugement d'existence...*, 1946, p.91-2, 120-3), embora critique a interpretação que Régis propõe do ὡς ἐπὶ τὸ πολύ aristotélico, entende a repetição constante de um evento, exemplificada pelo eclipse, como uma das significações de ὡς ἐπὶ τὸ πολύ. E Le Blond, comentando um outro texto dos *Segundos Analíticos*, em que o exemplo do eclipse reaparece (cf. *Seg. Anal.* I, 31, 87^{b}39 seg.) e onde usa Aristóteles, analogamente, a expressão πολλάκις συμβαῖνον, julga igualmente tratar-se de um caso de ὡς ἐπὶ τὸ πολύ, o que o leva a achar o texto embaraçante... e a explicá-lo com alguma confusão (cf. *Logique et méthode...*, 1939, p.81-2 e n.1 a p.82; acima, n.157 deste capítulo).
240 Lendo, com Ross, Waitz e alguns códices, contra Bekker, Mure, Tricot e outros códices, em *Seg. Anal.* I, 8, 75^{b}34: τοιοῦδ'εἰσίν e não τοιαίδ'εἰσίν. Com efeito, como se haveria de interpretar a afirmação de que "Quanto às demonstrações e conhecimentos científicos dos fatos que se produzem muitas vezes, como os do eclipse da lua, é evidente que, enquanto são tais (τοιαίδ'εἰσίν), são eternos; mas, enquanto não são eternos, são particulares", sem entendê-la

são particulares. Tal como no caso do eclipse, assim, também, nos outros casos". Ora, é patente que se não trata de um fato que ocorra "na maior parte das vezes": se o eclipse da lua se repete de quando em vez, é, por certo, bem pouco frequente a interposição da terra que priva a luz da lua, se se compara com toda a duração do tempo em que tal evento não ocorre. Por outro lado, na mesma medida em que a noção de "frequente" designa, como sabemos,[241] uma necessidade falha e impedida, que permite o surgimento do acidente, graças à deficiência do concurso da causalidade material, é absolutamente manifesto que um tal πολλάκις γινόμενον não pode dizer-se um ὡς ἐπὶ τὸ πολύ: pois, dada a interposição da terra, é impensável que o eclipse se não produza ou que se produza, tão somente, no mais das vezes; a interposição da terra, por sua vez, produz-se *muitas vezes* (πολλάκις), consoante a ordem e o movimento circular do Céu.

Basta, porém, para que a leitura do texto se aclare, que recordemos ter Aristóteles distinguido[242] dentre os atributos "por si", aqueles que, necessariamente pertencendo a seus sujeitos, pertencem-lhes unicamente, em determinadas circunstâncias de lugar e tempo. Ora, não somente o eclipse como todos os eventos, em geral, que resultam das múltiplas interferências das órbitas celestes e das relações temporárias e localizadas que, entre os corpos celestes, necessariamente, então, se estabelecem, constituem outros tantos exemplos desses "por si" que o movimento eterno do Céu faz ciclicamente repetir-se, segundo uma necessidade rigorosa. O conhecimento causal de sua produção se dirá, por isso mesmo, ciência e ciência eterna e universal,[243] ainda que um tal conhecimento, na medida em que não concerne às propriedades

---

       como o reconhecimento de uma certa primazia do conhecimento sobre o objeto conhecido? Os conhecimentos científicos tirariam sua eternidade de sua mesma natureza de conhecimentos científicos, malgrado não serem eternos seus objetos! O que, no aristotelismo, é, obviamente, absurdo.

241 Cf., acima, III, 4.3.
242 Em *Met.* Δ, 30, 1025ᵃ21 seg., cf., acima, III, 1.4 e n.53.
243 Não esqueçamos, aliás, que Aristóteles se serviu do mesmo exemplo da repetição do eclipse para mostrar-nos como se poderia, da percepção repetida, passar ao *universal*, cf. *Seg. Anal.* I, 31, 87ᵇ39 seg.; acima, III, 2.7 e n.156 a 159.

permanentes de um ser, mas a propriedades *relativas* e possuídas em circunstâncias particularmente determinadas, não se diga, sob esse prisma, universal e eterno, mas, sim, particular.[244]

Assim dirimidas as dúvidas sobre a noção de "frequente" e afastado o temor de, eventualmente, depararmos com uma contradição ou inconsistência na doutrina aristotélica da ciência, podemos, agora, tendo aprofundado o conhecimento da coisa demonstrada e de suas características, empreender, como prometêramos, a prova de que não são outras as propriedades das premissas da demonstração.[245] Uma

---

244 O que a nenhum momento significa, porém, obviamente, que o filósofo assimile o conhecimento de tais eventos ao quarto sentido de "por si" que, acima, o vimos distinguir (cf., acima, III, 1.1 e n.23; III, 1.4), designando uma relação causal e circunstancialmente necessária que une dois eventos, subordinando um ao outro: é que, nesse caso, trata-se do mero fruto de uma causalidade acidental e fortuita, portanto, contingente. Por outro lado, podem, a nosso ver, assimilar-se a essa espécie particular de "por si" de que nos ocupamos conexões entre fatos como aquelas a que se refere o filósofo no texto, à primeira vista razoavelmente difícil e que tem sido diversamente comentado, de *Met.* E, 2, 1027ª20 seg. Nele, tendo estabelecido que a ciência não se ocupa do acidente mas, somente, do necessário e do frequente e exemplificando este último com o fato de ser útil o hidromel, na maior parte das vezes, a quem se encontra em estrado febril, continua Aristóteles: "mas não poderá [subent.: a ciência] dizer o que constitui uma exceção a isso, quando não ocorre a coisa, por exemplo: 'na lua nova'; com efeito, 'na lua nova' também é sempre ou na maior parte das vezes; mas o acidente é o que constitui exceção a esses casos" (l. 24-6). Julgamos inaceitável a interpretação proposta por Ross (cf. nota *ad* l. 25), para essa passagem, que ele particularmente valoriza: "for it is perhaps the only place in which Aristotle implies the view that there is nothing which is objectively accidental. There are events which present themselves as accidents, i. e., as unintelligible exceptions, but if we knew more about them we should know that they obey laws of their own. Elsewhere Aristotle speaks as if there were events which are sheer exceptions and below the level of knowledge; here he admits that they are merely beyond our present knowledge". Ora, nada, na passagem em questão, nos sugere que tenha Aristóteles proposto, como pretende Ross, uma outra concepção de acidente que não a que sempre encontramos ao longo de sua obra, recusando a noção de acidentalidade objetiva e reduzindo o chamado acidente a uma deficiência de nossos conhecimentos; o que nos explica o filósofo, em nosso texto, é que, porque não há ciência do acidente, não pode ela determinar e conhecer uma como "lei da acidentalidade", segundo a qual se produziriam os acidentes que contrariam o frequente: se acaso pudéssemos conhecer uma ordem ou lei conforme à qual eventos regulares e frequentes deixam de verificar-se, *não estaríamos, realmente, em face de acidentes*, mas de eventos necessária ou frequentemente produzidos, em circunstâncias determinadas, em virtude da interferência regular de uma nova causalidade (no caso em questão, uma fase da lua). O acidente propriamente dito é um "possível" indeterminado (cf. *Prim. Anal.* I, 13, 32ᵇ10-3; cf., acima, III, 4.3 e n.206), cuja causalidade também é acidental (cf. *Met.* E, 2, 1027ª7-8).
245 Cf., acima, a introdução ao cap. III.

vez estabelecido esse ponto, estaremos, finalmente, em condições de provar a existência necessária de princípios indemonstráveis para a demonstração científica.

5 Da necessidade, nas premissas da ciência

5.1. Ainda o "por si" e o necessário

Descobrimos, nas páginas precedentes, como e por que o conhecimento da coisa demonstrada se exprime sob a forma de proposições em que o predicado se atribui ao sujeito, *por si* e universalmente, ao mesmo tempo que se nos patenteou não ser outra a necessidade das conclusões científicas senão a necessidade daquela atribuição universal e *por si*. Cumpre-nos, agora, mostrar que essa mesma necessidade do "por si" caracteriza, também, as mesmas premissas por que o objeto científico se demonstra e, também, portanto, os mesmos princípios imediatos da demonstração que temos, com o filósofo, pressuposto.[246] Tal é o objeto de todo um capítulo dos *Segundos Analíticos*,[247] que dá, assim, cumprimento a um programa anteriormente enunciado.[248]

Principia, então, o filósofo: "Se a ciência demonstrativa procede, pois, de princípios necessários (o que cientificamente se conhece não pode, com efeito, ser de outra maneira), se os atributos *por si* são necessários às coisas ..., é manifesto que procederá de premissas de tal natureza o silogismo demonstrativo".[249] Poderia estranhar-nos, à primeira vista, que comece o filósofo por uma tal afirmação, uma vez que, desejando, precisamente, mostrar o caráter necessário das premissas, parece tomá-lo, de início, como aceito para, em seguida, sobre tal fundamento, estabelecer que, porque necessárias, hão elas de formular-se como atribuições *por si*. Não se duvida, por certo, de que a

---

246 Cf., acima, II, 5.1 e II, 5.2.
247 Cf. *Seg. Anal.* I, 6.
248 Desde *Seg. Anal.* I, 4, 73ª21-4, cf., acima, a introdução ao cap. III.
249 *Seg. Anal.* I, 6, 74ᵇ5-11.

necessidade implique o "por si" e seja por ele implicada, como desde há muito sabemos.[250] Mas, por isso mesmo, percebe-se que, naquela declaração inicial, não faz mais o filósofo que, antecipando os resultados da demonstração que nos vai, na sequência do texto, propor, recordar que, se se prova a necessidade das premissas do raciocínio científico – e ela se provará a partir da mesma impossibilidade de ser de outra maneira a coisa demonstrada e cientificamente conhecida –, não há como negar às premissas aquela mesma característica de "por si" que sabemos possuir as conclusões: determinações correlatas, o necessário e o "por si" são, também aqui, indissociáveis. Mas teremos, primeiro, de provar que são as premissas, de fato, necessárias e o faremos, partindo da necessidade conhecida das conclusões científicas.[251]

5.2 Prova-se a natureza necessária das premissas

Desdobra-se a prova em vários argumentos. Em primeiro lugar,[252] consideremos que, se é real a possibilidade de construir silogismos, sem demonstração, a partir de premissas verdadeiras, não é, no entanto, possível, se partimos de premissas necessárias, efetuar um silogismo que não demonstre, já que a conclusão obtida compartilhará da necessidade das premissas em que assenta. Com efeito, como se explicitará mais adiante,[253] assim como, das premissas verdadeiras, se obtém sempre uma conclusão verdadeira, assim, também, se o termo médio é necessário (se A pertence, necessariamente, a B e B, a C), também será necessária a conclusão (A pertencerá, necessariamente, a C); e, se não é necessária a conclusão, também não será necessário o termo médio. É fácil ver que o argumento, simplesmente dialético, não prova rigorosamente o ponto em questão: mostrando-nos que premissas necessárias levam a conclusões necessárias, nem por isso nos torna, imediatamente, evidente que o inverso também ocorre e

---

250 Cf., acima, III, 1.2.
251 Cf. *Seg. Anal.* I, 6, 74ᵇ13-15. Lemos, com Ross, ἀναγκαίων, a l. 15.
252 Cf. ibidem, l. 15-8.
253 Cf. ibidem, 75ᵃ4-11.

que a necessidade da conclusão implique a necessidade das premissas. O argumento serve, apenas, para pôr-nos diante de silogismos que reconhecemos como demonstrativos, ao vermos engendrar-se conclusões necessárias como as que, por definição, sabemos resultar de toda demonstração, a partir de premissas daquela mesma natureza. E nada parece impedir[254] que se prove uma conclusão necessária por um termo médio não necessário, assim como pode uma conclusão verdadeira provar-se a partir de premissas que não o são.[255]

Um segundo argumento[256] trar-nos-á, ao menos, um indício ou sinal (σημεῖον) da necessidade obrigatória das premissas. Com efeito, ao argumentar contra os que pretendem ter feito uma demonstração, julgamos ser objeção suficiente contra sua pretensão o fato de podermos invocar o caráter não necessário das premissas sobre que constroem seus silogismos, porque estejamos convencidos de sua falta de necessidade ou, mesmo, simplesmente, para argumentar. Também dialético,[257] o argumento apela para a ideia aceita de demonstração e para a sua espontânea compreensão, por parte de todos. Se o que as premissas dizem pode não ser, como pretender que é necessário e que está cientificamente provado o que nelas se fundamenta? Nosso comum procedimento já patenteia a tolice dos que julgam bastar, para que se formulem corretamente os princípios, que se utilizem premissas tão somente verdadeiras e aceitas.[258]

Vamos, porém, ao argumento principal.[259] Quando uma demonstração é possível, sabemos que não a tem quem não conhece o porquê da conclusão. Ora, dados três termos A, B e C, se A pertence, necessariamente, a C e B é o termo médio do silogismo que obtém tal conclu-

---

254 Cf. *Seg. Anal.* I, 6, 75ª1-4.
255 Cf. ibidem, l. 3-4; *Prim. Anal.* II, cap. 2-4.
256 Cf. *Seg. Anal.* I, 6, 74ᵇ18 seg.
257 Pois o raciocínio fundado em indício ou sinal (σημεῖον) é um entimema retórico (cf. *Ret.* I, 2, 1357ª31-2: "dizem-se entimemas os raciocínios que procedem de 'prováveis' e de sinais") e a retórica é uma como ramificação da dialética (cf. ibidem, 1356ª25-6), é a sua "contraparte" (cf. ibidem, 1, com., 1354ª1).
258 Cf. *Seg. Anal.* I, 6, 74ᵇ21-6.
259 Cf. ibidem, l. 26-32.

são, o caráter eventualmente não necessário de B deixaria inexplicada a necessidade da conclusão. Pois, se B não é necessário, não poderemos provar senão o fato de que A pertence a C; nem poderá a necessidade da conclusão explicar-se causalmente pela contingência do termo médio. Somente um termo médio necessário pode, portanto, "mediar" entre o maior e o menor de uma conclusão científica. Decisivo e concludente, este argumento serve-se, como vemos, de noções que a doutrina da ciência, previamente, já estabelecera: a função causal do termo médio e a noção de silogismo da causa real.[260]

Um último argumento,[261] também dialético, vem corroborar o que acabamos de demonstrar. Com efeito, não há como recusar que não tinha anteriormente conhecimento quem, possuindo embora o mesmo argumento que anteriormente possuía e tendo-se preservado no ser, tanto quanto o objeto de seu pretenso conhecimento, dele não tem conhecimento agora. Ora, mas é o que forçosamente ocorreria, se se pudesse provar uma conclusão científica, portanto necessária, a partir de premissas não necessárias, isto é, de um termo médio contingente. De fato, implicando a contingência a possibilidade do perecimento,[262] se perecesse o termo médio e se preservassem tanto o objeto como quem pretensamente o conhecia e continua a possuir o mesmo argumento, por certo não teria ele conhecimento: não o tinha, portanto, anteriormente. Se não perecesse o médio, mas pudesse perecer, a mesma situação poderia ocorrer, uma situação de não conhecimento.

5.3 Necessidade ontológica e necessidade do juízo

São, portanto, necessárias as premissas todas do conhecimento científico, necessário é o termo médio do silogismo científico.[263] E

---

260 Cf., acima, II, 3.1 a II, 3.3. Trata-se, pois, de um argumento ἐκ τῶν κειμένων, cf., acima, III, 2.6 e n.138.
261 Cf. Seg. Anal. I, 6, 74^{b}32-9.
262 Cf. Ger. e Per. II, 9, 335^{b}4-5: ἀνάγκη γένεσιν ε ναι καὶ φθορὰν περὶ τὸ δυνατὸν ε ναι καὶ μὴ ε ναι.
263 Cf. Seg. Anal. I, 6, 75^{a}12-4. Se não se tem, então, um conhecimento fundado em premissas necessárias, nem se conhecerá por que a conclusão é necessária nem que ela o é, mas ou

podemos, finalmente, concluir, que, "uma vez que pertence necessariamente em cada gênero quanto pertence *por si* e a cada sujeito, enquanto tal, é manifesto que as demonstrações científicas concernem ao que pertence *por si* e procedem de premissas de uma tal natureza".[264] "É preciso, portanto, que o termo médio pertença ao terceiro termo, por ele próprio (δι'αύτό), e o primeiro termo, ao médio".[265] Atentemos, por outro lado, em que se reafirma, uma vez mais, com ênfase, a constante doutrina do filósofo que define uma concepção *ontológica* da necessidade:[266] o mesmo argumento que, por último, utilizou, considerando as absurdas consequências que resultariam, para uma pretensa ciência cujas premissas não fossem necessárias, do perecimento possível de seu termo médio, de novo, plenamente, evidencia que não cogita o filósofo de uma mera necessidade do juízo científico e que a necessidade característica da ciência não é estabelecida, nos *Analíticos*, unicamente, no plano das ligações entre conceitos.[267] Decalcada sobre a necessidade ontológica, a necessidade das premissas e da conclusão do silogismo demonstrativo não é mais que um desdobrar-se da primeira na alma humana e não, uma outra acepção do necessário aristotélico.[268]

5.4 Sobre a multiplicidade de causas

Conhecidas as características próprias das premissas científicas, torna-se-nos possível melhor precisar nossa compreensão da causali-

---

     se crerá, indevidamente, ter um tal conhecimento (julgando-se necessárias premissas que não o são), ou nem mesmo se crerá que as premissas são necessárias, conhecendo-se, simplesmente o *que* da conclusão (através de termos médios) ou o seu *porquê* (a partir de princípios imediatos), não, porém, no que respeita à necessidade, cf. *ibid.*, l. 14-7 (em que acompanhamos a interpretação de Ross, cf. nota *ad* l. 12-7.
264 Ibidem, l. 28-31.
265 *Seg. Anal.* I, 6, 75ª35-7.
266 Cf., acima, I, 1.1 e n.13 seg.
267 Como pretende S. Mansion, cf. *Le jugement d'existence...*, 1946, p.63 seg. Por isso mesmo, sua maneira de criticar as teses de J. Chevalier (in *La notion du nécessaire chez Aristote et chez ses prédécesseurs, particulièrement chez Platon*, 1915) não nos parece pertinente.
268 Como crê, também, S. Mansion, cf. *Le jugement d'existence...*, 1946, p.68 seg. Sobre as diversas acepções de "necessário", em Aristóteles, cf., acima, I, 1.1 e n.13 seg.

dade científica numa questão a que confere o filósofo relevo particular, qual seja a que concerne à eventual possibilidade de haver, ou não, *em sentido estrito*, múltiplas causas para um mesmo efeito.[269] Suponhamos, assim, que A pertença, imediatamente, a B e a C e que pertençam estes, respectivamente, a D e E: B será, então, causa de A pertencer a D, assim como C será causa de A pertencer a E. Nesse caso, não haveria, obviamente, convertibilidade entre efeito e causa, pois, se é certo que, dada a causa (B ou C), segue-se o efeito (A), dado, entretanto, o efeito, não haveriam de estar necessariamente presentes todas as suas causas, mas uma ou outra delas, tão somente. Ora, em verdade, temos, aí, uma impossibilidade.[270] Com efeito, se a ciência, como sabemos, prova proposições *universais* e *por si* e se se relaciona, identicamente, o termo médio com os outros dois termos, é a causa um todo (ὅλον τι), que o efeito segue universalmente e com que se acha *essencialmente* ligado: se é causa de perderem as árvores suas folhas a coagulação de sua umidade, é preciso que haja coagulação, se uma árvore perde suas folhas e, se há coagulação na árvore, ela perderá suas folhas. Se a demonstração se faz, realmente, *por si* e não, por sinal ou por acidente,[271] não se pode, portanto, admitir uma pluralidade de causas, *em sentido estrito*, para um mesmo efeito determinado.[272] Os casos em que pareceria haver mais de uma causa para um mesmo efeito explicar-se-ão pela existência de homonímia, ou pela especificação de um termo médio genérico, ou pela existência de relações analógicas entre as coisas.[273] Do mesmo modo, um mesmo termo médio poderá provar diferentes

---

269 Cf. *Seg. Anal.* II, 16, 98ᵇ25 seg.
270 Cf. ibidem, l. 32-8. Acompanhamos, para essa passagem, a interpretação de Ross, cf. nota *ad locum*.
271 Cf. *Seg. Anal.* II, 17, com., 99ᵃ1 seg. Como nota Ross (cf. sua introdução ao comentário do capítulo), retoma-se a questão de II, 16, 98ᵇ25-8 e dá-se-lhe um tratamento mais completo.
272 Pela mesma razão, se é possível haver diferentes demonstrações de uma mesma proposição (cf. *Seg. Anal.* I, 29, todo o capítulo), não se trata de uma pluralidade de demonstrações científicas, em sentido estrito.
273 Cf. *Seg. Anal.* II, 17, 99ᵃ6 seg. Também aqui, acompanhamos, em suas linhas gerais, a interpretação de Ross (cf. sua introdução ao capítulo em questão).

conclusões, se se tratar de problemas especificamente distintos, mas genericamente idênticos.[274]

6 Da indemonstrabilidade dos princípios

6.1 Proposições primeiras e cadeias de atribuições

Conhecendo, então, que não basta partir das premissas mais aceitas possíveis, se não se quer raciocinar apenas dialeticamente (διαλεκτικῶς), mas se visa, cientificamente, a verdade,[275] e sabedores de que *todas* as proposições constituídas pela ciência, não menos as premissas que as conclusões, são necessárias e contêm predicados que se dizem de seus sujeitos, *por si*, estamos, agora, em condições de provar a existência de *proposições primeiras* ou *princípios*, isto é, de proposições imediatas, absolutamente anteriores, portanto, indemonstráveis.[276]

Consideremos, então,[277] um termo C, tal que não pertença a nenhum outro e que B lhe pertença diretamente, sem nenhum termo intermediário. Que E pertença, do mesmo modo, a F e F, a B. Pode, acaso, uma tal série de predicados BFE ..., a partir de um sujeito primeiro C, estender-se, ao infinito, nessa direção ascendente (ἐπὶ τὸ ἄνω)? E, se tomamos, igualmente, um termo A, tal que nada se lhe atribui, *por si*, mas que, sem intermediário, pertence diretamente a H, e se pertence, do mesmo modo, H a G, G a B, acaso pode uma tal série de sujeitos HGB ..., a partir de um atributo dado A, estender-se, ao infinito, nessa direção descendente (ἐπὶ τὸ κάτω)? Finalmente, se A pertence a C e B é termo médio entre eles, suponhamos haver outros termos médios entre A e B, outros, ainda, entre aqueles. É, acaso, possível, haver uma série infinita desses termos médios? Ora,

---

274 Cf. *Seg. Anal.* II, 15, 98ª24-9.
275 Cf. *Seg. Anal.* I, 19, 81ᵇ18-23; cf., acima, III, 5.2 e n.258.
276 Cf., acima, II, 5.1 e II, 5.2. É nos capítulos 19-22 do livro I dos *Segundos Analíticos* que Aristóteles, finalmente, prova haver princípios e premissas primeiras do conhecimento científico.
277 Cf. *Seg. Anal.* I, 19, 81ᵇ30 seg.

é fácil ver[278] que formular uma tal questão equivale, precisamente, a perguntar, não somente se se podem estender indefinidamente as demonstrações (como nos dois primeiros casos), mas, também, se há demonstração para toda proposição ou se há, ao contrário, termos que, reciprocamente, se limitam, um deles dizendo-se do outro, sem termo médio: em outras palavras, se há proposições *imediatas* e *primeiras*. As mesmas questões também podem, obviamente, formular-se, a propósito de silogismos e premissas negativas.[279] E concernem, tão somente, a termos que se não reciprocam na atribuição, a não ser de modo meramente acidental;[280] por exemplo, se A se atribui a B, no sentido próprio de atribuição (ὡς κατηγορία), mas a atribuição de B a A é acidental (κατὰ συμβεβηκός).

Principia Aristóteles por estabelecer[281] que é, evidentemente, impossível haver, entre dois termos, um número infinito de termos médios, se a cadeia de atribuições é limitada nos dois sentidos, ascendente e descendente. Com efeito, se se atribui A a F, mas são infinitos em número os termos médios (que representaremos por B) através dos quais se prova essa atribuição, será necessário, partindo-se de A, percorrer, no sentido descendente ABF, uma série infinita de termos, antes de chegarmos a F, assim como deveremos, igualmente, percorrer, se partimos de F, uma série infinita de termos, no sentido ascendente FBA, antes de chegarmos a A. Ora, se é impossível percorrer uma série infinita e uma vez que pressupusemos poder atribuir-se A a F, a cadeia dos termos médios é, necessariamente, limitada.

---

278 Ibidem, 82ª6-8.
279 Cf. ibidem, l. 9-14.
280 Cf. ibidem, l. 15-20. Se, ao contrário, sujeito e predicado são convertíveis e se reciprocam na atribuição, sem que possa privilegiar-se um dos sentidos da atribuição sobre o outro, a questão da eventual extensão indefinida da demonstração não se coloca, já que não há, numa prova absolutamente circular, sujeito nem predicado primeiro nem último. Mas sabemos, também, que, em sentido estrito, uma tal demonstração circular é impossível (cf., acima, II, 5.4). Quanto às noções de atribuição acidental e atribuição em sentido próprio, cf. a passagem de *Seg. Anal.* I, 22, 83ª1 seg., que comentaremos adiante.
281 Cf. *Seg. Anal.* I, 20 (todo o capítulo, que resumimos, aqui, sucintamente).

Mostra, em seguida, o filósofo que, se é limitada, nos dois sentidos, a cadeia de atribuições numa demonstração afirmativa, será, também, limitada a cadeia de atribuições numa demonstração negativa.[282] A prova faz-se, tomando-se silogismos de conclusões negativas nas três figuras do silogismo e mostrando-se que a introdução de um termo médio entre os termos de uma proposição negativa requer, sempre, a introdução de uma proposição afirmativa: se o número de proposições afirmativas é limitado, também o será o número das negativas.

6.2 Do caráter finito das cadeias: primeira prova "lógica"

Estabelecidos esses pontos, passa o filósofo à demonstração de que é finita, em ambos os sentidos, uma cadeia de proposições afirmativas.[283] Começa por argumentar "logicamente",[284] com provas de natureza dialética. A primeira delas[285] mostra, de início, serem em número limitado os predicados que se atribuem no "o que é":[286] eles o são, necessariamente, se é possível definir uma coisa e conhecer sua quididade, já que uma série infinita de elementos não se poderia percorrer. Como, porém, é preciso, igualmente, mostrar que, também, não podem ser em número infinito os atributos que pertencem a uma coisa, ainda que não fazendo parte de sua quididade, tratar-se-á o assunto de modo mais geral, universalmente (καθόλου).[287]

Uma primeira consideração preliminar[288] examina a natureza da proposição atributiva, distinguindo três tipos de asserção, a que correspondem, respectivamente, proposições como: 1. o branco

---

282 Cf. *Seg. Anal.* I, 21 (todo o capítulo). Dispensamo-nos de reproduzir o detalhe das provas concernentes aos silogismos negativos de cada uma das figuras.
283 Cf. *Seg. Anal.* I, 22 (todo o capítulo).
284 λογικῶς, cf. *Seg. Anal.* I, 21, *ad finem*, 82ᵇ35; 22, 84ᵃ7; 84ᵇ2. Sobre o sentido da expressão, cf., acima, III, 2.6 e n.136 seg.
285 Cf. *Seg. Anal.* I, 22, com., 82ᵇ37-83ᵇ31.
286 Cf. ibidem, 82ᵇ37-83ᵃ1. Sobre as relações entre "o que é" e a definição, cf., acima, III, 1.1 e n.4 a 6.
287 Cf. ibidem, 83ᵃ1.
288 Cf. ibidem, l. 1-23.

caminha, o músico é branco; 2. o branco é madeira, aquilo grande é madeira; 3. a madeira é grande, o homem caminha. Ora, diferem bastante esta última modalidade de asserção e as duas primeiras; com efeito, ao dizer "o branco é madeira" ou "aquilo grande é madeira", não se tomam branco ou grande como sujeitos reais de madeira, mas indica-se ser madeira aquilo de que branco ou grande são acidentes. Do mesmo modo, dizendo "o músico é branco", indica-se que um e outro termo exprimem acidentes concomitantes de um substrato comum, homem, implicitamente considerado, isto é, que é branco o homem, de que músico é acidente. Se dizemos, porém, "a madeira é branca", a madeira é realmente o sujeito que veio a ser branco, não sendo outra coisa senão, precisamente, madeira ou uma espécie de madeira. Somente uma atribuição como esta se dirá atribuição, em sentido absoluto (ἁπλῶς), enquanto as outras duas (atribuição do sujeito a seu acidente ou atribuição de um acidente a outro acidente) se dirão atribuições, não em sentido absoluto, mas por acidente (κατὰ συμβεβηκός).[289] Não concernem, obviamente, as demonstrações científicas senão às atribuições em sentido próprio e absoluto, um predicado único dizendo-se, nelas, de um único sujeito, por pertencer-lhe no "o que é" ou por atribuir-se-lhe segundo algumas das outras categorias.[290] Distinguimos, assim,[291] entre os predicados que significam a essência, significando o que é, precisamente, o sujeito (ὅπερ ἐκεῖνο) ou o que ele, parcialmente, é (ὅπερ ἐκεῖνό τι), e os que não significam a essência, mas se dizem, sempre, de um sujeito outro, que não "é", precisamente, seu predicado, nem uma particularização deste último, isto é: os acidentes, no sentido amplo do termo.[292] Em outras palavras, a atribuição em sentido próprio e não por acidente inclui tanto a atribuição substantiva como a atribuição adjetiva.

---

289 Cf. ibidem, l. 14-8. Não se confundirá, então, a atribuição de um acidente a um sujeito real, que é atribuição em sentido próprio, com a atribuição acidental.
290 Cf. ibidem, l. 18-23.
291 Cf. ibidem, l. 24-35.
292 Cf., acima, III, 1.1 e n.18 a 21.

Fixadas essas preliminares, vai Aristóteles mostrar, por fim, que uma cadeia de atribuições é limitada nos dois sentidos, descendente e ascendente, tendo seus limites, respectivamente, na coisa individual e num gênero categorial.[293] Mas mistura, ao mesmo tempo, com esse tema, a prova da impossibilidade de qualquer atribuição recíproca: pudessem as coisas atribuir-se, umas às outras, reciprocamente e teríamos algo como um círculo de atribuições, em que se não poderiam distinguir um ponto de partida e um ponto de chegada, constituindo, de algum modo, uma cadeia infinita de atribuições.[294]

Ora, não podem duas coisas ser, uma da outra, "qualidade" nem pode haver "qualidade" de "qualidade",[295] donde a impossibilidade de uma atribuição recíproca; dir-se-á, com verdade, uma coisa de outra, mas não se atribuirá verdadeiramente uma à outra, indistintamente, em sentido próprio. Com efeito, (a) uma alternativa seria[296] que se atribuíssem as coisas, uma à outra, como essência (ὡς οὐσία), pondo-se o sujeito como gênero ou diferença do próprio predicado. Ora, já se mostrou[297] que são limitados – e necessariamente, em ambos os sentidos – os elementos no "o que é": é sempre possível definir as essências e o pensamento não pode percorrer uma série infinita. Mas, não somente por ensejar uma cadeia infinita de atribuições e, assim, impedir a formulação de definições, é impossível a atribuição recíproca no "o que é"; ela o é, também, porque se se atribuem reciprocamente, as coisas, uma à outra, como gêneros, por exemplo, resulta absurdamente que se converte uma coisa em especificação de si própria (ὅπερ

---

293 Cf. *Seg. Anal.* I, 22, 83ª36-ᵇ17. Como se tem unanimemente reconhecido, a argumentação é extraordinariamente difícil e obscura, impondo-se uma interpretação meramente conjectural. Acompanhamos, com pequena modificação, a interpretação geral de Ross, em sua introdução ao comentário do capítulo.
294 Cf., entretanto, acima, n.280 deste capítulo.
295 Cf. *Seg. Anal.* I, 22, 83ª36-9. ποιότης ("quididade"), a l. 36-7, designa um atributo, em qualquer categoria, como observa Ross (cf. nota *ad* l. 36-8), remetendo-nos, com razão, ao que diz Aristóteles sobre as diferentes acepções de ποιότης, em *Met.* Δ, 14, 1020ª13-8.
296 Cf. *Seg. Anal.* I, 22, 83ª39-ᵇ10.
297 Remete-nos Aristóteles (cf. ibidem, 83ᵇ1-2) ao que dissera no início do capítulo, cf. 82ᵇ37-83; acima, n.286 deste capítulo.

αὐτό τι).²⁹⁸ Por outro lado, (b) uma segunda alternativa seria²⁹⁹ que se atribuíssem as coisas, uma à outra, reciprocamente, como qualidades ou segundo alguma outra das categorias adjetivas; como todas essas determinações, porém, são acidentes da essência a que, enquanto tais, se atribuem, aquela outra atribuição seria meramente acidental.³⁰⁰ O que significa, obviamente, serem limitadas, no sentido descendente, as cadeias de atribuições adjetivas, já que têm, nas essências, seus sujeitos últimos. Mas, também, não podem ser ilimitadas as cadeias de atribuições, no sentido ascendente.³⁰¹ Com efeito, tudo quanto se atribui a uma coisa pertence a um dos gêneros categoriais e é, sempre, limitada a série de predicados que se podem constituir em cada uma das categorias (se tomamos, como primeiro sujeito, A, na categoria K e se podemos, portanto, dizer que K pertence a A, a série AK (tanto como a série KA), constituída por quantos termos intermediários medeiam a atribuição de K a A, limitada nos dois sentidos, não pode conter, como sabemos,³⁰² um número infinito de elementos); por outro lado, são em número limitado os gêneros das categorias.³⁰³

6.3 Segunda prova "lógica"

Tendo, assim, recorrido, à sua teoria geral da atribuição³⁰⁴ e à doutrina das categorias, para construir uma primeira prova dialética de que é finita a cadeia de atribuições, empreende o filósofo uma segunda prova,³⁰⁵ também "lógica", retomando tema que já desen-

---

298 Cf. ibidem, 83ᵇ9-10.
299 Cf. ibidem, l. 10-2.
300 Conforme expôs Aristóteles em sua consideração preliminar de 83ᵃ1 seg.; cf., acima, n.288 e 289 deste capítulo.
301 Cf. *Seg. Anal.* I, 22, 83ᵇ12-7.
302 Cf., acima, III, 6.1 e n.281.
303 Cf. *Seg. Anal.* I , 22, 83ᵇ15-6: τὰ γένη τῶν κατηγοριῶν πεπέρανται, donde a impossibilidade de uma cadeia infinita de atributos pertencentes a diferentes categorias. Por outro lado, a declaração explícita de que os gêneros categoriais são em número limitado é importante, dada a constante variação do número das categorias mencionadas nos diferentes textos que a elas se referem (v. Bonitz, *Index*, p. 378ᵃ49 seg.).
304 Que é resumida, em suas linhas gerais, em *Seg. Anal.* I, 22, 83ᵇ17-31.
305 Cf. ibidem, 83ᵇ32-84ᵃ6.

volvera, ao polemizar contra os que recusam a possibilidade de uma ciência absoluta.[306] Se há demonstração daquelas atribuições, argumenta o filósofo, a que se podem formular atribuições anteriores e se não é possível estar, em relação às coisas demonstráveis, em melhor estado do que o conhecimento, não havendo conhecimento delas sem demonstração;[307] se tais coisas, então, nos são conhecidas através de tais outras, não poderemos conhecê-las cientificamente, sem conhecermos essas outras que lhes são anteriores e a partir das quais elas se demonstram, se, também, não estamos, em relação a tais antecedentes, em estado melhor do que o conhecer. Assim sendo, a possibilidade de conhecer alguma coisa, por demonstração, de modo absoluto – de possuir, portanto, um conhecimento que não seja meramente hipotético –, dependendo de conhecimento de certas premissas, exigirá, forçosamente, a limitação da cadeia das atribuições intermediárias que contém os termos médios através dos quais a conclusão final se demonstra. Pois, se for ilimitada a cadeia e se não se deter ela numa proposição primeira, será sempre possível tomar um termo médio mais elevado e todas as proposições da cadeia serão demonstráveis. Mas, porque é impossível percorrer uma série infinita, não se conhecerão por demonstração as coisas demonstráveis e, não havendo melhor estado em relação a elas que o de conhecer, nada se conhecerá cientificamente por demonstração, em sentido absoluto, mas, tão somente, por hipótese. Necessário é, então, que se limite a cadeia de atribuições por uma proposição primeira, que se conhecerá, portanto, sob forma não demonstrativa. Convincente e bem estruturada, não se fundamenta, entretanto, a prova nas propriedades da própria coisa científica, por nós já estabelecidas, mas, argumentando de modo geral, Aristóteles procede por uma redução ao absurdo:[308] uma vez que se aceita haver, em sentido absoluto, ciência demonstrativa, aceitar-se-á

---

306 Cf. *Seg. Anal.* I, 3, 72ᵇ5-15; acima, II, 5.3.
307 Cf., acima, cap.II, n.205.
308 A redução ao absurdo ou "silogismo do impossível" (συλλογισμὸς τοῦ ἀδυνάτου), uma espécie do silogismo hipotético (cf. *Prim. Anal.* I, 23, 40ᵇ25-6), é uma forma de raciocínio

existirem premissas primeiras para a demonstração, pois, em caso contrário, nenhuma proposição poderia demonstrar-se, em sentido absoluto, como pode mostrar-se.

6.4 A prova analítica

Percorridas as provas "lógicas", ser-nos-á, agora, possível, raciocinando *analiticamente* (ἀναλυτικῶς), tornar, rapidamente, manifesta a impossibilidade de haver, nas ciências demonstrativas – objeto real de nosso estudo –, uma cadeia infinita de predicados, quer no sentido ascendente, quer no sentido descendente.[309] Para tanto, basta-nos recordar que "a demonstração concerne a quantos atributos pertencem às coisas, por si"[310] e que se dizem os atributos "por si" em dois sentidos[311]: a) os que figuram no "o que é" das coisas e se exprimem, portanto, como elementos de suas definições (a multiplicidade e o divisível, por exemplo, que figuram na definição de número) e b) aqueles cujos mesmos sujeitos lhes pertencem, no "o que é", isto é, aqueles em cujas definições comparecem os mesmos sujeitos de que são atributos (como, por exemplo, par e ímpar, atributos de número, que figura como elemento de suas definições). Ora, em nenhum desses sentidos poderá constituir-se uma cadeia infinita de atribuições "por si".[312] Com efeito, uma tal cadeia é impossível, com predicados "por si", no segundo sentido: se se atribui, por exemplo ímpar a número, um outro predicado a ímpar e, assim, por diante, isto significa que haverá um atributo de ímpar tal que

---

    inferior à demonstração, afirmativa ou negativa (cf. *Seg. Anal.* I, 26, todo o capítulo), e, como todo silogismo hipotético, concerne ao método dialético (cf. *Tóp.* I, 18, 108^{b}7-8; 12-9). Sobre a estruturação silogística do "silogismo do impossível" nas diferentes figuras do silogismo, cf. *Prim. Anal.* II, 11-4.

309 Cf. *Seg. Anal.* I, 22, 84^{a}7-11.
310 Ibidem, l. 11-2; cf., acima, III, 1.3 e n.41 e 42.
311 Cf. *Seg. Anal.* I, 22, 84^{a}12-7; cf., também, I, 4, 73^{a}34 seg.; acima, III, 1.1. Aristóteles não retoma, obviamente, em nossa passagem (84^{a}12-7), das quatro acepções de "por si" distinguidas em I, 4, senão as duas que mostrara interessar à ciência, cf. I, 4, 73^{a}16 seg.; acima, III, 1.2.
312 Cf. *Seg. Anal.* I, 22, 84^{a}17 seg.

ímpar figurará em sua quididade, fato análogo repetindo-se com os termos subsequentes da série, tomados dois a dois. Mas, se é assim, uma vez que "número" pertence à definição de ímpar, que este pertence à definição de seu atributo "por si" imediato e assim, sucessivamente, cada membro da série pertencerá à definição primeira, pertencendo à definição e quididade de todos os membros da série, os quais se dirão, em sentido próprio, seus atributos: pertencem-lhe todos como atributos e pertence-lhes ele a todos, no "o que é", em perfeita convertibilidade. Ocorrerá, então, se a série é infinita, que um termo infinitamente distanciado do sujeito primeiro conterá, em sua quididade, desde aquele, todos os infinitos termos que o antecedem. Ora, *se não é possível que à quididade de uma única coisa pertençam infinitas determinações*, não pode a série ser infinita e haverá de limitar-se, também no sentido ascendente, a cadeia de atribuições de que tomamos "número" por sujeito primeiro.

Não é menos finita e limitada[313] uma cadeia de atribuições constituída por predicados "por si" no primeiro sentido, pelos que pertencem ao "o que é" de seus sujeitos: também, aqui, a definição se tornaria impossível. Se são, sempre, "por si", então, os predicados de que a demonstração se ocupa e se não podem eles, pelas razões expostas, ser em número infinito, limita-se a série de proposições demonstráveis no sentido ascendente, limitando-se, também, por conseguinte, no sentido descendente.[314] E, com efeito, a limitação da cadeia de atribuições "por si", numa ou noutra das significações dessa expressão, devendo-se, como vimos, à impossibilidade de as quididades conterem um número infinito de elementos, pouco importa, em verdade, que consideremos uma série ascendente ou uma série descendente, isto é, que consideremos a cadeia de atribuições, começando por um sujeito primeiro ou por um predicado último: ambas as séries são necessariamente, limitadas – e por idêntica razão. Por outro lado, porque limitadas num e noutro extremo, as cadeias de atribuições tampouco

---

313 Cf. ibidem, l. 25-6.
314 Cf. ibidem, l. 26-8.

comportarão, conforme já estabelecemos,³¹⁵ um número infinito de termos médios entre dois de seus termos.³¹⁶

6.5 A existência dos princípios e a análise da demonstração

Eis, então, que, por fim, obtivemos a prova desde há muito buscada: *são finitas as cadeias demonstrativas* que levam às conclusões da ciência; o que equivale a provar³¹⁷ a existência de *princípios* (ἀρχαί) para as demonstrações, isto é, de proposições primeiras e imediatas, absolutamente anteriores, por isso mesmo indemonstráveis,³¹⁸ de onde partem, sempre, as demonstrações; proposições que exprimem, num intervalo (διάστημα) imediato e indivisível,³¹⁹ causalidades imediatas, e que se configuram como elementos (στοιχεῖα) da demonstração.³²⁰ Porque nenhum termo médio vem, nelas, interpor-se entre predicado e sujeito³²¹ e o próprio sujeito é, imediatamente e por si mesmo, causa de que lhe pertença o predicado, diremos que a atribuição (ou não atribuição) tem lugar "atomicamente" (ἀτόμως)³²² e falaremos da indivisibilidade e da unidade de tais proposições: "premissa una, em sentido absoluto, é a imediata".³²³ E, como nas outras coisas, também aqui, o princípio é algo simples (ἡ ἀρχὴ ἁπλοῦν), a unidade no silogismo sendo a premissa imediata, na ciência e na demonstração a inteligência (νοῦς),³²⁴ que tais premissas apreende.³²⁵

---

315 Cf. *Seg. Anal.* I, 20; acima, III, 6.1 e n.281.
316 Cf. *Seg. Anal.* I, 22, 84ª29-30.
317 Cf. *ibid.*, l. 30 seg.; cf., também, I, 19, 82ª6-8; acima, III, 6.1 e n.278.
318 Cf., acima, II, 5.1 e II, 5.2.
319 Cf. *Seg. Anal.* I, 22, 84ª35; 23, 84ᵇ14. Como observa Ross (cf. nota *ad Prim. Anal.* I, 15, 35ª12), a expressão διάστημα (distância, intervalo) relaciona-se, provavelmente, com uma representação diagramática do silogismo.
320 E o número de tais "elementos" corresponde ao número de termos médios de que se serve a cadeia de silogismos demonstrativos, cf. *Seg. Anal.* I, 23, 84ᵇ21-2; adiante, IV, 4.6 e n.304 a 309; cf., também, acima, II, 3.2 e n.78.
321 Cf. *ibid.*, l. 19 seg.
322 Cf. *Seg. Anal.* I, 15, 79ª33-6.
323 Cf. *Seg. Anal.* I, 23, 84ᵇ35-7.
324 Cf. ibidem, 84ᵇ37-85ª1.
325 Cf., acima, II,1.3 e n.12.

Se, ao invés, porém, de considerarmos os corolários que se podem tirar de nossa prova "analítica", sobre ela, de novo, por um momento, nos debruçamos, perguntando-nos como se constrói, verificamos que ela procede ἐκ τῶν κειμένων, a partir de resultado já estabelecido[326] por nosso estudo sobre a natureza da ciência, a saber: que a ciência prova atribuições "por si", a partir de premissas da mesma natureza. E, se dizemos que uma tal prova procede *analiticamente* (ἀναλυτικῶς), não é senão pelo mesmo fato de que ela se estrutura de modo adequado à natureza do assunto estudado, isto é, conforma-se aos resultados da *análise* da demonstração científica, que o filósofo empreende, nesta segunda parte dos escritos que designa como Τὰ ἀναλυτικά.[327] Por outro lado, é preciso dizer que, com a prova final da existência dos princípios indemonstráveis da ciência, essa *análise* chega a seu ponto culminante, permitindo-nos estabelecer, definitivamente, as condições absolutamente indispensáveis e necessárias da possibilidade de um conhecimento demonstrativo. Tendo, de início, apreendido, ao menos parcialmente, a natureza da ciência, em refletindo sobre o "comportamento" das ciências já constituídas,[328] empreendemos longa caminhada regressiva, que nos levou *do demonstrado ao indemonstrável*, das propriedades da coisa conhecida pela ciência às características próprias do saber anterior que a demonstração científica requer. Plenamente sabedores, por fim, de que há princípios, resta-nos, então, melhor precisar sua natureza e conhecer suas diferentes modalidades.

6.6 Finidade da ciência e finidade do real

Antes, porém, de encetarmos essa outra parte de nosso estudo, permitamo-nos uma última observação, sobre o princípio último de

---

326 Cf., acima, III, 2.6 e n.137 e 138.
327 Interpretação, esta, que é, também, a de Mure (cf. nota *ad Seg. Anal.* I, 22, 84ª18). Analogamente, uma argumentação apropriada ao objeto em estudo dir-se-á proceder, em física, "fisicamente" (φυσικῶς, cf. *Fís.* III, 5, 204ᵇ10; *Céu* III, 1, 298ᵇ18; *Met.* K, 10, 1066ᵇ26 etc.), em geometria "geometricamente" (γεωμετρικῶς, cf. *Tóp.* VIII, 11, 161ª35) e assim por diante.
328 Cf., acima, I, 2.1.

que lança mão o filósofo para concluir sua prova analítica da indemonstrabilidade das premissas da demonstração. Relembrando, como vimos, a relação entre as atribuições "por si" e as quididades de predicados e sujeitos das proposições científicas, Aristóteles propõe, como fundamento precípuo de sua demonstração, a impossibilidade de conterem as quididades um número infinito de elementos, isto é, a limitação das determinações essenciais, que é a mesma garantia da possibilidade das definições.[329] Ora, isto não é somente a reafirmação de que se modela o discurso científico pelo cientificamente conhecível mas, também e sobretudo, a explicitação de que a finidade da demonstração científica é reflexo especular da finidade do real que ela apreende e manifesta. E, com efeito, um dos sentidos em que se diz *limite* (πέρας) é, precisamente, o de essência e quididade: limite de nosso conhecimento das coisas, é-o a quididade, porque limite das mesmas coisas,[330] por meio do qual se unifica a infinita dispersão do particular.[331]

---

329 Cf., acima, III, 6.4. Não entendemos, pois, como Ross (veja-se seu comentário a *Seg. Anal.* I, 22, *Aristotle's Prior and Posterior Analytics*, p. 580), que o nervo da argumentação resida na mera aceitação de que sempre é possível definir uma quididade e de que um número infinito de elementos na quididade tornaria a definição impossível (ainda que Aristóteles lance mão, também, deste argumento, por redução ao absurdo, em 84ª26). Ao contrário, se é sempre possível definir as coisas, é porque são sempre finitas as quididades e não podem caber, numa quididade única, infinitas determinações, cf. ibidem, 84ª21-2.
330 Cf. *Met.* Δ, 17, 1022ª8-10.
331 Cf. *Seg. Anal.* I, 24, 86ª3-7.

IV
A multiplicação do saber

1 Os gêneros da demonstração

1.1 A noção de gênero científico

Ao provar que as demonstrações científicas concernem ao *por si* e partem de premissas dessa natureza, "uma vez que pertence necessariamente, *em cada gênero*, quanto pertence *por si* e a cada sujeito, enquanto tal",[1] introduzira Aristóteles, ainda que de passagem, uma das mais importantes noções de sua teoria da ciência, que os capítulos seguintes, explicitamente, tematizam: a noção de *gênero* científico, que iremos descobrir intimamente relacionada com a doutrina dos princípios da demonstração, cuja natureza e modalidades nos propomos, agora, estudar. E, por meio dessa noção, nada menos se exprime, como veremos, que a famosa concepção aristotélica do caráter "regional" das ciências particulares, relativamente à esfera de todo o real.

---

1 *Seg. Anal.* I, 6, 75ª28-9 (somos nós que grifamos); cf., acima, III, 5.3 e n.264.

1.2 A "passagem" proibida

Ora, a existência de uma tal limitação "regional", que vem, assim, circunscrever os sistemas de proposições científicas, diretamente resulta daquela mesma prova que o filósofo empreendeu. Pois, se é verdade que, em toda demonstração, "é preciso ... que o termo médio pertença ao terceiro termo, por ele próprio, e o primeiro termo, ao médio",[2] é-nos lícito, também, dizer, que "não é possível, por conseguinte, demonstrar, passando de um gênero a outro, a proposição geométrica, por exemplo, por meio da aritmética".[3] E, com efeito, ao longo de toda uma demonstração, nada mais fazemos, como sabemos, senão percorrer a série bem articulada e causalmente encadeada das propriedades que pertencem a um sujeito primeiro, *por si*, com o qual, em sua totalidade, plenamente se convertem.[4] Em referência a um tal sujeito genérico, diremos, então, ser necessário que pertença o termo médio à mesma família genérica (συγγένεια) que os extremos,[5] como também, poderemos dizer que "provêm, necessariamente, do mesmo gênero os extremos e os termos médios".[6] Chamando, assim, de gênero (γένος) "o sujeito (ὑποκείμενον), cujas afecções (πάθη) e acidentes *por si* a demonstração prova",[7] reconhece Aristóteles a presença de três elementos em toda demonstração: "um é a coisa demonstrada, a conclusão (isto é: o que pertence a algum gênero, *por si*); um outro, os axiomas (axiomas são as proposições a partir das quais (ἐξ ὧν)[8]

---

2 *Seg. Anal.* I, 6, 75ª35-7; cf., acima, III, 5.3 e n.265.
3 *Seg. Anal.* I, 7, com., 75a38-9. E, com efeito, o conteúdo desta proposição inicial do cap.7 liga-se, por um ἄρα (l. 38) ao que acaba de provar o capítulo anterior, sobre a necessidade de exprimirem atribuições *por si* as premissas da demonstração.
4 Cf., por exemplo, acima, III,6.4.
5 Cf. *Seg. Anal.* I, 9, 76a8-9.
6 Cf. *Seg. Anal.* I, 7, 75b10-1. E diremos, também, que as proposições demonstradas e seus princípios são *homogêneos* (συγγενῆ), cf. *Seg. Anal.* I, 28, 87b4.
7 *Seg. Anal.* I, 7, 75a42-b2. Sobre a noção "de acidente por si", cf., acima, III, 1.1 e n.20 e 21; quanto ao uso de πάθος καθ'αὑτό (ou πάθος, simplesmente), como sinônimo de συμβεβηκὸς καθ' αὑτό, cf. Bonitz, *Index*, p.557a8 seg.
8 Discutiremos, oportunamente, o sentido a conferir-se à expressão ἐξ ὧν (lit.: "a partir das quais"), aplicada às proposições axiomáticas.

[subent.: se demonstra]); em terceiro lugar, o gênero",[9] definindo a unidade de uma ciência, precisamente, pela unidade de seu gênero-sujeito, isto é, de "todas aquelas coisas que se compõem dos elementos primeiros e que deles são partes ou afecções dessas partes, por si".[10] É assim que, por exemplo, "a demonstração aritmética possui, sempre, o gênero a que a demonstração concerne e, de modo semelhante, as outras ciências",[11] a aritmética ocupando-se do número (e da medida), a geometria, da grandeza (e dos pontos e linhas),[12] cada uma das ciências, enfim, de seu gênero próprio. Sob esse prisma, pois, chamaremos de ciência o conhecimento demonstrativo das propriedades que tem, por si, um gênero.

Ora, conceituar, dessa maneira, os gêneros-sujeitos das ciências equivale, obviamente, a excluir toda *passagem* da demonstração de um gênero a outro, toda μετάβασις εἰς ἄλλο γένος.[13] Se são diferentes, com

---

9 *Seg. Anal.* I, 7, 75ª40-2; cf., também, 10, 76ᵇ11-6; *Met.* B, 2, 997ª19-21.
10 *Seg. Anal.* I, 28, com., 87a38-9. Cf., também, *Met.* I, 4, 1055a31-2: καὶ γὰρ ἡ ἐπιστήμη περὶ ἓν γένος ἡ μία.
11 *Seg. Anal.* I, 7, 75b7-8.
12 Cf. *Seg. Anal.* I, 10, 76b3-5; 76a34-6; 7, 75b3-6; 32, 88b28-9. Sobre a unidade, como princípio do número, e o ponto, como princípio da linha, cf., por exemplo, *Tóp.*I, 18, 108b26-7; VI, 4, 141b5-9. Quanto ao termo "grandeza" (μέγεθος), emprega-o a terminologia matemática de Aristóteles em vários sentidos, ora de modo genérico, compreendendo linhas, superfícies e corpos (volume); ora assim designando, tão somente, os corpos, ora, mais raramente, como o sentido de comprimentos ou linhas (vejam-se referências em Bonitz, *Index*, p.449a28 seg.). Se a geometria, então, tem, por gênero próprio, a grandeza, isto entender-se-á de modo restrito, com referência ao terceiro sentido mencionado, ou de modo amplo, segundo o primeiro dentre eles, conforme se tomem geometria e estereometria (geometria sólida) por duas ciências distintas (como em *Seg. Anal.* I, 13, 78b37-8), ou não (como em *Seg. Anal.* I, 9, 76a23-4).
13 Cf. *Seg. Anal.* I, 7, com., 75ª38: οὐκ ἄρα ἔστιν ἐξ ἄλλου γένους μεταβάντα δεῖξαι; 75ᵇ8-11; 9, 76ª22-3: ἡ δ' ἀπόδειξις οὐκ ἐφαρμόττει ἐπ' ἄλλο γένος. Por outro lado, nada tem a ver com esta doutrina da incomunicabilidade dos gêneros, na demonstração, o texto de *Céu*, I, 1, 268ª30-ᵇ1: ἀλλ' ἐκεῖνο μ ν δῆλον, ὡς οὐκ ἔστιν [εἰς] ἄλλο γένος μετάβασις, a qual se refere, simplesmente, ao caráter de grandeza perfeita dos corpos e à impossibilidade de achar-se uma dimensão que lhes falte, como nos casos da linha e da superfície; a existência de uma quarta dimensão permitiria que se passasse do corpo para um outro gênero (i. é: a grandeza de quatro dimensões), assim como se passa da superfície para o corpo e da linha para a superfície. Tal μετάβασις diz respeito, parece, ao processo "psicológico" de conhecimento das grandezas segundo a sua crescente complexidade tanto quanto à sua ordem progressiva de construção a partir das grandezas mais simples e não, evidentemente, aos processos demonstrativos. A nota de Tricot, *ad locum*, é simplesmente contraditória.

efeito, os gêneros de duas ciências, como é, para Aristóteles, o caso da aritmética e da geometria, não é possível aplicar a demonstração aritmética aos atributos das grandezas geométricas... a menos que as grandezas sejam números.[14] Pela mesma razão, não poderá a geometria[15] provar que a ciência dos contrários é uma só[16] nem que o produto de dois cubos é um cubo.[17] E, também, não provará a geometria, relativamente às linhas, atributo qualquer que lhes não pertença enquanto linhas e não mostrará, pois, que a linha reta é a mais bela das linhas ou que é contrária ao círculo, já que não pertencem tais atributos às linhas em virtude de seu gênero próprio (ἴδιον γένος), mas em virtude de algo que lhes é comum com outros gêneros.[18] Enfim, "não é possível passar de um gênero para outro gênero, a não ser por acidente, como por exemplo, da cor para a figura",[19] um atributo geométrico não podendo atribuir-se à cor *por si*. Mas, se extremos e termos médios não se atribuem *por si*, são acidentes.[20]

Não se poderia ser mais claro quanto à particularização do saber científico, que nos surge, assim, naturalmente "multiplicado" pelos diferentes gêneros que o ser, como tal, comporta e conforme aos quais

---

14 Cf., *Seg. Anal.* I, 7, 75ᵇ3-6. "A menos que as grandezas sejam números" – o que, manifestamente, não ocorre, para Aristóteles –, os gêneros geométrico e aritmético não se identificam. O texto tem, como toda probabilidade, um sentido polêmico e visa a doutrina matemática da escola platônica que fazia derivar as grandezas ideais das Ideias-números, cf. *Met.* A, 9, 992ᵃ10-19 e a excelente nota de Ross, *ad locum*.

15 Cf. *Seg. Anal.* I, 7, 75ᵇ12-4.

16 Incumbindo tal tarefa à filosofia primeira; leia-se, com efeito, *Met.* I, 4 (todo o capítulo), onde se mostra que a contrariedade é a diferença máxima no interior de um gênero. Donde, imediatamente, decorre que os contrários são objeto de uma só e mesma ciência, aquela que se ocupa dos gêneros de que eles constituem os polos da diferença máxima. Que é uma só a ciência dos contrários é, por outro lado, doutrina constantemente reafirmada pelo filósofo (vejam-se os textos indicados por Bonitz, *Index*, p.247a13 seg.).

17 Ross parece ter razão (cf. nota ad *Seg. Anal.* I, 7, 75b13), quando diz que o texto se refere à proposição aritmética segundo a qual o produto de dois números cúbicos é um número cúbico e não, ao problema geométrico ou estereométrico da construção de um cubo de volume equivalente ao dobro do volume de um cubo dado, como interpreta Tricot, *ad locum*.

18 Cf. *Seg. Anal.* I, 7, 75b17-20.

19 *Met.* I, 7, 1057a26-8.

20 Cf. *Seg. Anal.* I, 7, 75ᵇ11-2.

se estrutura e se nos manifesta. E a *Metafísica*, apontando como tema da sabedoria o ser enquanto ser (τὸ ὂν ᾗ ὄν),[21] opõe, efetivamente, a um tal saber universal, que constitui a filosofia primeira, as ciências particulares (ἐν μέρει),[22] como as ciências matemáticas, que, recortando (ἀποτεμόμεναι) uma parte (μέρος τι) do ser, consideram-lhe as propriedades:[23] todas elas, circunscrevendo (περιγραψάμεναι) um certo ser e um certo gênero, deles se ocupam.[24] Do mesmo modo, descrevendo, nas *Refutações Sofísticas* e na *Retórica*, o domínio universal da dialética e da retórica, opõe o filósofo, aos "comuns" (κοινά) de que essas disciplinas se ocupam, os gêneros definidos próprios a cada saber particular.[25]

Porque, assim, "proibiu" a μετάβασις na demonstração, mereceu Aristóteles, como é sabido, a condenação severa de quantos viram, nessa doutrina, um entrave fatal que teria, por longos séculos – tantos quantos foram aqueles em que o pensamento aristotélico ou, melhor, o aristotelismo medieval, exerceu, sobre os espíritos, um influxo preponderante –, emperrado o desenvolvimento do pensamento científico e obstado ao surgimento de uma física matemática. Esta é, por certo, uma das opiniões mais difundidas e um dos juízos mais comuns dentre o que se ouve e lê, comumente, sobre a matematização moderna do conhecimento físico. E é, mesmo, um dos mais reputados conhecedores contemporâneos do aristotelismo quem escreve, mais uma vez repetindo o lugar-comum da historiografia científica: "não é duvidoso que a influência persistente de Aristóteles retardará a aparição de uma física matemática, o próprio tipo da 'confusão dos gêneros'".[26] Será correta uma tal apreciação sobre o pensamento do filósofo? Ora, parece-nos absolutamente evidente que uma leitura mais atenta dos textos aristotélicos impõe a tais julgamentos um flagrante

---

21 Cf. *Met.* Γ, 1, com., 1003ª21-3; 31-2; E, 1, com., 1025ᵇ3-4; 1026ª23-32; 4, 1028ª3-4; K, 3, com., 1060ᵇ31-32; 1061ᵇ4-6.
22 Cf. *Met.* Γ, 1, 1003ª22.
23 Cf., ibidem, l. 23-6.
24 Cf. *Met.* E, 1, 1025b7-9.
25 Cf. *Ref. Sof.* 11, 172a11 seg.; *Ret.* I, 1, com., 1354a1-3; 1355b8-9; 2, com., 1355b25-34.
26 Aubenque, *Le problème de l'être...*, 1962, p.217, n.1.

desmentido.[27] Aprofundemos, então, um pouco mais, a doutrina da "passagem" (μετάβασις).

1.3 A "passagem" permitida, uma contradição aparente

E, com efeito, se é certo que não podemos passar, na demonstração, de um gênero para outro, daí não resulta, entretanto, que a passagem de uma ciência para outra seja absolutamente impossível. E o próprio filósofo, após ter afirmado que cada demonstração científica possui seu próprio gênero, a que a demonstração concerne,[28] continua: "É, por conseguinte, necessário que o gênero seja idêntico, ou de modo absoluto (ἁπλῶς), ou de um certo modo (πῆ), se a demonstração deve passar (μεταβαίνειν, subent.: de uma ciência a outra)".[29] Para exemplificar ciências diferentes que, se não de modo absoluto, ao menos, de um certo modo, concernem ao mesmo gênero, indica-nos o filósofo que tal fato ocorre com aquelas ciências cuja demonstração se estende aos objetos de outras, por lhes serem estas subordinadas em virtude da mesma subordinação de seus objetos aos objetos das primeiras: nesse sentido, são, de alguma maneira, idênticos os gêneros-sujeitos de que se ocupam, respectivamente, ótica e geometria, harmônica e aritmética etc.[30] E já tivemos, com efeito, a ocasião de referir-nos a essa questão, quando, ao estudar os silogismos do "que" e do porquê, mostramos como as ciências matemáticas fornecem a fundamentação última e o porquê definitivos àquelas outras ciências que se lhes subordinam, por irem nelas buscar premissas para suas próprias demonstrações, destarte intimamente associando-se às ciências mais exatas em que assentam sua própria cientificidade.[31] Assim,

---

27 Encontramos, no entanto, num excelente opúsculo de divulgação geral, da autoria de Paul Grenet, intitulado *Aristote ou la raison sans démesure*, 1962, uma visão mais justa do problema em questão: ler-se-á, com proveito, seu capítulo III (p.40-73), consagrado às Matemáticas.
28 Cf., acima, IV, 1.2 e n.11.
29 *Seg. Anal.* I, 7, 75b8-9.
30 Cf. *Seg. Anal.* I, 7, 75b14-7.
31 Cf., acima, II, 3.4.

ao aplicar-se, por exemplo, a demonstração geométrica às questões de ótica, diremos que, *num certo sentido*, permanecemos no interior de um mesmo gênero – o gênero próprio da geometria –, na medida em que não pode a demonstração geométrica aplicada à ótica provar, das linhas que considera, propriedades que não lhes pertençam enquanto linhas,[32] extremos e termos médios devendo provir do mesmo gênero.[33]

Ora, uma contradição, ao menos aparente, parece, no entanto, opor essa doutrina às explicações que Aristóteles aduz, um pouco mais adiante. Com efeito, mostrando que um conhecimento científico determinado procede de princípios próprios e que, se também o termo médio pertence a seu sujeito, *por si*, é necessário que o médio pertença à mesma família genérica,[34] continua o filósofo: "Se isso não se dá, será como se demonstram as proposições de harmônica pela aritmética".[35] Neste caso, com efeito, ainda que as proposições se provem de maneira semelhante às da aritmética, ocorre uma diferença: é que uma ciência prova o "que", enquanto o porquê é provado pela ciência superior, a que concernem, por si, as afecções que se demonstram: "o gênero--sujeito é diferente".[36] Poderá, então, concluir que "a demonstração não se aplica a um outro gênero, a não ser do modo como se disse aplicarem-se as demonstrações geométricas às mecânicas e óticas e as aritméticas, às harmônicas".[37]

Mas como não convir, então, em que, contrariamente ao que, há pouco, expusera, sobre uma certa permanência do mesmo gênero, nessas modalidades de demonstrações matemáticas aplicadas aos eventos físicos, o filósofo parece, agora, reconhecer, nesses mesmos casos, uma exceção à regra geral da impossibilidade de uma μετάβασις de um gênero a outro? Não somente não nos é, imediatamente, manifesto, se estamos, afinal, ou não, em presença de gêneros idênticos ou

---

32 Cf. *Seg. Anal.* I, 7, 75ᵇ17.
33 Cf., ibidem, l. 10-1; acima, IV, 1.2 e n.6.
34 Cf. *Seg. Anal.* I, 9, 76a4-9.
35 Ibidem, l. 9-10: εἰ δ μή, ἀλλ' ὡς τὰ ἁρμονικὰ δι'ἀριθμητικῆς.
36 Cf. ibidem, l. 10-3.
37 Ibidem, l. 22-5.

distintos, como, também, admitindo que se opere, efetivamente, uma μετάβασις, surge-nos o problema de torná-la inteligível no interior do sistema doutrinário, já que vimos decorrer sua impossibilidade teórica das mesmas características próprias da demonstração científica.[38] Não nos bastaria, por certo, limitar-nos à constatação de que o filósofo prevê uma "exceção" para sua doutrina.

Nem nos bastará, também, afirmar, simplesmente, que, "de fato, a ótica não é uma ciência distinta da geometria, nem a harmônica, da aritmética; a ótica e a harmônica são, simplesmente, aplicações da geometria e da aritmética, respectivamente".[39] Com efeito, todo o problema consiste em justificar, em face da doutrina da μετάβασις, a própria possibilidade de uma tal "aplicação" das propriedades *por si* dos gêneros matemáticos a gêneros aparentemente distintos; por outro lado, os textos aristotélicos que, até aqui, temos comentado, em nada nos conduzem a tomar mecânica, ótica, astronomia etc., como ciências que se confundem com as ciências matemáticas correspondentes. Tampouco será correto pretender que se trata, tão somente, de uma diferença de pontos de vista entre as ciências em questão e que, enquanto "as matemáticas puras estudam as formas, fazendo abstração do sujeito que lhes dá existência" e fornecendo as demonstrações causais e essenciais, "ao contrário, as ciências que lhes são subordinadas estudam o sujeito, a matéria à qual essas formas matemáticas são inerentes", observando os fenômenos de que essa matéria é substrato e recorrendo, para explicá-los, às demonstrações matemáticas, fornecendo, destarte, o conhecimento do "que", cujo porquê é conhecido pelas ciências superiores.[40] De fato, se é lícito afirmar, em propondo uma tal interpretação, que "isso pode fazer-se sem violar o princípio de homogeneidade, uma vez que as propriedades demonstradas são de natureza matemática",[41] não é menos

---

38 Cf., acima, IV, 1.2.
39 Ross, *Aristotle*, p.46.
40 Cf. S. Mansion, *Le jugement d'existence*..., 1946, p.145-6.
41 Ibidem, p.146.

verdade que se interpreta mal, desse modo, a doutrina aristotélica do ὅτι e do διότι. Com efeito, vimos[42] que o mero colecionamento empírico dos fatos observados, a mera descrição, por exemplo, dos fenômenos celestes que constitui a astronomia náutica, somente se dirá ciência em sentido extremamente lato, a designação de *ciência* do "que" reservando-se, propriamente, para a astronomia matemática que, fundamentando suas premissas menores na observação,[43] constrói suas demonstrações recorrendo às proposições que toma de empréstimo à geometria ou à estereometria e utiliza como seus próprios princípios; a oposição fundamental não se estabelece, pois, entre o empírico e o matemático, mas entre o *conhecimento matemático dos fatos físicos* e o *conhecimento matemático puro*. Não compreender, assim, o problema em foco, desconhecendo que o filósofo estabelece a hierarquia, não entre dois, mas entre três diferentes conhecimentos (a saber: o físico empírico, o físico matemático e o matemático puro) – e é preciso dizer que quase ninguém assim compreendeu[44] – é imputar, de algum modo, a Aristóteles, uma como *justaposição* ambígua de duas formas diferentes de conhecimentos "científicos", distribuídas, respectivamente, entre as partes matemáticas e as partes físicas de certas ciências, sem que se possa, devidamente, aclarar sua doutrina e compreender-lhe a intenção.

1.4 A física matemática e a doutrina da "passagem"

Mas como, então, haveremos nós de aclará-la? Ora, o primeiro ponto a estabelecer e deixar isento de toda dúvida concerne ao pleno reconhecimento, pelo filósofo, da existência de ciências físicas mate-

---
42 Cf., acima, II, 3.4.
43 Cf., também, *Prim. Anal.* I, 30, 46ª17 seg., onde Aristóteles distingue a experiência (ἐμπειρία) astronômica da ciência astronômica e afirma dependerem de uma apreensão suficiente dos fenômenos as demonstrações da astronomia.
44 Ross (cf. nota ad *Seg. Anal.* I, 13, 78ᵇ34-79ª16), viu corretamente a questão. Seu comentário baseia-se na obra de Heath, intitulada *Mathematics in Aristotle*, 1949, citada no fim da referida nota.

máticas, isto é, de ciências *físicas* de que a demonstração matemática faz *parte integrante*. Se não bastara quanto já vimos e discutimos a esse propósito, convencer-nos-ão os *Segundos Analíticos*, de modo ainda mais explícito; com efeito, mostrando que um conhecimento meramente empírico do arco-íris está para a ótica, como esta para a geometria, acrescenta Aristóteles: "Pois cabe ao físico conhecer o 'que', o porquê, ao ótico, ao que o é, simplesmente, ou ao que o é, conforme ao conhecimento matemático".[45] Em outras palavras, o ótico, enquanto é, simplesmente, um "físico", um observador e conhecedor da φύσις, conhecerá o arco-íris como um mero fenômeno empiricamente constatável, possuidor de tais ou quais propriedades; mas, enquanto se diz, em sentido rigorosamente científico, ótico, ele constituirá a ciência matemática do arco-íris. Enquanto meramente "empírica", a ótica conhece, assim, os eventos naturais, inatingíveis para a ciência matemática pura, que ela própria, enquanto ótica matemática, isto é, enquanto equipada com a razão geométrica, explica segundo as suas reais determinações causais. Do mesmo modo, a verdadeira ciência astronômica é ciência que, a meio caminho entre a geometria (ou a estereometria) pura e a astronomia empírica dos navegantes, conhece, matematicamente, fenômenos celestes.

Digamos, então, sem temor de avançar temeridades, que, segundo o pensamento aristotélico, tais partes da física conhecem, também, as propriedades matemáticas de seus objetos. Mas ouçamos, uma vez mais, o próprio filósofo, que nos diz, num texto importante de sua *Física*: "... é preciso considerar em que difere o matemático do físico (pois, com efeito, os corpos naturais possuem planos e formas sólidas, comprimentos e pontos, a cujo respeito o matemático investiga). Além disso, se a astronomia é diferente ou se é parte da física; de fato, é absurdo que seja da competência do físico conhecer o que é o sol ou a lua, mas que não o seja conhecer nenhum de seus acidentes por si, e entre outras razões, pelo fato de que os que falam sobre a natureza

---

45 *Seg. Anal.* I, 13, 79ª11-3.

(φύσις), também falam, manifestamente, sobre a figura da lua e do sol e, naturalmente, também, sobre se são esféricos, ou não, a terra e o cosmo. Ora, também o matemático lida com essas coisas, mas não enquanto cada uma delas é limite de um corpo natural, nem considera ele os acidentes, enquanto o são de tais seres. Eis por que os separa (χωρίζει); com efeito, são separáveis (χωριστά) do movimento, pelo pensamento, e nenhum inconveniente há, nenhuma falsidade resulta de sua separação ... . Mostram-no, também, as partes mais físicas das matemáticas, como a ótica, a harmônica e a astronomia; elas comportam-se, com efeito, em sentido inverso, de um certo modo, ao da geometria. Pois a geometria investiga sobre a linha física, mas não, enquanto física; a ótica, por outro lado, investiga a linha matemática, mas não, enquanto matemática e, sim, enquanto física".[46]

Como se vê, ao mesmo tempo que reconhece, claramente, ser absurdo pretender-se que a Física não conheça as propriedades matemáticas dos corpos naturais, estabelece nosso texto que "as partes mais físicas das matemáticas" consideram as grandezas matemáticas "enquanto físicas", isto é, não as *separam* – como as matemáticas puras –, mas tomam-nas como determinações quantitativas dos seres naturais e, como tais, as conhecem e utilizam em suas demonstrações. Uma tal apresentação da questão não pode, obviamente, querer significar senão que "a astronomia (como a ótica e a harmônica), embora habitualmente computada como um ramo especialmente físico da matemática, é realmente um ramo da física".[47] E se, desse modo, uma vez mais se delineia, com grande clareza, o estatuto das ciências físicas matemáticas dentro do sistema aristotélico das ciências, também se apontam os fundamentos da matematização do mundo físico: é a própria natureza dos mesmos seres matemáticos – tal como o filósofo os concebe – que explica a possibilidade de um estudo matemático dos fenômenos físicos. Com efeito, o mesmo fato de não terem os seres matemáticos uma realidade "separada", mas

---

46 *Fís.* II, 2, 193ᵇ23-194ᵃ12.
47 Ross, nota *ad Fís.* II, 194a7-12.

de, tão somente, constituírem propriedades das coisas físicas que a "separação" matemática faz passar ao ato,[48] permitindo, destarte, a constituição de uma ciência que, em si mesmos, os considera, torna também possível "uma extensão da explicação matemática aos objetos físicos ou naturais, na medida em que a quantidade os afeta".[49] As partes matemáticas da física permitem-nos, então, reintegrar no mundo físico sua "verdade" matemática, que as matemáticas puras, isoladamente, conheceram.

Mas não haverá, também, maior dificuldade em conciliar essa perspectiva com a doutrina da μετάβασις. É que, mesmo quando utilizadas pelas ciências físicas, as demonstrações matemáticas permanecem, sempre, de algum modo, no interior de seus gêneros próprios, uma vez que, ainda que diretamente referidos aos objetos físicos, não se lhes aplicam os raciocínios matemáticos senão na mesma medida em que são aqueles, por sua própria natureza, matematicamente determinados. Assim, por exemplo, a ótica não deixa, por um só momento, de considerar as linhas geométricas, muito embora as considere como linhas geométricas "físicas". E, por outro lado, num outro sentido, é manifesto que nos é lícito falar de mudança de gênero: o raciocínio ótico passa das propriedades das grandezas lineares por si mesmas consideradas às propriedades da luz e dos raios luminosos que a vista percebe. O que a doutrina da μετάβασις exclui, porém, é que possa uma ciência particular, caracterizada e definida por tal ou qual gênero determinado, deixar de a ele referir-se e passar para outro gênero, no curso de seu processo demonstrativo. Neste sentido, não há, então, como falar de exceção para essa regra, nem entendemos que se possa arguir esse aspecto da doutrina de menos claro ou menos coerente.

---

[48] Os seres matemáticos, com efeito, presentes "materialmente" (ὑλικῶς, cf. Met. M, 3, 1078ª28-31) nas coisas sensíveis, nelas têm, assim, uma realidade meramente potencial, constituindo-lhes as determinações materiais inteligíveis, a ὕλη νοητή, cf. Met. Z, 10, 1036ª9-12.

[49] Grenet, Aristote, 1962, p.70. Mas erra o autor, a nosso ver, ao pretender (cf. ibidem, p.71) que as ciências como a ótica, mecânica, harmônica etc. são consideradas, por Aristóteles, partes das matemáticas.

Se assim é, somente a desatenção aos textos do filósofo explica que se lhe possa imputar qualquer responsabilidade pela longa hibernação da física matemática até a sua moderna "descoberta". Nem pudera ele ter ignorado os estudos que, em seu tempo, nesse campo se fizeram: os trabalhos da Academia, a atividade científica de seus condiscípulos, as investigações astronômicas de um Eudoxo, de um Calipo, ... de um Aristóteles![50] Mas, também, não nos escapará que, para a doutrina aristotélica, aquele que parece ser o problema central de toda epistemologia moderna, o da adaptação permanente das matemáticas à experiência,[51] não constituía, realmente, uma fonte de aporias: resolvia-o, sem maiores dificuldades, sua própria concepção dos objetos matemáticos. Toda a agudeza moderna e, sobretudo, contemporânea, daquela questão, para o problema do conhecimento, ter-se-á manifestado, entre outras razões, a partir do momento em que se julgou não mais poder aceitar-se, como uma explicação válida da matematização do mundo físico, a doutrina aristotélica da "separação".

2 Os princípios próprios

2.1 Gêneros e princípios

Vimos, acima, que toda ciência possui um gênero próprio a que concerne todo o seu processo demonstrativo e cujas afecções (πάθη) ou atributos *por si* ela prova, nas conclusões de seus silogismos.[52] Se toda demonstração se exerce, assim, no interior de um gênero-sujeito e se tudo quanto se demonstra, em última análise, a ele se refere e lhe pertence *por si*, é igualmente óbvio que também lhe são concernentes as mesmas proposições primeiras e indemonstráveis,

---
50 Cf. *Met.* Λ, 8 (sobre os princípios dos movimentos eternos) e as elucidativas notas de Ross, em comentário a esse capítulo.
51 Cf. Piaget, *Introduction à l'Épistemologie Génétique*, 1950, tome I, p.53.
52 Cf., acima, IV, 1.2.

por onde sabemos principiar toda demonstração,[53] cuja necessidade e "per-se-idade", igualmente, já estabelecemos.[54] Em outras palavras: aquelas proposições *sobre o gênero* que são primeiras e indemonstráveis constituem os princípios primeiros de uma ciência demonstrativa. Compreendemos, assim, que, chamando de *"princípios, em cada gênero, aquelas coisas de que não é possível provar que são* (ὅτι ἔστι)*"*,[55] possa o filósofo chamar os mesmos gêneros próprios de princípios próprios (ἴδιαι ἀρχαί) das ciências, tomando o número e grandeza, por exemplo, como princípios próprios, respectivamente, da aritmética e da geometria.[56] E nenhuma incompatibilidade há, por certo, entre chamar-se de princípios às premissas imediatas da demonstração[57] e dizer princípios os próprios gêneros, isto é, os sujeitos reais de cujas naturezas vão as ciências inferir as propriedades que, *por si*, lhes pertencem. Com efeito, se, enquanto se constitui mediante uma cadeia de silogismos demonstrativos, tem a ciência seus princípios nas primeiras premissas por onde a cadeia principia, não é menos evidente que, enquanto tais silogismos reproduzem a própria ordenação real das coisas, os princípios-proposições não são mais que a transcrição, no discurso, dos princípios reais de que derivam seu ser os atributos reais que a ciência, por eles e a partir deles, conhece.[58]

---

53 Cf., acima, III, 6, onde se provou a existência de princípios indemonstráveis.
54 Cf., acima, III, 5.
55 *Seg. Anal.* I, 10, com. 76ª31-2. Não vemos por que dizer, com Aubenque (cf. Aubenque, *Le problème de l'être...*, 1962, p.55, n.5), que uma tal definição negativa do princípio exprime, antes de tudo, "l'impuissance du discours humain". A indemonstrabilidade dos princípios não é mais que a contraparte de sua natureza de proposições primeiras e imediatas (cf., acima, II, 5.2), exprimindo, no discurso, a natureza dos gêneros-sujeitos; nesse sentido, não é válido dizer que a definição de princípios se constitui por via negativa.
56 Cf. *Seg. Anal.* I, 32, 88b27-9. E distinguir-se-ão, assim, dentre os princípios próprios, as primeiras premissas imediatas, uma só para cada gênero (cf. *Seg. Anal.* I, 32 88b20-1), elementos absolutamente primeiros dos gêneros a que concernem as demonstrações (cf. *Seg. Anal.* I, 6, 74b24-5), isto é, as mesmas definições dos gêneros-sujeitos (cf. Ross, nota ad *Seg. Anal.* I, 32, 88b9-9).
57 Cf., por exemplo, *Seg. Anal.* I, 2, 72a7.
58 Não se deve, pois, dizer, como Le Blond (cf. Le Blond, *Logique et méthode...*, 1939, p.112), que "il semble que ce soit plutôt aux existants [...] qu'Aristote applique plus proprement le terme de principes". Nem vemos por que conceder a Mansion (cf. *Le jugement d'existence...*,

Pois "é comum a todos os princípios ser o elemento primeiro a partir de que algo é, devém ou é conhecido".[59]

Patenteia-se-nos, também, então, por que, desde o princípio dos *Segundos Analíticos*, identificava Aristóteles premissas primeiras e princípios *apropriados* (ἀρχαὶ οἰκεῖαι)[60] e em que sentido afirmava, após enumerar as notas características das premissas da demonstração, que "assim, também, os princípios serão apropriados à coisa demonstrada".[61] E é-nos, agora, permitido concluir que "é manifesto que se não pode demonstrar cada coisa senão a partir dos princípios de cada uma, se pertence o demonstrado a seu sujeito, enquanto tal".[62]

2.2 Teses, hipóteses e definições

Ora, Aristóteles já nos dera, após enumerar e justificar as notas características das premissas da demonstração, uma indicação preliminar sobre as modalidades de princípios, que se podem reconhecer em uso nas ciências matemáticas:[63] opusera ao *axioma* (ἀξίωμα), princípio que tem necessariamente de possuir quem quer que deva conhecer e aprender *o que quer que seja*, a *tese* (θέσις), princípio indemonstrável mas cujo conhecimento prévio não se impõe como condição necessária ao conhecimento de uma coisa qualquer, isto é, princípio próprio e não comum, como o axioma, caracterizando-se por sua especificidade e por ser pertinente a um gênero determinado. E subdividira as teses, distinguindo entre a *hipótese* (ὑπόθεσις), tese que assume uma qualquer das partes de uma contradição,[64] "pondo" que algo é ou que não é,

---

1946, p.137), que haja, da parte de Aristóteles, "un certain abus de langage à déclarer que le genre est un principe" e que "À strictement parler, le principe est la proposition qui concerne le genre et non le genre lui-même".

59 *Met.* Δ, 1, 1013ª17-9.
60 Cf. *Seg. Anal.* I, 2, 72ª5-6; acima, II, 1.2 e n.7. Não nos parece, como a Ross (cf. nota *ad* 72ª5-7), que Aristóteles entenda, nesta passagem, por princípios *apropriados* tanto os princípios próprios como os axiomas ou princípios comuns.
61 Cf. *Seg. Anal.* I, 2, 71ᵇ22-3; acima, II, 1.1 e n.1.
62 *Seg. Anal.* I, 9, com., 75b37-8.
63 Cf. *Seg. Anal.* I, 2, 72a14-24; acima, II, 5.2 e n.209 e 210.
64 Lendo, com Ross e Colli, ἀντιφάσεως, em *Seg. Anal.* I, 2, 72ª19, em lugar de ἀποφάνσεως.

formulando-se, portanto, apofanticamente, numa proposição,[65] e a *definição* (ὁρισμός), a qual, ainda que não se formulando assim, é uma tese (θέσις): "com efeito, o aritmético 'põe' (τίθεται) que unidade é o indivisível segundo a quantidade; mas não é uma hipótese, pois o que é a unidade e a unidade ser não são a mesma coisa".[66] O que se exige, no que concerne às definições, é, tão somente, a sua compreensão, já que não assumem elas o ser ou o não ser de coisa alguma, como o fazem as hipóteses, que se encontram nas premissas e a partir das quais as conclusões se engendram.[67]

Em verdade, temos aí um uso técnico dos termos "tese" e "hipótese", que não coincide com a significação que eles habitualmente assumem na linguagem aristotélica comum. Pois o filósofo costuma chamar de "hipóteses" todas aquelas proposições, independentemente de serem ou não demonstradas, que se assumem para que algo se demonstre:[68] é hipótese, assim o que ὑποτίθεται, o que se *subpõe*, como

---

[65] A πρότασις (proposição) definira-se, precisamente, como uma ou outra das partes de uma contradição, cf. *Seg. Anal.* I, 2, 72ª8-9; acima, I, 3.3 e n.169.

[66] *Seg. Anal.* I, 2, 72ª21-4; cf. II, 7, 92ᵇ10-1: "o que é o homem e o homem ser são coisas diferentes". E como, expressamente, estabelece o tratado da *Interpretação* (cf. *Da Int.* 5, com. 17ª8 seg.), todo discurso enunciativo, isto é, apofântico, quer seja afirmativo, quer negativo, não prescinde absolutamente do verbo e, assim, portanto, "o discurso que define o homem, se não se lhe acrescente 'é', 'será', 'foi' ou algo semelhante, não é ainda um discurso enunciativo" (ibidem, l. 11-2), donde, imediatamente, decorre que não se coloca, para a definição tomada em si mesma, o problema da verdade ou falsidade (cf. ibidem, 4, 17ª2-3).

[67] Cf. *Seg. Anal.* I, 10, 76b35-9.

[68] Cf. Bonitz, *Index*, p.796ᵇ59 seg.: "logice ὑποθέσεις eæ sunt propositiones, sive demonstratae sive non demonstratæ, quibus positis aliquid demonstratur". Como textos exemplificativos desse uso amplo, cf. *Seg. Anal.* I, 3, 72ᵇ15 (v. acima, II, 5.3 e n.218); *Ét. Eud.* VII, 2, 1235ᵇ30; *Céu* I, 7, 274ª34; II, 4, 287ᵇ5 etc.; é óbvio, por outro lado, que uma tal significação nos permite falar de hipóteses falsas, cf., por exemplo, *Met.* M, 9, 1086ª15-6. Prende-se, também, a essa significação geral de "hipótese" a noção de silogismo hipotético (συλλογισμὸς ἐξ ὑποθέσεως), cf. *Prim. Anal.* I, 44 (todo o capítulo). Em artigo intitulado "Noção de análise e de hipótese na filosofia de Aristóteles" (in *Revista da Faculdade de Filosofia e Letras de S. Bento*, 1931, março, p.15-40), Alexandre Correia distingue (cf. p.28) três sentidos do termo "hipótese", em Aristóteles: o sentido técnico de princípio de uma ciência particular, o sentido comum, de origem platônica e matemática, que é o da generalidade dos textos aristotélicos, e um sentido geral, conforme ao qual ὑπόθεσις seria sinônimo de ἀρχή, enquanto princípio de conhecimento. Mas, a nosso ver, o texto de *Met.* Δ, 1, 1013ª14-6, com que A. Correa pretende documentar esse terceiro sentido, explica-nos, apenas, que se pode dizer, também, princípio (ἀρχή) aquele primeiro elemento a partir de que uma coisa

fundamento, a uma argumentação. Nem era muito dessemelhante o uso platônico habitual desse vocábulo[69] que, tomando o termo ao vocabulário matemático,[70] por ele designava a proposição que, provisoriamente, se admite, para proceder ao exame das consequências que dela resultam, a idêntico exame procedendo-se com sua contraditória: e outro não era, como se sabe, o método que a um Sócrates jovem propusera o velho Parmênides para a prática de exercícios dialéticos.[71] Consagrando, então, uma nova significação para o vocábulo, em reconhecendo que, mercê das exigências próprias da ciência, suas hipóteses possuem características especiais que, nitidamente, as distinguem das hipóteses comuns, os *Segundos Analíticos* insistirão na diferença entre as hipóteses ἁπλῶς, em sentido absoluto, de que parte a ciência, e as hipóteses *ad hominem*, aquelas proposições, por exemplo, que, embora demonstráveis, não são demonstradas, mas assumidas pelo mestre perante um discípulo que a elas assente.[72] Tampouco o vocábulo "tese", por sua vez, designa habitualmente o fundamento indemonstrável da demonstração, mas emprega-se, antes, num sentido bastante amplo, aproximadamente idêntico ao sentido amplo de "hipótese", isto é, significando quanto se "põe" (τίθεται) como fundamento de argumentação.[73]

---

se conhece, como, por exemplo, as hipóteses das demonstrações; em outras palavras: no sentido comum do termo, as hipóteses, em sendo ponto de partida de um conhecimento (para nós ou em sentido absoluto), dir-se-ão, enquanto tais, princípios.

69 Cf., por ex., *Tim.*, 53ᵈ; *Fed.*, 94ᵃ⁻ᵇ; 100ᵃ⁻ᵇ; 101ᵈ; *Parm.*, 128ᵈ; 136ᵃ⁻ᶜ; *Fedro*, 236ᵇ; *Sof.*, 244ᶜ; *Prot.*, 361ᵇ; *Rep.*VI, 510ᶜ etc.
70 Cf. *Men.*, 86e seg.
71 Cf. *Parm.*, 135ᵉ seg.
72 Cf. *Seg. Anal.* I, 10, 76b27-30. Por outro lado, o filósofo chama de postulado (αἴτημα) a proposição demonstrável que se não demonstra, mas para a qual se postula o assentimento do discípulo, quando este último não tem opinião sobre a matéria ou tem opinião contrária, cf. ibidem, l. 30-4.
73 Cf. Bonitz, *Index*, p.327ᵇ18 seg., sobre a correspondência dos vários usos de θέσις com os de τιθέναι. Nos *Tópicos*, Aristóteles chamava de *teses* as concepções paradoxais de filósofos reputados ou, simplesmente, os juízos que se sustentam em desacordo com as opiniões comumente aceitas, donde constituírem todas as teses problemas dialéticos (ainda que nem todo problema constitua uma tese, uma vez que há problemas sobre os quais não se tem opinião definida), cf. *Tóp.*I, 11, 104ᵇ19 seg. Mas, assim definindo *tese*, estava o filósofo

2.3 As formas de conhecimento prévio

Por outro lado, ao retomar o exame das diversas modalidades de princípios,[74] Aristóteles o faz em termos que, imediatamente, nos remetem à primitiva distinção que estabelecera entre as várias formas de conhecimento prévio a um saber dianoético,[75] quando distinguira entre o conhecimento preliminar do "que" (por exemplo, do princípio do terceiro excluído), o conhecimento preliminar da significação (por exemplo: o que é triângulo) e o prévio conhecimento de ambas as coisas conjugado (por exemplo, o conhecimento de *que* a unidade é e da significação de "unidade"). Percebemos, imediatamente, agora, que a definição, em si mesma considerada, corresponde ao conhecimento prévio da significação, para o qual apenas a compreensão se exige,[76] assim como corresponde a hipótese a um conhecimento prévio do "que é". Ora, acrescenta-nos, agora, o filósofo: "Assume-se, pois, o que significam os elementos primeiros e os que destes provêm; quanto ao 'que é', é necessário assumi-lo para os princípios, prová-lo, porém, para as outras coisas; por exemplo, assumir o que é unidade ou o que são o reto e o triângulo, mas assumir que a unidade e a grandeza são, prová-lo, para as outras coisas".[77] Assim,[78] dentre o que é próprio (ἴδιον) a cada ciência, distingue Aristóteles, aqui, entre princípios – como, por exemplo, a unidade, para a aritmética; o ponto e a linha, para a geometria –, dos quais se assumem "o ser e ser tal coisa" (τὸ ε ναι καὶ τοδὶ ε ναι)[79] e cujos atributos *por si* a ciência considera, e, de outro lado, estas mesmas afecções *por si*,[80] cuja significação é previamente

---

consciente de inovar a terminologia, afastando-se da habitual, em que se diziam teses todos os problemas dialéticos, isto é, quantas proposições se tomam por objeto de uma interrogação contraditória, para fins de exame e discussão dialética, independentemente de se conformarem, ou não, às opiniões aceitas, ou de haver, ou não, quem as sustente, cf. ibidem, 104ᵇ34-105ᵃ2.
74 Em *Seg. Anal.* I, 10.
75 Cf., acima, II, 4.2 e n.101 a 103.
76 Cf. *Seg. Anal.* I, 1, 71a13.
77 *Seg. Anal.* I, 10, 76a32-6.
78 Cf. ibidem, b3 seg.
79 Cf. ibidem, l. 6.
80 Cf. ibidem, l. 6-11; 15-6.

assumida nas *definições* que nos proporcionam a compreensão dos termos, mas cujo "que é" é demonstrado e não, assumido por hipótese. É o caso, por exemplo, do par e do ímpar, do quadrado e do cubo, para a aritmética, do irracional, da deflexão ou da "declinação" ou, ainda, do reto e do triângulo,[81] para a geometria: nesses casos, como em todos

---

81 Cf. ibidem, 76ª35-6. Com efeito, é doutrina constante de Aristóteles que o geômetra assume, previamente, apenas a significação de "triângulo", mas prova que o triângulo é, isto é, que configura uma certa propriedade das linhas geométricas (cf., além do texto indicado, *Seg. Anal.* I, 1, 71ª14-5; II, 7, 92ᵇ15-6; 10, 93ᵇ31-2). Tem toda razão S. Mansion (cf. *Le jugement d'existence*..., 1946, p.165, n.31) em não concordar com Mure quando este, em nota *ad Seg.* I, 1, 71ª14, reconhecendo que Aristóteles afirma explicitamente que do triângulo só se assumirá previamente a definição, diz, entretanto: "Elsewhere τρίγωνον as a rule appears as one of the subjects of which the geometer assumes the meaning and being and demonstrates properties; here it seems to be instanced as a property, of which only the meaning is assumed". E Mure atribui, então, o que lhe parece ser, no texto em questão, uma outra maneira de caracterizar o triângulo, considerando-o apenas como uma propriedade das linhas geométricas, ao caráter preliminar do primeiro capítulo dos *Segundos Analíticos*, julgando provável que Aristóteles esteja tão somente recorrendo, embora sem explicitação, à distinção entre assunção tácita e assunção explícita de que o sujeito é, consoante o texto de *Seg. Anal.* I, 10, 76ᵇ16 seg. Tal interpretação levará Mure a entender um texto como o de *Seg. Anal.* II, 7, 92ᵇ15-6, de modo extremamente artificial, traduzindo ὅτι δ' ἔστι [subent.: o triângulo] δείκνυσι por *"but that it is possessed of some attribute he proves"*; sua interpretação é, aliás, aceita, sem discussão, por Le Blond (cf. *Logique et méthode*..., 1939, p.116, n.1; 182 e n.1), mas S. Mansion reclama (cf. *loc. cit.*) referências mais precisas, que não encontra, para o *"elsewhere"* de Mure. Ross, porém, que comenta, quase com palavras idênticas às de Mure, o texto de *Seg. Anal.* I, 1, 71ª14-5 (cf. nota *ad* 1.14), julga encontrar (cf. nota *ad* 10, 76ª34-5), no texto de 4, 73ª34-7, isto é, na passagem em que o filósofo define o primeiro sentido de "por si" (καθ'αὑτό, cf., acima, III, 1.1 e n.4), uma indicação de que poderia o triângulo propor-se como um exemplo de τὰ πρῶτα, de sujeitos primeiros assumidos pela geometria. Ora, em verdade, o fato de aparecer o triângulo, nesse texto, como sujeito a que pertence a linha, *por si*, por ser um elemento de sua definição, a nenhum momento obriga que se considere ele como um princípio primeiro da ciência geométrica; com efeito, basta atentarmos para o segundo sentido de "por si", que o filósofo, logo em seguida, define (cf., acima, III, 1.1 e n.8), para verificarmos que quantos atributos pertencem a uma coisa *por si*, no segundo sentido, uma vez que pertencem seus sujeitos a suas mesmas definições, explicitar-se-ão, nestas, como sujeitos a que se dirão pertencer *por si*, no primeiro sentido, os mesmos sujeitos reais de que são atributos. Ora, a interpretação de Ross obrigá-lo-ia, por coerência com sua posição, a converter todos esses atributos "por si" (no segundo sentido) em sujeitos primeiros da ciência, tal como fez com o triângulo, o que é, evidentemente, absurdo. Tampouco estranharemos, então, que o triângulo apareça, em *Seg. Anal.* II, 2, 90ª13 (texto que Ross poderia ter sido tentado a invocar em favor de sua interpretação), como um sujeito (ὑποκείμενον) sobre o qual se pergunta, como sobre a terra, o sol, a lua ou a noite, se ele é, em sentido absoluto (εἰ ἔστιν ἁπλῶς); de fato, o próprio exemplo da noite, que, como diz com acerto

os semelhantes, principia o matemático por definir tais termos, para, em seguida, mostrar que lhes correspondem entes reais, afecções *por si* dos gêneros que estuda. E podemos dizer que "haverá, portanto, demonstração do 'que é', o que, precisamente, fazem, também, as ciências, atualmente. Com efeito, o geômetra assume o que significa o triângulo, mas prova que ele é".[82] Nada impede, porém, que possam as ciências omitir algumas dessas assunções iniciais, não assumindo, explicitamente, por exemplo, que o gênero é, quando isto é manifesto, como no caso do frio e do quente, e não assumindo, também, as significações das afecções a serem demonstradas, se elas são evidentes.[83]

2.4 Solução de uma falsa aporia

Alguns textos aristotélicos poderiam, é certo, parecer-nos, à primeira vista, embaraçantes, em face dessa subdivisão dos princípios próprios ou teses em hipóteses e definições. Com efeito, não nos diz o filósofo, nos mesmos *Segundos Analíticos*, que "os princípios das demonstrações são definições, das quais se mostrou anteriormente que não haverá demonstrações",[84] sem nenhuma referência aparente às hipóteses? E, quando, na *Metafísica*, se compara a gênese do silogismo com a geração em geral (natural, artística ou espontânea), é o mesmo discurso da quididade[85] que se toma como princípio do conhecimento: "Por conseguinte, como nos silogismos, a essência (οὐσία) é o princí-

---

S. Mansion (cf. *Le jugement d'existence*...,1946, p.164), Aristóteles jamais poderia considerar uma essência, quando a sequência do mesmo texto vê, no eclipse, um atributo, demonstra, suficientemente, que aquela pergunta sobre o "se é" se põe a respeito de uma coisa qualquer, sujeito ou atributo, independentemente da categoria a que pertença e de sua situação de anterioridade ou posterioridade, numa determinada esfera do real e, portanto, na ciência correspondente.

82 *Seg. Anal.* II, 7, 92^{b}15-18. A tradução de Tricot, que segue a de Mure, é, como nota, com razão, S. Mansion, totalmente inaceitável (cf. *Le jugement d'existence*..., 1946, p.165, n.31). Veja-se, também, em Ross (cf. nota *ad Seg. Anal.* II, 7, 92^{b}16), a contestação da interpretação de Mure.

83 Cf. *Seg. Anal.* I, 10, 76b16-20.

84 *Seg. Anal.* II, 3, 90b24.

85 Sobre a definição como discurso da quididade, cf., acima, cap.III, n.6.

pio (ἀρχή) de todas as coisas; de fato, do 'o que é' provêm os silogismos, aí têm início as gerações".[86] Também o elogio de Sócrates, por ter sido o primeiro a procurar, sistematicamente, definições universais, parece vir confirmar o mesmo privilégio da definição: "Aquele [subent.: Sócrates], porém, como era razoável, buscava o 'o que é', pois buscava construir silogismos e o 'o que é' é o princípio dos silogismos .... Duas, com efeito, são as coisas que se atribuiriam, com justiça, a Sócrates: os argumentos indutivos e o método de definir universalmente; ambas estas coisas, com efeito, concernem ao princípio da ciência".[87] Se todos esses textos, porém, privilegiam a definição como princípio da ciência, sem nenhuma referência explícita à presença das hipóteses, ocorre, por outro lado, que, tendo definido o princípio como premissa imediata da demonstração e chamado de πρότασις cada uma das partes da contradição,[88] Aristóteles mostrou-nos que entende como proposições que assumem uma das partes da contradição tão somente as hipóteses,[89] com as quais não confunde as definições:[90] sob esse prisma, pareceria, então, que são, desta vez, as definições que têm seu caráter de princípio científico obscurecido.

Mas não é difícil ver que se trata de uma falsa aporia. Com efeito, se lemos, atentamente, o texto em que descreve o filósofo de que modo nos são previamente conhecidas (προγινωσκόμενα) as premissas da demonstração científica,[91] verificamos que, dizendo serem as premissas anteriormente conhecidas tanto do ponto de vista da compreensão quanto do ponto de vista do "que é", indica-nos Aristóteles, *ipso facto*, ter em vista premissas primeiras ou princípios que se formulam como proposições que *conjugam* o "o que é" e o "que é", isto é, que se apresentam sob a forma de hipóteses e definições *fusionadas*, assumindo, por exemplo, que os gêneros-sujeitos *são* as suas respectivas quidida-

---

86 *Met.* Z, 9, 1034ª30-2.
87 *Met.* M, 4, 1078ᵇ23-30.
88 Cf. *Seg. Anal.* I, 2, 72a7 seg.; acima, II, 5.1 e n.198; I, 3.3 e n.169.
89 Cf., acima, IV, 2.2 e n.64 e 65. Cf., também, *Seg. Anal* I, 19, com., 81b10 seg.
90 Cf., acima, IV, 2.2 e n.66 e 67.
91 Cf. *Seg. Anal.* I, 2, 71ᵇ31-3; acima, II, 4.2 e n.97; 100 a 103.

des. Se, em si mesmas consideradas, são as definições meros discursos significativos do "o que é", desprovidos de valor apofântico,[92] às definições que as ciências utilizam como princípios vêm sempre associar-se as hipóteses que assumem o ser daquelas mesmas coisas cujo *ser tal coisa* as definições exprimem; por isso mesmo, contrariamente ao que ocorre com as definições das afecções *por si*, cujo "que é" não assume a ciência, mas demonstra,[93] convertem-se tais definições em *teses*, no sentido forte do termo. Quanto àquelas outras, como as definições de triângulo, par e ímpar, quadrado e cubo etc., desempenham elas papel bem mais modesto, não se constituindo princípios da demonstração; nada mais são que uma explicitação, por certo conveniente e, por vezes, mesmo necessária, da mesma linguagem que a demonstração emprega: é útil, por exemplo, nas matemáticas, conhecer previamente, com exatidão, a significação a conferir-se àqueles termos há pouco mencionados, antes de empregá-los nos silogismos que vão provar e "construir" as realidades matemáticas que eles designam.[94] Tais definições nominais utilizar-se-ão, então, subsidiariamente, ao lado dos princípios, quando seu uso se fizer necessário, por razões de mera comodidade ou de exposição didática.

Compreende-se, pois, que se possa dizer serem definições os princípios da ciência, sem que nos venha causar aporia a ausência de referência explícita às hipóteses: é que Aristóteles se refere aos primeiros princípios, onde não se justapõem as hipóteses às definições, mas com estas se fundem;[95] do mesmo modo, entendemos que se definam *todos* os princípios como proposições, assumindo, sempre,

---

92 Sobre a distinção que Aristóteles estabelece entre as funções significativa e apofântica ou judicativa da linguagem, cf. Aubenque, *Le problème de l'être...*, 1962, p.106 seg.
93 Cf., acima, IV, 2.3.
94 Cf. S. Mansion, *Le jugement d'existence...*, 1946, p.204, n.158.
95 Embora, também, se sirvam as ciências de hipóteses que não correspondem diretamente a definições, como é o caso de todas as proposições imediatas outras que não os primeiros princípios; sobre a existência de um elevado número de tais proposições, imprescindíveis ao progresso da demonstração, cf., adiante, IV, 4.6 e n.304 a 309. Aliás, já o mesmo fato de haver princípios negativos (cf. *Seg. Anal.* I, 15 (todo o capítulo); 23, 84^{b}28-31 etc.) pareceria bastar para evidenciar a existência de hipóteses não conjugadas com definições.

portanto, uma das partes da contradição: é que as mesmas definições se assumem como predicados de seus *definienda*. Dizendo, então, por exemplo, que "a unidade é o indivisível segundo a quantidade", assume-se, ao mesmo tempo, que a unidade *é* e *o que é* a unidade: a *tese* inicial, princípio da ciência aritmética, reúne em si mesma, intencionalmente, *definição* e *hipótese*. Exprime-se, assim, na unidade de um só discurso, a unidade do mesmo pensamento que faz, ao mesmo tempo, evidentes, o "o que é" e "se é".[96] E não nos estranhará, portanto, que se refira a *Metafísica* às ciências que assumem, como hipótese, o "o que é"[97] para, dele partindo, demonstrar os atributos dos gêneros a que concernem.[98] Os mesmos *Segundos Analíticos* poderão dizer-nos: "Todas as demonstrações, manifestamente, põem como hipóteses e assumem o 'o que é'".[99]

E não parece, finalmente, senão muito natural que, assim, seja. A demonstração científica, com efeito, apresentou-se-nos como um encadeamento de proposições necessárias e *por si* a partir de proposições primeiras dessa mesma natureza, absolutamente anteriores e indemonstráveis, em que o predicado se diz, imediatamente, do sujeito, num intervalo indivisível,[100] sem que nenhum termo médio venha interpor-se entre o predicado e um sujeito que é, por si mesmo e imediatamente, causa de que o predicado dele se diga. E porque se processam todas as demonstrações no âmbito interno de gêneros

---

96 Cf. *Met.* E, 1, 1025ᵇ17-8.
97 Cf. *ibid.*, l. 11-2: ὑπόθεσιν λαβοῦσαι τὸ τί ἐστιν.
98 Cf. *ibid.*, l. 10-4. O texto opõe, às disciplinas propriamente científicas e mais exatas, outras que, procedendo mais "frouxamente", fazem evidente, em indicando-o à simples percepção, o que é o gênero a que concernem e de cujas propriedades se ocupam; Alexandre de Afrodísio (*apud* Ross, cf. nota *ad* l. 11) aponta, como exemplo de tais disciplinas, a medicina. Cf., também, K, 7, 1064a4 seg.
99 *Seg. Anal.* II, 3, 90b31-2: αἱ δ' ἀποδείξεις φαίνονται πᾶσαι ὑποτιθέμεναι καὶ λαμβάνουσαι τὸ τί ἐστιν. Assim, as matemáticas assumem, simplesmente, o "o que é" do ímpar, mas põem, como hipótese, o "o que é" da unidade, cf. *ibid.*, l. 32-3. Em função da interpretação geral que cremos impor-se aos textos que vimos comentando, julgamos dever traduzir ὑποτιθέμεναι, no texto acima, pelo sentido forte de "pôr como hipótese", conforme à definição técnica de hipótese, em *Seg. Anal.* I, 2, 72a20; para um uso semelhante de ὑποτίθεσθαι, cf. II, 9, 93b23-5.
100 Cf., acima, III, 6.5 e n.317 a 325.

determinados,[101] a estes hão, também, de respeitar as primeiras premissas imediatas das demonstrações,[102] que outras não serão, então, senão as definições-princípios, conjugadas com as hipóteses correspondentes, que atribuem aos gêneros-sujeitos, que afirmam *ser*, suas mesmas quididades. Tomando, desse modo, o "o que é" por princípio, as demonstrações científicas percorrerão as séries limitadas de quantos atributos pertencem, *por si*, aos sujeitos genéricos, por decorrerem de suas naturezas ou essências, que as definições iniciais explicitaram. Se, por outro lado, recordamos as duas acepções de "por si" que concernem à ciência,[103] patenteia-se-nos, logo, que se dirão "por si" os predicados das premissas primeiras, *no primeiro* sentido distinguido pelo filósofo, isto é, como elementos das quididades dos sujeitos a que se atribuem.[104] Por outro lado, as afecções *por si* dos gêneros que os silogismos da ciência demonstram, intimamente ligadas à natureza de seus sujeitos, da qual decorrem, configuram os atributos *por si* no *segundo* sentido, tendo seus mesmos sujeitos presentes em suas definições.[105]

3 Os axiomas ou princípios comuns

3.1 O terceiro elemento da demonstração

Se o saber científico se nos apresenta, como vimos, "multiplicado" segundo diferentes ciências, que correspondem a gêneros distintos, cujas propriedades *por si* elas demonstram, a partir de princípios pró-

---

101 Cf., acima, IV, 1.2.
102 Cf., acima, IV, 2.1.
103 Cf., acima, III, 1.2.
104 O que, obviamente, não significa que não venha a ciência a utilizar também, como premissas, definições de afecções *por si* anteriormente demonstradas, isto é, proposições em que se dirão os predicados de seus sujeitos, *por si*, no *primeiro* sentido, como elementos da quididade.
105 O estudo preciso das relações entre a definição e a demonstração, que Aristóteles empreende no Livro II dos *Segundos Analíticos* (cf., adiante, cap.V), esclarecerá, totalmente, o ponto em questão.

prios explicitados como definições e hipóteses, um terceiro elemento aparece, entretanto, nas demonstrações, ao lado do gênero e da coisa demonstrada, constituído pelos axiomas (ἀξιώματα),[106] pelos "axiomas chamados de comuns" (τὰ κοινὰ λεγόμενα ἀξιώματα)[107] ou, mais simplesmente, "princípios comuns" (κοιναὶ ἀρχαί)[108], isto é, por aquelas proposições "chamadas de axiomas, nas matemáticas",[109] "opiniões

---

106 Cf. *Seg. Anal.* I, 7, 75ª40-42; acima, IV, 1.2 e n.9.
107 *Seg. Anal.* I, 10, 76ᵇ14. Seguimos a maneira de traduzir de Colli (cf. *ad locum*), que preferimos.
108 Cf. *Seg. Anal.* I, 32, 88ª36.
109 Cf. *Met.* Γ, 3, 1005a20. Mais uma vez, temos um claro indício de como as matemáticas constituíram o suporte da reflexão aristotélica sobre a ciência, que delas confessadamente retira os mesmos termos técnicos com que designa os elementos da demonstração científica. Observe-se, porém, que essa significação de princípio comum às ciências, tomado de empréstimo à linguagem matemática, não é a única que possui o termo ἀξίωμα no vocabulário da lógica aristotélica. Com efeito, os *Tópicos* atestam um uso dialético do vocábulo, conexo com o do verbo ἀξιοῦν, quando significa "crer justo", "conveniente", portanto "exigir", "reclamar o assentimento" do interlocutor ao que se lhe propõe, à nossa πρότασις, cf., *Tóp.*VIII, 3, 159a7; 13, 163a3 etc. Nesse sentido, ἀξιοῦν é, praticamente, sinônimo de αἰτεῖν (cf. o uso técnico desse verbo, designando a *petição de princípio* ou *de contrários*, em *Tóp.*VIII, 13, 162b31, 34; 163a14, 23; *Ref. Sof.* 5, 167a37; 27, 181a15 etc.). *Axioma* era, então, no vocabulário dialético, a premissa do silogismo, enquanto se solicitava para ela o assentimento do interlocutor, a fim de provar e concluir, daí, a própria tese, cf. *Tóp.*VIII, 1, 156a23-24: τὰ ἀξιώματα λαμβάνειν ἐξ ὧν οἱ συλλογισμοί; 3, 159a4; *Ref. Sof.* 24, 179b14; *axioma* era, pois, no sentido etimológico do termo, um *postulado*. Tal uso dialético, provavelmente originário, terá sido tomado à linguagem dialética, pelas matemáticas, para designar seus princípios comuns, cuja aceitação inicial se postula. E Aristóteles, que conheceu e fez uso, como vimos, da acepção dialética do vocábulo, ter-lhe-á também conferido, seguindo o exemplo das matemáticas, uma significação mais técnica e limitada nos *Segundos Analíticos*, para designar exclusivamente os princípios comuns. Colli (cf. nota *ad Prim. Anal.* II, 11, 62a12-17), que crê, com razão, a nosso ver, dever buscar-se no emprego dialético do termo "axioma" a origem última da significação técnica que lhe empresta a teoria aristotélica da ciência, não faz, no entanto, nenhuma menção do emprego matemático do termo, que nos parece ter mediado entre a primitiva significação dialética e a noção aristotélica de princípio comum universal. Por outro lado, o fato de os *Primeiros Analíticos* utilizarem em II, 11, 62a11-17, ἀξίωμα, ao lado do verbo ἀξιοῦν, na sua primeira acepção dialética, não invalida nossa tese daquela mediação nem testemunha, a nosso ver, de nenhuma evolução interna da lógica aristotélica, como pretende Colli. Quanto ao vocábulo αἴτημα [lit.: *postulado*], que os *Tópicos* ignoram e os *Segundos Analíticos* introduzem (cf. I, 10, 76b30-34; acima, n.72 deste capítulo), aplicado antes à esfera do ensino que à da ciência propriamente dita, ele guarda de algum modo o primitivo sentido dialético de "axioma", já que designa a proposição para que se pede a aceitação do estudante, ainda que não tenha opinião a respeito ou tenha, mesmo, opinião contrária. Somente em Euclides, parece, αἴτημα passa a significar, paralelamente à expressão κοιναὶ ἔννοιαι, certo tipo de pressuposições básicas da ciência, cf. Ross, *Prior and Posterior Analytics, Introduction*, p.57.

comuns" (κοιναὶ δόξαι),[110] que a *Metafísica* também designa como "princípios demonstrativos" (ἀρχαὶ ἀποδεικτικαί)[111] ou "princípios silogísticos" (ἀρχαὶ συλλογιστικαί).[112] Porque comuns, tais princípios podem, então, ser idênticos nas diferentes demonstrações.[113]

Ocorre, com efeito, que "dentre as proposições que se utilizam nas ciências demonstrativas, umas são próprias (ἴδια) a cada ciência, outras são comuns (κοινά)".[114] Como exemplos de princípios comuns, aponta-nos Aristóteles o de não contradição ("não ser possível afirmar e negar ao mesmo tempo"),[115] o do terceiro excluído ("de toda coisa a afirmação ou a negação é verdadeira")[116] e o princípio "dos restos iguais" ("se se subtraem quantidades iguais de quantidades iguais, são iguais os restos").[117] Mas indica-nos, também, por alusão, ainda que sem formulá-los, a existência de outros princípios da mesma natureza.[118]

3.2 "Comuns" e axiomas, dialética e ciência do ser

Em verdade, "todas as disciplinas servem-se, também, de certos elementos comuns",[119] que "seguem" os ἴδια e são tais que nada impede se conheçam eles, em desconhecendo-se tal ou qual arte, a qual necessariamente se desconhece, entretanto, se eles não se conhecem.[120] Numerosos são esses elementos que se dizem, identicamente, de todas as coisas e, quais as negações, não constituem uma natureza ou um gênero determinado.[121] Eis, também, por que se torna possível o sur-

---

110 Cf. *Met.* B, 2, 996b28; 997a21.
111 Cf., ibidem, 996b26.
112 Cf. *Met.* Γ, 3, 1005b7.
113 Cf. *Seg. Anal.* I, 7, 75b2-3.
114 *Seg. Anal.* I, 10, 76a37-8.
115 Cf. *Seg. Anal.* I, 11, 77a10; *Met.* B, 2, 996b30 ("é impossível ser e não ser, ao mesmo tempo"); para uma formulação mais completa do princípio, cf. *Met.* Γ, 3, 1005b19-22; K, 5, 1061b34-1062a2.
116 Cf. *Seg. Anal.* I, 11, 77a22, 30; 32, 88b1; 1, 71a13-4; *Met.* B, 2, 996b29; Γ, 7, 1011b24.
117 Cf. *Seg. Anal.* I, 10, 76a41;b20-1; 11, 77a30-1; *Met.* K, 4, 1061b19-20.
118 Cf. *Seg. Anal.* I, 11, 77a31: ἢ τῶν τοιούτων ἄττα; cf., também, *Met.* B, 2, 996b30-1.
119 *Ref. Sof.* 11, 172a29-30.
120 Cf. ibidem, l. 25-7.
121 Cf. ibidem, l. 36-8.

gimento de uma técnica geral, não demonstrativa, de examinar sobre todas as coisas, independentemente de conhecimentos específicos,[122] a *peirástica* ou crítica,[123] que é parte da dialética.[124] Ora, dentre tais κοινά, dá-se o nome de "axiomas" àqueles que, revestindo o caráter de princípios silogísticos, deverão, necessariamente, possuir-se, para que se estude *o que quer que seja*,[125] proposições que são, por si mesmas, necessárias e que se devem, necessariamente, aceitar,[126] proposições primeiras a partir das quais (ἐξ ὧν) se demonstra,[127] princípios imprescindíveis, portanto, ao processamento de toda demonstração.[128] "Todas as ciências demonstrativas servem-se dos axiomas",[129] "todos deles se servem",[130] são eles as "opiniões comuns a partir das quais todos demonstram".[131]

Condições de toda e qualquer demonstração, "pertencem, com efeito, a todos os seres e não, particularmente, a um gênero determinado, separadamente dos outros. E todos deles se servem porque pertencem ao ser enquanto ser e cada gênero é".[132] O que equivale a dizer que "pertencem a todas as coisas, enquanto elas são (pois isto é o que lhes é comum)".[133] Conhecer um axioma é, portanto, conhecer uma propriedade do ser enquanto ser, conhecer, de uma propriedade

---

122 Cf. ibidem, 172ª39-ᵇ1; 9, 170ª38-9.
123 Cf. ibidem, 11, 172ª21 seg.
124 Cf. ibidem, 171ᵇ4-6; 8, 169ᵇ25; 34, 183ª39-ᵇ1. E, graças aos "comuns", organizando os seus *tópicos* (τόποι, cf. *Tóp*.I, 18, 108ᵇ33 etc.), pode a dialética "raciocinar silogisticamente sobre todo problema proposto, a partir de premissas aceitas" (*Tóp*.I, 1, 100ª19-20).
125 Cf. *Seg. Anal.* I, 2, 72a16-8. Tal caráter universal falta, precisamente, às teses ou princípios próprios, cf. ibidem, l. 14-6; acima, IV, 2.2 e n.63. Vê-se, por outro lado, que não podemos concordar com Hamelin, quando toma a expressão τὰ κοινά como mero sinônimo de ἀξιώματα, cf. *Le système d'Aristote*, 1931, p.247.
126 Cf. *Seg. Anal.* I, 10, 76b23-4.
127 Cf. ibidem, l. 14-5.
128 Cf. *Met*. B, 2, 997a19-21: "[...] se é certo que toda ciência demonstrativa considera, a respeito de um certo sujeito, os atributos por si, a partir das opiniões comuns".
129 Ibidem, l. 10-1.
130 *Met*. Γ, 3, 1005a23-4.
131 *Met*. B, 2, 996b28-9; cf., também, 1, 995b8; *Seg. Anal.* I, 1, 77a27-8.
132 *Met*. Γ, 3, 1005a22-5.
133 Ibidem, l. 27-8.

do ser enquanto ser, *que ela é* (ὅτι ἔστιν).[134] E seu mesmo caráter comum e universal, que os faz de todos conhecidos, explica que não precise a ciência assumir, explicitamente, a significação dos axiomas que utiliza e cujo "que é" assume:[135] o que cada um deles significa nos é sempre claro e as diferentes disciplinas os utilizam como princípios familiares.[136] É óbvio, então, que não serão os axiomas objeto de indagação de nenhuma ciência particular[137] e que cabe seu estudo à ciência do filósofo, que considera os atributos *por si* e os mais firmes princípios dos seres enquanto seres.[138] Se não coubera ao filósofo estudar os axiomas, a quem mais caberia, se eles são o que há de mais universal e os princípios de todas as coisas?[139]

Advirta-se, entretanto, que, se os axiomas são comuns às diferentes ciências, sua aplicação a cada uma delas dá-se analogicamente (κατ' ἀναλογίαν),[140] isto é, de modo limitado e proporcional, na exata medida do que é útil (χρήσιμον) e suficiente (ἱκανόν) para cada sujeito genérico.[141] Assim, o princípio "dos restos iguais", permanecendo formalmente idêntico, poderá formular-se com diferente conteúdo

---

134 Cf. *Seg. Anal.* I, 1, 71ª14-5. Compreendemos, assim, que, porque os axiomas exprimem propriedades que pertencem ao ser enquanto ser, possa o filósofo falar de seu "que é", como a respeito de qualquer outro atributo, sem que precisemos estranhar suas expressões, cf., acima, cap.II, n.103 (sobre a tradução de ὅτι ἔστιν por "que é", cf., acima, cap.I, n.173). Assim, não podemos aceitar a afirmação de S. Mansion de que, "quand Aristote parle de l'existence du principe du tiers exclu, cela ne peut guère s'entendre que de sa verité, de sa valeur" (*Le jugement d'existence...*, 1946, p.137). Tampouco Ross (cf. nota *ad Seg. Anal.* I, 1, 71ª11-7) atenta em que o "que é" dos princípios comuns se diz em sentido próprio, referindo-se a uma propriedade do ser.
135 Cf. *Seg. Anal.* I, 10, 76ᵇ20-1.
136 Cf. *Met.* B, 2, 997a3-5.
137 Cf. *Met.* Γ, 3, 1005a29 seg. Se os físicos pretenderam deles ocupar-se, acrescenta Aristóteles, foi porque imaginaram que sua ciência e investigação dizia respeito a toda a natureza e a todo o ser.
138 Cf. ibidem, l. 21-2; 1005b5 seg. Sobre a ciência do ser enquanto ser, cf. os textos indicados acima, n.21 deste capítulo.
139 Cf. *Met.* B, 2, 997a12-5.
140 Cf. *Seg. Anal.* I, 10, 76a38-9.
141 Cf. ibidem, l. 39-40, 42; 11, 77a23-5; *Met.* Γ, 3, 1005a23-7. E, desse modo, não se estende a demonstração além do gênero a que respeita e não se transgride, pois, a doutrina do caráter "regional" das ciências, cf., acima, IV, 1.2.

material, ao aplicar-se, por exemplo, às grandezas geométricas e aos números da aritmética;[142] também, a demonstração pelo absurdo assumirá, de maneira adequada ao gênero a que se estiver aplicando, o princípio do terceiro excluído[143] e, do mesmo modo, naturalmente, "cada ciência particular dá, do princípio da contradição, a expressão que se adapta à matéria que ela estuda, sem inquietar-se por saber se ele se aplica a outros domínios".[144]

De qualquer modo, constituem os κοινά os liames por que se comunicam, umas com as outras, todas as ciências,[145] cuja multiplicidade e diversidade genérica não as reduz, então, à condição de compartimentos absolutamente estanques de um saber irremediavelmente fragmentado, que as condenaria a um isolamento tão intransponível quanto, efetivamente, incompreensível. E não somente entre si se comunicam, mas por meio deles comunicam-se "também com todas elas a dialética e alguma ciência universal que tentasse provar os 'comuns', como, por exemplo, que de toda coisa a afirmação ou a negação é verdadeira, ou que são iguais os restos de quantidades iguais, ou outros da mesma natureza".[146] O que não significa, por certo, que a filosofia primeira seja capaz de efetivamente demonstrar, por exemplo, os grandes princípios universais da não contradição e do terceiro excluído, cujo estudo vimos ser de sua competência.[147] Imediatos e indemonstráveis, os axiomas o são, como todos os princípios,[148] e, se alguns reclamaram uma demonstração para o mesmo princípio de não contradição,[149] o mais sólido (βεβαιοτάτη) de todos os princípios, a cujo propósito o engano é impossível, princípio an-hipotético e o

---
142 Cf. Seg. Anal. I, 10, 76ª41-ᵇ2.
143 Cf. Seg. Anal. I, 11, 77a22-5.
144 S. Mansion, Le jugement d'existence..., 1946, p.149.
145 Cf. Seg. Anal. I, 11, 77ª26-7: ἐπικοινωνοῦσι δ πᾶσαι αἱ ἐπιστῆμαι ἀλλήλαις κατὰ τὰ κοινά.
146 Ibid., l. 19-31. Tentaremos explicar, nas páginas que seguem, como pode a mesma ciência universal do ser, que considera o princípio do terceiro excluso, ocupar-se, também, de um axioma eminentemente matemático, como o *"dos restos iguais"*.
147 Vejam-se as referências indicadas acima, n.137 a 139 deste capítulo.
148 Cf., acima, II, 5.1, II, 5.2 e todo o parágrafo II, 6.
149 Cf. Met. Γ, 4, 1006a5 seg.

mais conhecido de todos, cuja posse é necessária para a compreensão de não importa qual dentre os seres,[150] princípio natural, também de todos os outros axiomas,[151] não o fizeram senão por falta de instrução (ἀπαιδευσία): "pois é falta de instrução desconhecer de que coisas se deve e de que coisas não se deve buscar demonstração".[152] O que nos propõe o livro da *Metafísica* é, antes, então, uma elucidação dos dois grandes axiomas da não contradição e do terceiro excluído, que se acompanha da refutação de quantas doutrinas pretendem, inutilmente, recusar sua aceitação.[153]

3.3 Os axiomas e o silogismo demonstrativo

Assim conhecida a natureza dos axiomas, cumpre, agora, interrogarmo-nos sobre a exata função que tais "princípios demonstrativos" ou "princípios silogísticos"[154] desempenham no processo demonstrativo: figuram eles, acaso, como premissas, nos silogismos científicos, tal como se dá com os princípios próprios? É questão que divide os especialistas, uns optando por uma resposta negativa a essa pergunta, vendo nos axiomas tão somente "princípios em virtude dos quais a conclusão decorre das premissas",[155] isto é, princípios gerais que ordenam o raciocínio demonstrativo, sem que dele façam, efetivamente parte; outros, ao contrário, afirmando a possibilidade de as ciências utilizarem os axiomas como premissas.[156]

---

150 Cf. *Met.* Γ, 3, 1005,ᵇ11-5.
151 Cf. ibidem, l. 33-4.
152 *Met.* Γ, 4, 1006ᵃ6-8.
153 Donde a referência a uma ciência universal que *tentasse provar*, por exemplo, o princípio do terceiro excluso, cf., acima, n.146. Como diz Ross (cf. nota ad *Seg. Anal.* I, 11, 77ᵃ29-31: "Such an attempt would be an metaphysical attempt, conceived after the manner of Plato's dialectic to deduce hypotheses from an unhypothetical first principle. A. calls it an attempt, for there can be no proof, in the strict sense, of the axioms, since they are ἄμεσα". Estranhamente, Aubenque interpreta aquela passagem como se Aristóteles afirmasse que a dialética tenta demonstrar os princípios comuns a todas as ciências, cf. *Le problème de l'être*..., 1962, p.257.
154 Cf., acima, IV, 3.1.
155 Tricot, nota ad *Seg. Anal.* I, 7, 75a41-2.
156 Assim, S. Mansion (cf., *Le jugement d'existence*..., 1946, p.147-9), Ross e, com alguma hesitação, Mure (cf. suas respectivas notas ad *Seg. Anal.* I, 7, 75ᵃ41-2). Idêntica posição parece

Encontra-se a razão fundamental das dificuldades que ensejam essa divergência de interpretações em certas imprecisões da linguagem aristotélica e, particularmente, no uso que faz o filósofo da expressão ἐξ ὧν (lit.: dos quais, a partir dos quais),[157] aplicada aos axiomas. Com efeito, usando, de modo geral, a preposição ἐξ para referir-se às proposições *a partir das quais* se constitui um silogismo, isto é, às suas premissas,[158] e indicando também desse modo, portanto, a proveniência da coisa demonstrada de seus princípios próprios, isto é, das premissas constituídas pelas hipóteses e definições originais de cada demonstração ("é evidente que não é possível demonstrar cada coisa, em sentido absoluto, senão *a partir dos* princípios de cada uma (ἐκ τῶν ἑκάστου ἀρχῶν)"[159]), Aristóteles descreve também os axiomas, em alguns textos, como as proposições ἐξ ὧν se processa a demonstração.[160] E o filósofo chega, mesmo, a opor os axiomas ἐξ ὧν ao gênero próprio (ao qual, imediatamente, concernem, como sabemos,[161] os princípios próprios), a que respeita (περὶ ὅ) a demonstração, descrevendo os elementos da demonstração, gênero, afecções demonstradas e axiomas,[162] respectivamente, como περὶ ὅ τε δείκνυσι καὶ ἃ δείκνυσι καὶ ἐξ ὧν.[163] E dirá, opondo diretamente princípios próprios e comuns: "Os princípios são de duas espécies: *a partir dos quais* (ἐξ ὧν) e *a respeito*

---

assumir Aubenque (cf. *Le problème de l'être...*, 1962, p.132, n.2) que, no entanto, interpreta de modo curioso os textos de 75ª41-2 e 10, 76ᵇ14, neles vendo afirmar-se a existência, ao lado dos axiomas comuns, de axiomas próprios a cada ciência!

157 Cf., acima, n.8 deste capítulo.
158 Como, por exemplo, em *Seg. Anal.* I, 2, 71ᵇ20; 72ª27; 3, 72ᵇ21-6; 4, 73ª24-5; 6, 74ᵇ10; 75ª30; 32, 88ª25, 26, 27 etc.
159 *Seg. Anal.* I, 9, 76a14-5 (o grifo é nosso); cf., também, 3, 72b14; 6, 74b5; 9, 75b37, 38; 76a5, 7 etc.
160 Assim, em *Seg. Anal.* I, 7, 75ª39-ᵇ2, quando se enumeram os três elementos de toda demonstração (cf., acima, IV, 1.2 e n.9), a conclusão, os axiomas e o gênero, definem-se os axiomas como "as proposições a partir das quais [subent.: se demonstra]", cf. 75ª42: ἀξιώματα δ'ἐστὶν ἐξ ὧν; na passagem, paralela a esta, de 10, 76ᵇ11-6, em que se retoma a indicação dos elementos da demonstração, dizem-se os axiomas "as proposições primeiras a partir das quais [subent.: a ciência] demonstra", cf. l. 14-5: ἐξ ὧν πρώτων ἀποδείκνυσι. Cf., também, ibidem, l. 22; 11, 77ª27-8; *Met.* B, 1, 995ᵇ8; 2, 996ᵇ28-9; 997ª20-1.
161 Cf., acima, IV, 2.1.
162 Cf., acima, IV, 1.2 e n.9.
163 *Seg. Anal.* I, 10, 76b22; cf., também, 11, 77a27-8.

do qual (περὶ ὅ); os princípios *a partir dos quais* são, então, comuns, os princípios *a respeito dos quais* são próprios como por exemplo número, grandeza".[164]

Ocorre, entretanto, que, nos mesmos capítulos dos *Segundos Analíticos* em que assim se exprime, serve-se o filósofo de outras expressões que podem ajudar-nos a esclarecer as dificuldades que apontamos. Assim, falando da existência de diferentes gêneros de seres, diz-nos que determinadas propriedades pertencem tão somente a tal gênero, tais outras, a tal outro, "com os quais (μεθ' ὧν) elas se provam mediante os princípios comuns (διὰ τῶν κοινῶν).[165] E, referindo-se a certas propriedades matemáticas que se provam a partir de outras conclusões já alcançadas: "demonstram-se *mediante* os princípios comuns (διὰ τῶν κοινῶν) e *a partir das* proposições demonstradas (ἐκ τῶν ἀποδεδειγμένων)",[166] aplicando assim a preposição ἐκ às premissas silogísticas não axiomáticas de onde decorrem as conclusões, enquanto, precisamente algumas linhas abaixo, se dizem os axiomas proposições primeiras *a partir de* que (ἐξ ὧν) a ciência demonstra.[167]

Como se vê, é fluido o estilo da linguagem aristotélica e, no caso em questão, não bastam considerações de ordem linguística e a inspeção do uso das preposições para fazer luz sobre a função dos princípios comuns nos silogismos demonstrativos. Felizmente, porém, Aristóteles exprime-se com clareza, ao menos, sobre o uso dos dois grandes princípios de não contradição e do terceiro excluído. Explica-nos, do primeiro, que ele não é assumido por nenhuma demonstração,[168] a menos que, eventualmente se pretenda, por qualquer razão, ter uma conclusão que estabeleça, explicitamente, que tal predicado se afirma de tal sujeito e dele não se pode negar, caso excepcional, por certo, e que se não encontrará nos procedimentos científicos. Em outras palavras, o princípio de não contradição, princípio de todos os

---

164 *Seg. Anal.* I, 32, 88b27-9 (os grifos são nossos).
165 Ibidem, l. 3 (os grifos são nossos).
166 *Seg. Anal.* I, 10, 76b10-1.
167 Ibidem, l. 14-5.
168 Cf. *Seg. Anal.* I, 11, 77a10-21.

outros axiomas,[169] não atua como premissa, nos silogismos da ciência, mas constitui uma espécie de cânon regulador, que preside ao processamento de todos os silogismos, os quais de acordo com ele se estruturam: nesse sentido dir-se-á que é princípio *de acordo com o qual* se demonstra, mas não, premissa *sobre a qual* se constrói o silogismo.[170] E a *Metafísica*, mostrando como pode "*provar-se*" tal princípio por via de refutação (ἐλεγκτικῶς),[171] bastando, para isso, que se obtenha do interlocutor, que o nega, que signifique alguma coisa "para si mesmo e para outrem",[172] desvenda-nos, ao mesmo tempo, como o princípio de não contradição "subtende" a significatividade do discurso humano, sem a qual não há, manifestamente, linguagem nem comunicação entre os homens.[173] Quanto ao princípio do terceiro excluído, assume-o sempre a demonstração pelo absurdo, utilizando-o embora, por vezes, apenas na exata medida do suficiente para o gênero em questão.[174] No que respeita, finalmente, aos axiomas matemáticos, como o princípio "*dos restos iguais*", não somente sabemos que "tais axiomas ... são frequentemente usados como premissas, em Euclides (e, sem dúvida, eram usados na geometria pré-euclidiana que Aristóteles

---

169 Cf., acima, IV, 3.2 e n.151.
170 Como diz Ross (cf. nota ad *Seg. Anal.* I, 7, 75ª41-2), que julga "rather misleading of A. to describe them [subent.: os axiomas] as the ἐξ ὧν", "the proper function of the more general (non-quantitative) axioms ... is to serve as that not from which, but according to which, argument proceeds".
171 Cf. *Met.* Γ, 4, 1006ª11 seg.: cf., acima, IV, 3.2 e n.153.
172 Cf. ibidem, l. 21.
173 Leia-se o brilhante comentário dessa passagem da *Metafísica*, por Aubenque, in *Le problème de l'être...*, 1962, p.124 seg.
174 Cf. *Seg. Anal.* I, 11, 77a22-4. Em verdade, o princípio do terceiro excluído não se utiliza como premissa, no silogismo do absurdo ou "do impossível", que é uma espécie do silogismo hipotético, cf., acima, cap.III, n.308. Com efeito, a demonstração pelo absurdo compõe-se de um silogismo, que prova uma conclusão manifestamente falsa, e de uma inferência ἐξ ὑποθέσεως, que, assumindo o princípio do terceiro excluído ("de toda coisa a afirmação ou a negação é verdadeira") como *hipótese* (não necessariamente explicitada, de início), conclui, da falsidade manifesta da conclusão do silogismo construído, a verdade da contraditória de uma de suas premissas (a outra era reconhecida, desde o início, como manifestamente verdadeira), necessariamente falsa, por engendrar conclusão falsa. Sobre o mecanismo da redução ao absurdo, cf. *Prim. Anal.* I, 23, 41a22 seg.; 44, 50a16-38. Por outro lado, pelas razões que, acima, vimos (cf., cap.III, n.308), a demonstração pelo absurdo não se dirá, em sentido absoluto, um raciocínio científico.

conheceu)",[175] o que já nos permitiria inferir que é como premissas que Aristóteles os considera, como, também, um texto, ao menos, dos *Primeiros Analíticos* dá-nos exemplo de teorema cuja demonstração utiliza, precisamente, o axioma "dos restos iguais", aplicado a ângulos, como uma de suas premissas.[176] Por outro lado, no que concerne a outros axiomas gerais, não matemáticos, que as ciências possam, eventualmente, utilizar,[177] nada nos impede de supor que venham a atuar como premissas dos silogismos científicos.

Em face de tal doutrina, cumpre-nos, então, interpretar a expressão ἐξ ὧν, aplicada aos axiomas[178] de modo vago e ambíguo, num sentido forçosamente bastante amplo: as proposições axiomáticas *a partir das quais* a demonstração se processa são aqueles princípios gerais a que se conforma o raciocínio demonstrativo (ou determinadas formas particulares de demonstração), assim como aqueles princípios comuns às ciências, com o auxílio dos quais, formulados de modo adequado a cada gênero científico e utilizados como premissas, ao lado dos princípios próprios, constroem-se as demonstrações particulares de cada ciência.[179]

3.4 Os axiomas matemáticos, a matemática universal e a filosofia primeira

Um último e importante pormenor exige, ainda, nossa atenção. É que a descrição da significação e função geral dos axiomas, que viemos

---

175 Ross, nota *ad Seg. Anal.* I, 7, 75ª41-2; cf., também, nota *ad* 2, 72ª17-8. Os *Elementos* de Euclides chamarão tais axiomas, comuns às ciências matemáticas, de "concepções comuns" (κοιναὶ ἔννοιαι), entre as quais se encontrará, precisamente, o princípio "dos restos iguais", tantas vezes mencionado por Aristóteles, cf. Ross, *Prior and Posterior Analytics*, *Introduction*, p.56-57.
176 Cf. *Prim. Anal.* I, 24, 41ᵇ13-22.
177 Cf., acima, IV, 3.1 e n.118.
178 Cf., acima, IV, 3.3 e n.157 seg.
179 Donde ser preferível dar da expressão ἐξ ὧν uma tradução literal e igualmente vaga, como "a partir dos quais", que não prejulga da interpretação a propor-se em cada caso específico. É o que não soube fazer, por exemplo, Mure, que traduz, após confessada hesitação (cf. nota *ad Seg. Anal.* I, 7, 75ª41-2), ἀξιώματα δ'ἐστὶν ἐξ ὧν (l. 42) por "axioms which are

acompanhando, nas páginas precedentes, só é rigorosamente válida, obviamente, dos grandes princípios ontológicos e, sobretudo, do princípio de não contradição, de que os outros dependem. Pois não se poderá, por certo, dizer dos axiomas matemáticos, princípios comuns tão somente às diferentes ciências matemáticas,[180] que são princípios de que todos ou todas as ciências demonstrativas se servem[181] ou que são imprescindíveis ao processamento de toda e qualquer demonstração,[182] mesmo não matemática. Nem diremos que, por intermédio deles, todas as ciências se comunicam,[183] já que servem de liame, apenas, entre as diferentes ciências matemáticas. Mas não vemos, também, por que estranhar que, ao tratarem dos princípios comuns, os *Segundos Analíticos* mencionem[184] os axiomas matemáticos, ao lado dos grandes princípios metafísicos,[185] já que o tratado fundamenta,

---

premisses of demonstration", tradução que repete na passagem paralela de 10, 76^{b}14. Essa é, também, a interpretação gramatical que parece impor-se a S. Mansion, ainda que a autora considere corretamente a função dos axiomas na demonstração aristotélica, cf. *Le jugement d'existence*..., 1946, p.147 e n.61.

180 Assim, o princípio "dos restos iguais" é comum à aritmética, à geometria etc., cf. *Seg. Anal*. I, 10, 76^{a}41-^{b}2; acima, IV, 3.2 e n.142. Exprime, com efeito, uma propriedade comum a todas as quantidades, mas a matemática serve-se de tais princípios comuns de modo particular (ἰδίως), considerando-os apenas em relação a uma parte de sua matéria própria que separadamente considera, linhas, ângulos, números ou outro gênero de quantidade, cf. *Met*. K, 4, com., 1061^{b}17 seg.
181 Cf., acima, IV, 3.2 e n.129 e 130.
182 Cf., acima, IV, 3.2 e n.128.
183 Cf., acima, IV, 3.2 e n.145.
184 Vejam-se os textos acima indicados, n.117 deste capítulo.
185 Como acontece com Ross, por exemplo, que não se lembra de invocar o texto de *Met*. K, 4, 1061^{b}17 seg. (cf., acima, n.180 deste capítulo) e escreve: "he [subent.: Aristóteles] should have recognized the distinction between the axioms that are applicable to all things that are, and those thar are applicable only to quantities, i.e. to the subject-matter of arithmetic and geometry" (*Aristotle's Prior and Posterior Analytics*, Introduction, p.58-9). Ora, não somente o filósofo os distingue, como vimos, como também a nenhum momento incorre na confusão de atribuir aos princípios comuns das matemáticas as características universais que reconhece nos grandes axiomas metafísicos. Nem se poderá utilizar validamente, como argumento em contrário, o fato de Aristóteles não crer necessário precisar, ao tratar dos axiomas e dos "comuns", que frequentemente não concerne sua descrição senão aos axiomas *por excelência*, que se aplicam a todos os seres e se utilizam em todas as ciências, sem restrições. Nesse sentido, aliás, exprime-se o filósofo com clareza, em *Seg. Anal*. I, 2, 72^{a}16-18, quando, ao chamar de axioma o princípio cuja posse é necessária ao aprendizado do que quer que seja, acrescenta: "há, com efeito, algumas proposições dessa natureza; pois é,

no modelo oferecido pelas matemáticas, seu estudo sobre a ciência[186] e que tudo nos leva a crer que a mesma noção de axioma comum a todas as ciências se elaborou numa reflexão sobre os princípios comuns das matemáticas, a que o próprio termo ἀξίωμα se tomou de empréstimo.[187]

Uma dificuldade, porém, nos surge, se nos interrogamos sobre a natureza da ciência a que compete o estudo dos princípios matemáticos comuns. Vimos, com efeito, que cabe à ciência do ser enquanto ser ocupar-se dos grandes axiomas metafísicos, já que exprimem propriedades que pertencem a todos os seres, enquanto simplesmente são.[188] Mas poderia acaso caber também à filosofia o estudo de princípios que exprimem propriedades que não são comuns senão às quantidades?[189] Assim como a aritmética estuda as propriedades do número enquanto número[190] e a geometria, as propriedades das quantidades contínuas enquanto tais,[191] não deveremos dizer que o estudo dos axiomas matemáticos compete àquela matemática universal (καθόλου) de que faz menção a *Metafísica*, opondo-a à geometria, por exemplo, e à astronomia, porque se ocupam, cada uma destas, de um gênero e natureza determinados, enquanto concerne ao que é, a todas, comum a matemática universal?[192] E, com efeito, demonstram os matemáticos certas proposições univer-

---

sobretudo, a proposições dessa natureza que costumamos dar esse nome", mostrando, assim, que utiliza, preferencialmente, o termo matemático "axioma" para designar, não os princípios comuns das matemáticas, mas, antes, os grandes princípios universais. Em verdade, a única dificuldade séria da doutrina aristotélica dos axiomas matemáticos ocorre em um texto do livro K da *Metafísica*, que adiante comentaremos.
186 Como estabelecemos acima, cf. I,2.3.
187 Cf., acima, n.109 deste capítulo.
188 Cf., acima, IV, 3.2 e n.132 a 139.
189 Cf., acima, n.180 deste capítulo.
190 Cf. *Met.* Γ, 2, 1004b10-3.
191 Cf. *Met.* K, 4, 1061a28-b2.
192 Cf. *Met.* E, 1, 1026a26-7. Pertencem estas linhas a um contexto (cf. *ibid.*, l. 23 seg.) em que, interrogando-se sobre se a filosofia primeira é universal ou concerne a um certo gênero e natureza determinados, Aristóteles mostra como pode ela ser ambas as coisas, tomando por paradigma, precisamente, a matemática universal, a qual, ocupando-se, embora, de um objeto determinado (por exemplo, a proporção), legisla para o conjunto das ciências matemáticas, cf. V. Goldschmidt, curso inédito sobre "Le système d'Aristote", 1958-59, p.67, 68; acima, cap.I, n.116.

sais,¹⁹³ que concernem, igualmente, a grandezas e números, mas não, por certo, enquanto têm grandeza ou são divisíveis;¹⁹⁴ assim, a teoria geral da proporção (τὸ ἀνάλογον) de Eudoxo demonstra universalmente, para linhas, números, sólidos e tempos, a alternância dos termos que, primitivamente, era objeto de demonstrações particulares separadas e distintas para cada um desses gêneros da quantidade.¹⁹⁵ Os princípios comuns aplicam-se analogicamente, isto é, proporcionalmente (κατ' ἀναλογίαν) às diferentes ciências;¹⁹⁶ ora, princípios matemáticos que se aplicam proporcionalmente às diferentes ciências matemáticas não deveriam, acaso, ser estudados por uma ciência que contém uma teoria geral da proporção? Uma ciência matemática "comum" não deverá ocupar-se de princípios que, como o "dos restos iguais", por exemplo, dizem respeito a um *próprio* da quantidade?¹⁹⁷

Se todas essas razões nos parecem bastante plausíveis, um texto de *Met.* K propõe-nos, entretanto, solução bem diferente e, aparentemente, ao menos, desconcertante. Com efeito, diz-nos o filósofo: "Uma vez que o matemático se serve dos princípios de modo particular (ἰδίως), caberá à filosofia primeira considerar também os seus princípios".¹⁹⁸ Pois, já que a matemática, continua ele,¹⁹⁹ sempre aplica um princípio, como "dos restos iguais" tão somente a uma parte de sua matéria própria, que separadamente considera, linhas, ângulos, números ou outro gênero de quantidade, "mas não enquanto seres",²⁰⁰ competirá o estudo de tais princípios à filosofia, que não investiga sobre as coisas particulares, enquanto cada uma delas tem tal ou qual atributo, "mas considera o ser, enquanto cada uma de tais coisas é".²⁰¹ Ora, parecer-nos-á que, por isso mesmo, porque não se ocupa senão do

---

193 Cf. *Met.* M, 2, 1077ᵃ9-10.
194 Cf. *Met.* M, 3, 1077b17-20.
195 Cf. *Seg. Anal.* I, 5, 74ᵃ17 seg.; acima, III, 3.2.
196 Cf. *Seg. Anal.* I, 10, 76ᵃ38-9; acima, IV, 3.2 e n.140 seg.
197 O *igual* (ἴσον) é, com efeito, um *próprio* da quantidade, cf. *Cat.* 6, 6ᵃ26-7.
198 *Met.* K, 4, com., 1061b17-9.
199 Cf. ibidem, l. 19 seg.
200 Ibidem, l. 24: οὐχ ᾖ δ'ὄντα.
201 Ibidem, l. 26-7.

que pertence ao ser enquanto ser, não deverá a ciência do ser ocupar-se do que pertence, tão somente, à quantidade enquanto quantidade.[202]

No entanto, sem escamotear a dificuldade do problema, cremos ser útil aqui recorrer a certos textos da mesma *Metafísica*, que não se têm invocado para o nosso problema. Com efeito, se é certo que a concepção de uma ciência matemática universal e "comum" prenuncia a constituição de uma teoria geral da quantidade e que podemos lamentar não nos tenha Aristóteles deixado indicações mais numerosas sobre a matemática universal nem nos tenha precisado como se situariam, em relação a uma tal ciência, os axiomas que exprimem propriedades comuns às quantidades, não é menos verdade que axiomas como o "dos restos iguais", ainda que concernentes a um *próprio* da quantidade, como o igual (τὸ ἴσον), não concernem menos a um atributo do Um, já que a este pertencem e dele são afecções o Mesmo, o Semelhante e o Igual.[203] Ora, "o Ser (τὸ ὄν) e o Um (τὸ ἕν) são idênticos e são uma só natureza, por implicarem um o outro",[204] de modo que há tantas espécies de Um quantas são as do Ser[205] e ambos se dizem em igual número de sentidos,[206] o Um possuindo uma natureza definida e distinta em cada uma das categorias.[207] Aliás, "que o Ser e o Um significam, de algum modo, a mesma coisa é evidente, pelo fato de o Um corresponder, em igual número de sentidos, às categorias e de não residir em nenhuma".[208]

Por isso mesmo, compete à mesma ciência do filósofo, que estuda o Ser enquanto Ser e os seus atributos *por si*,[209] conhecer o que

---

[202] É o que leva S. Mansion (cf. *Le jugement d'existence...*, 1946, p.149, n.68) a dizer: "la philosophie première ne doit s'occuper que du principe de contradiction et des principes équivalents. L'axiome: τὸ ἴσα ἀπὸ ἴσων ... ne devrait pas, sous cette forme, être objet de la métaphysique, puisqu'il se restreint à la catégorie de la quantité. Aristote ne l'a pas vu, parce qu'il croit que c'est un principe analogique (cf. *Met*. K, 4, 1061ᵇ20-7)".

[203] Cf. *Met*. I, 3, 1054ª29-32.
[204] *Met*. Γ, 2, 1003b22-4; cf., também, K, 4, 1061a15-8.
[205] Cf. *Met*. Γ, 2, 1003b33-4.
[206] Cf. *Met*. I, 2, 1053b25.
[207] Cf. ibidem, l. 25 seg.
[208] Ibidem, 1054a13-5.
[209] Cf. *Met*. Γ, 1, com., 1003ª21-2; acima, n.21 deste capítulo.

são as afecções (πάθη) *por si* do Um enquanto Um (porque idênticas às do Ser enquanto Ser) e seus acidentes.[210] E não haverá, então, por que estranharmos que a filosofia primeira estude as proposições "chamadas de axiomas, nas matemáticas",[211] se elas, todas, como os axiomas da igualdade, respeitam às propriedades que pertencem ao Um, na medida em que ele assume determinada natureza genérica, na categoria da quantidade, e se tais propriedades correspondem, analogicamente, às que pertencem ao Um, nas outras categorias. Sob esse prisma, o texto de K, que, acima, nos embaraçava[212] poderá tornar-se inteligível: a filosofia primeira ocupar-se-á do axioma "dos restos iguais" porque ele exprime quanto pertence, em comum, aos seres matemáticos, enquanto têm, por atributo, o Igual, afecção *por si* do Um enquanto Um (e, portanto, do Ser enquanto Ser), na categoria da quantidade, correspondendo, analogicamente, a afecções como o Mesmo e o Semelhante, nas categorias da essência e da qualidade.[213]

Não nos escape, entretanto, que, se a explicação que conjecturamos, recorrendo à doutrina aristotélica do Um, nos parece capaz de lançar alguma luz sobre uma tão difícil aporia, é preciso também confessar que ainda permanece obscura a questão concernente às precisas relações entre as ciências que se ocupam respectivamente do Um enquanto Um (isto é, do Um enquanto princípio universal coextensivo ao Ser enquanto Ser[214]), do Um enquanto princípio da quantidade em geral e do Um enquanto princípio do número; noutras palavras, entre a ciência do filósofo, a matemática universal e a aritmética, ciência do número.[215] É forçoso, porém, reconhecer que os textos do filósofo deixam insatisfeita nossa curiosidade.

---

210 Cf. *Met.* Γ, 2, 1003ᵇ34 seg., part. 1004ᵇ5-8.
211 *Met.* Γ, 3, 1005a20; acima, IV, 3.1 e n.109.
212 Cf., acima, n.198 a 202 deste capítulo.
213 Cf. *Met.* Δ, 15, 1021ᵃ11-2: "com efeito, são idênticas (ταὐτά) as coisas cuja essência é uma; semelhantes (ὅμοια), aquelas cuja qualidade é uma; iguais (ἴσα), aquelas cuja quantidade é uma".
214 Cf. *Met.* I, 2, 1053b20-1: *"pois o Ser e o Um são os mais universais de todos os predicados"*.
215 Cf., acima, IV, 1.2 e n.12.

4 A unidade impossível do saber

4.1 Argumentos "lógicos" e argumentos analíticos

O estudo da noção de princípio e a consideração da natureza dos diferentes princípios encaminham-nos, naturalmente, para o estudo de uma das questões mais fundamentais que interessam à teoria aristotélica da ciência, cuja solução, aliás, é formulada de modo sucinto, mas com toda a clareza desejável, nos *Segundos Analíticos*: referimo-nos ao problema da possibilidade, ou não, de uma Ciência suprema que conheça todas as coisas e, portanto, da unidade eventual de todo o saber científico. Nesse sentido, o estudo dos gêneros científicos e dos princípios próprios, assim como a própria doutrina da aplicação analógica dos princípios comuns,[216] já nos deixavam, de algum modo, antever a conclusão aristotélica de que "é impossível que tenham os mesmos princípios todos os silogismos",[217] a cuja explicitação e fundamentação um capítulo inteiro se consagra.[218] E, como veremos, a impossibilidade de princípios idênticos não é mais do que a expressão da unidade impossível do saber científico.

Dois grupos de argumentos introduz o filósofo para justificar aquela sua conclusão, que diz procederem, respectivamente, "logicamente" (λογικῶς) e a partir do que já foi estabelecido (ἐκ τῶν κειμένων).[219] O primeiro argumento "lógico",[220] opondo a existência reconhecida de silogismos falsos à dos verdadeiros, mostra ser imediatamente evidente, porque provêm de premissas verdadeiras os silogismos verdadeiros e, de premissas falsas, os falsos, não serem os mesmos os princípios de todos os silogismos. Não é objeção válida a de que também se podem obter conclusões verdadeiras a partir de

---

216 Cf., acima, IV, 3.2 e n.140 seg.
217 *Seg. Anal.* I, 32, com., 88a18-9.
218 *Seg. Anal.* I, 32, precisamente.
219 Cf. *Seg. Anal.* I, 32, 88a19 e 31, respectivamente. Sobre a oposição entre esses dois processos de argumentação, cf., acima, III, 2.6 e n.136 seg.
220 Cf. *ibid.*, l. 19-26.

premissas falsas,[221] pois isso só pode ocorrer uma vez numa cadeia silogística, já que serão, necessariamente, falsos os termos médios que se assumirem para provar, por sua vez, as falsas premissas, uma falsidade não podendo concluir-se senão a partir de premissas igualmente falsas.[222] O segundo argumento "lógico"[223] lembra apenas que nem mesmo as premissas dos silogismos falsos podem ser universalmente idênticas, já que há falsidades contraditórias e incompatíveis entre si, como, por exemplo, que justiça é injustiça e que é covardia, ou que o igual é maior e é menor etc. Um e outro argumento, como se vê, fundamentam-se em razões gerais aplicáveis a toda silogística e não somente não concernem especificamente à esfera científica, mas são-lhe também estranhos, já que a ciência exclui, por definição, o falso.[224]

Em verdade, são os dois argumentos construídos ἐκ τῶν κειμένων que, particularmente, nos interessam. Lembra-nos o primeiro deles[225] que os princípios de muitos de nossos conhecimentos científicos, isto é, os princípios de muitos dos silogismos ou cadeias de silogismos verdadeiros que possuímos, são *genericamente* diferentes, que pontos e unidades, por exemplo, se não ajustam uns aos outros, estas últimas não possuindo posição, possuindo-a aqueles.[226] Qualquer tentativa de aplicação dos princípios de um gênero a outro levar-nos-ia, necessariamente, a inseri-los, como termos médios ou maiores ou menores, nos silogismos do outro gênero, operando uma μετάβασις que sabemos excluída da demonstração científica.[227] Se são genericamente diferentes os princípios próprios das diferentes ciências e não se

---

221 Cf. ibidem, l. 20. Sobre as diferentes ocorrências, nas três figuras, de silogismos que provam conclusões verdadeiras a partir de premissas falsas, cf. *Prim. Anal.* II, cap.2-4.
222 Trata-se de um argumento fraco, como diz Ross (cf. nota *ad Seg. Anal.* I, 32, 88a19-26), pois "not both the premisses of a false conclusion need to be false, so that there may be a considerable admixture of true propositions with false in a chain of reasoning".
223 Cf. *Seg. Anal.* I, 32, 88ª27-30. Três outros argumentos dialéticos são introduzidos posteriormente, em 88ᵇ2-8, a que nos referiremos mais adiante.
224 Cf., acima, II, 2.1.
225 Cf. *Seg. Anal.* I, 32, 88a30-6.
226 Cf., ibidem, l. 33-4; cf., também, 27, 87a36, onde se caracterizam, respectivamente, a unidade e o ponto, como οὐσία ἄθετος e οὐσία θετός.
227 Cf., acima, IV, 1.2 e n.13 seg.

provam as conclusões de uma pelos princípios de outra, também não serão os princípios comuns que constituirão premissas a partir das quais se possa tudo demonstrar, eis o que nos diz o segundo argumento.[228] É que, se toda demonstração se serve dos princípios comuns[229] a todas as ciências, nem por isso subsiste, menos, a diferença irredutível entre os gêneros: "com efeito, os gêneros dos seres são diferentes e tais atributos pertencem às quantidades, tais outros às qualidades unicamente, com as quais se provam mediante os princípios comuns".[230]

4.2 As categorias do ser e os gêneros científicos

A argumentação aristotélica, nessas linhas, merece-nos uma especial atenção. Pois, para exemplificar a diversidade dos gêneros e sua irredutibilidade, introduz o filósofo, como vemos, as categorias da qualidade e da quantidade, destarte mostrando que sua doutrina dos gêneros da demonstração encontra seu fundamento último na plurivalência semântica do *ser*, ou melhor, na dispersão insuperável do *ser* em múltiplos gêneros supremos – as categorias são os Gêneros do Ser[231] –, que se exprime nas suas significações múltiplas. Já nos dizia, aliás, a *Metafísica*: "dizem-se diferentes quanto ao gênero (ἕτερα τῷ γένει) as coisas cujo sujeito primeiro é diferente e que se não resolvem uma na outra, nem ambas numa mesma coisa, ... e quantas coisas se dizem segundo uma diferente figura de categoria do ser (pois uns dentre os seres significam 'o que é', outros, uma qualidade ...; com efeito, nem se resolvem elas umas nas outras nem em alguma coisa única".[232] A

---

228 Cf. *Seg. Anal.* I, 32, 88ª36-ᵇ3.
229 Cf., acima, IV, 3.2 e n.129 a 131.
230 *Seg. Anal.* I, 32, 88ᵇ1-3. Nossa tradução concorda com as de Mure e Tricot (cf. *ad locum*): compreendemos τὰ μ ν ... τὰ δ ... a l. 2, como os atributos dos diferentes gêneros categoriais e não, como os princípios próprios de gêneros que se subordinam a uma ou outra das categorias, conforme à interpretação de Ross e Colli (cf. *ad locum*).
231 Cf. *Fís.* I, 6, 189b23-4; *Da Alma* II, 1, 412a6; cf., também, *Seg. Anal.* II, 13, 96b19; *Da Alma* I, 1, 402a23-4; 5, 411a13-20; *Met.* K, 8, 1065b15; N, 2, 1089b28. Sobre as categorias, como diferentes significações do ser, cf., acima, cap.I, n.125.
232 *Met.* Δ, 28, 1024ᵇ9-16. E, como nota Ross (cf. nota *ad Fís.* I, 6, 189ª14): "The categories are the only γένη proper, the only γένη that are not εἴδη"; cf., também, sua nota *ad Met.* Δ, 6, 1016ᵇ33.

doutrina das categorias constitui-se, assim, em prova derradeira de que "não estão, com efeito, todas as coisas num único gênero."[233]

Porque se conhece haver princípios comuns a todos os seres, proposições comuns a todas as disciplinas científicas, poderia surgir a tentação de construir-se um saber supremo e universal que englobasse todas as ciências, inferindo progressivamente a partir daqueles princípios (ou de alguns dentre eles), tomados como premissas primeiras, todas as proposições que cada uma das ciências demonstra. Mas constituir, destarte, uma ciência única seria, necessariamente, o mesmo que postular um gênero único de todos os seres (toda ciência demonstra as afecções de um gênero-sujeito e toda demonstração desenvolve-se no interior de um mesmo gênero[234]), isto é, tomar o Ser como gênero supremo de tudo que é. Ora, a dispersão do ser nas categorias torna impraticável e carente de cientificidade qualquer tentativa nesse sentido, mostrando-nos que "ser não é a essência de coisa alguma, pois não é um gênero o ser",[235] que "não é possível, nem ao um nem ao ser, ser um gênero único dos seres",[236] enfim, que "os gêneros dos seres são diferentes".[237] Com semelhante argumentação mostrara o filósofo, na *Metafísica*, a impossibilidade de uma ciência demonstrativa dos princípios comuns:[238] uma tal demonstração suporia um gênero-sujeito comum para todas as coisas, já que se servem todas as demonstrações dos axiomas.

O que não significa, obviamente, que se restrinja o número de ciências ao de categorias, uma vez que não são menos irredutíveis, uns aos outros, os gêneros diversos que se constituem no interior de cada gênero categorial.

233 *Ref. Sof.* 11, 172ª13-4.
234 Cf., acima, IV, 1.2. E, como sabemos, a unidade de uma ciência se define, precisamente, pela unidade de seu gênero-sujeito, cf. *Seg. Anal.* I, 28, com., 87ª38; acima, IV, 1.2 e n.9 e 10.
235 *Seg. Anal.* II, 7, 92b13-4.
236 *Met.* B, 3, 998b22.
237 *Seg. Anal.* I, 32, 88b1-2; acima, IV, 4.1 e n.230.
238 Cf. *Met.* B, 2, 997a2-11. Em verdade, o texto coloca tal questão como uma aporia, interrogando-se sobre a possibilidade de haver uma ciência dos axiomas, se a constituição de uma demonstração implicaria a postulação de um gênero comum para todas as coisas. Resolverá o filósofo a aporia, como sabemos, mostrando-nos como cabe à ciência do ser elucidá-los, ainda que lhe não seja possível demonstrá-los, cf., acima, IV, 3.2 e n.147 seg.

Se assim é, compreende-se, também, que o mesmo fato de haver princípios próprios e de não poderem demonstrar-se as coisas senão a partir dos princípios de cada uma,[239] o mesmo fato de ser princípio primeiro, em cada demonstração, o que é primeiro no gênero a que a demonstração concerne[240] mostram a impossibilidade da demonstração dos princípios próprios.[241] Porque *princípios* em seus gêneros respectivos, como se poderiam demonstrar senão a partir de princípios mais elevados, isto é, mais universais e anteriores, os quais, forçosamente, haveriam de ser, então, os princípios de uma ciência superior e anterior, ciência por excelência e dominante (κυρία),[242] a que todas as outras se subordinariam e de que, em verdade, fariam parte integrante, ciência, também, portanto, do gênero supremo de todas as coisas? Mas tal é, precisamente, o saber único e universal que sabemos inexistente e com o qual, de nenhum modo, se pode, então, confundir a ciência aristotélica do ser enquanto ser, a filosofia primeira.[243]

---

239 Cf. *Seg. Anal.* I, 9, com., 75^{b}37-8; 13-5; acima, IV, 2.1 e n.62.
240 Cf. *Seg. Anal.* I, 6, 74^{b}24-5; acima, n.56 deste capítulo.
241 Cf. *Seg. Anal.* I, 9, 7 ^{a}16 seg.
242 Cf. ibidem, l. 18.
243 Assim não entende, entretanto, bom número de intérpretes. E já Santo Tomás resumia o texto de *Seg. Anal.* I, 9, 76^{a}16-22 com as seguintes palavras: "Non est uniuscuiusque scientiæ demonstrare principia sua propria: haec enim possunt probari per communium omnia principia, quae ut sibi propria considerat philosophia prima, seu metaphysica. Ergo philosophia prima, quae considerat principia communia, ex quibus probantur principia immediata aliarum scientiarum, his omnibus scientiis præeminet" (In *Post. Anal.* I, 1, XVII, Syn., ed. cit.). Tal era, também, a interpretação de Filópono (cf. S. Mansion, *Le jugement d'existence*..., p.143-144, n.42), que acompanharam Zabarella e Trendelenburg (cf. Tricot, nota *ad* 76^{a}18). Contra uma tal violentação do texto, interpretado como se apenas significasse que não podem os princípios próprios ser demonstrados pela mesma ciência de que são princípios, sendo-o, no entanto, pela metafísica, levantam-se, com toda razão, Ross (cf. nota *ad* 76^{a}16-18), mostrando ser irreconciliável a interpretação de Zabarella com o que Aristóteles diz, e S. Mansion (cf. *loc. cit.*), ao dizer, contra os que afirmam haver uma ciência demonstrativa dos princípios próprios das ciências particulares: "Mais l'intention du Stagirite est précisément de montrer qu'une telle science n'existe pas, puisque les principes propres ne sont pas susceptibles de démonstration. L'interprétation de Saint Thomas est donc à rejeter: la philosophie première ne fournit pas la preuve de ces principes et leur caractère indémontrable n'est pas seulement relatif à la science dans laquelle ils sont principes. Aristote ne croit pas que la métaphysique doive s'immiscer dans le domaine de chaque science". Mure, por sua vez (cf. nota *ad* 76^{a}18), compreendendo corretamente que "Aristotle must surely mean that there is no such dominant science",

4.3 Um paralelo com o platonismo

O paralelo com o platonismo impõe-se, aqui, e é sumamente instrutivo. Com efeito, a crítica platônica dirigida contra as ciências particulares, tanto quanto a afirmação da superioridade do método dialético, que o filósofo platônico utiliza, fundamenta-se, precisamente, no fato de que os que se ocupam de geometria, de aritmética e de disciplinas dessa natureza assumem o par e o ímpar, as figuras, as três espécies de ângulos e coisas análogas, como se as conhecessem e, "delas fazendo hipóteses (ὑποθέσεις), estimam, ainda, que nenhuma razão têm a dar (οὐδένα λόγον ... ἀξιοῦσι ... διδόναι), nem a si mesmos nem aos outros, sobre elas, como coisas a todo homem manifestas".[244] Porque incapazes de explicar-se sobre elas, todas essas disciplinas servem-se das hipóteses sem tocá-las[245] e, delas partindo, percorrem-lhes as consequências,[246] incapazes, entretanto, de elevar-se acima das hipóteses e de remontar ao princípio.[247] Por isso mesmo, porque, ainda que atinjam algo do ser, conhecem, somente como em sonho, o ser que lhes não é possível ver à luz do dia,[248] não poderão considerar-se, realmente, ciências, se tomam como princípio o que não conhecem e tecem de desconhecido suas conclusões e suas proposições intermédias.[249] Por outro lado, em contraposição a elas, o método dialético, rejeitando sucessivamente as hipóteses,[250] "fazendo das hipóteses, não princípios, mas realmente hipóteses", utiliza-as como degraus e pontos de apoio para elevar-se até o an-hipotético e ir

---

crê, no entanto, que há, no texto, uma clara referência à metafísica e que, por isso mesmo, a relação entre a metafísica e a ciência é deixada na obscuridade. Citando-o, acrescenta Le Blond (cf. *Logique et méthode...*, 1939, p.118 e n.2): "Nous nous retrouvons ici en présence de l'embarras d'Aristote sur la nature de la métaphysique et de sa relation aux sciences".

244 *Rep*.VI, 510ᶜ.
245 Cf. *Rep*.VII, 533c.
246 Cf. *Rep*.VI, 510cd.
247 Cf. ibidem, 511a.
248 Cf. *Rep*.VII, 533bc.
249 Cf. ibidem, 533c.
250 Cf. ibidem, 533cd.

ao princípio de tudo, para somente então, em tendo-o atingido, descer de consequência em consequência, passando de Ideia em Ideia[251] e apreendendo, assim, a razão da essência de cada coisa.[252] Por isso mesmo, só a dialética é verdadeiramente ciência, às outras disciplinas não cabendo, de direito, senão uma denominação mais obscura;[253] ela é o coroamento de todas as disciplinas.[254]

Ora, se a dialética platônica assim empreende a fundamentação das ciências particulares e a legitimação de seus princípios, em Aristóteles, ao contrário, nenhuma ciência suprema recebe tais funções em herança. Toda a argumentação aristotélica insiste, como vimos, em mostrar a irredutibilidade dos gêneros próprios e, por conseguinte, a impossibilidade de um saber uno que os compreenda e a seus princípios. Donde a autonomia de que gozam as ciências particulares, no aristotelismo,[255] em oposição à dependência que guardam suas congêneres platônicas em relação à dialética que as justifica. E não se concebe, por certo, uma tal autonomia como uma debilidade qualquer de ordem epistemológica, como se as ciências particulares exigissem, de direito, uma fundamentação externa que se sabe, porém, impossível;[256] é que a inexistência de uma tal fundamentação não nas inquina de precariedade nem desqualifica.

É verdade que a *Metafísica*, ao descrever o recorte do ser operado pelas ciências particulares, opondo-as, assim, à ciência que considera o ser enquanto ser e suas propriedades,[257] parece retomar, aproximadamente, as mesmas palavras com que o livro VI da *República* expunha[258]

---

251 Cf. *Rep*.VI, 511[bc].
252 Cf. *Rep*.VII, 534b.
253 Cf. ibidem, 533d.
254 Cf. ibidem, 534e.
255 Cf., acima, I, 2.4 e n.150, onde aludíamos à revalorização das ciências matemáticas que opera a concepção aristotélica da ciência.
256 Como interpreta, indevidamente, Aubenque (cf. *Le problème de l'être...*, 1962, p.216-9), que, entendendo corretamente ter Aristóteles excluído, em *Seg. Anal.* I, 9, 76a16 seg., a possibilidade de uma ciência universal que conhecesse e demonstrasse os princípios das ciências particulares, diz, entretanto, de uma tal ciência: "elle est impossible, quoique elle soit la plus haute, la plus utile, la plus indispensable des sciences" (ibidem, p.219).
257 Cf., acima, IV, 1.2 e n.21 a 24.
258 Cf. *Rep*.VI, 510[cd]; acima, n.244 deste capítulo.

a insuficiência das ciências que assentam suas demonstrações em meras hipóteses, de que estimam não ter de dar razão (λόγον διδόναι): "Mas todas essas" – escreve Aristóteles –, "circunscrevendo um certo ser e um certo gênero, dele se ocupam, mas não, do ser, em sentido absoluto, nem enquanto ser; nem produzem nenhuma razão do 'o que é' (τοῦ τί ἐστιν οὐθένα λόγον ποιοῦνται) mas, dele procedendo, umas tornando-o evidente à percepção sensível, outras assumindo, como hipótese, o 'o que é', demonstram assim, de modo mais necessário ou mais frouxo, os atributos por si do gênero a que concernem. Eis por que é manifesto que não há demonstração da essência nem do 'o que é', a partir de uma tal indução (ἐπαγωγή), mas algum outro modo de mostrar. De modo semelhante, nada dizem, também, sobre se o gênero de que se ocupam é ou não é (εἰ ἔστιν ἢ μή ἔστι), por caber ao mesmo pensamento (διάνοια) tornar evidente o 'o que é' e se é".[259] Ora, se se interpreta o texto à luz de quantos outros viemos, até agora, comentando, é preciso dizer que a retomada das expressões de que Platão se serve, naquela passagem da *República*, ou o emprego de construções semelhantes encobrem, em verdade, uma mudança radical de perspectiva. Quer mostrar o filósofo que não consideram as ciências particulares as causas e os princípios gerais dos seres enquanto seres, ainda que elas digam respeito a causas e princípios.[260] O fato de circunscreverem parte do ser e de ocuparem-se de determinados gêneros não as conduz a ocupar-se do ser enquanto ser, uma vez que os mesmos "o que é" e ser de seus próprios gêneros são, para elas, tão somente, os pontos de partida de que procedem, assumidos concomitantemente, por obra de um mesmo pensamento,[261] como princípios primeiros, em que

---

[259] *Met.* E, 1, 1025ᵇ7-18. A aproximação entre esse texto e o de *Rep.*VI (cf. nota anterior) foi efetuada pela primeira vez, a nosso conhecimento, por V. Goldschmidt (cf. "Le système d'Aristote" 1958-59, curso inédito, p.53 seg.; acima, cap.I, n.116). Mas o eminente historiador atribui à passagem aristotélica em questão a mesma perspectiva crítica do texto da *República*, no que não soubemos acompanhá-lo. Cf., também, *Met.* K, 7, com., 1063ᵇ36 seg.
[260] Cf. *Met.* E, 1, com., 1025b3-7, passagem que precede imediatamente a que acima traduzimos, à qual se refere a nota anterior.
[261] Cf. *Met.* E, 1, 1025b17-8. Tal διάνοια única, que apreende, ao mesmo tempo, a quididade e o ser, não difere, obviamente, da inteligência (νοῦς), a que sabemos competir a apreensão dos princípios, cf., acima, II, 1.3 e n.12; II, 5.3 e n.219 e 220; III, 6.5 e n.324 e 325.

hipótese e definição se conjugam, fusionadas,[262] sem que nenhum discurso anterior tenha vindo "produzir razão" do "o que é" ou dizer algo sobre o "se é" dos gêneros.[263] É que as hipóteses da ciência aristotélica, bem ao contrário de suas homônimas platônicas, nada têm a ver com um conhecimento meramente hipotético, conforme ao sentido comum do termo;[264] pois, exprimindo o conhecimento absolutamente necessário de princípios indemonstráveis,[265] por si só fazem fé,[266] sem que nenhuma outra proposição lhes seja anterior.[267] Converteu-se, assim, o que constituía o motivo de uma crítica severa, no platonismo, em expressão de independência e autodeterminação... Indissociavelmente associada à inteligência que apreende seus princípios, cada ciência particular dá, integralmente, conta de seu objeto. E a ciência do ser, que se não imiscui no domínio das outras ciências nem tenta sequer provar os seus princípios próprios (delas),[268] consagrar-se-á ao estudo do ser enquanto ser e dos atributos que, enquanto tal, lhe per-

---

[262] Cf., acima, IV, 2.4 e n.91 seg. O texto refere-se, também, a "ciências" mais "frouxas", que mostram, simplesmente, à nossa percepção os gêneros de que se ocupam e constroem, destarte, empiricamente, as suas definições iniciais: elas têm em comum com as ciências *stricto sensu* o partirem de um "o que é" que não demonstram.

[263] E o texto fala, no entanto (cf. ibidem, l. 15-6), de uma indução (ἐπαγωγή) que leva à apreensão do "o que é" e permite um outro modo de mostrá-lo (τις ἄλλος τρόπος τῆς δηλώσεως). Sobre o significado e alcance desse processo epagógico, veja-se adiante, nosso cap.VI. Atente-se, por outro lado, em que a passagem, paralela a esta, de *Met.* K, 7, 1064ª7-11 está construída de modo a parecer significar que a indução em questão é, tão somente, o terem-se passado em revista diferentes espécies de ciências particulares, para ver-se como procedem em relação ao "o que é"; ora, não somente uma tal interpretação é extremamente insatisfatória, mas ela é, também, impossível, em E, 1.

[264] Cf., acima, IV, 2.2.

[265] Como, ao longo de nosso presente estudo, temos insistentemente mostrado.

[266] Cf. *Tóp.*I, 1, 100, a30-b21: "São verdadeiras e primeiras as premissas que, não por meio de outras, mas por si mesmas fazem fé (δι'αὑτῶν ἔχοντα τὴν πίστιν) (não se deve, com efeito, nos princípios científicos, investigar o porquê, mas é preciso que cada um dos princípios seja, ele próprio, por si mesmo, digno de fé (πιστή))".

[267] Cf., acima, II,5.1.

[268] Como diz, com razão, Ross (cf. nota *ad Seg. Anal.* I, 9, 76ª16-8): "in the *Methaphysics* no attempt is made to prove the ἀρχαί of the sciences". O que se poderia, entretanto, tentar mostrar é como a ciência do ser enquanto ser justifica o saber científico *em geral* e *enquanto tal*, ao desvendar a natureza da essência e das outras categorias a que se subordinam os gêneros científicos particulares e ao estudar e precisar (em *Met.* Z, por exemplo) a significação ontológica da definição.

tencem, sem que sua real universalidade se deva ou possa entender como a de um saber uno das particularidades de todas e de cada uma das regiões ontológicas.

4.4 A dialética, os "comuns" e a sofística

Se assim se passam as coisas, fácil nos é, então, compreender por que deve Aristóteles desqualificar todas as tentativas de construir um conhecimento pretensamente científico a partir de proposições de caráter geral ou dos "comuns" (κοινά) de que se serve a dialética.[269] Pois, se a demonstração se faz do que pertence ao sujeito, *por si*, a partir dos seus princípios próprios, ainda que uma prova se apoie em premissas verdadeiras, indemonstráveis e imediatas, não é isso bastante para que tenhamos um conhecimento científico.[270] Ocorrem, com efeito, demonstrações dessa natureza,[271] como a da quadratura do círculo, por Brisão,[272] nas quais os argumentos se constroem sobre elementos comuns, que não apenas pertencem ao sujeito em questão mas também a outros, o que, evidentemente, conflita com a norma da unidade genérica de cada demonstração: não se prova o demonstrado enquanto pertence ao seu gênero, *por si*, mas por acidente. Por isso mesmo, "o modo pelo qual Brisão efetuava a quadratura, mesmo se a quadratura do círculo se efetua, porque, no entanto, se não conforma ao objeto (ὅτι οὐ κατὰ τὸ πρᾶγμα), por esse motivo é sofístico".[273] Pois um dos sentidos em que se diz sofístico um raciocínio é, precisamente, este, o de um silogismo que, embora se não conforme ao método de cada disciplina, aparenta, entretanto, conformar-se-lhe:[274] parecendo

---

269 Cf., acima, IV, 3.2.
270 Cf. *Seg. Anal.* I, 9, com., 75ᵇ37-40.
271 Cf. ibidem, l. 40 seg.
272 Cf., também, *Ref. Sof.* 11, 171b16-8; 172a2-7; cf., também, *Fís.* I, 2, 185a14-7. Segundo Heath (*Greek Mathematics*, vol.1, p.223-5, *apud* Mure, nota *ad Seg. Anal.* I, 9, 76a3), Brisão ter-se-ia servido, para a quadratura do círculo, de um princípio geral tal como: "Coisas que são, respectivamente, maiores e menores que as mesmas coisas são iguais umas às outras".
273 *Ref. Sof.* 11, 171b16-8.
274 Cf. ibidem, l. 11-2; 19-20.

conformar-se ao objeto (πρᾶγμα), sem que isso realmente ocorra, ele é enganador e injusto, portanto, erístico.²⁷⁵ Como se percebe, não é o recurso dialético aos elementos comuns que configura o raciocínio sofístico, mas sua utilização indevida, como se se ajustassem, especificamente, a um objeto particular determinado; em outras palavras, é sofístico o argumento dialético que se quiser fazer passar por científico: não se substitui a dialética à ciência, sem converter-se em sofística e mera aparência de sabedoria.²⁷⁶

4.5 As "questões científicas" e o "a-científico"

Por outro lado, o confinamento necessário das ciências particulares a suas esferas próprias, que a discussão sobre a impossibilidade de um saber uno de todas as coisas, nas suas particularidades, veio apenas confirmar, permite ao filósofo precisar, com exatidão, a extensão e a natureza das questões e problemas que se poderão considerar pertinentes à ciência, isto é, a cada ciência, e que, nesse sentido, se dirão *científicos*.²⁷⁷ Com efeito, se é possível identificar "questão silogística" (ἐρώτημα συλλογιστικόν) e "proposição de contradição" (πρότασις ἀντιφάσεως),²⁷⁸ e, visto que são proposições, em cada ciência, aquelas premissas de que partem os silogismos que a ela respeitam, poder-se-á falar, na esfera de cada ciência, de "questão científica" (ἐρώτημα ἐπιστη-

---

275 Cf. ibidem, l. 20-2.
276 O que não impede que o uso adequado dos κοινά pela dialética possa contribuir, instrumentalmente, para uma progressiva aproximação do objeto e prepare, destarte, o conhecimento científico, como veremos no cap.VI.
277 Cf. *Seg. Anal.* I, 12, com., 77ª36 seg.
278 Explica-se, sem dificuldade, a expressão pela definição habitual de πρότασις como uma das partes da contradição, cf., acima, I, 3.3 e n.169. Por outro lado, a mesma construção da expressão e sua identificação a "questão silogística" dizem, obviamente, respeito ao sentido dialético originário de πρότασις, designando o que alguém propõe (προτείνει), na discussão, à aceitação do interlocutor. Aristóteles distingue, nos *Tópicos*, entre a proposição e o problema dialético, que constitui, propriamente, a interrogação contraditória (A é, ou não, B?), cf. *Tóp.*I, 4, 101b28 seg.; 10 e 11. Mas é uma distinção que o filósofo nem sempre mantém, tendo, aliás, reconhecido que se pode transformar toda proposição em problema, cf. ibidem, 4, 101b35-6. Observe-se o uso dialético de προτείνειν em *Tóp.*I, 10, 104a5; VIII, 11, 161a29; 14, 164b4; *Ref. Sof.* 17, 176b6; *Prim. Anal.* I, 32, 47a15 etc.

μονικόν), a propósito das premissas sobre que se constrói o silogismo apropriado (οἰκεῖος). Em outras palavras, a eventual cientificidade de uma questão ("A é B?" ou "A não é B?") repousa na possibilidade de um dos dois membros da contradição ("A é B" ou "A não é B") servir de premissa para silogismo de uma ciência determinada e por essa possibilidade, tão somente, se mede e se define.[279] Há, destarte, questões que se dirão, por exemplo, médicas ou geométricas, se a partir delas se podem provar conclusões a que medicina e geometria, respectivamente, concernem. Nem toda questão interessará, então, ao geômetra enquanto geômetra, o qual, porém, deverá "dar razão" (λόγον ὑφεκτέον) das que entendem com a sua ciência, a partir dos princípios e conclusões geométricas, *embora lhe não caiba*, enquanto geômetra, "dar razão" dos princípios.[280] Nem é toda pergunta que se faz a cada sábio nem a todas deverá cada um deles, interrogado, res-

---
[279] Nenhuma contradição opõe a noção de "questão científica", tal como a caracteriza a passagem de *Seg. Anal.* I, 12 que comentamos e a afirmação feita pelo filósofo, algumas linhas antes (cf. 11, 77ª33-4), por inúmeros outros textos confirmada (cf., acima, II, 2.4 e n.52 e 53), de que não interroga o que demonstra, ao contrário do dialético, nem é interrogativa, mas categórica, a proposição demonstrativa. A "questão científica" não é senão a pergunta que enseja a "resposta científica", isto é, a formulação categórica das premissas demonstrativas.

[280] Cf. *Seg. Anal.* I, 12, 77ᵇ5-6. E assim como não cumpre ao geômetra a discussão contra os que negam ou põem em dúvida os princípios de sua ciência nem resolve a geometria tal espécie de objeções, escapa, de modo semelhante, à competência do físico, enquanto tal, discutir, por exemplo, a tese de que tudo está em repouso, por ela contradizer a hipótese fundamental da física que diz ser a natureza princípio de movimento, cf. *Fís.* VIII, 3, 253ª32-ᵇ6; I, 2, 184ᵇ25 seg. A discussão sobre os princípios concerne, então, "a outra ciência comum a todas" (ibidem, 185ª2-3). Os comentadores gregos (cf. Ross, nota *ad locum*) viram, com razão, nessas palavras, uma alusão à dialética, com que todas as ciências se comunicam (cf. *Seg. Anal.* I, 11, 77ª29; acima, IV, 3.2 e n.146) e à qual compete, como veremos no cap.VI, não, obviamente, a tarefa de demonstrar os princípios das ciências – sabemo-los indemonstráveis –, mas a de preparar a sua aquisição; discordamos, pois, totalmente, de Ross, quando julga haver, na passagem em questão, uma referência provável à filosofia do ser, cuja *incompetência* para o estudo dos princípios próprios procuramos estabelecer nas páginas precedentes; nem nos parece importante seu argumento de que a dialética aristotélica não é uma ciência, já que vimos o filósofo servir-se, por vezes, do termo ἐπιστήμη em sentido extremamente lato, cf., acima, I, 1.4. Por outro lado, se a dialética prepara a inteligência dos princípios próprios, a ciência propriamente dita deles principia e o sábio, em cada ciência, conhecendo a verdade, imediata e indemonstrável, de suas hipóteses e definições iniciais, instaura-se no saber que delas decorre, atendo-se aos limites estritos definidos pela natureza do gênero de que se ocupa, sem ter por que ocupar-se, *enquanto* geômetra, físico ou astrônomo, com qualquer discussão ou argumento con-

ponder.²⁸¹ Evidentemente, também não se refuta o geômetra ou outro sábio qualquer, senão por acidente, com argumentos estranhos à sua ciência particular;²⁸² nem se discute geometria entre os não geômetras: o mau argumento ser-lhes-ia, necessariamente, indiscernível.²⁸³

Donde a possibilidade de definir, relativamente a cada ciência particular, o "a-científico" (o "a-geométrico", por exemplo, em geometria) e, correlativamente, uma ignorância (ἄγνοια) específica em cada domínio (a ignorância, por exemplo, no domínio geométrico).²⁸⁴ Mas noções como a de "a-geométrico" (e a da ἄγνοια correspondente) são forçosamente ambíguas: com efeito, dir-se-á "a-geométrica" tanto a proposição ou silogismo estranho à ciência geométrica (por exemplo: uma proposição ou silogismo aritmético) como, também, tudo quanto é má geometria (e que, num certo sentido, portanto, poderá dizer-se, também, "geométrico", por não ser estranho ao domínio da geometria), por que o seja materialmente – se se utilizam proposições que contradizem as verdades geométricas²⁸⁵ – ou formalmente – se, ainda que a partir de premissas geométricas, se constrói, não um silogismo, mas um paralogismo.²⁸⁶

---

    cernente aos mesmos princípios de que parte: uma tal discussão, *anterior* à ciência, dela, por isso mesmo, não faz parte. Eis, também, porque nos parece inaceitável a interpretação que dá Aubenque (cf. *Le problème de l'être...*, 1962, p.422-3) do texto, acima mencionado, de *Fís.* I, 2, 185ª2-3, pretendendo que Aristóteles aí reafirma aquilo que, na opinião do autor, constitui o princípio geral de sua doutrina sobre os princípios da ciência, segundo o qual "toute science, dans l'incapacité où elle est de démontrer sans cercle vicieux ses propres principes, les tient d'une science antérieure" (ibidem, p.422), que seria a ontologia.

281 Cf. *Seg. Anal.* I, 12, 77ᵇ6-9. Nem lhes caberá, tampouco, resolver quantas falsidades se lhes apresentam, mas, tão somente, quantas provierem de uma demonstração incorreta, a partir dos princípios de suas respectivas ciências, cf. *Fís.* I, 2, 185ª14-5.

282 Cf. *Seg. Anal.* I, 12, 77ᵇ11-2.

283 Cf. *Seg. Anal.* I, 12, 77ᵇ12-4. Mas uma coisa é afirmar a incapacidade, no ignorante em geometria, de discutir questões geométricas, outra coisa seria desconhecer sua capacidade dialética de criticar, do ponto de vista dos κοινά, a argumentação desenvolvida pelo competente e pelo sábio, no domínio de sua especialidade. Tal capacidade, também os ignorantes têm-na sempre, cf. *Ref. Sof.* 11, 172ª23 seg. Sobre a distinção a fazer-se entre a refutação própria à ciência e a refutação dialética, cf. *Ref. Sof.* 9 (todo o capítulo).

284 Cf. *Seg. Anal.* I, 12, 77b16 seg.

285 Aristóteles consagra dois capítulos inteiros dos *Segundos Analíticos* (I, 16 e 17) ao estudo dessa espécie de ἄγνοια.

286 Recorde-se, entretanto, que, em *Tóp.*I, 1, 101ª5-17, o filósofo também designara como *paralogismo* (παραλογισμός) na esfera científica o silogismo correto construído sobre pre-

4.6 Novos argumentos dialéticos: sobre o número de princípios

Tendo analisado os argumentos com que mostra Aristóteles, a partir do que já fora previamente estabelecido (ἐκ τῶν κειμένων), ser impossível que todos os silogismos tenham os mesmos princípios,[287] porque são eles suficientemente demonstrativos, seria dispensável deter-nos nos três argumentos que se seguem, de natureza dialética,[288] se neles não se levantassem problemas cuja solução interessa a uma boa compreensão da teoria aristotélica da ciência e se não tivessem sido objeto de interpretações extremamente discutíveis. É a seguinte a argumentação aristotélica: a) os princípios não são muito menos numerosos que as conclusões, uma vez que são proposições e as proposições se constituem por adjunção ou interpolação de termo (ἢ προσλαμβανομένου ὅρου ἢ ἐμβαλλομένου);[289] b) as conclusões são infinitas em número, os termos (ὅροι) são limitados;[290] c) dos princípios, uns são por necessidade, outros são "possíveis" (ἐνδεχόμεναι).[291] "Examinando-se, então, a questão, desse modo, é impossível que os princípios sejam os mesmos, em número limitado, quando as conclusões são em número infinito".[292]

Consideremos, então, o primeiro desses argumentos. Diz-nos ele, de modo sucinto, que a progressão de uma cadeia silogística, fazendo-se por adjunção ou interpolação de novos termos, introduz continuamente novos princípios, cujo número, destarte, não é muito menor que o das conclusões que, por eles, se vão obtendo. Que o argumento seja dialético, isto é, formulado λογικῶς e dizendo respeito, não especificamente à demonstração, mas à *silogística, em geral,* mostra-o a mesma referência à constituição de novas premissas por interposição de ter-

---

missas falsas, dando, como exemplo, as que poderiam resultar, em geometria, de um traçado geométrico incorreto.
287 Cf., acima, IV, 4.1 e n.225 seg.
288 Cf. *Seg. Anal.* I, 32, 88^{b}3-8; cf., também, acima, n.223 deste capítulo.
289 Cf. *Seg. Anal.* I, 32, 88^{b}3-6.
290 Cf. ibidem, l. 6-7.
291 Cf. ibidem, l. 7-8.
292 Ibidem, l. 9-10.

mos;[293] com efeito, referindo-se, especificamente, à ciência demonstrativa, outro texto dos *Segundos Analíticos* diz-nos, explicitamente:[294] "Expande-se, não por termos intermediários, mas por adjunção[295] ... e lateralmente...".[296] E, de fato, se os silogismos científicos do porquê não são mais que o desdobramento, no pensamento e no discurso, das articulações causais do próprio real,[297] uma interpolação de termos significaria a introdução de novas causas das conclusões obtidas, que a ciência teria omitido, o que é, por definição, absurdo.

Por outro lado, estudando as relações entre os números de termos, premissas e conclusões, nos silogismos e cadeias silogísticas, os *Primeiros Analíticos* tinham mostrado[298] como a adjunção de um novo termo numa cadeia silogística implica o surgimento de novas conclusões em número inferior de uma unidade ao número de termos anterior.[299] O mesmo sucede, continuava Aristóteles, se o novo termo se introduz por interpolação.[300] E concluíra o filósofo: "Por conseguinte, as con-

---

293 Assim, dado o silogismo "A pertence a B, B pertence a C, A pertence a C", interpõe-se, por exemplo, um quarto termo D, no intervalo BC, daí resultando duas novas proposições "B pertence a D" e "D pertence a C", donde a conclusão "B pertence a C", que era premissa do primeiro silogismo.
294 *Seg. Anal.* I, 12, 78a14-6.
295 Ibidem, l. 14-5: τῷ προσλαμβάνειν. Isto é, dado o silogismo "A pertence a B, B pertence a C, A pertence a C", pode a demonstração silogística progredir linearmente, pela adjunção de uma nova proposição "C pertence a D", ensejando novas conclusões ("B pertence a D", "A pertence a D"; e assim por diante, com a adjunção de novas proposições "D pertence a E" etc. É curioso que considere Aristóteles, para exemplificar a progressão científica por adjunção de novos termos, uma série descendente de sujeitos BCDE..., a partir de um atributo dado A, que constitui, em verdade, o inverso de uma cadeia silogística científica propriamente dita, em que, a partir de um sujeito primeiro S, se constitui uma série ascendente de atributos P... EDCBA...
296 Ibidem, l. 16: εἰς τὸ πλάγιον.Prova-se, por exemplo, que C e E pertencem ao sujeito A pelos termos médios B e D, respectivamente, constituindo-se silogismos "colaterais".
297 Cf., acima, II, 3.3.
298 Cf. *Prim. Anal.* I, 25, 42b16-23.
299 Assim, por exemplo, dado o silogismo "A pertence a B, B pertence a C, A pertence a C" (em que há, obviamente, duas premissas e *três* termos), se acrescentamos um novo termo D e formulamos, então, a nova premissa "C pertence a D", é possível obter *duas* novas conclusões e somente *duas*: "A pertence a D" e "B pertence a D". O acréscimo de um *quinto* termo E implicará *três* novas conclusões (o número de termos anterior tendo aumentado para *quatro*) etc.
300 Cf. *Prim. Anal.* I, 25, 42b23-5.

clusões serão muito mais numerosas que os termos e que as premissas".[301] À primeira vista, poderá parecer-nos, então, desconcertante que tenha Aristóteles afirmado, na passagem dos *Segundos Analíticos* que estamos comentando, não serem os princípios dos silogismos, em geral, muito menos numerosos que as conclusões, por serem proposições, formuladas graças à adjunção ou à interpolação de novos termos,[302] desmentindo *literalmente* os resultados a que conduzira a análise da estrutura da cadeia silogística empreendida pelos *Primeiros Analíticos*.[303] Parece-nos, no entanto, que a contradição aparentemente insuperável se atenua, ao indagarmos dos intentos específicos que o filósofo persegue, em cada um dos dois contextos: com efeito, enquanto sua intenção, nos *Primeiros Analíticos*, é a de mostrar as relações numéricas entre premissas e termos, de um lado, e conclusões, de outro, numa cadeia silogística, evidenciando o aumento progressivo da diferença entre os respectivos números, à medida que a cadeia se expande, sua preocupação maior, no texto dos *Segundos Analíticos*, é, ao contrário, como sabemos, a de provar a impossibilidade de todos os silogismos construírem-se sobre os mesmos princípios, donde a sua ênfase no número, progressivamente crescente, de princípios necessários para a expansão da cadeia silogística: ao contrário do que se poderia pretender, é *limitado* o número de conclusões possíveis a partir de um número determinado de premissas dadas, novas conclusões somente obtendo-se se novas premissas são acrescentadas, por adjunção ou interpolação de termos; e, nesse sentido, se se considera que o número de conclusões guarda uma relação numérica constante com o número de premissas e que a diferença entre os números respectivos de premissas e conclusões, para uma cadeia relativamente pequena, também é, forçosamente, pouco elevada, compreende-se

---

301 Ibidem, l. 25-6.
302 Cf., acima, n.289 deste capítulo.
303 E, por isso mesmo, fala Ross (cf. nota *ad Seg. Anal.* I, 32, 88^{b}3-7) de uma "careless remark", a que opõe, precisamente, o texto de *Prim. Anal.* I, 25, 42^{b}16-26: "one is tempted to say that if A. had already known the rule which he states in the *Prior Analytics* he would hardly have written as he does here, and that *An. Pr.* I, 25 must be later than the present chapter".

que Aristóteles se tenha permitido afirmar que "os princípios não são muito menos numerosos que as conclusões".

Se, ao invés de considerarmos o caráter geral do argumento, aplicável à silogística geral, detemo-nos, porém, na sua aplicação possível à demonstração científica, é-nos dado reconhecer que ele retoma e explicita um ponto importante para a compreensão de como se constrói a inferência silogística demonstrativa. Com efeito, compreendemos que, formulados os princípios primeiros da ciência, nem por isso se torna possível a inferência continuada e ininterrupta de quantos atributos pertencem ao sujeito genérico, *por si*, de que a ciência se ocupa. Ao contrário, a mesma natureza da demonstração silogística exige que novas proposições imediatas e primeiras se formulem a cada passo,[304] uma vez que o número de conclusões que se podem obter de um número dado de princípios é necessariamente limitado. Novos princípios têm de continuamente introduzir-se, isto é, proposições absolutamente imediatas e anteriores, indemonstráveis, nas quais termo médio algum pode vir mediar entre predicado e sujeito,[305] proposições que exprimem as relações entre as afecções e atributos a demonstrar e os já demonstrados. Reconheçamos, aliás, que tal doutrina, ainda que não tenha sido explicitamente desenvolvida e estudada pelo filósofo na sua explanação sobre os princípios, quando se demorou mais particularmente sobre as questões concernentes aos princípios primeiros de cada gênero, definições e hipóteses iniciais da demonstração, constitui, no entanto, um corolário imediato daquela mesma prova da existência de princípios indemonstráveis para a demonstração, que acima comentamos.[306] Pois afirmar o caráter finito do número de termos médios numa cadeia de atribuições,[307] afirmar, portanto, que, se se demonstra P de S, há um número finito n de termos ... DEFGH ...

---

304 Cf., acima, II, 3.2 e n.77 e 78.
305 Cf., acima, III, 6.5 e n.321.
306 Cf., acima, III, 6.1.
307 A limitação da cadeia de atribuições nos dois sentidos, ascendente e descendente, tem, como consequência necessária, a impossibilidade de um número infinito de termos médios, cf., acima, III, 6.1 e n.281; III, 6.4 e n.315 e 316.

intermediários entre S e P, equivale a deixar imediatamente implícito que, dada a série cientificamente ordenada S ... DEFGH ... P, os $n+1$ intervalos ... DE, EF, FG, GH ..., sendo indivisíveis (já que consideramos a totalidade dos n termos médios que medeiam entre S e P, segundo a mesma ordem com que o real causalmente se articula), hão necessariamente de corresponder a outros tantos princípios da demonstração em questão: conhecemos as atribuições respectivas de ... E, F, G, H, ... a S, pelas suas causas imediatas ... D, E, F, G ..., respectivamente.[308] Nesse sentido, é-nos lícito dizer que, se a ciência tem um princípio absolutamente primeiro e absoluto, ela deve, também, continuamente "recomeçar", para poder continuar a inferir, do conhecimento assumido de seu gênero, as propriedades que, *por si*, lhe pertencem.[309]

O segundo dentre os três novos argumentos "lógicos" por último introduzidos[310] opunha o número infinito das conclusões ao número limitado de termos. Expresso de modo extremamente sucinto, o argumento não é de inteligência imediata, mas Aristóteles parece significar[311] que, se fossem idênticos os princípios de todos os silogismos,

---

[308] Assim, por exemplo, provaremos que G pertence a S porque G pertence a F (proposição imediata, que atribui G à sua causa próxima) e F pertence a S (conclusão de silogismo anterior da cadeia). E, assim, a cada um dos termos médios que se utilizam (como F, por exemplo), corresponde um novo princípio da cadeia demonstrativa (como, por exemplo, "G pertence a F").

[309] E nenhum texto aristotélico encontrar-se-á que contradiga tal doutrina sobre o número de princípios, em que pese a Le Blond (cf. *Logique et méthode...*, 1939, p.115-20), que julga encontrar, na obra de Aristóteles, duas diferentes posições quanto ao número de princípios da ciência, afirmando-o ora elevado, ora pequeno; nesta, como em muitas outras questões, o ilustre autor está sempre disposto a interpretar qualquer dificuldade que se lhe anteponha, na interpretação dos textos aristotélicos, como indício dum eterno conflito, no pensamento do filósofo, entre diferentes inspirações e tendências que Aristóteles não terá sabido conciliar. Assim, concebendo a ciência, ora como uma longa cadeia de deduções silogísticas, ora como uma investigação experimental permanente, Aristóteles ora teria julgado necessários poucos princípios, ora teria crido haver precisão de princípios em grande número, conforme ao progresso da pesquisa experimental. Em verdade, todos os textos que Le Blond cita, que afirmariam serem em pequeno número os princípios das ciências (por exemplo: *Seg. Anal.* II, 19, 100^{b}2; I, 25, 86^{a}34-37;^{b}5; 27, 87^{a}31 etc.), nada dizem nem sequer sugerem a esse respeito!

[310] Cf. *Seg. Anal.* I, 32, 88b6-7; acima, n.290 deste capítulo.

[311] Seguimos, literalmente, a interpretação de Ross (cf. nota *ad Seg. Anal.* I, 32, 88b3-7), a que nada temos a opor.

o número limitado de princípios – e, portanto, de termos[312] – de que dispomos e graças aos quais obtivemos as conclusões já demonstradas deveria servir, também, para demonstrar todas as futuras conclusões que viéssemos a estabelecer, em número ilimitado. Mas é absurdo pretender que um número limitado de termos possam combinar-se de modo a formar infinitos novos silogismos, como mostraram os *Primeiros Analíticos*.[313] Identifica-se, facilmente, o caráter dialético do argumento, seja porque ele se fundamenta, não na doutrina da ciência, mas na teoria geral da silogística, seja pela própria afirmação do número infinito de conclusões, uma vez que reconhecemos a impossibilidade do prosseguimento indefinido da cadeia demonstrativa.[314]

Quanto ao argumento segundo o qual não podem ser os mesmos os princípios de todos os silogismos por serem necessários uns princípios e outros, possíveis (ἐνδεχόμεναι),[315] seu caráter amplo e geral transcende, evidentemente, a esfera da ciência, em que não tem lugar a contingência.[316]

Haveria outras maneiras de entender-se a afirmação de que são os mesmos os princípios de todos os silogismos que não essa que acima consideramos e que se nos revelou inaceitável? Seria, por certo, ridículo (γελοῖον) dizer que os princípios são os mesmos no sentido de que são os mesmos os princípios de cada uma das ciências particulares, já que estaríamos reconhecendo, simplesmente, que os diferentes princípios das ciências são a si mesmos idênticos.[317] E também seria demasiado ingênuo (λίαν εὔηθες) pretender que os princípios são os mesmos, no sentido de que a demonstração de uma conclusão qual-

---

312 Superior de uma unidade ao número de premissas, cf. *Prim. Anal.* I, 25, 42^{b}6-7.
313 Cf., acima, n.298 a 300 deste capítulo.
314 Cf., acima, III, 6.4.
315 Cf. *Seg. Anal.* I, 32, 88^{b}7-8; acima, n.291 deste capítulo.
316 Empregado em sentido simples, por oposição ao necessário, ἐνδεχόμενον designa sempre o contingente, o que pode ser de outra maneira, conforme ao segundo sentido do termo, distinguido pelo filósofo, nos *Segundos Analíticos*, cf., acima, III, 4.3. De qualquer modo, a mesma oposição entre o necessário e o frequente (primeiro sentido de ἐνδεχόμενον) serviria igualmente, no texto de I, 32, ao propósito de Aristóteles.
317 Cf. *Seg. Anal.* I, 32, 88b10-5.

quer exigiria o concurso de todos os princípios:[318] manifestamente, não é o que ocorre nas matemáticas nem pode isso verificar-se na análise dos silogismos demonstrativos, onde o surgimento de uma nova conclusão exige a introdução de nova proposição imediata.[319] Também não se poderá pretender que são os princípios primeiros, as primeiras proposições imediatas, que são os mesmos para todas as demonstrações,[320] pois não há mais que um único princípio primeiro para cada gênero.[321] E, se se tentasse, ainda, contornar a dificuldade, pretendendo-se que os princípios são genericamente os mesmos (συγγενεῖς), ainda que diferentes para cada ciência,[322] mais uma vez lembraríamos a diferença genérica entre os princípios das demonstrações concernentes a gêneros diferentes. Todos esses novos argumentos alinhados pelo filósofo revelam-nos amplamente sua insistência em premunir-se contra toda e qualquer tentativa de atenuar a doutrina da insuperável dispersão do saber científico em múltiplas ciências que nenhum saber uno poderá englobar: recusando, como vimos no último argumento, uma qualquer συγγένεια entre todas as coisas, Aristóteles leva ao extremo limite sua oposição à unidade do ser e, por conseguinte, do saber que no-lo decifra.

5 A divisão das ciências

5.1 As ciências, as partes da alma e as coisas

A doutrina aristotélica dos gêneros e dos princípios, que longamente estudamos nas páginas precedentes, mostrou-nos a impossibilidade de uma ciência única de todas as coisas, desvendando-nos o

---

318 Cf. ibidem, l. 15-20.
319 Cf. ibidem, l. 19-20: ἕτερον δ συμπέρασμα προσληφθείσης γίνεται προτάσεως ἀμέσου.
320 Cf. ibidem, l. 20-1.
321 Cf., acima, n.56 deste capítulo.
322 Cf. *Seg. Anal.* I, 32, 88ᵇ21 seg. Sobre a possibilidade de Aristóteles visar aqui, diretamente, Espeusipo, cf. H. Cherniss, *Aristotle's Criticism of Plato and the Academy*, New York, Russell, 1944, I, p.73, *apud* Ross, ad 88ᵇ9-29.

quadro de um saber necessariamente diversificado, que se multiplica segundo as "regiões" e os gêneros em que o mesmo ser se divide. Se nossas primeiras considerações sobre a noção de ciência já nos tinham revelado, nesse "estado" privilegiado da alma, um caráter eminentemente relativo, por não poder dissociar-se da ciência a referência a seu mesmo objeto, por que ela se define,[323] o estudo dos gêneros da demonstração veio retratar-nos, com mais precisão, essa relatividade e necessária dependência, ao mostrar-nos a unidade de cada ciência determinada pela unidade de seu gênero-sujeito,[324] ao mesmo tempo que se nos manifestava não ser a diversidade das ciências mais que o reflexo especular das diferenças genéricas inscritas na natureza das próprias coisas:[325] a própria impossibilidade da μετάβασις, na demonstração, de um gênero a outro surge, sob esse prisma, como a "projeção" dessa irredutibilidade ontológica fundamental sobre o discurso da ciência.

Se assim é, uma divisão e sistematização das ciências, no aristotelismo não pode, obviamente, fundar-se senão na própria natureza do objeto. É nesse sentido, então, que há de interpretar-se a famosa tripartição das ciências em teóricas (θεωρητικαί), práticas (πρακτικαί) e produtivas ou *poiéticas* (ποιητικαί), de que nos falam vários textos de Aristóteles.[326] É verdade que uma passagem de *Met.* E, 1 – um dos textos mais importantes para o estudo do sistema das ciências – parece explicar aquela tripla divisão por uma divisão correspondente das faculdades intelectivas; com efeito, argumentando para mostrar que a física é uma ciência teórica, prova o texto que ela não é prática nem *poiética*, acrescentando: "por conseguinte, se todo pensamento (διάνοια) é prático ou *poiético* ou teórico, a física será

---

323 Cf., acima, I, 1.2.
324 Cf., acima, IV, 1.2 e n.9 e 10.
325 Cf., acima, IV, 4.2.
326 Cf. *Met.* E, 1, 1025ᵇ18 seg.; K, 7, 1064ᵃ10 seg.; *Tóp.* VI, 6, 145ᵃ15-6; VIII, 1, 157ᵃ10-1; *Ét. Nic.* VI, 2, 1139ᵃ27-8 etc. Se essa divisão tripartite ocorre nas passagens dogmáticas em que trata o filósofo do sistema das ciências, vários textos há, entretanto, que opõem, à ciência e à inteligência teórica, tão somente a inteligência e a ciência prática, cf. *Met.* α, 1, 993ᵇ20-1; *Da Alma* I, 3, 407ᵃ23-5 etc.

uma ciência teórica".[327] Não se esqueça, porém, de que as divisões da alma intelectiva se fundamentam na própria natureza dos objetos que conhecem, com que têm "semelhança e parentesco".[328] E já os *Tópicos* exemplificavam a regra geral segundo a qual as "diferenças" (διαφοραί) que especificam as coisas relativas são também relativas, com as "diferenças" da ciência: esta diz-se teórica, prática e *poiética* e, em cada um desses casos, significa-se uma relação, a ciência sendo teórica, prática ou *poiética* de *alguma coisa* (τινός).[329] Como se vê, a mesma tripartição se determina pela relação aos objetos respectivos de cada uma das três partes.

Por outro lado, se consideramos as subdivisões do grupo das ciências teóricas – o único dos três grupos de ciências que o filósofo examina com precisão[330] –, patenteia-se-nos, com clareza ainda maior, que física, matemática e teologia se distinguem, precisamente, pela natureza distinta de seus objetos: enquanto a física concerne aos seres separados, mas não imóveis (περὶ χωριστὰ μ ν ἀλλ'οὐκ ἀκίνητα), a matemática ocupa-se de seres imóveis, mas não separados (περὶ ἀκί νητα μ ν οὐ χωριστὰ δέ) e a filosofia primeira ou teologia diz respeito aos seres, ao mesmo tempo, separados e imóveis (καὶ περὶ χωριστὰ καὶ ἀκίνητα).[331] Tínhamos, aliás, visto, acima, como se opunha a ciência

---

327 *Met.* E, 1, 1025ᵇ25-6.
328 *Ét. Nic.* VI, 1, 1139a6 seg.; acima, I, 1.3 n.72 a 74. Cf., também, Mure, *Aristotle*, 1964, p.129 seg.
329 Cf. *Tóp.*VI, 6, 145ᵃ13-8.
330 Vejam-se os textos acima citados, n.326 deste capítulo. Quanto às ciências práticas, um texto da *Ética a Eudemo* (cf. I, 8, 1218ᵇ14-5) aponta, como ciência dominante, cujo objeto é o fim supremo para o homem, aquela que se subdivide em política, econômica e prudência, respectivamente concernentes à cidade, à família e ao indivíduo; como observa Goldschmidt (cf. "Le système d'Aristote", 1958-59, p.14; v., acima, cap.I, n.116), esse texto se inspira, manifestamente, de *Ét. Nic.* VI, 8. Em *Ét. Nic.* I, 2 (veja-se todo o capítulo), ao mesmo tempo que se afirma o caráter arquitetônico e dominante da política, ciência do bem supremo, agregam-se-lhes, como disciplinas subordinadas, estratégia, econômica e retórica, cf. ibidem, 1094ᵇ3. Por outro lado, do conjunto das técnicas *poiéticas*, não tratou Aristóteles, pormenorizadamente, senão da poética, a que se poderia talvez acrescentar a retórica, enquanto ela não se considera na sua subordinação à política, mas em si mesma.
331 Cf. *Met.* E, 1, 1026ᵃ13-6. Aceitamos, com Ross (cf. nota *ad* l. 14) e, praticamente, com a quase totalidade dos comentadores e autores modernos, a emenda de Schwleger, corri-

do ser enquanto ser às ciências particulares, que recortam partes do ser e delas, particularmente, se ocupam.³³²

5.2 Ação, produção e contingência

Se, à primeira vista, parece não oferecer-nos maior dificuldade a compreensão do critério que preside às divisões e subdivisões do sistema aristotélico do saber³³³ e se, do mesmo modo, nos é imediata a inteligência das diferenças entre as três ciências teóricas que o filósofo reconhece, forçoso é que nos interroguemos sobre como justificar a cientificidade conferida às disciplinas práticas e *poiéticas*. Com efeito, a *Ética Nicomaqueia* é bastante explícita ao mostrar que o pensamento prático e o *poiético*, que também ela opõe ao pensamento teórico,³³⁴ concernem ao domínio da contingência: "Ao que pode ser de outra maneira (ἐνδεχόμενον ἄλλως ἔχειν) pertence, também, o que é produzido (ποιητόν) e o que é feito (πρακτόν), mas são coisas diferentes a produção (ποίησις) e a ação (πρᾶξις) ... Por conseguinte, também o estado ou disposição (ἕξις) prática acompanhada de razão é diferente do estado

---

gindo, a l. 14, a lição unânime dos códigos, ἀχώριστα, por χωριστά; *contra*, cf. Décarie, *L'objet de la métaphysique selon Aristote*, 1961, p.137, n.3. Quanto ao fato de apenas referir-se Aristóteles a algumas partes da matemática (τῆς ματηματικῆς ἔνια, cf. l. 14), parece-nos razoável a explicação de Ross (cf. nota *ad* l. 9), vendo, aí, uma alusão à distinção entre a matemática pura e as *"partes físicas da matemática"*, como ótica, astronomia etc. Sobre a "separação" matemática, cf., acima, n.123 do cap.I; sobre as *"partes físicas da matemática"*, IV, 1.3.

332 Não nos cabe discutir, aqui, como a ciência do ser enquanto ser acaba, finalmente, por confundir-se com a teologia, à primeira vista uma ciência particular, como a física e a matemática. Como diz Aristóteles (cf. *Met*. E, 1, 1026ᵇ29-32), se há uma essência imóvel, a ciência que dela se ocupa é a filosofia primeira *"e universal porque primeira"* (ibidem, l. 30-1), cabendo-lhe o estudo do ser enquanto ser. Lembremos, apenas, como o problema do ser se converte, em *Met*. Z, no problema da essência (cf. *Met*. Z, 1, 1028ᵇ2-7).

333 Não abordamos, neste parágrafo, o problema do sistema aristotélico do conhecimento e a questão correlata da divisão das ciências senão na exata medida do suficiente para mostrar, sucintamente, como se relacionam – e como se conciliam – com a doutrina aristotélica da ciência, nos *Segundos Analíticos*. O melhor estudo a respeito daquelas questões é, a nosso conhecimento, o desenvolvimento por Goldschmidt, em curso proferido em 1958-1959, na Universidade de Rennes (cf., acima, n.116 do cap.I). Cf., também, Zeller, *Die Philosophie der Griechen* II, 1963, 2, p.176 seg.; Hamelin, *Le système d'Aristote*, 1931, p.81 seg.

334 Cf. *Ét. Nic*. VI, 2, 1139a27-8.

ou disposição produtiva acompanhada de razão".[335] Por outro lado, como nenhuma arte ou técnica (τέχνη) há que não seja uma ἕξις produtiva acompanhada da razão, assim como não há ἕξις alguma dessa natureza que não seja uma τέχνη, é idêntica a arte ou técnica a um estado ou disposição produtiva acompanhada de razão verdadeira.[336] Se, consideramos, por sua vez, as partes da alma racional, vemos que ao conhecimento das coisas necessárias corresponde a parte *científica* (τὸ ἐπιστημονικόν), que tem na sabedoria (σοφία) sua virtude, enquanto ao conhecimento das coisas contingentes corresponde a parte *calculadora* (τὸ λογιστικόν) ou opinativa (δοξαστικόν), cuja virtude é a sabedoria prática ou prudência (φρόνησις).[337] E, na qualidade de "estado ou disposição prática verdadeira acompanhada de razão, concernente às coisas boas e más para o homem",[338] a φρόνησις não é ciência, uma vez que o objeto da ação é contingente[339] e que a ação concerne sempre às coisas singulares;[340] por outro lado, a tarefa principal do homem prudente (φρόνιμος) é a boa deliberação, "mas ninguém delibera sobre as coisas que não podem ser de outra maneira".[341]

5.3 Os elementos teóricos das ciências práticas e poiéticas

Mas, se assim é, em que sentido pode o filósofo falar-nos de *ciências* práticas e de ciências *poiéticas*? Parece-nos que o caminho para

---

335 *Ét. Nic.* VI, 4, com., 1140ª1-5. A produção distingue-se da ação, por exemplo, na medida em que o fim (τέλος) da produção é diferente dela própria e se encontra na coisa produzida, enquanto a ação boa (εὐπραξία) é, ela própria, seu próprio fim, cf. ibidem, 5, 1140ᵇ6-7.
336 Cf. ibidem, 4, 1140a6 seg. E falar, portanto, de ciência "poiética" equivale a fazer a cientificidade penetrar no domínio da própria τέχνη.
337 Cf. *Ét. Nic.* VI, 1, 1139ª6 seg.; 11, 1143ᵇ14-7 (e acima, cap.I, n.71); 5, 1140ᵇ24 seg.; 7, 1141ª16-20.
338 Ibidem, 5, 1140ᵇ4-6.
339 Cf. ibidem, l. 2-3. Por certo, a prudência também não é arte, pois são diferentes os gêneros da ação e da produção (cf. ibidem, l. 3-4) e o problema moral não se coloca, imediatamente, para as artes, em si mesmas moralmente indiferentes, cf. ibidem, l. 22-4. De qualquer modo, porém, uma vez que, na produção, também se persegue um fim (ainda que não seja imanente à atividade produtiva), comanda ao intelecto *poiético* o intelecto que é "em vista de algo" (ἕνεκά του) e prático, cf. ibidem, 2, 1139ª36 seg.
340 Cf. ibidem, 7, 1141b16; VI, 8, 1142a23-5; cf., também, III, 1, 1110b6-7.
341 *Ét. Nic.* VI, 7, 1141b10-1; cf., também, 1, 1139a12-4.

a solução da aporia deve principiar pela consideração dos textos em que opõe o filósofo os fins que elas perseguem àquele que visa o saber teórico: "com efeito, o fim da ciência teórica é a verdade, o fim da ciência prática, a ação (ἔργον); e, de fato, mesmo se eles examinam como se comportam as coisas, os homens práticos não consideram o eterno, mas o que é relativo e momentâneo".[342] E, mostrando que a Política, suprema e arquitetônica, é a ciência do Bem Supremo para o homem,[343] a *Ética Nicomaqueia* aponta-nos, também, como fim (τέλος) da ciência política, "não o conhecimento, mas a ação".[344] Nem é por outra razão que o estudo de uma tal ciência nada encerra de útil ou proveitoso para o homem jovem, naturalmente inclinado a seguir suas paixões;[345] inexperiente nas ações da vida, também não pode ele ser um bom ouvinte de lições de Política, cujos argumentos têm seu ponto de partida naquelas ações e a elas concernem.[346] Alguns capítulos adiante, a *Ética* testemunhará de si própria nestes termos: "Uma vez, pois, que o presente tratado não tem em vista a contemplação (θεωρία), como os outros (não é, com efeito, para saber o que é a virtude que indagamos, mas para que nos tornemos bons, uma vez que, de outro modo, nenhuma utilidade haveria nele), é necessário examinar o que concerne às ações e como devemos praticá-las".[347] Ora, se se leem esses textos com atenção, a luz que projetam sobre o conjunto dos escritos éticos e políticos de Aristóteles permite-nos ilações que poderão ajudar-nos a compreender a questão, que nos preocupa, da cientificidade do saber prático e *poiético*. Pois não se trata, em verdade, de recusar a presença de elementos teóricos nas ciências da prática e da produção: a especulação sobre o Bem Supremo, no livro I da *Ética*, ou a que concerne à natureza da virtude, no livro II, ou toda a reflexão sobre a natureza do Estado e sobre as constituições políticas, na *Política*, para

---

342 *Met.* α, 1, 993ᵇ20-3; lemos, com Ross, a l. 22: ἀλλ'ὃ πρός τι.
343 Cf. *Ét. Nic.*, I, 3, 1094a18 seg.
344 Ibidem., 1095a5-6.
345 Cf. ibidem, l. 4 seg.
346 Cf. ibidem, l. 2-4.
347 *Ét. Nic.* II, 2, com., 1103ᵇ26-30.

tomar alguns poucos exemplos, constituem suficiente evidência do caráter *também teórico* de tais ciências. Nem constitui objeção contra o que avançamos o fato de o próprio filósofo ter-nos, desde o início da *Ética*, prevenido de que se não pode buscar a mesma exatidão em todos os discursos[348] e de que, porque "é próprio do homem cultivado buscar a exatidão, em cada gênero, tanto quanto a natureza da coisa o admite",[349] é preciso, no que concerne aos objetos de que a *Política* se ocupa, contentar-se em mostrar a verdade "de maneira grosseira e esquemática (παχυλῶς καὶ τύπῳ)".[350] Pois a mesma passagem, ao lembrar[351] a grande diversidade de opiniões e as divergências a respeito das "coisas belas e justas, sobre que a Política indaga", diversidade e divergências estas de tal monta que fazem tais coisas "parecer ser apenas por convenção, mas não por natureza", implicitamente já reconhece – e o restante do tratado o confirmará amplamente – que se propõe a Política estudar, algo que é, *por natureza*. Não surpreenderá, por certo, um comportamento necessário de seu objeto, mas, tão somente, *frequente* (ὡς ἐπὶ τὸ πολύ) e é preciso que nos contentemos, se falamos de coisas apenas *frequentes* e partimos de premissas *frequentes*, em ter conclusões que compartilham essa mesma natureza;[352] o *frequente*, porém – já o sabemos[353] –, não se alinha ao lado da contingência, mas é, antes, uma necessidade estorvada e impedida. Em outras palavras, digamos que a complexidade do universo das ações humanas e a intervenção constante e poderosa da contingência, que, mais do que no mundo físico, nele se dá continuamente, não obstam a que, com a exatidão que a matéria comporta, venha dele ocupar-se uma ciência que o estudará "teoricamente". E algo de análogo deveria poder dizer-se a propósito do saber que concerne à produção e à técnica.

---

348 Cf. *Ét. Nic.* I, 3, com., 1094ᵇ11 seg.
349 *Ét. Nic.* I, 3, 1094ᵇ23-5.
350 Cf. ibidem, l. 19-21.
351 Cf. ibidem, l. 14 seg.
352 Cf. ibidem, l. 21-2; acima, III, 4.6 e n.230.
353 Cf., acima, III, 4.6.

5.4 O homem, a contingência e os limites da cientificidade

E, entretanto, malgrado seus inegáveis elementos teóricos, ciências práticas e *poiéticas* não se dirão teóricas. É, que, contrariamente ao saber em que se não visa se não o mesmo saber, com posse do objeto que se nos dá à alma e se contempla, as ciências práticas e *poiéticas* se adquirem para a produção e para a ação a que, de algum modo, instrumentalmente, se subordinam; dada a relativa precariedade de seus objetos, em que apenas não sucumbe a necessidade ante a contingência, em que a *frequência* e a constância com dificuldade se divisam, sob a interferência continuada de causalidades acidentais, por isso mesmo, não nos interessam tais ciências pela sua própria cientificidade, isto é, em virtude de sua "teoricidade", mas ao contrário, enquanto requisitos indispensáveis à nossa inserção feliz no mundo da ação e da produção efetivas, nesse domínio da contingência *em que empreendemos ações singulares e produzimos coisas singulares*, em condições e circunstâncias particulares e determinadas.[354] Se o saber científico prático e *poiético* respeita à contingência, não é, então, porque, sob qualquer prisma que seja, possa a contingência tornar-se objeto de ciência – uma tal eventualidade exclui-se por definição –, mas porque o *frequente* que tal saber conhece se não busca conhecer se não para melhor enfrentar a contingência que a mesma *frequência* implica[355] e para homem inserir-se melhor nela. E, destarte, é subordinado o ὡς ἐπὶ τὸ πολύ ao ἐνδεχόμενον, o universal ao particular, a ciência à ação e à produção, isto é, às condições de vida. Resta, de qualquer modo, que ciências da ação e

---

[354] E, desse modo, os silogismos que concernem às ações a praticar (*silogismos práticos*) utilizam, como premissa maior, a mesma definição do Bem Supremo (cf. *Ét. Nic.* VI, 12, 1144ª31-3) ou um princípio geral a ela subordinado, portanto, uma proposição estudada e conhecida pela Ciência da ação humana, mas vão buscar suas premissas menores, que exprimem os pontos de aplicação daqueles princípios, nos resultados de uma deliberação opinativa que julga e discerne as coisas particulares, na esfera da contingência, cf. *Da Alma* III, 2, 434ª16 seg.; *Ét. Nic.* VII, 3, 1146ᵇ35 seg.; cf., também, Aubenque, *La prudence chez Aristote*, 1963, p.139-43. Aubenque (cf. *loc. cit.*, p.139, n.3) estabelece, com razão, a analogia entre o "silogismo da ação" e o "silogismo da produção", que se pode reconstituir a partir de alguns textos aristotélicos da *Metafísica* e do tratado *Das Partes dos Animais*.

[355] Cf., acima, III, 4.2.

da produção com ação e produção se não confundem, obviamente;[356] mas possuindo-as, pode o homem aristotélico, agindo e produzindo, trabalhar de pautar sua vida pelo conhecimento do que sempre ou no mais das vezes é, até o extremo limite em que ainda não triunfa o que sempre pode ser de outra maneira. Com as noções de ciência prática e de ciência *poiética*, estendeu assim, o filósofo, até o extremo limite do que lhe permita a coerência sistemática da doutrina, a noção de ciência, recuperando para a cientificidade aqueles mesmos domínios da técnica e da arte que o platonismo tão severamente desqualificara.[357]

---

[356] Mas também não acompanharemos Zeller, quando pretende que a tripartição das ciências em teóricas, práticas e *poiéticas* concerne, também, à filosofia e que se pode, por conseguinte, falar de filosofias práticas e de filosofias *poiéticas*, cf. *Die Philosophie der Griechen*, 1963, II, 2, p.177-8, n.5.

[357] Como nota Goldschmidt (cf. "Le système d'Aristote", 1958-59, curso inédito, p.17), há, no platonismo, uma constante "condenação" das técnicas, sempre contrapostas à filosofia e à moral, enquanto a oposição entre ciências teóricas e práticas, pode dizer-se que, de algum modo, remonta a Platão. O livro VII da *República* exclui, como se sabe, do número dos estudos capazes de atrair a alma do devir para o ser, juntamente com a ginástica e a música, as técnicas artesanais (τέχναι βάναυσοι), cf. *Rep.*VII, 521^{c}2^b; e βάναυσος tem, quase sempre, em Platão, um sentido nitidamente pejorativo, cf. os exemplos coligidos por E. des Places, in *Lexique de la langue philosophique et religieuse de Platon*, t. XIV das *Œuvres Complètes* de Platon, Collection des Universités de France, Paris, "Les Belles Lettres", 1964, 1ère partie, p.97, v. βάναυσος.

V
Definição e demonstração

O exame dos principais temas estudados pelo livro I dos Segundos Analíticos possibilitou-nos, nos capítulos precedentes, a compreensão do processo demonstrativo operado pela ciência a partir de primeiros princípios indemonstráveis, em que definições e hipóteses conjugadas e fusionadas assumem, ao mesmo tempo, o ser e a quididade de gêneros-sujeitos cujas afecções "por si" se vão demonstrar; pudemos, destarte, compreender em que sentido as definições são princípios, para a ciência demonstrativa aristotélica. Por outro lado, desde o momento em que, pela primeira vez, abordamos a noção de "por si", verificando como as duas acepções de "por si" que interessam à ciência dizem respeito a definições e quididades, pudemos constatar os estreitos vínculos entre as problemáticas respectivas da definição e da demonstração.[1] E a prova analítica decisiva da existência de princípios indemonstráveis para a demonstração valeu-se, precisamente, dessas acepções de "por si" para, em seguida estabelecer, argumentando com a finidade das quididades, o caráter

---

1 Cf., acima, III, 1.3 e n.45.

necessariamente finito das cadeias silogísticas demonstrativas.[2] Ao mesmo tempo, porém, que assim se referia à definibilidade da coisa demonstrada, recusava-nos o filósofo que se pudesse ela conhecer sem demonstração:[3] "pois conhecer cientificamente, não por acidente, as coisas de que há demonstração é ter a demonstração".[4] Compreendemos, então, que boa parte do livro II dos Segundos Analíticos tenha por escopo esclarecer de vez a questão das relações entre definição e demonstração;[5] e a julgar pelas palavras com que o filósofo porá termo à discussão, não resta dúvida de que crê seu intento devidamente alcançado: "É, então, manifesto, a partir do que ficou dito, como há demonstração do 'o que é' e como não há e de que coisas há e de que coisas não há; ainda, em quantos sentidos se diz 'definição' e como ela mostra o 'o que é' e como não mostra e de que coisas há e de que coisas, não; além disso, como ela se relaciona com a demonstração e de que modo é possível e de que modo não é possível havê-las [subent.: definição e demonstração] de uma mesma coisa".[6] Se se adverte, então, em que os dois capítulos seguintes se podem, de algum modo, considerar como um apêndice a essa discussão[7] e que todo o resto do tratado[8] se consagra, em boa parte, a indicações de diversa natureza a respeito da organização e "tratamento" prévios das "questões científicas" que precedem a dedução demonstrativa, para culminar, finalmente, nas famosas considerações sobre a aquisição dos princípios das ciências, com que o tratado se termina,[9] torna-se-nos manifesto que o segundo livro dos Segundos Analíticos é

---

2 Cf., acima, III, 6.4.
3 Cf. *Seg. Anal.* I, 22, 83^{b}34-5; acima, III, 6.3 e n.307.
4 *Seg. Anal.* I, 2, 71^{b}28-9; cf., acima, II, 5.2 e n.205.
5 Tal é, com efeito, o objeto de *Seg. Anal.* II, cap.1-10, embora não se formule claramente a questão senão nas primeiras linhas do cap.3, cf. 90^{a}38-^{b}3.
6 *Seg. Anal.* II, 10, 94^{a}14-9.
7 *Seg. Anal.* II, cap.11 e 12. Um indício externo de sua ligação à discussão precedente ver-se-á no fato de que Aristóteles principia o cap.13, em referindo-se, globalmente, ao que vem antes, como a um estudo das relações entre a definição e a demonstração, cf. 13, com., 96^{a}20-2.
8 *Seg. Anal.* II, cap.13 seg.
9 Cf. *Seg. Anal.* II, 19.

complemento indispensável do primeiro, toda a sua primeira parte estruturando-se como um tratado das relações entre a definição e o silogismo demonstrativo.[10] Pouco importa, em verdade, que o estilo de sua composição ou a natureza dos exemplos – de natureza antes física ou biológica que matemática – com que ilustra os problemas que aborda possam fazer-nos supor que tenha sido, originariamente, uma obra separada.[11]

1 Do que se pergunta e sabe

1.1 Quatro perguntas que se fazem

Principia o livro segundo dos *Segundos Analíticos* por dizer-nos que "As coisas que investigamos são iguais, em número, às que conhecemos". Ora, nós investigamos quatro coisas: o "que (ὅτι), o porquê (διότι), *se a coisa é* (εἰ ἔστιν), *o que é* (τί ἐστιν)".[12] Investigar o "que" é indagar, introduzindo uma pluralidade de termos,[13] se tal coisa é isto ou aquilo (πότερον τόδε ἢ τόδε), isto é, se tem, ou não, tal ou qual atributo, como por exemplo se o sol se eclipsa ou não (πότερον ἐκλείπει ὁ ἥλιος ἢ οὔ).[14] E, descobrindo *que* (ὅτι) se eclipsa, não mais indagamos, assim como, se desde o início soubéssemos *que* (ὅτι) se eclipsa, não teríamos, obviamente, investigado *se* se eclipsa (πότερον). Nem por isso está finda a investigação, descoberto o ὅτι: pois, conhecendo *que* o sol se eclipsa, investigamos, agora, *por que* se eclipsa (διότι ἐκλείπει), assim como, sa-

---

10 Mas é, sobretudo, nos *Tópicos* (livro VI) e em *Met.* Z que se encontrará um estudo mais aprofundado sobre a natureza da definição propriamente dita.
11 Como pretende Ross, cf. *Aristotle's Prior and Posterior Analytics*, Introduction, p.75.
12 *Seg. Anal.* II, 1, com., 89^{b}23-5. Ross vê, nestas linhas iniciais do livro II, um começo abrupto (cf. *Prior and Posterior Analytics*, Introduction, p.75), sem que note tentativa alguma de relacioná-lo com o livro precedente. Acontece, porém, que a relação entre o conteúdo dos dois livros aparecerá rapidamente, à medida que se desenvolve a argumentação preliminar, mostrando a inegável complementaridade das duas partes dos *Segundos Analíticos*.
13 Cf. *Seg. Anal.* II, 1, 89^{b}25-6: εἰς ἀριθμὸν θέντες. Seguimos, com Tricot, Mure, Ross e Colli (cf., respectivamente, *ad locum*), a interpretação tradicional de Santo Tomás, Pacius e Zabarella.
14 Cf. ibidem, l. 25 seg. Sobre o conhecimento do "que" pela demonstração, cf., acima, I, 3.3 e n.172 e 173; nesta última nota, justificamos nossa tradução de ὅτι por "que".

bendo *que* a terra treme, investigamos *por que* treme, fazendo suceder à descoberta do "que" (ὅτι) a investigação de porquê (διότι). Mas não se investigam todas as coisas dessa maneira: com efeito, perguntamos, às vezes, simplesmente, *se* uma coisa *é*, ou não (εἰ ἔστιν ἢ μή), como, por exemplo, *se* um centauro ou um deus *é*, ou *se não é*; e o que perguntamos, aqui, é *se* a coisa é, ou não, em sentido absoluto (εἰ ἔστιν ἢ μή ἁπλῶς), e não, por exemplo, se é, ou não, branca.[15] Encontrando, então, para tal questão, uma resposta afirmativa e "conhecendo *que* a coisa é (ὅτι ἔστι), investigamos *o que* ela é (τί ἐστι), como, por exemplo, então, o que é deus ou o que é homem".[16] "Essas são, portanto, e nesse número as coisas que investigamos e que, em descobrindo, sabemos".[17]

Assim enumera o filósofo, como se vê, as questões que, habitualmente, se formulam a respeito das coisas, em geral, para as quais procuramos as respostas que, encontradas, interpretamos, com razão, como um nosso saber sobre aquelas. E grupa os quatro tipos de perguntas em dois pares, cujos respectivos membros relaciona, de maneira análoga: assim é que opõe ao grupo das questões sobre o "que" e o porquê o par constituído pelas perguntas sobre *se é* a coisa e *o que é* ela.

---

15 Cf. ibidem, l. 31-3. Evitamos, cuidadosamente, servir-nos do verbo "existir" e do vocabulário da existência, em geral, na tradução e comentário desta, como de outras passagens da obra aristotélica. Em verdade, não é difícil verificar como a difícil problemática que o filósofo está em vias de formular, no princípio do livro II dos *Segundos Analíticos*, respeita, em última análise, à multiplicidade de significações de ε ναι, donde a inconveniência da introdução de um vocabulário não aristotélico que dificultaria, em suprimindo parcialmente o suporte "linguístico" das questões que o filósofo aborda, a própria compreensão do que se discute e analisa. Por outro lado, se se reconhece que "existência" se pode tomar em diferentes sentidos e que os problemas filosóficos que estes implicam frequentemente não poderiam, sem evidente anacronismo, transferir-se para a filosofia grega, justifica-se plenamente nossa precaução, que a maioria dos tradutores e autores parece não crer necessária. O interessante estudo que S. Mansion dedica ao juízo de existência, em Aristóteles (cf. *Le jugement d'existence chez Aristote*, 1946, part. p.169 seg.) tem, como pressuposto básico e não discutido, o de que se interpretarão passagens como a 89^{b}31-3 pelo vocabulário da existência; na medida, entretanto, em que se pretender, com isso significar – como é o caso da autora – uma distinção qualquer entre essência e existência, é Gilson quem vê corretamente o problema, ao mostrá-lo completamente estranho à filosofia aristotélica (cf. Gilson, *L'être et l'essence*, 1948, cap.II, p.46-77).

16 *Seg. Anal.* II, 1,89^{b}34-5.

17 *Seg. Anal.* II, 2, com., 89^{b}36-7.

E, explicando-nos que é, sempre, no sentido de um ou outro desses dois grupos de questões que se orienta toda a investigação, mostra-nos que sucede, sempre, à descoberta de uma resposta afirmativa para a primeira questão de cada grupo a investigação sobre a questão restante; à descoberta do "que" segue-se a investigação do porquê, do mesmo modo como se segue, à descoberta do "se é", a investigação do "o que é", segundo um esquema de correspondência e sucessão que se poderia assim representar:

1º grupo – ὅτι   "que"   →   διότι   porquê
2º grupo – εἰ ἔστιν "se é" →   τί ἐστιν o que é

Observemos, mais de perto, os exemplos de cada uma dessas questões que o texto nos fornece e as indicações bastante sumárias que mais insinua que explicita, sobre como interpretá-los. Vemos, então, que os exemplos da questão sobre o "que" respeitam à atribuição de um predicado a um sujeito (investigamos e descobrimos *que* o sol se eclipsa, *que* a terra treme) e que a pergunta sobre o porquê indaga *por que* pertence tal atributo a tal sujeito (*por que* se eclipsa o sol, *por que* treme a terra), qual a razão da atribuição previamente estabelecida. Os exemplos de segundo grupo (deus, centauro, homem), por sua vez, parecem indicar-nos que as questões que nele se grupam concernem a essências (reais ou fictícias) sobre cuja realidade ou irrealidade nos interrogamos para, em seguida, uma vez conhecida sua eventual realidade, indagarmos de sua definição.[18] E indagar sobre a realidade de tais coisas, explica-nos o filósofo, é indagar sobre seu ser, em sentido absoluto (ἁπλῶς) e não, como na questão sobre o "que", perguntar sobre a possibilidade de atribuir-se ao sujeito tal ou qual predicado.

1.2 A ambiguidade das expressões aristotélicas

Se melhor atentamos, porém, nas expressões de que se serve o filósofo, percebemos uma certa flutuação no uso das partículas com que

---

18 Uma vez que a definição é o discurso do "o que é", cf. *Seg. Anal.* II, 10, 93^{b}29; acima, cap. III, n.6.

designa as diferentes espécies de questões. Com efeito, ao expor que a pergunta sobre o "se é" (τί ἔστιν) se deve entender no sentido absoluto de ἔστιν, opõe-na a uma pergunta sobre se a coisa é, ou não, branca (εἰ λευκὸς ἢ μή),[19] destarte utilizando a partícula εἰ (se) para introduzir uma questão concernente à eventual atribuição de um predicado (branco) a um sujeito, o que há pouco caracterizara como uma indagação sobre o (ὅτι) ("que").[20] E, por outro lado, o conhecimento da resposta afirmativa à pergunta sobre o "se é" (*se* um centauro ou um deus *é*) exprime-se, logo em seguida,[21] como um conhecer "que é" (ὅτι ἔστι). Tratar-se-ia, acaso, de uma imprecisão da linguagem aristotélica, tanto mais significativa quanto é certo que *"as frases* ὅτι ἔστι *e* εἰ ἔστι, em si mesmas, não sugerem a distinção entre a posse de um atributo por um sujeito e a existência de um sujeito"*?*[22] Não esqueçamos, ainda, que o livro I dos *Segundos Analíticos* se servia da expressão ὅτι ἔστι, não somente a propósito da atribuição de um predicado a um sujeito nas conclusões silogísticas[23] mas, também, para designar o conteúdo do conhecimento assumido pelas hipóteses iniciais da ciência, em oposição à mera compreensão da significação dos termos: "assume-se, pois, o que significam os elementos primeiros e os que destes provém; quanto ao "que é", é necessário assumi-lo para os princípios, prová-lo, porém, para as outras coisas; por exemplo, assumir o que é a unidade ou o que são o reto e o triângulo, mas assumir que a unidade e a grandeza são, prová-lo, para as outras coisas".[24] E não se distinguia entre assumir o "que é" e assumir *o ser* (τὸ ε ναι), simplesmente,[25] de alguma coisa, sem referência ao problema da atribuição, destarte identificando-se o ὅτι ἔστι ao que vimos o livro II designar

---

19 Cf. *Seg. Anal.* II, 1, 89^{b}33; acima, V, 2.1 e n.15.
20 Cf. ibidem, l. 25 seg.
21 Cf, ibidem, l. 34.
22 Ross, Aristotle's *Prior and Posterior Analytics*, p.610 (com. a II, 1). E estima o autor que "Naturally enough, then, the distinctions become blurred in the next chapter" (ibidem). Le Blond, no entanto, que não vê a dificuldade, fala-nos das "fermes définitions du chapitre Ier", cf. *Logique et méthode*..., 1939, p.181, n.1, *ad finem*.
23 Cf, acima, II, 3.2, sobre a distinção entre os silogismos do "que" e do porquê.
24 *Seg. Anal.* I, 10, 76^{a}32-6; acima, IV, 2.3 e n.77; cf., também, 1, 71^{a}11-7; 2,71^{b}31-3 etc.
25 Cf. *Seg. Anal.* I, 10, 76^{b}5-6; 2, 72^{a}18-20 etc.; acima, IV, 2.2 e IV, 2.3.

como resposta à pergunta sobre o εἰ ἔστι. Veremos, entretanto, pela sequência do texto aristotélico, que nem se trata de um descuido na expressão nem de pormenores sem maior significação.

1.3 Ser em sentido absoluto e ser algo

Aristóteles consagra, com efeito, todo o capítulo seguinte[26] à análise das diferentes espécies de questões a cuja descrição sumária acaba de proceder. Reproduzamos, então, a primeira parte do texto, objeto de interpretações controvertidas e que, à primeira vista, se nos afigura de inteligência dificultosa:

> Essas são, portanto, e nesse número as coisas que investigamos e que, em descobrindo, sabemos. Ora, quando investigamos o "que" ou o "se é", em sentido absoluto (τὸ ὅτι ἢ τὸ εἰ ἔστιν ἁπλῶς), investigamos, então, se há ou se não há, para isso, um termo médio (μέσον); por outro lado, quando, tendo conhecido o "que" ou "se é", em parte (ἐπὶ μέρους) ou em sentido absoluto (ἁπλῶς), investigamos, por sua vez, o porquê ou o "o que é" (τὸ τί ἐστι), investigamos, então, qual é o médio (τί τὸ μέσον). Digo o "que é" em parte e em sentido absoluto. Em parte: "eclipsa-se a lua?" ou "cresce?"; com efeito, se uma coisa é algo ou se não é algo (εἰ γάρ ἐστι τὶ ἢ μή ἐστι τὶ), eis o que em tais perguntas investigamos. Em sentido absoluto: se a lua, ou a noite, é ou não (εἰ ἔστιν ἢ μή). Ocorre, portanto, que, em todas as investigações, investigamos ou se há um termo médio ou qual é o termo médio. Pois a causa é o termo médio (τὸ μ ν γὰρ αἴτιον τὸ μέσον) e, em todas as pesquisas, é o que se investiga: "Eclipsa-se?" "Há uma causa ou não?" Em seguida, conhecendo que há uma, investigamos, então, qual é ela. Com efeito, a causa de uma coisa ser, não isto ou aquilo mas, em sentido absoluto, a essência (τὸ γὰρ αἴτιον τοῦ ε ναι μὴ τοδὶ ἀλλ'ἁπλῶς τὴν οὐσίαν) ou de ser, não em sentido absoluto, mas algo (τι), dentre os atributos *por si* ou por acidente, é o termo médio. Digo em sentido absoluto o sujeito (ὑποκείμενον), como a lua, terra, sol ou triângulo; digo algo (τι) o eclipse, a igualdade e a desigualdade, se está no meio ou não. De fato, em todos esses casos, é manifesto que são idênticos o "o que é" (τὸ τί ἐστιν) e por que é (διὰ τί ἔστιν). "O que é eclipse?" "Uma privação da luz da lua pela terra interposta". "Por que o eclipse é?" ou "por que se eclipsa a lua?" "Por faltar-lhe a luz, devido à terra interposta".[27]

---

26 Seg. Anal. II, 2.
27 Seg. Anal. II, 2, com., 89ᵇ36-90ᵃ18. Certos detalhes importantes da tradução serão por nós discutidos, à medida que comentarmos e aprofundarmos o estudo do texto. Este encerra,

Se comparamos essa passagem com o que nos diz o capítulo precedente, ao grupar, duas a duas, as quatro perguntas que reconhece ser possível formular sobre as coisas, constatamos que elas são reinterpretadas e reagrupadas sob novos critérios. Com efeito, distinguindo dois grupos de questões, um constituído pelas indagações sobre o "que" (ὅτι) e o porquê (διότι), outro constituído pelas questões sobre o "se é" (εἰ ἔστιν) e o "o que é" (τί ἐστιν), expusera-nos o filósofo[28] como toda pesquisa segue sempre uma ou outra dessas duas linhas de investigação, ora perguntando sobre o pertencer ou não tal atributo a tal sujeito para indagar, em seguida, pelo porquê dessa atribuição, ora perguntando sobre o ser, em sentido absoluto, de determinada coisa para indagar, em seguida, o que é ela (as segundas perguntas de ambos os grupos implicando, manifestamente, que as primeiras tenham recebido, uma e outra, resposta afirmativa). Agora, porém, não mais se contrapõem, uma à outra, as expressões ὅτι e εἰ ἔστιν, mas a distinção opera-se entre o ὅτι *ou* εἰ ἔστιν *em sentido absoluto* (correspondendo ao primitivo εἰ ἔστιν) e o ὅτι *ou* εἰ ἔστιν *em parte* (correspondendo ao primitivo ὅτι).[29] Em outras palavras, quer se pergunte sobre se pertence um atributo a um sujeito (se "pertence", por exemplo, o eclipse à lua, isto

---

em verdade, algumas dificuldades de interpretação, que têm desconcertado alguns bons intérpretes. Assim Le Blond, que lhe consagra todo um parágrafo ("Ambiguités sur le sens de l'être", cf. *Logique et méthode...*, 1939, p.168-84) de um capítulo cujo título não é menos sugestivo ("Les Apories fondamentales"), crê nele encontrar, antes de tudo, a marca de uma hesitação do filósofo quanto às funções do verbo *ser* e uma ambiguidade de posições da qual decorreriam contradições ou, ao menos, oscilações na teoria aristotélica da ciência, paralelamente a um entrelaçamento pouco claro das fórmulas empregadas e a uma escolha, talvez desatenta, dos exemplos que as ilustram. Mure, por sua vez (cf. nota *ad* 89^{b}37), julga toda a passagem "obscurely worked" e Ross, crendo que as distinções que o capítulo primeiro estabelecera se embaralham no segundo, adverte o leitor de que não se esqueça "that A. is making his vocabulary as he goes, and has not succeeded in making it as clear-cut as might be wished", cf. com. a *Seg. Anal.* II, 1; quanto às considerações em torno do μέσον chama-as o ilustre comentador de "perplexing statement", cf. com. a II, 2. Buscaremos delimitar as dificuldades do texto e mostrar como, a nosso ver, Aristóteles plenamente as soluciona.

28 Cf., acima, V, 1.1.
29 Cf. *Seg. Anal.* II, 2, 89^{b}37-90^{a}5. Ross (cf. nota *ad* 89^{b}39) tenta manter, de algum modo, a distinção inicial entre as duas expressões: "τὸ ἐπὶ μέρους further characterizes τὸ ὅτι ... τὸ ἁπλῶς further characterizes τὸ εἰ ἔστιν ...", mas não vemos como tal ponto de vista possa

é, se a lua se eclipsa, ou se a terra está, ou não, no meio), quer se pergunte sobre se determinada coisa (a lua, ou o triângulo, ou a noite) *é ou não, a indagação concerne, sempre, ao ser*, residindo a diferença em que, no primeiro caso, é tão somente sobre "parte" do ser de uma coisa que se pergunta, ao invés de a pergunta concernir, como no segundo, ao ser absoluto da coisa. E, num e noutro caso, falar-se-á do "que" ou do "se é", indistintamente, negligenciando-se a distinção inicial entre as duas expressões, meramente esquemática, e corrigindo-se uma aparente imprecisão que, em verdade, apenas antecipava o que agora se explicita.[30]

No primeiro caso, pergunta-se sobre se a coisa é *isto ou aquilo* (τοδὶ ἢ τοδί), se ela *é algo* (τι), se ela "é" tal ou qual atributo por si ou por acidente (por exemplo, se a lua "é" o eclipse, *em parte*, ou se o triângulo "é", *em parte*, uma soma de ângulos igual a dois retos); no segundo, toma-se um ὑποκείμενον e pergunta-se sobre se ele *é ou não*, não algo (τι), mas *a sua mesma essência* (οὐσία).[31] A indagação concerne sempre ao ser e ser, para uma coisa, é *ser a essência* ou ser algo,[32] isto é, ser em sentido absoluto ou "ser", parcialmente, um de seus diferentes atribu-

---

sustentar-se, em face das explicações e exemplos de Aristóteles; por outro lado, aquelas expressões reaparecem, alguns capítulos mais adiante, empregadas, de novo, em perfeita sinonímia, cf. 8, 93ª19-20.

30 Cf., acima, V, 1.2 e n.19 a 22. Por isso mesmo, vê-se que não há por que estranhar que diferentes textos do livro II dos *Segundos Analíticos* (cf., acima, ibidem e n.23 a 25) se tenham servido da expressão ὅτι ἔστι, indistintamente, a propósito de uma conclusão silogística, provando um predicado de um sujeito, ou referindo-se à assunção de um princípio científico.

31 Cf. *Seg. Anal.* II, 2, 90ª3-5; 9-14. Entendemos τὴν οὐσίαν, a l. 10, como predicativo de ε ναι (l. 9) e não como sujeito desse verbo, contrariamente, portanto, ao que parece ser a interpretação de Ross, cf. *Prior and Posterior Analytics*, p.611 (no resumo que precede o comentário ao capítulo). Tampouco nos parece aceitável a interpretação de Tricot (cf. nota *ad locum*), que parece julgar tratar-se de uma expressão adverbial. A tradução de Colli (cf. *ad locum*), entendendo, como nós, a sintaxe do texto, propõe uma interpretação que se aproxima sensivelmente da nossa: "*In realtà, la causa del fato che un oggeto sia, non già un qualcosa o un qualcos'altro, ma assolutamente, cioè una sostanza, oppure...*". Quanto ao uso de οὐσία como sinônimo de quididade, cf., acima, cap.II, n.157.

32 E eis, então, de que modo interpreta Aristóteles o sentido "existencial" do ser. Como disse, com grande penetração, Aubenque (cf. *Le problème de l'être...*, 1962, p.170, n.2): "Lorsque l'être se dit *absolument* ... c'est-à-dire sans prédicat, il comporte une attribution implicite, qui est celle de l'essence: être, c'est *être* une essence". Por isso mesmo, nada justifica que se interprete a problemática aristotélica do ser pelo vocabulário da existência: ao anacronismo manifesto vem somar-se um risco grave de completo falseamento da doutrina. Cf. acima, n.15 deste capítulo.

tos. "Pois não é a mesma coisa ser algo e ser, em sentido absoluto",[33] assim como, também, "não é, com efeito, a mesma coisa não ser algo e, em sentido absoluto, não ser".[34] *E dizer que uma coisa é algo é atribuir-lhe, no sentido amplo do termo,*[35] *um acidente:* "Com efeito, 'isto ser aquilo' significa 'sobrevir aquilo a isto', como acidente (τὸ συμβεβηκέναι τῷδε τόδε) '".[36]

1.4 A categoria da essência e as essências das categorias

Parecer-nos-á, à primeira vista, como se observou,[37] que se trata, tão somente, da oposição entre perguntas que concernem à essência ou substância e perguntas que concernem a atributos das essências, portanto, às outras categorias, na medida em que "o que primariamente é e é, não algo (τι), mas é em sentido absoluto (ἁπλῶς), será a essência".[38] Pois não ignoramos que "ser" "significa, de um lado, o 'o que é' e 'isto' (τόδε τι); de outro, a qualidade ou quantidade ou cada uma das outras coisas que, assim, se atribuem (τῶν οὕτω κατηγορουμένων)".[39] E sabemos que quanto pertence a essas outras categorias não se diz *ser* senão porque é ou qualidade ou quantidade ou alguma outra afecção *da* essência.[40] A essência é substrato ou sujeito (ὑποκείμενον) para as outras categorias, donde a sua anterioridade absoluta em relação a elas;[41] enquanto nenhuma das outras categorias é, naturalmente, *por si*,[42] dir-se-ão "por si" as essências individuais e suas quididades, uma essência individual dizendo-se, por si, ela própria e sua quididade.[43] Lembremos, por outro lado, que os mesmos exemplos (deus, homem) com que o filósofo ilustrava, desde o princípio do livro II dos *Segundos*

---

33 Ref. *Sof.* 5, 167ª2.
34 Ibidem, l. 4.
35 Isto é, no sentido em que se designa por acidente também o atributo "por si" , cf. *Met.* Δ, 30, 1025ª30-2; acima, III, 1.1 e n.18 a 21.
36 *Met.* Δ, 7, 1017ª12-3.
37 Cf. S. Mansion, *Le jugement d'existence*..., 1946, p.163.
38 *Met.* Z, 1, 1028ª30-1.
39 Ibidem, l. 11-3.
40 Cf. ibidem, l. 18-20.
41 Cf. *Met.* Δ, 11, 1019ª5-6; Z, 1, 1028ª32 seg.; cf. também, acima, II, 4.6 e n.145 seg.
42 Cf. *Met.* Z, 1, 1028ª22-3.
43 Cf., acima, III, 1.1 e n.11 seg.

Analíticos, as coisas a cujo respeito se formulam as perguntas sobre o "se é, em sentido absoluto" e sobre o "o que é" já pareciam indicar que tais questões respeitam apenas a essências.[44] E, com efeito, perguntar pelo "o que é" é perguntar pela definição[45] e, em sentido primeiro e absoluto, somente se falará em definições e quididades a propósito das essências.[46]

Ocorre, porém, que, ao distinguir posteriormente, como vimos,[47] o *ser algo* e o ser, *em sentido absoluto, do sujeito*, propõe-nos Aristóteles como exemplos de sujeitos cujo ser, em sentido absoluto, é objeto de nossa indagação e conhecimento, não apenas essências individuais, como a lua, o sol e a terra mas, também, um atributo matemático, como o triângulo,[48] e algo, como a noite, que se não pode, manifestamente, tomar como uma essência.[49] Além disso, tendo proposto o eclipse, explicitamente, como exemplo de "algo" que pertence à lua e que esta, portanto, *em parte*, "é",[50] não somente formula o filósofo, algumas linhas abaixo, ainda a respeito do eclipse, a questão sobre o "o que é",[51] mas considera, também, como perguntas equivalentes, "por que *é* o eclipse?" e "por que se eclipsa a lua?",[52] isto é, uma pergunta em que se toma o eclipse como sujeito e outra, em que ele se propõe como "algo" de outro sujeito.

---

44 Cf., acima, V, 1.1 e n.18.
45 Cf., acima, ibidem; cap.III, n.6.
46 Cf. *Met.* Z, 4, 1030ª29-30; ᵇ4-6; 5 (todo o capítulo); acima, III, 1.1 e n.17.
47 Cf. *Seg. Anal.* II, 2, 90ª5; 12-3.
48 Sobre o triângulo, como afecção "por si" da linha, cf., acima, cap.IV, n.81.
49 Cf. S. Mansion, *Le jugement d'existence*..., 1946, p.164: "il paraît tout à fait invraisemblable qu'il [subent.: Aristóteles] ait jamais considéré la nuit comme une substance, d'autant plus qu'il range l'éclipse parmi les attributs, à côté de l'égalité et de l'inégalité". Ross, por sua vez (cf. nota *ad Seg. Anal.* II, 2, 90ª5), julga surpreendente a menção da noite, "where we should expect only substances to be in A.'s mind". E não é, por certo, explicação das mais satisfatórias dizer (cf. com. introdutório a II, 2) que "the questions εἰ ἔστι and τί ἐστι, which in ch. 1 referred to substances, have in ch. 2 come to refer so much more to attributes and events that the former reference has almost receded from A.'s mind, though traces of it still remain".
50 Cf. *Seg. Anal.* II, 2, 90ª13.
51 Cf. ibidem, l.15. Também em 8, 93ª21 seg., o eclipse aparecerá como exemplo de ser cujos "se é" e "o que é" são objeto de nossa investigação.
52 Cf. ibidem, 2, 90ª16-7.

Haveria, por certo, que estranhar tais exemplos, com que ilustra Aristóteles a problemática que desenvolve, se não nos recordássemos de que a mesma teoria aristotélica da essência nos ensina que, num segundo sentido, é possível falar de quididades e de definições, também a propósito de outras categorias que não a da essência;[53] ora, não é quididade de uma coisa senão aquilo que ela, *por si* própria, é,[54] donde ser manifesto que colocar a respeito de um ser qualquer, não importa em que categoria, o problema da quididade equivale a considerá-lo *por si*, tal como uma essência, em sentido absoluto. E a possibilidade de assim proceder, é preciso reconhecê-lo, está imediatamente inscrita na mesma formulação geral da doutrina das categorias: com efeito, embora constituindo afecções da essência, não são as categorias adjetivas, menos que a essência, gêneros supremos do ser[55] e o mesmo fato de serem inexoravelmente irredutíveis, umas às outras e, também, à essência,[56] explica que possa o filósofo ter-nos dito que "se dizem ser por si quantas coisas se significam pelas figuras da atribuição".[57] Porque são as diferentes significações do ser, é sempre possível em si mesmos considerá-las, nelas discriminando sujeitos a cujo respeito formularemos questões e respostas sobre o "se é" e sobre o "o que é".[58] E, retomando o mesmo esquema que opõe a categoria substantiva às adjetivas, oporemos, no âmbito interno de cada uma destas últimas, utilizando o mesmo vocabulário da essência, essências a atributos ou afecções das essências, ao mesmo tempo que, identificando essência e quididade, não hesitaremos em falar, por exemplo, da essência de uma esfera ou de um círculo.[59] Se tal doutrina recordamos, com-

---

53 Cf., acima, III,1.1 e n.22.
54 Cf. *Met.* Z, 4, 1029ᵇ13-4.
55 Cf., acima, IV, 4.2 e n.231.
56 Cf., acima, IV, 4.2 e n.232.
57 *Met.* Δ, 7, 1017ᵃ22-4; cf., acima, cap.II, n.21; III, n.22. E não se esqueça que "ser, em sentido absoluto" (τὸ ὂν τὸ ἁπλῶς) designa, por vezes, em Aristóteles, o ser enquanto ser, um de cujos sentidos é o ser καθ'αὑτό das diferentes categorias, cf. *Met.* E, 2, com., 1026ᵃ33 seg.; K, 8, com., 1064ᵇ15 seg.
58 Cf. *Tóp.*I, 9, 103ᵇ27 seg., onde Aristóteles mostra, com exemplos, como significar o "o que é" é significar ora a essência, ora a qualidade, ora a quantidade, ora uma qualquer das outras categorias.
59 Cf. *Céu* I, 9, 278ᵃ2-3.

preendemos, então, finalmente, que o que nos explica, em última análise, Aristóteles, no início do livro II dos *Segundos Analíticos*, é que, ao interrogarmo-nos sobre uma coisa qualquer, duas linhas de investigação se nos apresentam: indagar do seu ser, em sentido absoluto, perguntando se ela *é* e tomando-a, portanto, como um sujeito – e ser, em sentido absoluto, sob esse prisma, significa, então, ser uma essência *ou* uma qualidade *ou* uma quantidade... e, mais precisamente, ser a *sua quididade* ou *essência*, numa qualquer das categorias do ser – *ou então*, se não se trata de essências, no sentido primeiro da expressão, indagar se pertence a coisa, ou não, a tal outro sujeito: a indagação respeita, neste caso, a uma "parte" do ser deste último. Se a uma ou outra dessas perguntas se dá resposta afirmativa, indagaremos, por sua vez, respectivamente, da quididade do sujeito ou do porquê da atribuição.

1.5 Perguntar pelo ser, perguntar sobre a causa

Pergunta-se sempre sobre o ser, mas pergunta-se sempre, também, sobre a causa. Com efeito, vimos[60] que o filósofo, reunindo as questões que previamente distinguira como concernentes, respectivamente, ao "que" e ao "se é, em sentido absoluto", interpreta-as, uma e outra, como uma indagação sobre se há, ou não, um termo médio (μέσον) para a coisa, seja, portanto, para a atribuição de um predicado a um sujeito, seja para o fato de a coisa, em sentido absoluto, ser. E, de modo semelhante, interpretando em termos de causalidade as duas restantes questões, aquelas que respeitam ao porquê e ao "o que é", respectivamente, vimo-lo dizer-nos[61] que tais perguntas não mais fazem que indagar qual o termo médio implicado pelas respostas afirmativas às duas questões primeiras. "Ocorre, portanto, que, em todas as investigações, investigamos ou se há um termo médio ou qual é o termo médio. Pois a causa é o termo médio e, em todas as pesquisas, é o

---
60 Cf. *Seg. Anal.* II, 2, 89^{b}37-8; acima, V, 1.3 e n.27.
61 Cf. ibidem, 89^{b}38-90^{a}1; acima, V, 1.3 e n.27.

que se investiga".⁶² Era-nos óbvio, por certo, nem precisava Aristóteles advertir-nos, que, ao passar da mera constatação da presença de um atributo num sujeito (ὅτι) a uma pesquisa sobre o porquê dessa atribuição (διότι), indagávamos sobre a causa. Em verdade, porém, confere o filósofo à sua interpretação causal da pesquisa qualquer uma dimensão muito mais ampla: não apenas a busca expressa do porquê, mas toda indagação sobre um ser implica uma indagação sobre a causa, eis a lição que o filósofo nos ministra. Perguntar se a lua se eclipsa equivale, então, a perguntar se há uma causa para que se eclipsa, assim como perguntar, simplesmente, se a lua é, em sentido absoluto, equivale a indagar se há uma causa para que, em sentido absoluto, a lua seja.⁶³ E, quando se sabe que há tais causas e se conhece, pois, o *ser algo* ou o ser, em sentido absoluto, de uma coisa, as perguntas pelo porquê da atribuição e pelo "o que é" da coisa vêm, tão somente, demandar que se identifiquem as causas cuja presença se reconheceu e pelas quais, implicitamente, já se perguntara: indaga-se qual aquela causa por que se eclipsa a lua ou qual a causa por que a lua, em sentido absoluto, é.

Para mostrar que as diferentes perguntas significam, todas, uma pesquisa da causa ou "médio", argumenta Aristóteles⁶⁴ com o exemplo dos casos em que o "termo médio" pode ser objeto da percepção sensível: somente ocorre, nesses casos, uma investigação sobre o "se é" ou sobre o porquê, se aquela percepção nos falta. Assim, se estivéssemos na lua e tivéssemos a percepção da interposição da terra e, conseguintemente, do eclipse, não indagaríamos, por certo, se se produz o eclipse ou por que ele se produz, mas teríamos imediatamente, a partir da mesma percepção, embora não por ela, o conhecimento do universal e da causa.⁶⁵

---

62 Ibidem, 90ª5-7. Concordamos plenamente com S. Mansion, quando rejeita (cf. *Le jugement d'existence...*, 1946, p.31, n.66) a tradução de Robin: "le moyen terme est cause" (l. 6-7), "car le but d'Aristote dans ce chapitre est de montrer que la recherche scientifique est une recherche du moyen terme, parce qu'elle est une poursuite de la cause, et non pas l'inverse".
63 Cf. *Seg. Anal.* II, 2, 90ª7 seg.
64 Cf. ibidem, l. 24-30.
65 Cf., acima, III, 2.7 e n.163 e 164.

É ainda com o eclipse – e com o exemplo análogo da harmonia – que o filósofo exemplifica a identidade entre as questões concernentes ao porquê e à definição: "De fato, em todos esses casos, é manifesto que são idênticos o 'o que é' e por que é".[66] Pois, em verdade, se respondemos à pergunta sobre o porquê do eclipse ("por que *é* o eclipse?" ou "por que se eclipsa a lua?"), dizendo que ele ocorre, por faltar luz à lua, em razão da interposição da terra, em nada difere esta resposta, quanto ao seu conteúdo, da definição que propomos do eclipse, quando se nos pergunta o que é ele e o dizemos "uma privação da luz da lua pela terra interposta".[67] De modo semelhante, dizemos que harmonia é "uma razão numérica entre o agudo e o grave" e respondemos, se nos perguntam por que se harmonizam o agudo e o grave, que eles se harmonizam por terem, entre si, uma razão numérica.[68] Como vemos, não mais se trata, tão somente, de mostrar que as perguntas sobre o porquê de uma atribuição ou sobre o "o que é" de uma coisa são, uma e outra, equivalentes a uma indagação sobre a natureza de uma causa cuja presença já se reconhecera ao atribuir tal predicado a tal sujeito ou ao afirmar, simplesmente, que, em sentido absoluto, tal coisa determinada é; mas o que também nos mostram os exemplos e o que nos diz o filósofo é que há total identidade entre perguntar pela causa e pedir a definição. E, como explicitará mais adiante,[69] conhecer o "o que é" e conhecer o porquê são a mesma coisa, tanto no que concerne às coisas tomadas em sentido absoluto quanto no que respeita às coisas que se consideram enquanto possuem tal ou qual determinação, isto é, enquanto são, *em parte, algo*. O que significa, então, que perguntar pelo porquê de pertencer tal atributo a tal sujeito *equivale a indagar da quididade do atributo, isto é, a perguntar por sua definição*. Em outras palavras, é idêntica a resposta que se dá à pergunta sobre a causa de tal ou qual atributo *ser*, tomado em sentido absoluto, àquela que se formula

---

66 *Seg. Anal.* II, 2, 90ª14-5; cf., acima, V, 1.3 e n.27.
67 Cf. *Seg. Anal.* II, 2, 90ª15-8; acima, V, 1.3 e n.27.
68 Cf. ibidem, l. 18 seg.
69 Cf. ibidem, l. 31-4.

quando nos perguntam por que pertence ele, como atributo, a seu sujeito. "Por que há eclipse?", "por que eclipse 'pertence' à lua?", "o que é eclipse?" são três perguntas para uma só resposta.

1.6 Aporias sobre o termo médio

Aonde quer conduzir-nos toda essa análise aristotélica? Não nos apressemos em dizê-lo, mas voltemos, uma vez ainda, ao texto que comentamos[70] e consideremos novamente as palavras com que nos expõe o filósofo como e por que interpretar causalmente toda indagação sobre as coisas. Vemos, com efeito, que não fala Aristóteles somente de "causa" (αἴτιον) mas, também, de μέσον ("médio", "termo médio") e podemos constatar que, ao longo de todo o texto, parecem aqueles termos usar-se, um pelo outro, em perfeita correspondência. Nenhuma dúvida alimenta a quase unanimidade dos autores e comentadores: trata-se do termo médio do silogismo demonstrativo. Exprimir-se-ia, aqui, então, com toda a clareza possível, a analogia aristotélica entre o silogismo e a operação causal;[71] tratar-se-ia de uma repetição da doutrina do livro I, segundo a qual o termo médio representa a causa real no silogismo científico,[72] da "coincidência no silogismo do διότι entre a causa e o termo médio".[73] Teria mostrado o filósofo, pois, claramente, que, concebendo toda pesquisa como uma indagação sobre a causa, concebe-a *ipso facto* como busca de um termo médio para a constituição de um silogismo demonstrativo; poder-se-ia dizer que "O médio-causa fornece a resposta a todos os problemas e permite que se construa a demonstração".[74]

Mas é fácil ver que uma tal interpretação, ainda que pareça impor-se à primeira vista, não pode aceitar-se sem maiores precisões. Não

---

70 Isto é: *Seg. Anal.* II, 2, com., 89ᵇ36-90ᵃ18; cf., acima, V, 1.3 e n.27.
71 Cf. Robin, L., "Sur la conception aristotélicienne de la causalité", *in La pensée helénique...*, 1942, p.425.
72 Cf. Le Blond, *Logique et méthode...*, 1939, p.149.
73 S. Mansion, *Le jugement d'existence...*, 1946, p.31.
74 Ibidem, p.168.

há, por certo, sombra alguma de dúvida quanto ao fato de concernir diretamente à preparação dos silogismos demonstrativos da ciência a pesquisa que, estabelecendo previamente pertencer tal atributo a tal sujeito, isto é, estabelecendo o "que", o ser "algo" do sujeito, indaga sobre o porquê dessa atribuição. Tal porquê ou causa, uma vez descoberto, permite, como desde há muito sabemos,[75] a formulação do silogismo científico do διότι ou do porquê, onde o termo médio exprime a causa real do ὅτι que se prova e na conclusão se exprime. Sob esse prisma, compreende-se, imediatamente, que o filósofo possa dizer-nos, tomando, por exemplo, o caso do eclipse, que perguntar se a lua se eclipsa é indagar se há uma causa ou termo médio para a demonstração de que ela se eclipsa e que, por outro lado, uma vez conhecendo-se que ela se eclipsa, perguntar por que isso ocorre é indagar da natureza da causa, isto é, pedir que se manifeste qual aquele termo médio pressuposto cujo conhecimento permitirá a construção do silogismo demonstrativo do eclipse da lua – e tal termo médio é, como vimos, a interposição da terra. As dificuldades surgem, porém, quando Aristóteles interpreta, de modo análogo, a outra linha de pesquisa que distinguira, aquela que procede de uma interrogação sobre o "se é, em absoluto" para, em seguida, diante de uma resposta afirmativa, perguntar, então, pelo "o que é" da coisa. É que se não contenta o filósofo em fornecer uma interpretação causal dessa linha de pesquisa, cuja aceitação, aliás, não vemos por que seria dificultosa, se é certo que a definição e a quididade exprimem uma das significações da causalidade.[76] Mas descreve, também, tal causalidade como a de um termo médio (μέσον): "com efeito, a causa de uma coisa ser, não isto ou aquilo, mas, em sentido absoluto, a essência ... é o termo médio",[77] parecendo, destarte, referir-se a uma eventual demonstração de que um sujeito (lua, centauro, triângulo ou eclipse) é, em sentido

---

75 Cf., acima, II, 3.3.
76 Um dos quatro sentidos em que se diz "causa" sendo "a forma e o paradigma, isto é, o discurso da quididade", cf. Met. Δ, 2, 1013ª26-7; Fís. II, 3, 194ᵇ26-7; cf., também, Seg. Anal. II, 11, 94ª21 etc.
77 Seg. Anal. II, 2, 90ª9-11; cf., acima, V, 1.3 e n.27.

absoluto, mediante um silogismo cujo termo médio não seria outro que não o "o que é" do próprio sujeito, já que perguntar pelo "o que é" é, também, perguntar pelo termo médio[78] e que não diferem o "o que é" de uma coisa e o porquê de ela ser.[79] Natural é, então, que se tenha falado de silogismos que provam a "existência" pela essência, de uma prova de "existência" do eclipse, por exemplo, em que o termo médio seria sua mesma quididade;[80] e que se tenha afirmado, então, haver, na ciência aristotélica, pelo menos dois tipos de demonstração, uma concernente às propriedades καθ'αὑτά do sujeito, outra respeitando ao próprio ser do sujeito.[81] Mas não estranharemos, também, que, por não ver-se como poderia esta última forma de demonstração aplicar-se a uma essência, como a lua ou o homem, já que não há, nestes casos, uma dualidade de termos entre os quais possa interpor-se um termo médio, se tenha tomado μέσον, no texto em questão, como um mero sinônimo de αἴτιον (causa), omitindo-se, assim, qualquer referência a um raciocínio silogístico.[82] E, de fato, é inegável que não nos dá Aristóteles exemplo algum que nos venha ajudar a compreender como se poderia demonstrar o ser de um sujeito, em absoluto, por sua quididade, tratando-se de uma essência, uma vez que somente considera, explicitamente, os exemplos do eclipse e da harmonia,[83]

---

78 Cf. ibidem, 89ᵃ38-90ᵃl; acima, V, 1.3 e n.27; V, 1.5 e n.61.
79 Cf. ibidem, 90ᵃ14 seg.; 31-5; acima, V, 1.3 e n.27; V, 1.5 e n.66 a 69.
80 Cf. S. Mansion, *Le jugement d'existence...*, 1946, p.171.
81 Cf. ibidem, p.172. Para a autora em questão, o primeiro tipo de demonstração não se aplicaria a algo como o eclipse porque, embora este seja uma determinação de um astro, como a lua, não constitui uma propriedade de seu sujeito, *por si*, não podendo, portanto, deduzir-se de sua essência; donde a necessidade de recorrer a um tipo diferente de demonstração e a um outro termo médio que não a quididade de seu sujeito: a própria quididade do eclipse (cf. ibidem, p.171). O que não viu a autora, entretanto, é que Aristóteles estende a noção de "por si" a atributos que pertencem necessariamente a seus sujeitos, unicamente em circunstâncias determinadas de tempo e lugar, o eclipse constituindo, precisamente, um exemplo típico desses πολλάκις γινόμενα que a ciência conhece, cf., acima, III, 1.4 e n.53; III, 4.7.
82 Cf. Ross, com. a *Seg. Anal.* II, 2, *Aristotle's Prior and Posterior Analytics*, p.611-2. E tal é a única solução que encontra o autor, que confessa sua perplexidade, para explicar a descrição aristotélica da pesquisa qualquer (incluindo, portanto, também, a que indaga da quididade de uma essência) como uma busca do μέσον.
83 Cf. *Seg. Anal.* II, 2, 90ᵃ15-23; acima, V,1.5 e n.67 e 68. S. Mansion, ainda assim, julga, entretanto, que "il est sûr qu'Aristote a en vue de tels objets [subent.: os que não são

os quais, suscetíveis embora de serem considerados como sujeitos absolutos, não são, em verdade, essências, mas determinações de essências. Como solucionar, então, a aporia?

1.7 O sentido da discussão preambular

Ora, quer parecer-nos que toda a controvérsia instaurada em torno dos dois capítulos iniciais do livro II dos *Segundos Analíticos* repousa sobre um vício de método fundamental: com efeito, ao invés de tomar-se a análise a que eles procedem das questões propostas pelas pesquisas, em geral, como uma primeira aproximação e abordagem do assunto, preparando uma discussão posterior, interpreta-se ela como um todo acabado e perfeito, coroado por conclusões dogmáticas e definitivas. Porque assim se faz, é a mesma estrutura de todo o livro II do tratado que se sacrifica, na medida em que se não está preocupado com apreender as linhas de força segundo as quais toda sua argumentação se articula. Ora, se não atentamos nos indícios que o próprio filósofo nos oferece da unidade de seu texto e se, ao mesmo tempo, nos esquecemos de que costuma construir progressivamente os problemas e aprofundar-lhes as dificuldades, antes de brindar--nos com as suas soluções definitivas, experimentaremos, por certo, grande dificuldade para a compreensão de como se opera a passagem dos dois primeiros e difíceis capítulos à discussão, que os segue, das relações entre a definição e a demonstração, explicitamente proposta, desde o início do terceiro capítulo, nos seguintes termos: "Que, por conseguinte, todas as coisas investigadas são investigação do termo médio, é evidente; digamos, agora, como se mostra o 'o que é', qual o modo de sua redução (ἀναγωγή) e o que é e de que coisas há definição, percorrendo primeiro as aporias que respeitam a essas questões. Seja princípio das coisas que vão ser ditas aquele que, precisamente, é o mais apropriado às discussões que seguem. Colocar-se-á, com efeito,

---

inerentes a outra coisa, isto é, as essências] en construisant sa théorie", cf. *Le jugement d'existence...*, 1946, p.172, n.60.

esta aporia: é, acaso, possível conhecer a mesma coisa, e sob o mesmo aspecto, por definição e por demonstração, ou é impossível?".[84] Tratar-se-ia, realmente, de uma passagem abrupta de um assunto a outro, de "um novo problema que se tem em vista, que não mais concerne à *busca* do termo médio?".[85]

Ora, Aristóteles acabara de afirmar a identidade entre o "o que é" e o porquê de uma coisa qualquer e, analisando os exemplos de atributos como o eclipse ou a harmonia, mostrara que a pesquisa de suas quididades é equivalente à busca dos termos médios para suas respectivas demonstrações, donde a possibilidade reconhecida de conhecer objetos de tal natureza tanto por demonstração como por definição. Se tais exemplos fossem suscetíveis de generalização e se se pudesse, sem mais, dizer o mesmo de todo e qualquer sujeito definível – também das essências, portanto – poderíamos, por certo, afirmar que todo e qualquer processo de investigação de quididade é redutível a uma pesquisa de termo médio, isto é, das premissas de uma demonstração cuja conclusão não exprimiria outra coisa senão o ser, em absoluto, do sujeito, declarando que, em sentido absoluto, ele *é*. Mas como não ver, então, que as linhas acima citadas constituem, em verdade, uma problematização deste tema, na medida em que indagam da validade daquela generalização e perguntam pela liceidade da redução (ἀναγωγή),[86] *aceita como um dado evidente*, no caso do eclipse e da harmonia, de toda definição a uma demonstração, de toda "mostração" do "o que é" a uma manifestação de termo médio?

---

84 *Seg. Anal.* II, 3, com., 90ᵃ35-ᵇ3. E anuncia-se, assim, a problemática que, em 10, 94ᵃ14-9, se considerará solucionada, cf., acima, a introdução ao cap.V e n.5 e 6. Em desacordo com Tricot (cf. *ad locum*) e S. Mansion (cf. *Le jugement d'existence...*, 1946, p.176), cremos, com Ross (cf. nota *ad* 3, 90ᵇ1), que se não deve traduzir τῶν ἐχομένων λόγων (90ᵇ1) por "discussões precedentes" mas, sim, por "discussões que seguem", conforme ao uso habitual de expressões como essa pelo filósofo, cf. Bonitz, *Index*, p.306ᵃ 48 seg.
85 Como crê S. Mansion, cf. *Le jugement d'existence...*, 1946, p.176, n.67.
86 ἀναγωγή (assim como ἀνάγειν) designa, frequentemente, em Aristóteles, o processo lógico de remontar a um princípio explicativo anterior, mediante um exame analítico daquilo que se pretende explicar, empregando-se, praticamente, em sinonímia com ἀνάλυσις (e ἀναλύειν), cf. Bonitz, *Index*, p.42ᵃ4 seg. e 44ᵃ20-25.

"Que todas as coisas investigadas são investigação do termo médio" tornara-se evidente, também no que concerne à busca da quididade, em consultando-se os exemplos que se privilegiaram; o problema com que deparamos é agora, então, diz-nos o filósofo, o de confirmar ou não, ou, pelo menos, o de precisar melhor a natureza e o sentido dessa primeira "evidência". Que se não trata de uma "evidência" definitiva e que se não podem universalizar, de início, as conclusões alcançadas manifesta-se no próprio caráter aporético da discussão que se vai iniciar sobre as relações entre definição e demonstração, isto é, sobre a natureza dos vínculos que ligam as duas linhas de pesquisa que se distinguiram e os seus respectivos resultados. Definir e demonstrar, conhecer o "o que é" e conhecer a coisa pela sua causa num silogismo demonstrativo, são acaso processos análogos ou idênticos de conhecimento? E, se o são, são-o sempre ou qual a extensão e o alcance de sua identificação possível?

Vemos, assim, que uma só e mesma problemática se delineia desde os capítulos iniciais do livro II dos *Segundos Analíticos*, cujo estudo ocupará todos os capítulos e cuja solução se não propõe dogmaticamente, como uma análise superficial poderia pretender, já nas primeiras páginas: não são os dois primeiros capítulos senão um levantamento preliminar e propedêutico das questões que se vão discutir. E compreendemos, então, que a inteligência de seu mesmo conteúdo só se obtém, quando buscamos apreender a unidade do movimento de pensamento que se articula ao longo dos diferentes capítulos; porque o fizemos, escapamos ao risco de enveredar por soluções de facilidade ou de interpretar todo o início do tratado como a definição de uma doutrina acabada, que se revelaria, aliás, preconceituosa em relação ao resto da obra e contraditória em face das conclusões que se irão, posteriormente, descobrir.[87]

---

[87] Como ocorre com S. Mansion (cf. *Le jugement d'existence...*, 1946, p.162 seg.), que não percebe o caráter meramente propedêutico dos capítulos 1 e 2 do livro II dos *Segundos Analíticos* e procura deles extrair toda uma teoria das relações entre o conhecimento causal em geral (incluindo o conhecimento da quididade, isto é, o conhecimento pela definição)

2 Aporias sobre a definição

2.1 O que se demonstra, o que se define

Comecemos, então, com o filósofo, percorrendo primeiro as aporias que respeitam a essas questões,[88] para vir a examinar mais tarde, finalmente, "quais dessas coisas se dizem corretamente e quais, incorretamente".[89] Consideremos, em primeiro lugar, se é possível definir as coisas de que há demonstração.[90] Perguntar-nos-emos, em seguida, sobre a possibilidade de demonstrar as coisas que se definem[91] para indagar, num terceiro momento, se há algumas coisas, ao menos, que podem, ao mesmo tempo, ser objeto de definição e de demonstração.[92]

Comporta, acaso, definição tudo que se demonstra? Ora, basta considerar a existência de silogismos negativos ou particulares (todos os da segunda figura são negativos, nenhum dos da terceira é univer-

---

e o silogismo demonstrativo. Ora, não somente a autora toma, assim, como solucionadas, aquelas questões, precisamente, que vão ser estudadas nos capítulos seguintes, como também, propondo uma interpretação doutrinária do que não é senão um debate preliminar, condena-se a prejulgar todos os resultados posteriores da análise aristotélica da problemática em questão, em função das teses dogmáticas que, desde o início, atribui ao filósofo, sem que este, em nenhum momento, aliás, explicitamente as formule. Assim é que, acusando os comentadores antigos de não ter compreendido a articulação das partes do tratado, crê S. Mansion (cf. ibidem, p.173-6) poder mostrar o encadeamento das ideias entre os dois primeiros capítulos e os oito seguintes, interpretando como um "silogismo da essência" (isto é: como uma demonstração que conclui, de algum modo, o que uma coisa é e sua natureza) o mesmo "silogismo da existência" a que julga fazer alusão o filósofo no cap.2 (cf., acima, V, 1.6 e n.80 e 81); provando-se a "existência" de uma coisa (do eclipse, por exemplo), mediante a sua quididade, tomada como termo médio, estar-se-ia provando, também, paradoxalmente, uma como definição da coisa, pois não se trataria da prova de uma existência concreta, mas da "existência de um ser como natureza". E, entretanto, a própria autora é, de algum modo, obrigada a confessar o caráter temerário de sua interpretação: "or, bien qu'Aristote ne dise mot de ce passage ou, si l'on veut, de cette identification du syllogisme de l'existence par l'essence au syllogisme de l'essence, un faisceau d'indices trouvés dans les textes des *Analytiques Seconds* en donnent une claire confirmation" (ibidem, p.174). Em verdade, esses "indícios" que Mansion descobre são bem pouco convincentes...

88 Seg. Anal. II, 3, 90ª37-8: διαπορήσαντες πρῶτον περὶ αὐτῶν.
89 Seg. Anal. II, 8, com., 93ª1-2.
90 Cf. Seg. Anal. II, 3, 90ᵇ3-19.
91 Cf. ibidem, l. 19-27.
92 Cf. ibidem, 90ᵇ27-91ª6.

sal), para ver que há coisas que se provam mas não podem definir-se: com efeito, é aceito que a definição respeita ao "o que é" e todo "o que é" é universal e afirmativo, donde a impossibilidade de definir-se o que, naqueles silogismos se conclui.[93] Se consideramos, entretanto, apenas os silogismos afirmativos da primeira figura,[94] constatamos, também, que não pode haver definição de tudo que, neles, se prova: como haveria definição, por exemplo, de ter o triângulo a soma de seus ângulos igual a dois retos? E é fácil dar a razão (λόγος) por que isto ocorre; com efeito, se conhecer cientificamente o demonstrável é ter a demonstração, não haverá definição daquelas coisas que, como no exemplo acima, se demonstram pela primeira figura, uma vez que, se definição houvesse, delas teríamos conhecimento pela definição, antes de ter a demonstração, já que nada impede que definição e demonstração não sejam simultâneas. Um terceiro argumento, no mesmo sentido, construiremos por simples indução; de fato, é suficiente para persuadir-nos recordar que nunca conhecemos atributos "por si" ou acidentes através de definições.[95] Finalmente, toda definição é conhecimento de alguma essência (οὐσία) e não são, evidentemente, essências as coisas que se demonstram.[96] "Que não há, portanto, definição de tudo de que também há demonstração é evidente".[97]

Não há dúvida de que todos esses argumentos são de natureza dialética e de que não mais fazem que aguçar as aporias para que se buscam as soluções. Assim, não se considerará como realmente pertinente a uma discussão sobre as relações entre a demonstração

---

93 Cf. *Seg. Anal.* II, 3, 90ᵇ3-7; cf., também, I, 14, 79ᵃ26-9.
94 Cf. *Seg. Anal.* II, 3, 90ᵇ7-13.
95 Cf. ibidem, l. 13-16. Entende Ross (cf. nota ad l. 7-17) que συμβεβηκότα, a l. 15-6, deve compreender-se, não como "acidentes", mas como uma designação daquelas propriedades, como o eclipse, que, ainda que não pertencentes a seus sujeitos, *por si*, "follow upon interaction between the subject and something else". Ocorre, entretanto, que nada impede se tenha Aristóteles estendido, num argumento simplesmente dialético, tal com fez, aliás, em seu primeiro argumento (cf., acima, n.93 deste capítulo), além dos limites da demonstração estrita.
96 Cf. ibidem., l. 16-7.
97 Ibidem, l. 18-9.

científica e a definição o argumento que se fundamenta nos silogismos da segunda e terceira figuras, invocando o caráter negativo ou particular de suas conclusões: com efeito, visto que é com os silogismos da primeira figura que as ciências constroem suas demonstrações,[98] o argumento prova apenas que pode haver silogismo sem que a definição seja possível, mas não, que haja demonstração. Quanto à afirmação de que se não pode conhecer por definição a coisa demonstrável, por que isso implicaria a possibilidade de conhecê-la sem demonstração, quando o conhecimento científico do demonstrável é a demonstração, trata-se de um argumento que, se definitivamente concludente, não apenas provaria "que não há definição de tudo de que também há demonstração", mas teria bem maior alcance, obrigando-nos desde já a aceitar a total impossibilidade de um mesmo objeto ser conhecido, ao mesmo tempo, pelas duas formas de conhecimento de que nos ocupamos; em verdade, ao invés de examinar-se a possibilidade de uma outra forma de conhecimento da coisa demonstrável, declara-se, peremptoriamente, que um demonstrável só se conhece cientificamente em demonstrando-o e converte-se, destarte, em argumento uma mera afirmação dogmática.[99] Também é manifestamente dialético, por sua mesma natureza, o argumento indutivo que recorda os processos mediante os quais costumamos conhecer os atributos "por si" e acidentais.[100] Quanto ao último argumento, ele toma num sentido vago e impreciso a noção de οὐσία que introduz.[101]

Tomemos, agora, como elemento de referência, as coisas que se definem; podem elas, acaso, demonstrar-se?[102] Consideremos, ainda uma vez, o argumento de que, há pouco, nos servimos:[103] se conhecer

---

98 Cf., acima, I, 3.2 e n.161.
99 Cf., acima, II, 5.2 e n.205.
100 Por ser a indução, como sabemos, um raciocínio eminentemente dialético, cf., acima, cap.I, n.177.
101 Uma vez que nem mesmo fica claro se se toma οὐσία em referência à categoria substantiva, ou como sinônimo de quididade, na categoria da essência ou nas mesmas categorias adjetivas, cf., acima, cap.II, n.157.
102 Cf. Seg. Anal. II, 3, 90^{b}19 seg.
103 Cf. ibidem, l. 19-24.

o demonstrável é ter a demonstração, já que, "com efeito, de uma coisa una, enquanto una, há uma ciência una",[104] se houvesse demonstração do que se conhece por definição, teríamos conhecido, sem demonstração e pela definição, o demonstrável, o que é absurdo; assim, a retomada da argumentação não testemunha senão de seu caráter geral a que, acima, aludíamos. Um segundo argumento[105] lembrar-nos-á que, ao menos para certas coisas, há definições que são indemonstráveis; sabemos, com efeito, que são definições os princípios das demonstrações, como se provou anteriormente:[106] fossem os princípios demonstráveis e teríamos princípios de princípios, numa regressão infinita. Como se vê, retém-se explicitamente a doutrina do livro I sobre a indemonstrabilidade das definições-princípios e utiliza-se ela como argumento para mostrar que, se não são acaso absolutamente estranhos, um ao outro, os campos respectivos da definição e da demonstração, é certo, ao menos, que se não podem inteiramente recobrir, sendo, portanto, doutrina assente, sobre a qual *não mais se volta* no estudo das relações entre a definição e a demonstração, que o domínio do demonstrável não se estende aos princípios da demonstração.[107] Manifesta-se-nos, por isso mesmo, que se terá de conciliar tal doutrina já afirmada com a análise da causalidade pressuposta por toda indagação, onde pareceu descobrir-se a presença de um μέσον silogístico, mesmo naqueles casos em que a interrogação dizia respeito à busca da definição e da quididade.[108]

---

104 Seg. Anal. II, 3, 90ᵇ20-1.
105 Cf. ibidem, l. 24-7.
106 Cf., acima, IV, 2.4.
107 O livro II dos *Segundos Analíticos* não reabre, portanto, a discussão sobre o caráter demonstrável ou indemonstrável dos princípios, como estranhamente pretende Aubenque (cf. *Le problème de l'être...*, 1939, p.482), para quem "l'insistance d'Aristote à poser ce problème montre qu'il ne se satisfaisait pas aisément de cette obscurité inévitable des principes et que son idéal restait celui d'une intelligibilité absolue". É que o eminente aristotelista, como sabemos (cf., acima, cap.II, n.114, 117, 144, 174, 187 e 206), julgou encontrar, na oposição aristotélica entre o "mais conhecido em absoluto" e o "mais conhecido para nós", assim como na doutrina da indemonstrabilidade, uma tematização da impossibilidade de uma ciência humana.
108 Cf., acima, V, 1.6.

Haverá algumas coisas, ao menos, que possam ser tanto definidas como demonstradas?[109] Em verdade, não pode haver demonstração do que é objeto de definição. Em primeiro lugar, porque a definição é do "o que é" e da essência (οὐσία) e "todas as demonstrações, manifestamente, põem como hipótese e assumem o 'o que é'", como as matemáticas, que assumem, por exemplo, o que é a unidade e o que é ímpar, não sendo diferente, aliás, o procedimento das outras ciências.[110] Em segundo lugar,[111] "toda demonstração prova algo de algo, ou seja, que é ou que não é",[112] toda demonstração prova um "que", enquanto, na definição, não se atribui um de seus elementos ao outro, não se atribui, por exemplo, animal a bípede nem bípede a animal, na definição do homem. Finalmente,[113] é coisa diferente mostrar o "o que é" e mostrar o "que é"; ora, a definição mostra *o que é* uma coisa, enquanto a demonstração mostra *que* algo *é* de algo, ou *que não é*. E a demonstração de algo diferente é uma demonstração diferente, a menos que ambas as demonstrações se relacionem como parte e todo, como, por exemplo, a prova da igualdade dos ângulos do isósceles a dois retos, se se fez a prova para o triângulo, em geral. Mas tal não é a relação entre o "o que é" e o "que é", nenhum dos quais é parte (μέρος) do outro. Como se pode observar, o filósofo busca elementos para sua argumentação dialética, uma vez mais, na doutrina da ciência desenvolvida no livro I do tratado, invocando o procedimento da ciência demonstrativa ao assumir seus princípios, ou o caráter de suas conclusões, ou a subordinação do particular ao universal, na demonstração. E os argumentos que, desse modo, constrói, parecem, todos eles, desmentir os resultados a que chegara, por exemplo, a análise da indagação sobre o eclipse, quando se crera poder estabelecer a redução

---

109 Cf. *Seg. Anal.* II, 3, 90^{b}28 seg.
110 Cf. *Seg. Anal.* II, 3, 90^{b}30-3; acima, IV, 2.4 e n.99. Em verdade, como sabemos (cf., acima, IV, 2.3 e n.80 e 81), não obsta a que se demonstrem o par e o ímpar, o quadrado e o cubo etc. o fato de os matemáticos assumirem previamente suas definições; donde ser manifesto o caráter meramente dialético do argumento, que não distingue entre o tratamento científico dos princípios e o das afecções "por si" dos gêneros da demonstração.
111 Cf. *Seg. Anal.* II, 3, 90^{b}33-8.
112 Ibidem, l. 33-4; cf., acima, I, 3.3 e n.171 seg.
113 Cf. ibidem, 90^{b}38-91^{a}6.

da investigação sobre a quididade e a definição à busca de um termo médio para a demonstração.[114] Como resolver a aporia, já que todos os argumentos que alinhamos, tendo mostrado que não há demonstração de tudo de que há definição, nem definição de tudo de que há demonstração, nem possibilidade alguma de definir e demonstrar a mesma coisa, parecem tornar manifesta a recíproca exterioridade dos domínios respectivos de uma e outra forma de conhecimento?[115]

2.2 O silogismo da definição

Após um tal tratamento *diaporemático*[116] da questão das relações entre definição e demonstração, que consistiu, sobretudo, numa exaustiva comparação entre as naturezas respectivas da definição e da conclusão científica ou, simplesmente, silogística, consideremos agora, dialeticamente ainda,[117] malgrado os resultados da etapa precedente de nossa argumentação, a eventual possibilidade de construir-se um silogismo demonstrativo da definição, isto é, da quididade ou essência.[118] Ora, "o silogismo prova algo de algo através do termo médio";[119] mas o "o que é" é um *próprio*[120] e se atribui no "o

---

114 Cf., acima, V, 1.6.
115 Cf. *Seg. Anal.* II, 3, 91ᵃ7-11.
116 Cf. *Seg. Anal.* II, 4, com., 91ᵃ12: Ταῦτα μ ν οὖν μέχρι τούτου διηπορήσθω. Não significam essas palavras, como observa, com razão, Ross (cf. nota *ad locum*), que a parte aporemática da discussão esteja terminada, Aristóteles pretendendo dizer "*so much for* these *doubts*". Como dizem os *Tópicos*, a dialética é útil "para as ciências filosóficas, porque, sendo capazes de percorrer as aporias (διαπορῆσαι) em ambos os sentidos, perceberemos, mais facilmente, em cada caso, o verdadeiro e o falso" (*Tóp.*I, 2, 101ᵃ34-6); nesse sentido, cada raciocínio dialético apresenta-se, então, como um *aporema* (ἀπόρημα), isto é, um silogismo dialético de contradição (cf. *Tóp.*VIII, 11, 162ᵃ17-8). Sobre o raciocínio "diaporemático", leia-se a comunicação apresentada por Aubenque ao "Symposium Aristotelicum de Louvain" (1960), subordinada ao título "Sur la notion aristotélicienne d'aporie", in *Aristote et les problèmes de méthode*, 1961, p.3-19.
117 Cf. *Seg. Anal.* II, cap.4-7.
118 Cf. *Seg. Anal.* II, 4, 91ᵃ12-4.
119 Ibidem, l. 14-5.
120 O *próprio* subdivide-se em *próprio* em sentido estrito e definição, tendo sempre a mesma extensão que seu sujeito, com o qual se reciproca na atribuição, cf. *Tóp.*I, 4, 101ᵇ19-23; 5, 102ᵃ18 seg.; acima, cap.II, n.239.

que é",[121] donde a necessária reciprocabilidade, na atribuição, de todos esses termos:[122] com efeito, se se conclui a definição, que é um *próprio*, num silogismo (seja A a definição de C, provada pelo silogismo "A pertence a B, B pertence a C, A pertence a C") serão *próprios*, uns dos outros, os termos do silogismo (A será *próprio* de B e B, de C, donde poder concluir-se que A é *próprio* de C), manifestamente;[123] e, por outro lado,[124] somente se efetuará a prova de que se atribui o predicado no "o que é" do sujeito (de que A se atribui no "o que é" de C e de que, portanto, sendo um *próprio*, é, também, a definição de C), se a mesma relação existir entre os termos das premissas (isto é, se A pertencer a todo B, no "o que é", e se se disser B, universalmente, de C, no "o que é"). Mas, se as premissas assim exprimem, então, os "o que é" de seus sujeitos,[125] já se exprimem, também, o "o que é" e a quididade do que se quer definir (C) mediante o termo médio (B pertence a C, como o "o que é" e quididade), isto é, *já se assume, na premissa, a definição do menor, que se pretendia demonstrar como conclusão*. Seja, por exemplo, o silogismo que conclui ser a alma um número que a si próprio se move,[126] porque a alma é a causa de sua própria vida e a causa de sua própria vida é um número que se move a si próprio: será verdadeira a conclusão, mas

---

121 Cf. *Seg. Anal.* II, 4, 91ª15-6. Cf. *Tóp.*I, 5, 102ª32-5: "Digamos atribuir-se no 'o que é' todas aquelas coisas que é apropriado dar em resposta, quando se é interrogado sobre o que é o sujeito em questão; como, no caso do homem, quando se é interrogado sobre o que ele é, é apropriado dizer que é um animal". Dizendo, então, que o "o que é" se atribui no "o que é", quer Aristóteles significar que a quididade de uma coisa é – e ela o é, por excelência – o que se responde quando se é interrogado sobre *o que é* a coisa. E é precisamente o atribuir-se no "o que é" que distingue a definição dos *próprios* em sentido estrito, cf. *Tóp.*I, 4, 101ᵇ19-23. As interpretações de Colli, Mure, Ross e Tricot (cf., *ad locum*) da passagem em questão (*Seg. Anal.* II, 4, 91ª15-6) parecem-nos bastante insatisfatórias.
122 Cf. ibidem, l. 16: ταῦτα δ'ἀνάγκη ἀντιστρέφειν.
123 Cf. ibidem, l. 16-8. Se A e B não fossem *próprios* de B e C, respectivamente, poderia concluir--se que A pertence a C, mas não se provaria que é *próprio* de C, pois nada justificaria que se afirmasse a reciprocabilidade entre os dois termos.
124 Cf. ibidem, l. 18 seg.
125 Cf. *Seg. Anal.* II, 4, 91ª24-6.
126 Cf. ibidem, l. 35 seg. O mesmo se diria, evidentemente, para um silogismo que pretendesse provar uma definição do homem (cf. ibidem, l. 26-32) etc. A definição da alma como número que a si próprio se move, proposta por Xenócrates, é formulada aqui a mero título de exemplo e Aristóteles a refuta no tratado *Da Alma* (cf. I, 4, 408ᵇ32 seg.), onde a considera a mais irracional (ἀλογώτατον) de quantas definições da alma se propuseram.

não se terá escapado à *petição de princípio* (τὸ ἐν ἀρχῇ αἰτεῖσθαι), se se pretende considerar tal silogismo como uma demonstração da definição da alma: assume-se, na premissa, ainda que sob expressão diferente, a mesma quididade que se pretende, em seguida, obter, por via demonstrativa, na conclusão. A análise do pretenso silogismo da definição mostra-nos, assim, o seu caráter falacioso e sofístico.[127]

Caberia, então, concluir silogisticamente a definição, à maneira platônica, pelo método que procede por divisões (ἡ διὰ τῶν διαιρέσεων ὁδός)?[128] Mas a análise das figuras do silogismo a que se procedeu nos *Primeiros Analíticos* já mostrara que a "divisão" platônica é um "silogismo impotente",[129] uma vez que nenhuma necessidade caracteriza o resultado que se obtém a partir do que se assume, como é o próprio da conclusão silogística.[130] Por outro lado, ainda que se chegue a um resultado verdadeiro, que o homem, por exemplo, é animal caminhante, não se mostra que o todo formado por esses termos exprime o "o que é" ou a quididade, mas também isto se assume, no método platônico.[131] E o que impede, além disso, num tal processo, que se acrescente, subtraia ou omita um elemento da essência?[132] Defeito que se poderia, por certo, obviar, em tomando consecutivamente, no processo de divisão, segundo a ordem adequada, tão somente os elementos da essência, sem omitir nenhum;[133] mas, se é possível chegar, desse modo, ao conhecimento da definição,[134] não se trata, por certo, de uma demonstração silogística: também o que induz (ὁ ἐπάγων) mostra algo, sem que, no entanto, demonstre.[135] O método da divisão não é, em suma, um método demonstrativo.

---

127 Sobre a falácia da petição de princípio, cf. *Ref. Sof.* 5, 167ª36-9; 6, 168ᵇ22-6; 7, 169ᵇ12-7; 27 (todo o capítulo) etc.
128 Cf. *Seg. Anal.* II, 5, com., 91ᵇ12-3 e todo o capítulo.
129 Cf. *Prim. Anal.* I, 31, 46ª33 e todo o capítulo.
130 Cf. *Seg. Anal.* II, 5, 91ᵇ14-20.
131 Cf. ibidem, l. 20-6.
132 Cf. ibidem, l. 26-7.
133 Cf. *Seg. Anal.* II, 5, 91ᵇ28 seg.
134 Em *Seg. Anal.* II, 13, 96ᵇ25 seg., Aristóteles se estenderá longamente sobre o uso dialético do método da divisão na "caça" à definição. Também II, 14 tratará do uso da divisão para a correta preparação preliminar do "material" da demonstração científica.
135 Cf. *Seg. Anal.* II, 5, 91ᵇ34-5; 15.

Seria acaso possível, então, proceder por hipótese (ἐξ ὑποθέσεως),[136] assumindo, como premissa maior, que a quididade é o *próprio* constituído dos elementos no "o que é" e, como premissa menor, que tais e tais termos são os únicos a figurar no "o que é", constituindo seu todo um *próprio*, para daí concluir, então, que esse todo é a quididade da coisa em questão? Os *Tópicos* tinham mostrado, aliás, como se constituía, desse modo, um silogismo da definição.[137] Mas não é difícil ver que, também aqui, se incorre em petição de princípio,[138] uma vez que, ao dizer que o todo composto de tais e tais termos é próprio à coisa e se constitui de todos os elementos do seu "o que é", estamos, por isso mesmo, afirmando, ao formular tal premissa menor, que temos a definição da coisa; e, se podemos provar, na conclusão, que esse todo é a definição, não é senão porque já aceitáramos que ele se estrutura

---

136 Cf. *Seg. Anal.* II, 6, com., 92ª6 seg.
137 Cf. *Tóp*.VII, 3, com., 153ª6-26.
138 Cf. *Seg. Anal.* II, 6, 92ª9-10. Restaria perguntar, entretanto, por que chama Aristóteles de ἐξ ὑποθέσεως um tal silogismo da definição. Recordemos que o silogismo ἐξ ὑποθέσεως (cf. *Prim. Anal.* I, 23, 41ª37-41; 44, 50ª16-28 etc.) é mais que um simples silogismo; como diz Bonitz (cf. *Index*, p.797ª18-21): "hypothetica dicitur demonstratio quæ non recta pergit a propositionibus ad id quod colligi debet, sed quae, ut efficiat quod vult, alia quaedam praeter ipsas propositiones [petit], ut sibi concedantur". Com efeito, no silogismo ἐξ ὑποθέσεως, não se conclui silogisticamente a proposição que se tem em vista provar, mas uma outra que se lhe substitui, tendo-se antes convencionado, entretanto, que a verdade desta última implica a verdade da primeira. Assim, se se quer provar que não há uma ciência única de todos os contrários, assume-se previamente – e eis a *hipótese* que dá o nome ao silogismo (cf., acima, cap.IV, n.68) – que, se não há uma faculdade única para todos os contrários, também não há uma ciência única; prova-se, então, silogisticamente que não há uma faculdade única e tem-se, *ipso facto*, por provado que não há uma ciência única, em virtude da hipótese assumida. No texto de *Seg. Anal.* II, 6, 92ª6-10, teríamos, então, algo como o que segue: assume-se, como *hipótese*, a definição de definição, isto é, que o *próprio* constituído dos elementos que figuram no "o que é" é a definição; prova-se, em seguida, que, para uma determinada coisa, tais e tais termos constituem um *próprio* e a totalidade do que se diz no "o que é"; dá-se, então, por provado, em virtude da hipótese assumida, que tal é a definição da coisa. O que a prova da definição descrita nesse último texto (assim como no de *Tóp*.VII, 3, cf. a nota anterior) acrescenta, entretanto, ao silogismo hipotético descrito nos *Primeiros Analíticos* é a construção silogística com que se tenta estruturar aquela parte do raciocínio hipotético, precisamente, que os *Primeiros Analíticos* consideram não silogística, isto é, a inferência da conclusão final a que se chega, confrontando a conclusão que se prova silogisticamente com a hipótese inicial.

como a definição e corresponde à definição de definição. Além disso,[139] assim como não se introduz, como premissa de um silogismo, a definição de silogismo, não se deverá introduzir, num silogismo que pretende provar a definição, a definição de definição. Os *Tópicos* não nos haviam proposto[140] uma demonstração da definição mas, tão somente, como corretamente se observou,[141] um processo dialético para fazer-se aceitar, pelo interlocutor, uma definição previamente construída. E ainda há petição de princípio, se se constrói uma outra espécie de prova ἐξ ὑποθέσεως, utilizando, desta vez, o tópico do contrário:[142] com efeito, assumindo que a quididade de um contrário é o contrário da quididade de seu contrário, poderemos, por certo, concluir, se a quididade do mal é o divisível, que o indivisível é a quididade do bem, uma vez que bem e indivisível são, respectivamente, os contrários de mal e divisível; mas não é menos óbvio que, ao formular a premissa menor, isto é, a definição do mal, contrário do bem, já estamos, de algum modo, assumindo a mesma definição e quididade do bem, que pretendemos demonstrar.

---

139 Cf. *Seg. Anal.* II, 6, 92ª11-9.
140 Em VII, 3, cf., acima, n.137 deste capítulo.
141 Cf. Cherniss, *Criticism of Plato and the Academy*, 1944, I, p.34, n.28, apud Ross, nota ad *Seg. Anal.* II, 6, 92ª6-9. Erroneamente, então, a nosso ver, pretende A. Mansion (cf. "L'origine du syllogisme et la théorie de la science chez Aristote", in *Aristote et les problèmes de méthode*, 1961, p.57-81) que o texto de *Tóp*.VII, 3, acima citado (cf. n.137 deste capítulo) representa uma fase do pensamento aristotélico em que o filósofo, não mais aceitando o método platônico da divisão como suficiente, crê encontrar no silogismo um instrumento eficaz para obter – e demonstrar – definições, inclusive no próprio domínio científico (cf. ibidem, p.64-70). Os *Segundos Analíticos* representariam, então, a terceira e última fase (a primeira corresponderia à aceitação do método da divisão, a segunda, à doutrina da demonstração silogística das definições, que os *Tópicos* conteriam) da evolução da doutrina do filósofo, nesse terreno, na qual "*la critique des conditions d'une démonstration syllogistique de la définition montre que celle-ci est impossible en principe*" (ibidem, p.80). Ocorre, entretanto, que os argumentos que A. Mansion alinha contra Cherniss, a propósito de *Tóp*.VII, 3, procurando mostrar que esse texto não tem somente em vista os raciocínios dialéticos, nada têm de convincente.
142 Cf. *Seg. Anal.* II, 6, 92ª20 seg.; cf., também, *Tóp*.VII, 3, 153ª26 seg. Cremos que se deva explicar o fato de o filósofo chamar de ἐξ ὑποθέσεως uma tal prova, tirada do tópico do contrário, de modo análogo ao de que acima nos servimos (cf. n.138 deste capítulo), a propósito do silogismo da definição que utiliza a definição de definição como premissa.

2.3 Definições nominais e conhecimento da quididade

Uma longa série de argumentos parece, assim, mostrar-nos a impossibilidade de demonstrar uma definição. Por isso mesmo, cabe perguntar: "De que modo, então, o que define mostrará a essência ou 'o que é'?".[143] Mas, se a definição não se obtém por demonstração, isto é, como conclusão necessária engendrada a partir de premissas previamente aceitas,[144] tampouco poderá obter-se ela por uma indução, através da evidência dos casos particulares, uma vez que a indução não prova o "o que é", mas "que é ou que não é", que tudo é assim por nada ser de outra maneira.[145] Ora, "persuadimo-nos de todas as coisas ou através de silogismos ou a partir de uma indução".[146] Que outro recurso restará, então, ao que define? Não será pela percepção, por certo, nem apontando com o dedo que se mostrará o "o que é".[147]

E, levando suas aporias até as últimas consequências, Aristóteles vai pôr em dúvida a mesma possibilidade de conhecer-se realmente algo por definição, isto é, de conhecer-se, em sentido estrito, a quididade de alguma coisa. Com efeito, como há de mostrar-se o "o que é",[148] se é necessário ao que conhece o que é o homem, ou qualquer outra coisa, conhecer, também, que ele é (ὅτι ἔστιν)? "Pois o que não é, ninguém sabe o que é":[149] se proferimos expressão que designa um ser fictício, como "bode-cervo" (τραγέλαφος), conhecemos, por certo, a significação do discurso ou do nome, "mas é impossível conhecer o que é o bode-cervo (τί δ' ἐστὶ τραγέλαφος ἀδύνατον εἰδέναι)",[150] pela simples razão de que ele não é. A mera significatividade do discurso nada indica, pois, sobre o ser do que se significa e, portanto, a possibilidade de definições que são puramente nominais não garante o

---
143 Seg. Anal. II, 7, com., 92ᵃ34-5.
144 Cf. ibidem, l. 35-7.
145 Cf. ibidem, l. 37-92ᵇ1.
146 Prim. Anal. II, 23, 68ᵇ13-4; cf. também Ét. Nic. VI, 3, 1139ᵇ26-8.
147 Cf. Seg. Anal. II, 7, 92ᵇ1-3.
148 Cf. Seg. Anal. II, 7, 92ᵇ4 seg.
149 Ibidem, l. 5-6.
150 Ibidem, l. 7-8.

conhecimento do "o que é" das coisas definidas; não se conhecerão quididades, não se falará em quididades, sem que se conheça que as coisas que se definem *são*: o "o que é" é o que algo *é*. Enquanto mero discurso significativo, não tem a definição valor apofântico, nada dizendo sobre se a coisa definida é ou não é.[151] Mas justamente porque pretende a definição ser algo mais do que uma simples definição nominal é que se coloca o problema de saber como se acrescentará à pura explicitação de uma significação um conhecimento de quididade, que, conforme vemos, parece dever acompanhar-se de um conhecimento de outra natureza, de um conhecimento do "que é" (ὅτι ἔστιν). Se se deve, porém, mostrar *o que é* a coisa e *que* ela *é*, como se haverá isso de fazer por um mesmo discurso?[152] Definição e demonstração mostram, cada uma, uma só coisa, mas o "o que é" e o "que é" são coisas diferentes: "o que é o homem e o homem ser são coisas diferentes".[153]

Em segundo lugar, recordemos, também, que "dizemos ser necessário provar-se através de demonstração tudo que algo é, se não se tratar da essência. Ora, ser não é a essência de coisa alguma, pois não é um gênero o ser. Haverá, portanto, demonstração do 'que é', o que, precisamente, fazem, também, as ciências, atualmente. Com efeito, o geômetra assume o que significa o triângulo, mas prova que ele é. Que coisa mostrará, pois, o que define, se não o que é o triângulo? Alguém, portanto, conhecendo, por uma definição, o que é, não conhecerá que é. Mas isto é impossível".[154] Porque o ser das coisas se nos manifesta, assim, como objeto de demonstração, conforme nos revela o mesmo

---

151 Cf., acima, cap.IV, n.66; IV, 2.4 e n.92.
152 Cf. *Seg. Anal.* II, 7, 92ᵇ8-11.
153 Ibidem, l. 10-1. Note-se que, se Aristóteles ilustra, aqui, a distinção entre o "o que é" e o "que é", com o exemplo do homem, nada nos autoriza a interpretar tal exemplo como uma indicação implícita de que o "que é" do homem possa ser provado por uma demonstração, paralelamente ao conhecimento de seu "o que é", mediante uma definição. Contra, cf. S. Mansion, *Le jugement d'existence*..., 1946, p.179.
154 *Seg. Anal.* II, 7, 92ᵇ12-8. Entendemos, com Ross (cf. nota *ad* l. 12-5), que o sentido de toda a passagem exige que se leia, a l. 13: ἅπαν ὅ τι ἐστιν, em lugar da lição ἅπαν ὅτι ἔστιν dos manuscritos, aceita pela maioria dos tradutores e autores. Por outro lado, a tradução que Tricot propõe de εἰ μὴ οὐσία εἴη, a l. 13: "à l'exception de la seule substance", é absoluta-

procedimento das ciências, onde definição e demonstração parecem, destarte, plenamente distinguir-se e dissociar-se,[155] compreendemos que não cabe à definição, mas tão somente à demonstração, mostrar que uma coisa é: a definição mediante a qual conhecemos o que é o triângulo não nos faz conhecer que ele é!

Eis-nos, então, mergulhados, parece, em grave aporia. Não nos persuadem, com efeito, todos esses argumentos de que os que definem não provam nem mostram o "que é" das mesmas coisas que definem?[156] Definir-se-á a circunferência como uma linha equidistante do centro; mas, ainda que haja algo equidistante do centro, por que a coisa assim definida é? E por que tal coisa é a circunferência? Poder-se-ia, também, dizer que é o oricalco, se não nos informam as definições se é *possível* (δυνατόν) o definido nem se é aquilo de que pretendem ser definições, donde o podermos, sempre, perguntar ainda pelo porquê.

Tudo parece condenar, assim, a pretensão de conhecerem-se, mediante definições, as quididades das coisas. E porque a única alternativa que se coloca é a de ou mostrarem as definições o "o que é" ou serem meras explicitações dos significados dos nomes,[157] se não concernem ao "o que é", serão meramente nominais. Deveremos concluir, então, que a definição é "discurso que significa a mesma coisa que um nome",[158] o que nos levará, no entanto, a consequências absurdas: pois, em primeiro lugar, haverá definições tanto das coisas que não são essências, como das que simplesmente *não são*, já que é possível significar também os não seres;[159] em segundo lugar,[160] a re-

---

mente inaceitável, como mostra S. Mansion, cf. *Le jugement d'existence...*, 1946, p.179-80, n.88. Quanto ao caráter não genérico do ser, cf., acima, IV, 4.2.

155 Mas note-se que Aristóteles ilustra o "que é", objeto de demonstração, com o exemplo do triângulo, isto é, de uma afecção *por si* do gênero geométrico, cf., acima, IV, 2.3 e n.81 e 82. O caráter dialético do argumento é, assim, ressaltado pelo fato de não fazer menção o filósofo das definições-princípios, onde se assume conjuntamente o "que é" e o "o que é", cf., acima, IV, 2.4.
156 Cf. *Seg. Anal.* II, 7, 92^{b}19 seg.
157 Cf. ibidem, l. 26-7.
158 *Seg. Anal.* II, 7, 92^{b}27-8.
159 Cf. ibidem, l. 28-30.
160 Cf. ibidem, l. 30-2.

dução da definição à simples explicitação de uma significação nominal converterá todos os discursos em definições, uma vez que será sempre possível dar nome a qualquer discurso: todos conversaremos definições, a *Ilíada* será uma definição! Finalmente, nenhuma demonstração demonstrará que tal nome tem tal significado: também as definições serão, pois, incapazes, de mostrá-lo.[161]

Percorrendo as aporias que se nos deparam, ao tentarmos precisar as relações entre a definição e a demonstração, não somente se nos manifestou que definição e silogismo não são a mesma coisa, como, também, que não há definição e silogismo de uma mesma coisa.[162] Mas o aprofundar as dificuldades levou-nos, ainda, a bem mais estranho resultado, pois nos parece, agora, que a definição nada demonstra nem mostra e que o conhecimento do "o que é" se não obtém nem por definição nem por demonstração.[163] O domínio da definição pareceu-nos restringir-se, com efeito, ao da linguagem e do discurso em que se não atinge o que as coisas, por si próprias, são: todas as definições são nominais. Mas, por isso mesmo, transforma-se a definição num instrumento ineficaz e, portanto, absurdo de conhecimento: dissociada do ser, ela não mais é senão o fruto de uma decisão arbitrária que faz artificialmente corresponder-se um nome e um discurso, nada impedindo que se faça ela confundir com um discurso qualquer.

3 Demonstração e definições

3.1 Considerações preliminares

É chegado, então, o momento de *recomeçar* e de, em retomando nossas análises, examinar "quais dessas coisas se dizem corretamente

---

161 Cf. ibidem, l. 32-4. A significação dos nomes, como a dos discursos em geral, é meramente convencional (κατὰ συνθήκην), cf. *Da Int.* 2, com., 16ª19; 4 (todo o capítulo), donde não ser uma definição meramente nominal mais do que a explicitação de uma significação convencionalmente atribuída a um nome.
162 Cf. *Seg. Anal.* II, 7, 92ᵇ35-6.
163 Cf. ibidem, l. 37-8.

e quais, incorretamente",[164] para saber de que modo há demonstração e definição do "o que é", se é que há. Tal exame exigirá de nós uma reflexão atenta e uma cuidadosa atenção ao detalhe do texto aristotélico, objeto de inumeráveis e controvertidas interpretações, no mais das vezes francamente errôneas, como procuraremos mostrar.

Uma vez que, como dissemos, é idêntico conhecer o que é e conhecer a causa de 'se é' (a razão disso é que há alguma causa e esta é idêntica à coisa ou distinta e, se for distinta, a coisa será ou demonstrável ou indemonstrável (ἢ ἀποδεικτὸν ἢ ἀναπόδεικτον)) – se é, então, distinta e é possível fazer a demonstração, é necessário que ela seja o termo médio e que *se faça a prova na primeira figura*: com efeito, o que se prova é universal e afirmativo. Uma modalidade será, então, a que há pouco se examinou (ὁ νῦν ἐξητασμένος), provar-se mediante algum outro "o que é". De fato, é necessário que o termo médio dos 'o que é' seja um "o que é" e o dos *próprios*, um *próprio*. Por conseguinte, provar-se-á uma, não se provará a outra das quididades da mesma coisa. Que esta modalidade, pois, não será demonstração já se disse, anteriormente; mas é um silogismo "lógico" do "o que é" (λογικὸς συλλογισμὸς τοῦ τί ἐστιν). Digamos, porém, de que maneira é possível [subent.: uma demonstração], retomando a questão desde o princípio.[165]

Como se vê, Aristóteles principia por relembrar[166] que identificou, no começo do livro II,[167] o conhecimento do "o que é" ao conhecimento da causa por que alguma coisa é, dispondo-se agora a explicar a razão e o alcance de assim proceder. Encontra essa razão no fato de sempre haver uma causa para uma coisa dada, que se identifica ou não à própria coisa.[168] Deixando de lado o primeiro membro desta alternativa, o

---

164 *Seg. Anal.* II, 8, com., 93ª1-2; acima, V,2.1 e n.89. S. Mansion considera "bastante obscuro" (cf. *Le jugement d'existence...*, 1946, p.183) o texto do capítulo 8; cremos, no entanto, que as obscuridades que nele encontra se devem antes à linha errônea de interpretação que adota, como procuraremos mostrar.
165 *Seg. Anal.* II, 8, 93ª3-16.
166 Cf. ibidem, l. 3: ὡς ἔφαμεν.
167 Cf. *Seg Anal.* II, 2, 90ª14-5; 31-4; acima, V, 1.5.
168 Cf. *Seg. Anal.* II, 8, 93ª5-6: ἔστι τι τὸ αἴτιον καὶ τοῦτο ἢ τὸ αὐτὸ ἢ ἄλλο. Cf. também, acima, III,1.4 e n.49.

filósofo não coloca o problema da demonstração senão para o segundo membro, isto é, para os casos em que algo se distingue da causa por que é: *deixa, pois, de lado, toda e qualquer referência a um conhecimento demonstrativo,* no que respeita às essências ou substâncias e a *quanto se lhes pode assimilar* (e não se estende tampouco em mostrar por que se identificam aqui "o que é" e causa, já que é imediatamente evidente que, coincidindo a coisa e a causa, necessariamente coincidirão o "o que é" e a causa de a coisa ser, o "o que é" não sendo senão *o que* a coisa é). Por outro lado, quando a coisa e sua causa não coincidem, distingue o filósofo os casos que comportam e os que não comportam demonstração;[169] se a demonstração é possível, prova-se a coisa pela sua causa

---

169 Cf. ibidem, l. 6: ἢ ἀποδεικτὸν ἢ ἀναπόδεικτον. O que o texto aristotélico nos diz, com extrema concisão, é que, conforme o caso, pode ou não um atributo ser demonstrado: ele não o pode, se é acidental e contingente, ele o pode, se constitui uma propriedade de seu sujeito *por si* (cf., acima, III,1.3); e o fato de os acidentes serem causalmente determinados não implica sua demonstrabilidade, uma vez que sua causalidade também é acidental (cf., acima, III,1.4 e n.52). Ross (cf. seu com. intr. ao cap.II, 8) vê corretamente esse momento do texto, mas não entende como nós a sintaxe das l. 5-6: "the reason is that there is a cause, either identical with the thing or different from it, and if different, either demonstrable or indemonstrable" (cf. seu resumo do texto de II, 8, *ad locum*), obrigando-se, então (cf. nota *ad* 93ᵃ6), a atribuir a Aristóteles um estilo frouxo, uma vez que, obviamente, não se refere o filósofo à demonstrabilidade ou indemonstrabilidade da causa, mas à sua utilização ou não como termo médio de demonstração que conclui aquilo de que é causa. Por outro lado, não é possível admitir, com Mure (cf. *ad locum*) e S. Mansion (cf. *Le jugement d'existence...*, 1946, p.183), que Aristóteles esteja a dizer demonstrável ou indemonstrável a essência, quando não se confunde a coisa com sua causa (aliás, para esta última autora, tal expressão aristotélica significaria, apenas, que se coloca naqueles casos o problema da demonstrabilidade da essência, uma vez que teria o filósofo afirmado, pouco depois (em II, 9, 93ᵇ26-27), que "il y a toujours démonstration de l'essence quand la cause est distincte de l'objet", cf. *Le jugement d'existence...*, 1946, p.186 e n.114). Em verdade, não somente o texto de 93ᵇ26-27 não tem, como veremos, essa significação, mas também o capítulo 8 é insofismavelmente claro, ao negar definitivamente a possibilidade de qualquer demonstração do "o que é", cf. 93ᵇ16-17, 19. É curioso notar que parece remontar a Filópono a origem daquela interpretação errônea de II, 8, 93ᵃ5-6: com efeito, entendera o grande comentador grego estar Aristóteles a dizer que é possível uma demonstração da definição, se "o que é" é causa, e que a razão e causa de haver uma tal demonstração é haver uma certa definição, a *definição formal* (ὁρισμὸς εἰδικός) das coisas, suscetível de ser tomada como termo médio de um silogismo demonstrativo que concluiria a *definição material* (ὁρισμὸς ὑλικός) das mesmas; a definição propriamente dita seria a que reúne uma e outra (a definição formal e a material) e assim, não coincidindo a causa (definição formal) com a definição real e completa, haveria uma definição demonstrável (a material) e uma indemonstrável (a formal), utilizada como termo médio (cf. *Philoponi*

expressa pelo termo médio de um silogismo da primeira figura, uma vez que o que se prova é algo universal e afirmativo.[170] Se isto ocorre, perguntar o que é a coisa demonstrada, perguntar por sua definição, equivalerá, então, a perguntar pelo termo médio do silogismo que a demonstra, isto é, pela sua causa. E que a busca da definição coincide com a busca do termo médio do silogismo demonstrativo é o que se assume, aqui, para mostrá-lo, um pouco adiante: "Digamos, porém, de que maneira é possível [subent.: conhecer a essência por demonstração], retomando a questão desde o princípio".[171] Pois toda a questão consiste em mostrar de que modo se pode, malgrado as dificuldades reconhecidas, obter a definição através do silogismo que demonstra que a coisa é.

3.2 O silogismo "lógico" do "o que é"

E, com efeito, há uma maneira de obter a definição por silogismo que há pouco (νῦν)[172] se abandonou por inaceitável, quando se provou irrefutavelmente, em capítulo anterior, que a pretensa demonstração do "o que é" não é mais do que uma petição de princípio, assumindo-se como termo médio, nas premissas, a mesma quididade que se quer demonstrar na conclusão:[173] desdobra-se, indevidamente, a quididade da

---

in Aristotelis Analytica Commentaria, p.364-5). Ora, uma leitura atenta do cap.8 é suficiente para mostrar-nos que nada justifica uma tal interpretação, a qual torna contraditória e ininteligível, aliás, toda a sequência do texto.

170 Cf. Seg. Anal. II, 8, 93ª6-9. Sobre a cientificidade da primeira figura, cf., acima, I, 3.2 e n.161; sobre a universalidade do objeto científico, cf. III, 2.2, part. n.74 a 76. Quanto à afirmação de que o demonstrado é afirmativo, ela parece ter em vista tão somente o problema da definição, cujas relações com a demonstração Aristóteles se empenha, no momento, em precisar, uma vez que a ciência aristotélica não parece excluir os silogismos negativos, cf., acima, cap.IV, n.95; mas todo "o que é", com efeito, é universal e afirmativo, cf. Seg. Anal. II, 3, 90ᵇ4; acima, V, 2.1 e n.93.

171 Seg. Anal. II, 8, 93ª15-6.

172 Cf. Seg. Anal. II, 8, 93ª9-10: εἶς μ ν δὴ τρόπος ἂν εἴη ὁ νῦν ἐξητασμένος...

173 Cf. Seg. Anal. II, 4, todo o capítulo; acima, V, 2.2 e n.116 a 127. Como observa Ross (cf. nota ad Seg. Anal. II, 8, 93ª9-16), νῦν, a l. 10, não se refere ao que imediatamente o precede, mas ao que dizia "há pouco" o cap.4; e, de fato, nas linhas 6-9, não se referia Aristóteles a uma demonstração do "o que é", mas à demonstração científica, pela causa expressa no

termo médio, de uma propriedade "por si" distinta de sua causa. Como uma tal demonstração enseja a apreensão da quididade da coisa demonstrada é o que Aristóteles se propõe mostrar, mais adiante, a partir de 93ª16: entretanto, se a demonstração pode, assim, propiciar uma definição, diz-nos o filósofo, *nada tem isso a ver* com aquela falsa demonstração estudada no cap.4, a qual, porque petição de princípio, encerrava uma insuperável falácia, não sendo senão uma demonstração "lógica". Não entende, assim, entretanto, Filópono (cf. *Philoponi in Aristotelis Analytica Commentaria*, p.365), que, já tendo interpretado a passagem precedente (*Seg. Anal.* II, 8, 93ª3-9) como uma indicação da possibilidade de demonstrar-se a definição material pela formal (cf., acima, n.169 deste capítulo), julga que a modalidade de demonstração "lógica" do "o que é" a que o filósofo se refere, a partir de l. 9, respeita às linhas imediatamente anteriores e que o νῦν de l. 10 a elas, pois, remete o leitor. Tal interpretação leva, naturalmente, então, a tomar toda a passagem de 93ª16 seg. (na qual, pondo termo a todas as aporias levantadas, procura o filósofo mostrar como, apesar de não haver demonstração da essência, serve a demonstração científica, no entanto, à constituição de uma definição correta) como uma explicação sobre como se constrói a demonstração da essência! Com isso, compromete-se, definitiva e irremediavelmente, toda e qualquer possibilidade de interpretação correta e coerente do capítulo, ao mesmo tempo que se sacrificam a compreensão e a inteligência dos resultados finais da profunda e laboriosa análise, empreendida por Aristóteles, das relações entre a definição e a ciência demonstrativa. Infelizmente, um número razoável de bons autores seguiu, com maior ou menor fidelidade, a interpretação de Filópono. Assim é que Robin (cf. "Sur la conception aristotélicienne de la causalité", in *La pensée hellénique*, 1942, p.456 seg.), distinguindo entre uma *essência formal* e uma *essência material*, respectivamente termo médio e conclusão do silogismo "lógico" da essência, entende que, em II, 8, "Aristote explique qu'il y a une façon de *démontrer l'essence sans cercle vicieux*, en la démontrant au moyen d'une autre chose, qui est encore une essence" (ibidem, p.456 – os grifos são nossos). Le Blond, por sua vez, apoia-se explicitamente em Filópono para explicar o silogismo do "o que é", nele também distinguindo entre a *definição material* que se exprime na conclusão e a *definição formal* que se formula como termo médio, cf. *Logique et méthode*..., 1939, p.150, n.2 e 4; interpreta 93ª14-15, como se estivesse Aristóteles a dizer que, embora não possa ser demonstrada, "cependant l'essence est connue grâce à un syllogisme logique" (ibidem, p.156); explica os silogismos "lógicos" do eclipse e do trovão, segundo aquela distinção entre as definições material e formal (cf. ibidem, p.157-8); e, finalmente, porque, como Filópono, interpreta todo o capítulo 8 como uma discussão sobre o silogismo do "o que é", identifica o silogismo da essência e o científico! Com efeito, diz-nos o ilustre autor: "Il semble donc que ce syllogisme dit logique et présenté comme artificiel répond en réalité à la description du syllogisme strictement scientifique" (ibidem, p.163). E, se a doutrina toda se complica e embaralha, resta a Le Blond, como recurso derradeiro, imputar toda a culpa a Aristóteles: embaraçou-se o filósofo com a doutrina da definição, cuja constituição não conseguiu, finalmente, explicar (cf. ibidem, p.156); não conseguiu tampouco esclarecer as relações entre a definição e a demonstração, senão em aparência e ao preço de um equívoco, demonstrando sua hesitação e as graves confusões em que incorreu (cf. ibidem, p.166-7); inspirado por doutrinas contrárias e inconciliáveis, não soube Aristóteles escapar à ambiguidade de seus conceitos nem poupar "à tous ces chapitres leur caractère singulièrement embarrassé" (cf. ibidem, p.167-8)! Também S. Mansion se orienta fundamentalmente segundo a mesma linha de interpretação e considera toda a passagem de 93 a 16 seg. como uma descrição da construção do silogismo da essência (cf. *Le jugement d'existence*..., 1946, p.186 seg.); reconhecendo que Aristóteles não formula, nessa parte do

coisa, provando-se, então, uma quididade pela outra,[174] uma definição e um "o que é" por outra definição e outro "o que é", embora a doutrina do filósofo nos ensine que "não é possível haver muitas definições da mesma coisa",[175] se é a definição o discurso da quididade,[176] isto é, daquilo que uma coisa se diz, *por si*,[177] e se, "para cada um dos seres, um só é o ser aquilo que precisamente é".[178] Uma tal demonstração da

---

texto, os silogismos do trovão e do eclipse como silogismos da essência, mas como silogismos científicos do porquê (cf. ibidem, p.189-90), acrescenta entretanto: "Cela ne doit cependant pas faire illusion.Tout le chapitre est consacré à expliquer comment on peut bâtir un syllogisme de l'essence. C'est donc que les syllogismes esquissés par Aristote sont équivalents à des syllogismes de l'essence" (ibidem, p.190); por outro lado, o silogismo "lógico" da essência escaparia, graças à distinção entre as duas definições, formal e material, "*à toutes les objections accumulées contre la démonstrabilité de l'essence*" (cf. ibidem, p.191); tratar-se-ia, em verdade, de uma demonstração que não difere senão pela forma da demonstração científica da "existência" pela essência a que teria o filósofo aludido no princípio do livro II (cf., acima, V, 1.6 e n.80 e 81) e que "est au fond analogue à une démonstration de propriété essentielle" (cf. ibidem, p.191-2), isto é, à demonstração científica das propriedades "por si" de um sujeito! Evitando, então, o perigo de tornar-se uma petição de princípio (cf. ibidem, p.193), o silogismo da essência constituiria uma *segunda* forma de demonstração reconhecida pelo filósofo nos *Segundos Analíticos*, ao lado do silogismo científico comum do "porquê" (cf. ibidem, p.33-4; 199); e o filósofo ter-lhes-ia acrescentado, aliás, uma *terceira* forma, que combina as duas precedentes e que ele teria exposto em Seg. Anal. II, 17, 99ª23 seg. (cf. ibidem, p.34-5; 199-201), descrevendo-a como um duplo silogismo, o primeiro correspondendo a um silogismo da essência, o segundo, a um silogismo simples do porquê; acontece, porém, que a correta interpretação desta última passagem é bem outra, cf. o resumo, interpretação e comentário de Ross, *ad locum*, com que estamos de completo acordo. Mais recentemente, A. Mansion, analisando e explicando Seg. Anal. II, 8 (cf. "L'origine du syllogisme et la théorie de la science chez Aristote", in *Aristote et les problèmes de méthode*, 1961, p.73-7), compreende corretamente que Aristóteles afasta, de modo definitivo, nesse capítulo, o silogismo e a demonstração como meios de estabelecer uma definição; entretanto, também este autor não alcança o sentido profundo do capítulo e julga, como os outros, tratar-se de um estudo sobre a possibilidade de reservar-se, na ciência, um certo lugar ainda que limitado para o silogismo da essência: tais silogismos poderiam, "dans certains cas favorables et bien déterminés, servir à compléter et à eclaircir la définition d'une essence déjà connue par ailleurs" (ibidem, p.76-7).

174 Cf. *Seg. Anal.* II, 8, 93ª12-2. Aubenque, que também não apreende o fim visado pelo filósofo em II, 8, nele vê tão somente uma teoria da demonstração da essência, que demonstra a essência, desdobrando-a graças a uma intervenção da dialética que "épouse le redoublement indéfini par lequel la quiddité s'efforce de se précéder elle-même pour se fonder, toujours antérieure à elle-même, cause et principe d'elle-même, et pourtant incapable, parce qu'elle est toujours autre qu'elle-même, de se ressaisir dans son impossible unité" (*Le problème de l'être...*, 1962, p.483).
175 *Tóp.* VI, 5, 142ᵇ35; cf., também, 14, 151ᵇ16-7; 151ª32-4.
176 Cf., acima, cap.III, n.6.
177 Cf., acima, III, 1.1 e n.15.
178 *Tóp.* VI, 4, 141ª35.

essência não é, pois, demonstração verdadeira mas, tão somente, um silogismo "lógico" do "o que é",[179] isto é, um silogismo meramente "verbal", que não é demonstrativo, mas dialético, quando não sofístico.[180] É como se, querendo construir silogisticamente, a definição do trovão, por exemplo, se construísse o seguinte silogismo:

A extinção do fogo nas nuvens é ruído nas nuvens.
O trovão é extinção do fogo nas nuvens.
O trovão é ruído nas nuvens.

---

179 Cf. *Seg. Anal.* II, 8, 93ª15.
180 Sobre o sentido aristotélico de λογικός, cf., acima, III, 2.6 e n.136 seg. A argumentação "lógica" será dialética ou sofística, conforme à intenção que preside a seu uso, isto é, conforme represente um mero momento de uma pesquisa propedêutica à ciência ou pretenda, pelo contrário, fazer as vezes da demonstração científica, cf., acima, cap.III, n.141. A demonstração "lógica" do "o que é", que encerra, como vimos, uma petição de princípio, também comporta, então, um e outro uso, dialético ou sofístico, λογικός assumindo, neste último caso, um sentido francamente pejorativo. Não concordamos, pois, com Robin, quando pretende que o silogismo "lógico" é assim chamado porque indica a essência ou *quididade* de um fato e porque "l'essence ou la *quiddité*, c'est en effet pour Aristote une cause logique, c'est-à-dire dont la causalité réside en ce qu'elle est le λόγος ou la notion de la chose", cf. "Sur la conception aristotélicienne de la causalité", in *La pensée hellénique*, 1942, p.465; porque uma demonstração da "substância" é impossível, sem petição de princípio, separa-se a forma ou quididade e toma-se ela como termo médio (cf. ibidem). No seu *Aristote*, publicado posteriormente, o autor formula uma explicação diferente da razão pela qual Aristóteles fala em silogismo "lógico": "C'est que, dans le vocabulaire d'Aristote, le terme dont il s'agit désigne une certaine façon, abstraite et générale, d'envisager les choses. Or, la chose qui est ici en question est sans doute une essence, une nature simple, une réalité indivisible, c'est à dire individuellle; mais, d'autre part, au lieu de la traiter comme telle, nous l'avons, pour notre usage, décomposée *artificiellement*, d'une façon toute abstraite et contrairement à la vérité de sa nature" (Robin, *Aristote*, 1944, p.47). Aubenque, por outro lado, que vê na longa e trabalhosa discussão sobre a possibilidade da demonstração da definição, no livro II dos *Segundos Analíticos*, uma reabertura do debate sobre a demonstrabilidade ou indemonstrabilidade dos princípios (cf., acima, n.107 deste capítulo), entende o silogismo "lógico" como uma intervenção *residual* da dialética, traduzindo, numa repetição infinita da questão, a impotência do discurso humano, cf. *Le problème de l'être...*, 1962, p.483. Ora, não somente a questão da indemonstrabilidade não é, de novo, retomada, porque definitivamente estabelecida no livro I (cf., acima, V, 2.1 e n.105 a 107), como, também, ao que logo veremos, não é à dialética, mas à própria ciência, que comete o filósofo a tarefa do conhecimento das essências dos atributos, *através* da demonstração, ainda que as essências não possam, propriamente, demonstrar-se.

Obtemos, assim, uma definição ("O trovão é ruído nas nuvens") que é conclusão de uma demonstração do "o que é",[181] mas já sabemos o que pensar de tais "demonstrações"; e basta atentar na verdadeira definição do trovão ("ruído do fogo que se extingue nas nuvens"[182]) para melhor compreendermos toda a impropriedade do "silogismo lógico", que artificialmente decompõe a quididade para parcialmente demonstrá-la. O mesmo diríamos para um silogismo que, como o seguinte, tentasse demonstrar o "o que é" do eclipse:

A interposição da terra [subent.: entre o Sol e a lua] é privação da luz da lua.
O eclipse é interposição da terra.
O eclipse é privação da luz da lua.
Com efeito, a definição correta do eclipse é "privação da luz da lua pela terra interposta".[183]

3.3 A busca do "o que é" e o silogismo científico

Retomemos, então, tais exemplos (trovão e eclipse) e vejamos de que modo nos será possível, *sem incidir no vício de raciocínio que denunciamos*, obter suas definições corretas, *graças* a uma demonstração, ainda que isso possa, agora, parecer-nos empreendimento temerário ou, mesmo, contraditório, em face de tudo quanto vimos. Comecemos, porém, por uma observação preliminar:[184] sabemos, com efeito, que é possuindo o "que" que indagamos do porquê e embora o "que" e o porquê se nos tornem, por vezes, simultaneamente evidentes,[185] não pode o conhecimento do porquê ser anterior ao do "que",[186] já que isso equivaleria a

---

181 Cf. *Seg. Anal.* II, 10, 94ª7-9.
182 Ibidem, l. 5.
183 Cf. *Seg. Anal.* II, 2, 90ª16.
184 Cf. *Seg. Anal.* II, 8, 93ª16 seg.
185 Sobre a possibilidade de conhecerem-se premissa e termo médio ao mesmo tempo que se infere a conclusão, cf., acima, cap.II, n.104.
186 Cf. *Seg. Anal.* II, 8, 93ª16-9; cf., acima, II, 3.3 e n.88 e 89, quando se opera, porém, a "inversão científica", pode construir-se, então, o silogismo do porquê, concluindo cientificamente

conhecer-se a produção de um fato por sua causa, em desconhecendo-se a mesma realidade do fato; ora, de modo semelhante,[187] não se compreende que possa haver conhecimento de quididade sem conhecer-se que a coisa é, "pois é impossível conhecer o que é, ignorando se é".[188] E não há como não reconhecer a validade e o caráter correto da argumentação com que há pouco recusávamos a uma definição meramente nominal a possibilidade de erigir-se em conhecimento da quididade.[189] Mas há duas maneiras de conhecer se uma coisa é: seja por acidente, seja em tendo algo da própria coisa (ἔχοντές τι αὐτοῦ τοῦ πράγματος);[190] assim, se temos que o trovão é um certo ruído nas nuvens, ou que o eclipse é uma certa privação de luz, ou que o homem é um certo animal ou que a própria alma a si própria se move, já temos algo da própria coisa por cuja quididade perguntamos[191] e tal indagação se torna mais fácil, já que,

---

o "que" do qual se partira na investigação preliminar à aquisição do conhecimento científico, cf., acima, III, 4.7 e n.189 e 190.

187 Cf. Seg. Anal. II, 8, 93ª19-20.
188 Ibidem, l. 20.
189 Cf., acima, V, 2.3. Como se vê, a solução final para o problema das relações entre a definição e a demonstração reconhece a validade definitiva de parte da argumentação dialética que a precede, convertendo-a em verdadeiro estudo sobre a definição.
190 Cf. Seg. Anal. II, 8, 93ª21 seg.
191 Tais exemplos (cf. Seg. Anal. II, 8, 93ª22-4), como diz Aristóteles, referem-se obviamente a casos em que se conhece e "possui" algo da própria coisa cuja quididade se busca e não, a conhecimentos meramente acidentais, como pretendem Tricot (cf. sua tradução e nota, ad locum) e Mure (cf. sua tradução, ad locum), que se vêem obrigados, para justificar sua interpretação, a inverter a ordem dos membros da frase original, em II, 8, 93ª21-2; a crítica que lhes faz S. Mansion (cf. Le jugement d'existence..., 1946, p.184, n.105) é, pois, totalmente pertinente. Santo Tomás (cf. In Post. Anal. II, l. VII, n.475) dá, como exemplo de conhecimento acidental do "que", a percepção de um animal em movimento cuja velocidade nos faz supor que se trate de uma lebre; o exemplo parece-nos bastante adequado ao texto aristotélico: conhece-se um acidente da coisa, mas nada se apreende do "o que é" e nem mesmo se pode dizer que se apreende realmente o seu "que é". Por outro lado, os exemplos da alma e do homem, que Aristóteles formula na passagem que explicamos, ao lado dos exemplos do trovão e do eclipse, servem apenas para ilustrar outros casos, além dos concernentes a atributos "por si" cientificamente demonstráveis, em que o processo de estabelecimento da definição igualmente parte de um certo conhecimento, ainda que imperfeito, da quididade, que se associa ao mesmo conhecimento do "que é"; e nenhuma razão há, portanto, para interpretá-los como indicações da possibilidade de conhecerem-se as definições do homem ou da alma graças a um processo demonstrativo. Por isso mesmo, cremos inaceitável a interpretação de Le Blond quando, reconhecendo que Aristóteles

na mesma medida em que sabemos que a coisa é, relaciona-se nosso conhecimento com seu "o que é".[192] Por isso mesmo, necessariamente ocorre que nenhuma relação tem com o "o que é" nosso conhecimento acidental de que certas coisas são, já que nem mesmo sabemos propriamente que elas são, e investigar o que é uma coisa que se não sabe ser é nada investigar.[193]

Consideremos, então, um caso no qual conhecemos que uma coisa é, em já possuindo algo de seu "o que é" e tomemos por exemplo o conhecimento do eclipse,[194] chamando o eclipse de A, a lua de C, a interposição da terra de B. Nesse caso, perguntar se A pertence ou não a C, isto é, se a lua se eclipsa ou não, é investigar se há ou não uma causa real para esse fato, um termo médio que o demonstre, é perguntar se B é ou não (ainda que desconheçamos ser a interposição da terra a causa do eclipse). O que queremos mostrar é que assim indagar equivale a indagar se há uma "razão" (λόγος) do eclipse: se há, diremos também

---

    não desenvolve os silogismos do homem e da alma (os quais, porque concernentes a essências ou substâncias, de que artificialmente dissociaram a forma e a matéria, proporcionariam, segundo o autor, os únicos exemplos adequados de silogismos "lógicos", cf. *Logique et méthode*..., 1939, p.165), julga encontrar aí a manifestação da imperfeição da doutrina: "Les rapports entre la définition et la démonstration ne sont donc tirés au clair qu'en apparence ... et l'embarras d'Aristote se révèle manifestement dans le fait qu'il n'essaie pas de formuler le syllogisme de l'essence à propos des derniers exemples annoncés au chapitre 8, exemple de l'essence de l'homme et de l'essence de l'âme" (ibidem, p.166). S. Mansion, por sua vez, pretende que, ao propor, em 93ª23-24, esses exemplos, Aristóteles crê possível a construção de silogismos do "o que é" a propósito de substâncias; a autora procura mostrar, então, como, em *Met.* Z, 17, 1041ᵇ2 seg., o filósofo esboça um silogismo da essência do homem e crê que a leitura desse capítulo bastaria para evidenciar como se poderia mostrar silogisticamente o τί ἐστιν de uma essência ou substância (cf. *Le jugement d'existence*..., 1946, p.194 seg.); pois, comparando esse texto com o cap.8 do livro II dos *Segundos Analíticos*, "on s'aperçoit ... que le texte de la *Métaphysique* tempère certaines affirmations trop peu nuancées des *Analytiques*" (ibidem, p.197). Ora, nem é certo que o texto de *Met.* Z 17 sobre a causalidade da forma tenha em vista qualquer formulação silogística nem corresponderia um tal silogismo do "o que é", de caráter necessariamente "lógico", às preocupações de *Seg. Anal.* II, 8, onde o filósofo procura, sobretudo, precisar as relações entre a definição e o silogismo científico, como estamos mostrando.

192 Cf. *Seg. Anal.* II, 8, 93ª27-9.
193 Cf. ibidem, l. 24-7; cf., também, 10, 93ᵇ32-5.
194 Cf. *Seg. Anal.* II, 8, 93ª29 seg.

que a lua se eclipsa, que o eclipse é.[195] E se descobrimos uma tal razão, expressa em premissas imediatas,[196] sabemos, ao mesmo tempo, o "que" e o porquê; se não são imediatas, é o "que" tão somente que conhecemos, desconhecendo ainda o porquê.[197] Tomemos o seguinte exemplo:[198] seja C a lua, A o eclipse e B a incapacidade de a lua projetar uma sombra, ainda que nenhum objeto visível se interponha entre ela e nós.[199] Ora, se descobrimos que B pertence a C (isto é: que a lua se encontra incapaz de projetar uma sombra, ainda que nenhum objeto visível se interponha entre ela e nós) e que A pertence a B (isto é: que tal incapacidade "é" o eclipse, que ela equivale a uma perda de luz da lua), podemos concluir silogisticamente que A pertence a C, que a lua se eclipsa. Mas, se o "que" se nos tornou assim manifesto conhecemos agora que há eclipse, que há portanto uma privação de luz da lua e nosso saber relaciona-se destarte, em alguma medida, com o "o que é" do eclipse[200] –, não conhecemos ainda, em verdade, o porquê real (interposição da terra): nosso silogismo foi um mero silogismo do "que" e, sabendo que o eclipse é, ignoramos ainda o que ele é;[201] sabemos que é uma privação de luz e conhecemos, portanto, parcialmente

---

[195] Aristóteles raciocina como se o próprio conhecimento de que há eclipse, do seu "que é", se devesse obter, não por observação direta, mas por via silogística. Tal procedimento tem, obviamente, intenção exemplificativa.

[196] Aceitando, em *Seg. Anal.* II, 8, 93ª36, com a maioria dos autores, a correção proposta por Waitz: δι' ἀμέσων, em lugar de διὰ μέσων, cf. Tricot, nota *ad locum*.

[197] Cf. *Seg. Anal.* II, 8, 93ª35-7.

[198] Cf. ibidem, l. 37 seg.

[199] Aristóteles imagina a interposição de um corpo entre a lua e a terra (como, por exemplo, nuvens, sugere Ross, cf. *Prior and Posterior Analytics*, coment. introdutório a *Seg. Anal.* II, 8, p.631), de tal modo que a habitual produção da sombra dos objetos por efeito da luz lunar não mais ocorresse; ora, se tal interposição não se dá e, apesar disso, não mais ocorre a habitual produção daquelas sombras, poderíamos inferir (sempre supondo a inexistência de observação direta, cf., acima, n.195 deste capítulo), a privação da luz da lua, isto é, haver um eclipse, ignorando embora sua causa real. S. Mansion, entretanto, imaginando que o filósofo se refere a corpo de menor dimensão que, quando interposto entre a lua e a terra, projeta nesta última sua sombra, traduz diferentemente a passagem em questão e a torna, em verdade, incompreensível, cf. *Le jugement d'existence...*, p.185 (e n.109), 187.

[200] Cf., acima, n.192 deste capítulo.

[201] Cf. *Seg. Anal.* II, 8, 93ᵇ2-3.

a sua quididade; entretanto, na mesma medida em que ignoramos por que razão ele se produz e qual a sua causa imediata, não conhecemos ainda sua mesma quididade, senão de modo incompleto e obscuro.[202] Apropriando-nos desse modo, porém, do "que", o próximo passo de nossa investigação é pesquisar por que pertence A a C, isto é, qual a causa real dessa atribuição ou, ainda, o que é B: a interposição da terra, a rotação da lua, a extinção de sua luz?[203] Descobrindo-o, temos uma razão ou definição do termo maior A: "com efeito, o eclipse é uma interposição da terra",[204] isto é, uma privação da luz da lua pela terra interposta; e tornou-se-nos possível tal definição por termos descoberto a causa real do eclipse e termos podido, destarte, formular o silogismo científico de seu porquê:

A (eclipse = privação de luz) pertence a B (interposição da terra).

B (interposição da terra) pertence a C (lua).

A (eclipse = privação de luz) pertence a C (lua).

Do mesmo modo, descobrindo-se a "razão" do trovão (extinção do fogo nas nuvens),[205] formularemos da seguinte maneira o silogismo científico do trovão:

---

202 Um texto da *Metafísica*, o de H, 4, 1044^{b}8-15, é particularmente útil para a compreensão da análise aristotélica da demonstração científica do eclipse; com efeito, nele mostra o filósofo que, em eventos naturais como o eclipse, que não são essências ou substâncias, não há causa material e a causa formal é representada pela "razão" que se exprime na fórmula definidora, isto é, no caso de eclipse: privação de luz. Tal definição, porém, diz o filósofo, é obscura (ἄδηλος, cf. ibidem, l. 13), se não se lhe acrescenta a causa eficiente da privação de luz, a interposição da terra. Cf., também, *Da Alma*, II, 2, 413^{a}13-20.
203 Cf. *Seg. Anal.* II, 8, 93^{b}3-6.
204 Ibidem, l. 7. A frase cujo sentido é claro se a inserimos convenientemente em seu contexto, como fizemos, pode entretanto, para uma leitura menos rigorosa, parecer referir-se a um silogismo "lógico" do "o que é", de que constituiria uma das premissas: "A interposição da terra é privação da luz da lua. O eclipse é interposição da terra. O eclipse é privação da luz da lua". Em passagens como estas, pode vislumbrar-se uma das prováveis causas dos contrassensos tradicionalmente cometidos sobre a significação do cap.8 do livro II dos *Segundos Analíticos*.
205 Cf. *Seg. Anal.* II, 8, 93^{b}7 seg.

A (trovão = ruído) pertence a B (extinção do fogo).
B (extinção do fogo) pertence a C (nuvens).
A (trovão = ruído) pertence a C (nuvens).

E conhecendo-se, assim, a produção do trovão por sua causa expressa pelo termo médio do silogismo demonstrativo, torna-se-nos possível, também, definir o trovão: "ruído do fogo que se extingue nas nuvens".[206]

3.4 A demonstração, caminho para a definição

Vemos, então, como, para todas essas coisas que têm uma causa que com elas não coincide e são demonstráveis,[207] para todos os atributos, portanto, que pertencem a seus sujeitos *por si*, "assume-se e torna-se conhecido o 'o que é', de tal modo que não se produz silogismo nem demonstração do 'o que é', mas ele se torna evidente, entretanto, através de silogismo e através de demonstração; de modo que nem é possível conhecer sem demonstração o 'o que é' da coisa de que há uma causa distinta, nem há demonstração dela, como já dissemos em nossos diaporemas".[208] Assim, provando o "que é" das propriedades *por si* dos gêneros de que se ocupa,[209] constitui-se também a demons-

---

206 *Seg. Anal.* II, 10, 94ª5. E o termo médio B é, assim, uma "razão" (λόγος) definidora do termo maior A, cf. *Seg. Anal.* II, 8, 93ᵇ12; se outras causas mediadoras houver de B, acrescenta o filósofo, causas, portanto, não imediatas de A, constituirão elas outras tantas "razões" definidoras de A, cf. ibidem, l. 12-4. Para um outro exemplo de definição estabelecida graças ao silogismo demonstrativo, veja-se o exemplo da definição do gelo que Aristóteles nos propõe em *Seg. Anal.* II, 12, 95ª16 seg.: chamemos a água de C, solidificada de A e a causa, falta total de calor, de B; se construímos o silogismo que nos prova pertencer A a C pelo termo médio B, torna-se-nos imediatamente possível definir o gelo como "água solidificada pela falta total de calor". Como vemos, *um atributo D define-se: um A que pertence a um C devido a uma causa B.*
207 Cf., acima, V, 3.1 e n.167 a 169.
208 *Seg. Anal.* II, 8, 93ᵇ16-20. Remete-nos Aristóteles ao que estabelecera em II, 4, sobre a impossibilidade de um silogismo da definição, sem petição de princípio (cf., acima, V, 2.2 e n.116 a 127), e não aos cap.2 e 3, como pretende Ross, cf. nota *ad* II, 8, 93ᵇ20. Sobre a noção de "diaporema" ou raciocínio diaporemático, cf., acima, n.116 deste capítulo.
209 Cf., acima, I, 3.3 e n.173; II, 3.2; IV, 2.3; V, 2.1 e n.109 seg.

tração em caminho único para o conhecimento das quididades desses mesmos atributos que demonstra. Com efeito, como vimos acima nos exemplos do eclipse e do trovão, basta formular os silogismos científicos que provam pertencer tais atributos a seus sujeitos através de suas causas reais que os termos médios exprimem, para que, mediante uma simples rearticulação dos termos do silogismo, que lhes confere uma diferente disposição (θέσις)[210] e os retoma numa diferente forma gramatical (πτῶσις),[211] se obtenham as fórmulas que corretamente definem os atributos demonstrados. Entendemos, pois, de que maneira é lícito pretender que a busca da definição se identifica, no processo científico, com a busca do termo médio[212] e compreendemos, também, que, embora permaneça sempre válido sustentar que "conhecer cientificamente o demonstrável é ter a demonstração",[213] em nada isso obsta a que se construa, *graças precisamente à demonstração*, uma definição do demonstrável. É que a quididade ou forma do atributo, que o discurso da definição necessariamente deve exprimir,[214] inclui também a causa que o termo médio exprime, sem a qual o discurso permanece incompleto e obscuro;[215] por isso mesmo, porque integra também a quididade, pode o termo médio dizer-se um λόγος do termo maior.[216]

---

210 Cf. *Seg. Anal.* II, 10, 94ª1-2; cf., adiante, n.245 deste capítulo.
211 Cf. ibidem, l. 12-3; cf., adiante, n.246 deste capítulo.
212 Cf., acima, V, 1.5 e V, 3.1.
213 Cf. *Seg. Anal.* I, 2, 71ᵇ28-9; 72ª25-6; II, 3, 90ᵇ9-10; 21-2; acima, II, 5.2 e n.205; introdução ao cap.V e n.4; V, 2.1.
214 Cf., acima, cap.III, n.6. Quanto à identidade entre forma e quididade, cf., acima, cap.II, n.157.
215 Cf. *Met.* H, 4, 1004ᵇ8-15 (esp.l. 13); n.202 deste capítulo.
216 Cf. *Seg. Anal.* II, 8, 93ᵇ6-7, 12; 11, 94ª28-36, part. l. 34-35;ᵇ19-20; 17, 99ª21-2: ἔστι δ τὸ μέσον λόγος τοῦ πρώτου ἄκρου. E as indicações de Aristóteles (cf. ibidem, l. 23 seg. e, também, 16, com., 98ª35 seg.; ᵇ32-8; acima, III, 5.4) permitem reconstruir um outro silogismo exemplificativo do estabelecimento de uma definição através do processo demonstrativo: *"As árvores em que a seiva se coagula na junção entre as folhas e os ramos têm folhas caducas. As árvores de folhas largas têm sua seiva coagulada na junção entre as folhas e os ramos. As árvores de folhas largas têm folhas caducas."*. O que é, então, ter folhas caducas (φυλλορροεῖν)? É o perderem as árvores de folhas largas suas folhas pela coagulação da seiva na junção entre as folhas e os ramos. E o termo médio (coagular-se a seiva na junção etc.) manifesta-se, uma vez mais, como "razão" definidora do atributo demonstrado. Aristóteles considera, nas passagens em questão, um segundo silogismo que prova a caducidade das folhas da vinha e da figueira por serem elas árvores de folhas largas; como

O silogismo demonstrativo, mostrando como se engendra o atributo, desvendando o processo causal que o faz ser, revela *ipso facto* um elemento – a causa – que se associa ao ser do atributo e dele não se pode dissociar: a definição completa do atributo e a sua quididade ou forma estendem-se, assim, de modo a consigo incorporar o elemento causal, eficiente ou final, ou até mesmo material,[217] que o termo médio exprime. Por isso, dirá o filósofo que "não somente é preciso que o discurso que define mostre o 'que', como faz a maioria das definições, mas que também a causa neles se contenha e manifeste".[218]

É possível, então, conhecer a mesma coisa por definição e por demonstração, apesar de quanto se nos opunha em contrário, ao abor

---

se vê facilmente, trata-se da aplicação do conhecimento científico obtido pelo primeiro silogismo às espécies do sujeito cujo atributo se demonstrou, utilizando-se o sujeito genérico como termo médio e as espécies como termo menor. De nenhum modo se configura, portanto, em II, 17, uma outra forma especial de demonstração, diferente de construção ordinária de um silogismo científico do porquê, como pretende S. Mansion, cf. *Le jugement d'existence...*, 1946, p.33-4 e 199; n.173 deste capítulo. Para um estudo mais detalhado, cf. Ross, *ad locum*, particularmente seu comentário introdutório a II, 17.

217 Os exemplos do trovão e do eclipse configuram, obviamente, casos em que se constitui o silogismo demonstrativo mediante um termo médio que exprime uma causa eficiente, cf. *Met.* Z, 17, 1041^{a}23-32; H, 4, 1044^{b}9-15. Aristóteles consagra, porém, todo o cap.II, 11 dos *Segundos Analíticos* a mostrar e exemplificar como qualquer das modalidades de causa pode figurar como termo médio no silogismo e, destarte, na fórmula definidora do atributo demonstrado, enquanto elemento que integra sua quididade. Se a significação geral do capítulo é facilmente compreensível e seu encadeamento com o que o precede (estudo das relações entre a definição e a demonstração), mais que evidente, a inteligência de seus vários momentos oferece algumas sérias dificuldades. Assim, por exemplo, no que concerne à utilização da causa material como termo médio (cf. 94^{a}24-36), parece tratar-se de uma transposição da oposição matéria-forma para o domínio matemático, cf., acima, cap.II, n.72; quanto ao emprego da causa final como termo médio (cf. 94^{b}8 seg.), não é fácil reconstruir a exata doutrina que o filósofo expõe. Cremos, porém, que Ross (cf. seu comentário introdutório a II, 11) exagera as dificuldades e não vemos por que conjecturar que Aristóteles talvez tenha escrito o capítulo antes de formular sua doutrina das quatro causas (cf. ibidem, p.639); não o seguiremos, por conseguinte, quando afirma que "The chapter looks like an early product of Aristotle's thought, for it betrays considerable confusion" *Aristotle*, 1956, p.52.

218 *Da Alma* II, 2, 413^{a}13-6. Vê-se que é toda uma doutrina da definição que se elabora sobre a crítica das definições correntes. E, segundo essa doutrina, "il faut ... dire ... que la cause, et l'effet de cette cause dans un sujet donné, constituent la notion totale du fait ou de la chose" (Robin, "Sur la conception aristotélicienne de la causalité", in *La pensée hellénique*, 1942, p.453). Como vimos acima (cf. III, 4.6 e n.162 a 165), a anterioridade da causa sobre o efeito exprimir-se-á na definição do efeito, em que a causa deverá necessariamente comparecer: a interposição da terra figurará na definição do eclipse, cf. *Seg. Anal.* II, 16, 98^{b}21-4.

darmos esse problema pela vez primeira,[219] desde que não se trate de duas formas concorrentes de conhecimento, mas de um processo de definição ensejado e preparado pelo mesmo raciocínio demonstrativo. E, tendo em vista a função definitiva do termo médio, poderá o filósofo até mesmo dizer que "todas as ciências produzem-se por meio de definição".[220] Conhecendo que nosso conhecimento primeiro dos atributos *por si* é por via demonstrativa,[221] reconhecemos, agora, que a demonstração é o caminho necessário e suficiente para a constituição do discurso que define, ainda que, diretamente, estabeleça apenas *que* tal atributo pertence a tal sujeito[222] e que seja válido distinguir entre o "que é" e o "o que é".[223] Porque se associam, da maneira que estamos descrevendo, ao conhecimento do "que é", tais definições o são em sentido pleno e não têm um caráter meramente nominal, mas permitem que se conjugue com a explicitação das significações o conhecimento real das quididades.[224] Não se confundem, pois, com as definições auxiliares que, concernentes porventura aos mesmos atributos, se assumiam antes de efetuada a demonstração, definições nominais que tão somente serviam para clarificar a linguagem da ciência[225] e que desempenhavam, por isso mesmo, função meramente subsidiária: não confundiremos, por exemplo, a definição nominal do triângulo que "orienta" o matemático na sua demonstração e a definição real do triângulo, tornada possível quando, tendo provado que o triângulo é,[226] pode o matemático conhecer, também, a sua quididade. E nada impede, por certo, que, uma vez demonstrado tal ou qual atributo *por si*, isto é, uma vez provado *que* ele *é*, formule-se sua definição real *para usá-la* como premissa de novos silogismos demonstrativos,

---

219 Em *Seg. Anal.* II, 3, 90^{b}1 seg.; cf., acima, V, 2.1.
220 *Seg. Anal.* II, 17, 99^{a}22-3.
221 Cf. *Seg. Anal.* II, 3, 90^{b}13-6; acima, V, 2.1 e n.95.
222 *Seg. Anal.* II, 3, 90^{b}33-8; acima, V, 2.1 e n.111 e 112.
223 Cf. *Seg. Anal.* II, 3, 90^{b}38-91^{a}6; acima, V, 2.1 e n.113; cf., também, 7, 92^{b}8-18; acima, V, 2.3 e n.152 a 155.
224 Cf. *Seg. Anal.* II, 7, 92^{b}4 seg.; acima, V, 2.3 e n.148 seg.
225 Cf., acima, IV, 2.3; IV, 2.4 e n.94.
226 Cf., acima, IV, 2.3 e n.81 e 82.

assumindo-se ela numa proposição em que os elementos que constituem o predicado e, portanto, a quididade do novo sujeito, dir-se-ão pertencer-lhe *por si*, na primeira acepção que distinguira o filósofo para essa expressão.[227] Não serão somente as premissas primeiras, por conseguinte, que conterão predicados *por si* nesse sentido, ao contrário do que, à primeira vista, pudera parecer-nos.[228]

3.5 Confirma-se e complementa-se a doutrina

Se assim é, pode o filósofo agora concluir: "Há, de algumas coisas, uma causa que delas é distinta, não a há de outras. Por conseguinte, é evidente que, também dentre os 'o que é', alguns são imediatos e princípios, dos quais é preciso pôr como hipótese (ὑποθέσθαι) tanto que eles são como o que são, ou torná-los manifestos de outra maneira (o que, precisamente, faz o aritmético; com efeito, ele põe como hipótese (ὑποθέσθαι) tanto o que é a unidade como que ela é); por outro lado, dos que têm um 'médio' e dos quais há alguma causa da essência (τῆς οὐσίας) que é distinta, é possível, como dissemos, mostrá-la através da demonstração, ainda que não demonstrando o 'o que é'".[229] Após a longa discussão e explicação precedente da doutrina do filósofo, a compreensão do texto acima nos será bastante fácil. Retomando a distinção de há pouco[230] entre as coisas que coincidem imediatamente com as suas causas e as que não o fazem, Aristóteles distingue do mesmo modo as correspondentes quididades, *na medida em que possam integrar-se no discurso científico*. E, de fato, as quididades das primeiras exprimem-se em proposições imediatas que constituem, como sabemos, os princípios primeiros das ciências, em que hipóteses e definições fusionadas se conjugam por obra de um mesmo e único pensamento que conhece *o que* uma coisa é, apreendendo

---

227 Cf. *Seg. Anal.* I, 4, 73ª34-7; acima, III,1.1 e n.4 a 7.
228 Cf., acima, IV, 2.4 e n.103 a 105.
229 *Seg. Anal.* II, 9, 93ᵇ21-8 (todo o capítulo). Para a tradução de ὑποθέσθαι (l. 23), ὑποτίθεται (l. 25), cf., acima, IV, 2.4 e n.99.
230 De *Seg. Anal.* II, 8, 93ª5-6; cf., acima, V, 3.1.

concomitantemente *que* ela *é;*[231] também sua indemonstrabilidade é doutrina firmada sobre o qual o filósofo a nenhum momento voltara mas que ao contrário, explicitamente relembrara e mantivera, ao desenvolver sua longa argumentação dialética sobre as relações entre definição e demonstração:[232] porque indemonstráveis em sentido absoluto, não se falará em μέσον para aquelas proposições nem se poderá identificar, no que lhes concerne, a busca da quididade com a de qualquer termo médio silogístico. Tampouco se terá duvidado, realmente, da possibilidade de obterem-se tais definições imediatas, quando, no afã de compreender-se como conciliar um conhecimento, por definição, dos atributos *por si*, com o seu conhecimento habitual por via demonstrativa, pôs-se *dialeticamente* em dúvida a mesma possibilidade de um conhecimento qualquer por definição e introduziu-se a problemática das definições nominais.[233] Nenhuma razão há, então, para pressupor uma evolução qualquer na doutrina aristotélica da definição, como se o livro II dos *Segundos Analíticos* procedesse a uma revisão das posições que o livro I assumira, no que respeita à natureza das definições-princípios da ciência.[234] Ao contrário, aquelas posições permaneceram intocadas e nem mesmo foram objeto de nova discussão, senão em aparência.

Mas, no que diz respeito às quididades dos atributos demonstráveis, das afecções *por si* dos sujeitos que a ciência estuda, mostrou-nos o filósofo como se pode efetuar licitamente a redução (ἀναγωγή)[235] da definição à demonstração, sem demonstrar, no entanto, a quidi-

---

231 Cf., acima, IV, 2.4.
232 Cf. *Seg. Anal.* II, 3, 90ᵇ24-7; acima, V, 2.1 e n.105 a 108.
233 Cf., acima, V, 2.3.
234 Como pretende S. Mansion (cf. *Le jugement d'existence...*, 1946, p.206-11), para quem Aristóteles, tendo estabelecido, no livro I, distinção entre duas séries de princípios, a que faz conhecer a "existência" (hipóteses) e a que faz conhecer a essência (definições) dos objetos primeiros (cf. ibidem, p.209), teria descoberto, ao longo do livro II, particularmente ao longo do cap.7, "le caractère illusoire de la définition sans implication d'existence" e teria, então, tomado consciência de que "la connaissance qui est à la base de toute science est une prise de contact avec la réalité existante" (ibidem, p.211).
235 Cf. *Seg. Anal.* II, 3, 90ᵃ35-6; acima, V, 1.7.

dade. Mostrou-nos como todo o conhecimento científico, ao mesmo tempo que demonstra pela causa, desvela, nesse mesmo processo, a quididade de demonstrado.[236] Sob esse prisma, o livro II vem complementar a doutrina da demonstração, particularmente a doutrina do "por si" científico, esclarecendo-nos de modo definitivo sobre os vínculos entre as esferas da definição e da demonstração, ao elucidar de vez a questão da definibilidade do cientificamente conhecível.[237]

3.6 As várias espécies de definição

Concluída uma tal elucidação, é possível agora a Aristóteles propor-nos uma classificação geral das definições,[238] cuja perfeita inteligência exige que se tenham corretamente apreendido o sentido e o alcance dos capítulos precedentes. Uma primeira definição, diz-nos o filósofo,[239] é a nominal, isto é, o discurso (λόγος) que nos explica a significação de um nome ou de uma expressão da natureza nominal:[240] é o caso, por exemplo, da definição do triângulo, anteriormente à demonstração do seu "que é", definição meramente auxiliar de que se serve o geômetra, enquanto a quididade do triângulo ainda não lhe é cientificamente possível.[241] Uma tal definição, de caráter convencional,[242] não apreendendo o "o que é", tem uma unidade meramente artificial e extrínseca.[243]

---

236 É precisamente o que o filósofo relembra em *Seg. Anal.* II, 9, 93ᵇ25-28 (cf., acima, nossa tradução dessa passagem, n.229 deste capítulo), donde não podermos compreender por que pretende S. Mansion (cf. *Le jugement d'existence...*, 1946, p.186, n.114) que Aristóteles aí afirma "qu'il y a toujours démonstration de l'essence quand la cause est distincte de l'object".
237 Cf., acima, a introdução ao cap.V.
238 O que é, precisamente, o objeto de *Seg. Anal.* II, 10.
239 Cf. *Seg. Anal.* II, 10, 93ᵇ29-37.
240 Como interpreta Ross (cf. seu comentário introdutório a *Seg. Anal.* II, 10), o qual, contra os comentadores gregos, não vê como possa entender-se diferentemente o λόγος ἕτερος ὀνοματώδης de 93ᵇ30-1. Seguimos, também, o erudito comentador inglês na supressão do τί ἐστι da lição da vulgata a l. 31, cf. nota *ad locum*.
241 Cf., acima, IV, 2.3; IV, 2.4 e n.94.
242 Cf., acima, n.161 deste capítulo.
243 Cf. *Seg. Anal.* II, 10, 93ᵇ35-7. E sob esse prisma, a própria *Ilíada* poderia dizer-se uma definição de seu título, cf. 7, 92ᵇ30-2; acima, V, 2.3 e n.160.

Uma outra definição de definição será "discurso que mostra por que algo é".[244] Enquanto a primeira definição que consideramos, a definição nominal, tinha um caráter meramente significativo, sem nada mostrar, esta segunda será manifestamente "como uma demonstração do 'o que é', diferindo da demonstração pela disposição (θέσις) dos termos",[245] retomados sob diferente forma gramatical (πτῶσις).[246] É a diferença que há, por exemplo, entre dizer por que troveja e o que é o trovão,[247] isto é, entre explicitar o processo causal do trovão mediante uma demonstração silogística contínua (συνεξής)[248] que nos permite afirmar que troveja "porque o fogo se extingue nas nuvens" e, de outro lado, propondo-se sob outra forma o mesmo discurso[249] rearticulado, exprimir, sob forma de definição, a quididade inteira do fenômeno: "ruído do fogo que se extingue nas nuvens". Uma tal definição, apreendendo, graças ao processo demonstrativo que ela condensa, a essência do atributo demonstrado, é "como uma demonstração do 'o que é'" e, sob tal prisma, até mesmo poderia dizer-se, sem impropriedade, um "silogismo do 'o que é'"[250]: ela é uma verdadeira definição-silogismo.[251]

---

244 Cf. *Seg. Anal.* II, 10, 93ᵇ38 seg.
245 Ibidem, 94ᵃ1-2: οἷον ἀπόδειξις τοῦ τί ἐστι, τῇ θέσει διαφέρων τῆς ἀποδείξεως. Concordamos plenamente com Rodier (cf. *Traité de l'âme* II, 193, apud Le Blond, *Logique et méthode*..., 1939, p.161, n.1) quando entende θέσις, nesta passagem, no sentido de "disposição ou posição dos termos"; tal é, também, a interpretação de Ross, cf. nota *ad Seg. Anal.* II, 10, 94ᵃ12: "arrangement of the terms". Contra, cf., adiante, n.251 deste capítulo.
246 Cf. ibidem, l. 12-13: συλλογισμὸς τοῦ τί ἐστι, πτώσει διαφέρων τῆς ἀποδείξεως. Como explica Aubenque, cf. *Le problème de l'être*..., 1962, p.184, n.3: "πτῶσις désigne toute modification de l'expression verbale portant non sur le sens, mais sur la *façon de signifier*".
247 Cf. *Seg. Anal.* II, 10, 94ᵃ3-7.
248 Como diz Mure (cf. nota *ad* ibidem, l. 7): "Demonstration, like a line, is continuous because its premisses are parts which are conterminous (as linked by middle terms), and there is a movement from premisses to conclusion. Definition resembles rather the indivisible simplicity of a point". Para a explicitação do silogismo científico do trovão, veja-se acima, V, 3.3 e n.205.
249 Cf. *Seg. Anal.* II, 10, 94ᵃ6: ὁ αὐτὸς λόγος ἄλλον τρόπον λέγεται.
250 Como se exprime Aristóteles (cf. *Seg. Anal.* II, 10, 94ᵃ12: συλλογισμὸς τοῦ τί ἐστι), ao resumir seu quadro das diferentes espécies de definições (cf. ibidem, l. 11-14).
251 A interpretação incorreta dos capítulos precedentes, particularmente de *Seg. Anal.* II, 8 (cf., acima, n.169, 173, 180, 191 deste capítulo) levou certo número de autores, por não terem

Em terceiro lugar,[252] temos a conclusão de uma demonstração da essência, isto é, de um silogismo "lógico" da essência, como, por exemplo, a definição do trovão como "ruído nas nuvens".[253] Finalmente, temos a definição-princípio da ciência, definição dos "imediatos", que é *tese* indemonstrável do "o que é".[254]

E, retomando as várias definições que acaba de distinguir,[255] pode o filósofo concluir: "É, então, manifesto, a partir do que ficou dito, como há demonstração do 'o que é' e como não há, e de que coisas há

---

percebido a solução aristotélica das aporias referentes às relações entre a demonstração e a definição, a um completo equívoco na compreensão do συλλογισμός τοῦ τί ἐστι de 94ª12 (cf. nota anterior), isto é, daquela definição que se pode denominar definição-silogismo, porque condensa verdadeiramente o silogismo demonstrativo que a tornou cientificamente possível; por não no terem visto, julgaram alguns haver naquela expressão uma referência ao λογικὸς συλλογισμὸς τοῦ τί ἐστι de *Seg. Anal.* 8, 93ª15, que sabemos não ter valor demonstrativo e envolver uma petição de princípio (cf., acima, V, 3.2 e n.179 seg.). Tal é a posição de, entre outros, Robin (cf. "Sur la conception aristotélicienne de la causalité", in *La pensée hellénique*, 1942, p.461-4), para quem a definição que mostra por que a coisa é e é "como uma demonstração do 'o que é'" (cf., acima, n.244 e 245 deste capítulo) é o equivalente do silogismo "lógico" e, por tal razão, recebe essa mesma denominação, em *Seg. Anal.* II, 10, 94ª12 (cf. ibidem, p.461-2); tal definição difere, então, do silogismo "lógico" "par la donnée (θέσει) ou par le mode (πτώσει)" (ibidem, p.461). E Robin entende θέσει, em 94ª2, em sentido semelhante ao que tem o vocábulo algumas linhas abaixo (cf. l. 9), onde designa, como em I, 2, 72 a14-6, a *tese*, princípio indemonstrável de uma ciência (cf., acima, IV, 2.2), aquilo que é *posto*, que se assume como *dado* (cf. ibidem, p.462 e n.2, 463): no silogismo lógico, explica, *põe-se* a "essência formal" do definido para daí deduzir-se sua "essência material", enquanto, na definição causal, outra é a θέσις, já que "elle prend pour donnée l'*effet* produit et le rattache à sa cause" (ibidem, p.463). Le Blond (cf. *Logique et méthode...*, 1939, p.159-61) interpreta como Robin o συλλογισμός τοῦ τί ἐστι de 94ª12 e vê, na definição completa e correta, por exemplo, do eclipse ("privação da luz da lua pela terra interposta"), o silogismo "lógico" do eclipse desarticulado e apresentado num único plano; e inclina-se, igualmente, a concordar com Robin na interpretação do θέσει de 94ª2. Também S. Mansion (cf. *Le jugement d'existence...*, 1946, p.205) vê, na expressão de 94ª12, "le syllogisme de l'essence présenté sous forme de définition".

252 Cf. *Seg. Anal.* II, 10, 94ª7-9. Não se trata, como pretende Ross (cf. seu comentário introdutório a *Seg. Anal.* II, 10), de um mero exemplo de definição nominal, isto é, do primeiro tipo de definição distinguido pelo filósofo em 93ᵇ30-7, uma vez que nada impede que o silogismo "lógico" do "o que é" se acompanhe da assunção do "que é" da coisa definida.
253 Cf., acima, V, 3.2 e n.179 a 182.
254 Cf. *Seg. Anal.* II, 10, 94ª9-10: ὁ δ τῶν ἀμέσων ὁρισμὸς θέσις ἐστὶ τοῦ τί ἐστιν ἀναπόδεικτος.
255 Cf. ibidem, l. 11 seg. Em verdade, Aristóteles retoma apenas as três últimas espécies de definição consideradas, deixando de lado a definição nominal, de caráter meramente con-

e de que coisas não há; ainda, em quantos sentidos se diz 'definição' e como ela mostra o 'o que é' e como não mostra, e de que coisas há e de que coisas, não; além disso, como ela se relaciona com a demonstração, e de que modo é possível e de que modo não é possível havê-las [subent.: definição e demonstração] de uma mesma coisa".[256] Eis, pois, plenamente equacionado o problema das relações entre a demonstração e a definição. Os dois capítulos seguintes apenas complementarão os resultados alcançados.[257]

3.7 Ciência, conhecimento de essências

É chegado, então, o momento de relembrarmos que, estudando a concepção aristotélica de ciência como conhecimento causal do que não pode ser de outra maneira, deparamos, logo de início, com o que poderia parecer uma outra noção de ciência;[258] não nos diz, com efeito, o livro Z da *Metafísica* que "há ciência de cada coisa quando lhe conhecemos a quididade (ἐπιστήμη ... ἑκάστου ἔστιν ὅταν τὸ τί ἦν ἐκείνῳ ε ναι γνῶμεν)"?[259] Ora, toda a doutrina aristotélica dos dez primeiros capítulos do livro II dos *Segundos Analíticos*, que acabamos de analisar e comentar, deixou-nos bastante claro que, contrariamente ao que se pretendeu,[260] não são estranhas as essências à ciência aristotélica. Não é correto, portanto, dizer que, conforme à doutrina do conhecimento

---

vencional, cf., acima, n.161 deste capítulo. São as mesmas três espécies a que fizera alusão o filósofo em I, 8, 75ᵇ31-2, numa passagem que S. Mansion, tendo postulado uma evolução da doutrina aristotélica da definição, do livro I para o livro II dos *Segundos Analíticos* (cf., acima, n.234 deste capítulo), sente-se obrigada a considerar como uma adição tardia, uma vez que "elle est ininttelligible dans son contexte, car elle suppose connue la théorie du syllogisme de l'essence exposée en II, 8" (cf. *Le jugement d'existence...*, 1946, p.210, n.177).
256 *Seg. Anal.* II, 10, 94ᵃ14-9.
257 Isto é: *Seg. Anal.* II, 11 e 12; cf., acima, a introdução ao cap.V e n.7; também n.217 deste capítulo (no que concerne a II, 11). Quanto ao cap.II, 12, ele respeita às inferências causais de eventos não necessários, mas apenas "frequentes", considerados de um ponto de vista temporal; ainda que complemente a doutrina anteriormente exposta sob um prisma não desprovido de interesse, sua ligação com o que precede é, antes, extrínseca.
258 Cf., acima, I,1.4.
259 *Met.* Z, 6, 1031ᵇ6-7; cf., também, l. 20-1 e todo o capítulo; B, 2, 996ᵇ14 seg.
260 Cf., Robin, *Aristote*, 1944, p.47.

científico desenvolvida naquele tratado, "seu objeto principal não é mais a definição ou a essência mas, antes, as propriedades deduzidas necessariamente da essência".[261] Muito pelo contrário, como vimos ao longo de todo este capítulo, se a ciência parte do conhecimento da quididade dos sujeitos genéricos cujas propriedades deduz, todo o discurso demonstrativo há que entender-se, também, como um desvelamento da mesma natureza dos atributos demonstrados pela explicitação das relações causais que os engendram e, por conseguinte, como um processo indireto – mas nem por isso menos necessário – da manifestação de suas quididades ou essências. Sob esse prisma, *a ciência é sempre conhecimento de essências*, eis a lição última do filósofo.

3.8 Termina a exposição sobre a doutrina da ciência

E, com isso, podemos dar por exposta a doutrina aristotélica da ciência. Os capítulos seguintes do livro II dos *Segundos Analíticos* consagram-se, como acima dissemos,[262] a questões que concernem, antes, a uma fase preliminar à demonstração científica, como testemunham as mesmas palavras com que o filósofo abre essa discussão, após relembrar que chegou ao fim o estudo das relações entre definição e a demonstração: "digamos, agora, como se devem buscar (θηρεύειν, lit.: caçar) os elementos que se atribuem no 'o que é'".[263] E boa parte da sequência do texto vem trazer indicações a respeito da organização do "material" científico, que utilizarão as demonstrações. Finalmente, um último capítulo, que trata expressamente da aquisição dos princípios da ciência,[264] põe fim ao

---

261 A. Mansion, "L'origine du syllogisme et la théorie de la science chez Aristote" in *Aristote et les problèmes de méthode*, 1946, p.78. Para o autor, o livro II dos *Segundos Analíticos* teria apenas procedido a esforços, parcialmente infrutuosos, para mostrar que, em certos casos especiais, a demonstração ou silogismo poderia ainda ter um lugar na constituição de definições de quididades, embora se saiba *"que ces efforts n'ont pas abouti et en sont restés à des indications utiles mais incomplètes et insuffisantes au regard du bout poursuivi"* (ibidem, p.79).
262 Cf., acima, a introdução ao cap.V e n.8.
263 *Seg. Anal.* II, 13, 96ª22-3.
264 *Seg. Anal.* II, 19.

tratado. Se não cremos necessário empreender, neste nosso trabalho, um estudo pormenorizado desta segunda parte do livro II, demorar--nos-emos, no entanto, numa tentativa de analisar e compreender o seu capítulo final, um dos mais discutidos e controvertidos dentro da obra aristotélica. A ciência instaura-se, como sabemos, com a apreensão de seus princípios e os caminhos que preparam esse conhecimento anterior em que a demonstração se apoia não pertencem, obviamente, à jurisdição científica; entretanto, porque quis o filósofo acrescentar à sua doutrina da ciência essas reflexões finais sobre o processo que nos leva a aceder à posse científica do real, seja-nos permitido também, reconhecida a importância do assunto, acompanhá-lo no itinerário que seguiu em seu tratado.

VI
A apreensão dos princípios

1 O problema

1.1 Recapitulação

Mostrou-nos a doutrina aristotélica da ciência a existência de *princípios* (ἀρχαί), isto é, de proposições imediatas e primeiras, anteriores e mais conhecidas, necessárias e *por si*, proposições absolutamente indemonstráveis por que as ciências principiam e sobre as quais constroem seus silogismos, delas partindo para demonstrar e concluir as propriedades também necessárias e *por si* dos gêneros particulares de que se ocupam.[1] E vimos que são *princípios*, não somente as proposições iniciais das cadeias silogísticas demonstrativas, teses que conjugam e fundem definições e hipóteses, assumindo concomitantemente o "que é" e o "o que é",[2] mas, também, todas aquelas pro-

---

1 Cf., acima, II, 5.1 e II, 5.2; III, 5 (sobre a necessidade das premissas científicas) e III, 6 (sobre a indemonstrabilidade dos princípios). Sobre a noção de gênero científico, cf., acima, IV, 1.1 seg.
2 Cf., acima, IV, 2.4 e n.95 a 98. O parágrafo IV, 2 é inteiramente consagrado aos *princípios próprios*.

posições, onde se exprimem as causalidades imediatas dos atributos a demonstrar, as quais, assumidas sucessivamente pela ciência, ensejam a formulação de novos silogismos e, por conseguinte, a progressão do conhecimento demonstrativo;[3] elas encerram, como vimos,[4] as razões (λόγος) definidoras dos mesmos atributos que por elas se demonstram. De outro lado, porque a unidade de cada ciência particular se define pela unicidade de seu sujeito genérico,[5] sabemos que, tanto quanto as propriedades expressas nas conclusões, são todos aqueles princípios particularmente concernentes aos gêneros das ciências que os assumem e apropriados, destarte, à coisa demonstrada.[6]

Sendo indemonstráveis os princípios, não pode haver deles ciência, em sentido estrito,[7] cabendo seu conhecimento à inteligência (νοῦς),[8] a qual, sempre verdadeira, tal como a ciência,[9] com ela integra a Sabedoria;[10] conhecendo, então, os princípios por que a ciência se instaura, a inteligência dir-se-á, por isso mesmo, "princípio de ciência" (ἀρχὴ ἐπιστήμης),[11] configurando-se como a unidade da ciência e da demonstração.[12] E, por isso mesmo, também, diremos que os princípios científicos "por si mesmos fazem fé",[13] já que, em vista de sua absoluta anterioridade, não se concebe investigação de seus porquês. Com efeito, porque premissas imediatas, as proposições-princípios são indivisíveis e unas, exprimindo causalidades imediatas numa atribuição "atômica", em "intervalos" indivisíveis e imediatos, sem que nenhum termo médio venha interpor-se entre predicado e

---

3 Cf., acima, IV, 4.6 e n.304 a 309; 319.
4 Cf., acima, V, 3.4 e n.216.
5 Cf., acima, IV, 1.2 e n.10.
6 Cf., acima, IV, 2.1. Sobre os axiomas ou princípios comuns, cujo estudo vimos competir à ciência do ser, cf., acima, IV, 3.2 e IV, 3.3.
7 Cf., acima, II, 1.3.
8 Cf., acima, II, 1.3 e n.12.
9 Cf., acima, II, 2.1 e n.14.
10 Cf., acima, I, 1.3 e n.70.
11 Cf., acima, II, 5.3 e n.220.
12 Cf., acima, III, 6.5 e n.324.
13 δι'αὑτῶν ἔχοντα τὴν πίστιν, cf. Tóp.I, 1, 100ᵇ1-2; acima, cap.IV, n.266; cf., também, Prim. Anal. II, 16, 64ᵇ34-6.

sujeito:[14] nenhuma outra proposição lhes é anterior.[15] E também vimos,[16] aliás, que nenhuma ciência suprema e anterior vem legitimar ou fundamentar os princípios das diferentes ciências particulares, ao contrário do que ocorria na filosofia de Platão.

1.2 Um conhecimento anterior ao dos princípios?

Que caiba efetivamente ao νοῦς ou inteligência a apreensão dos princípios da ciência é estabelecido pelo filósofo no último capítulo dos *Segundos Analíticos*,[17] uma vez terminada a exposição da doutrina da ciência. E as mesmas palavras iniciais do capítulo dão testemunho, não somente de que ele é o coroamento de toda a *Analítica* mas, também – é o que particularmente aqui nos interessa – de que *Aristóteles o considera suficientemente elucidativo* da questão que agora se aborda: "No que respeita, pois, ao silogismo e à demonstração, fica manifesto o que é cada um deles e como tem lugar; ao mesmo tempo, também, no que respeita à ciência demonstrativa, pois é a mesma coisa. No que respeita, porém, aos princípios (ἀρχαί), como se tornam eles conhecidos e qual é a disposição ou 'hábito' (ἕξις) que os conhece é o que a partir daqui ficará evidente, uma vez propostas preliminarmente as aporias".[18] Como se

---

14 Cf., acima, III, 6.5.
15 Cf. *Seg. Anal.* I, 2, 72ª7-8; acima, II, 5.1 e n.198.
16 Cf., acima, IV, 4.2.
17 Isto é, em *Seg. Anal.* II, 19. Em verdade, o caráter geral do estudo, a que Aristóteles aqui procede, do processo de aquisição dos princípios inclui tanto os princípios próprios como os axiomas, como observa, com razão, Ross, cf. seu comentário ao capítulo.
18 *Seg. Anal.* II, 19, com., 99ᵇ15-9. Que Aristóteles entende o seu capítulo final como coroamento da toda a Analítica fica manifesto pela sua dupla referência ao silogismo e à demonstração (cf. ibidem, l. 15), objetos, respectivamente, dos *Primeiros* e dos *Segundos Analíticos*; aliás, as mesmas palavras iniciais dos *Primeiros Analíticos* mostram que o filósofo concebe ambos os tratados como dois momentos de uma só obra, cujo escopo final é o estudo da demonstração e da ciência demonstrativa, cf. *Prim. Anal.* I, 1, com., 24ª10-1; acima, I, 3.1 e n.158. No que concerne à identificação entre ciência demonstrativa e demonstração (cf. *Seg. Anal.* II, 19, 99ᵇ17), entender-se-á ela no sentido de que a demonstração ou silogismo científico é o discurso de que a ciência sempre se acompanha e o instrumento necessário de que ela se não pode dissociar, cf., acima, I, 3.1 e n.152 seg.. Finalmente, quanto à noção de ἕξις (cf. ibidem, l. 19), cf., acima, I, 1.3 e n.63.

vê, nada vem sugerir que o problema da apreensão dos princípios se afigure ao filósofo momentoso e difícil ou que as aporias que se dispõe a formular lhe pareçam de solução duvidosa ou por demais complexa, como entenderam ou entendem tantos intérpretes zelosos...

Principia Aristóteles por relembrar a impossibilidade do conhecimento demonstrativo sem o conhecimento dos primeiros princípios imediatos.[19] A primeira dificuldade consistirá, então, continua,[20] em determinar se o conhecimento dos imediatos é, ou não, o mesmo conhecimento demonstrativo, ou se é conhecimento de outro gênero que não a ciência.[21] Por outro lado, caberá precisar se as disposições ou "hábitos" que conhecem os princípios são ou não inatos, isto é, se vêm a produzir-se em nós, sem que anteriormente os possuíssemos, ou se os possuíamos latentes e de nós mesmos desconhecidos.[22] Esta última conjectura, há que imediatamente rejeitá-la por absurda: aceitar o ineísmo equivaleria a reconhecer a possibilidade de possuirmos, sem o sabermos, conhecimentos mais acurados e exatos que a demonstração.[23] Nem concebe o filósofo que se possam *conhecer* de modo obscuro, confuso ou apenas latente, conhecer *menos*, portanto, que a coisa demonstrada, aquelas premissas a cujo conhecimento devemos, precisamente, o conhecer a coisa demonstrada e o nela crer:[24] princípios e causas são μάλιστα ἐπιστητά .[25]

Os princípios não nos são inatos. "Mas se nós os adquirimos, não os possuindo anteriormente, como os conheceríamos e aprenderíamos se não *a partir* de um conhecimento prévio? Seria impossível, com efei-

---

19 Cf. *Seg. Anal.* II, 19, 99ᵇ20-2.
20 Cf. ibidem, l. 22-5.
21 Não se trata, em verdade, como é óbvio, de repor em dúvida o caráter não *científico*, no sentido estrito da expressão, do conhecimento dos princípios, definitivamente estabelecido no decurso do tratado, mas, tão somente de preparar dialeticamente a solução final de 100ᵇ5 seg., quando se configurará como Inteligência o "princípio de ciência" a que o filósofo já se referira, em *Seg. Anal.* I, 3, 72ᵇ24; cf., acima, II, 5.3 e n.220.
22 Cf. *Seg. Anal.* II, 19, 99ᵇ25-6.
23 Cf. ibidem, l. 26-7. Muito provavelmente, Aristóteles visa indiretamente, aqui, a teoria platônica da reminiscência.
24 Cf. *Seg. Anal.* I, 2, 72ᵃ25 seg.; acima, II, 4.2 e n.104 a 106; II, 5.1 e n.199 a 201.
25 Cf. *Met.*, A, 2, 982ᵇ2; acima, cap.II, n.165.

to, como dissemos também a propósito da demonstração".[26] Todo o problema para o filósofo, como vemos, consiste, uma vez recusado o ineísmo, em descrever o processo através do qual pode instaurar-se a ciência humana, conhecendo-se as premissas em que ela assenta. As ciências que os homens possuem – e a posse de certas ciências pelos homens é uma realidade indiscutível[27] –, eles as conquistaram progressivamente no tempo histórico[28] e cada homem que se lhes dedica vem a adquiri-las, individualmente, no decurso de sua vida. Mas, porque só há ciência quando se pode, de seus princípios primeiros e absolutamente anteriores, começar a deduzir as consequências que comportam; porque a mesma progressão do conhecimento científico exige sempre a introdução de novos indemonstráveis dos quais decorrerão as novas conclusões, cumpre explicar o surgimento de todos esses indemonstráveis na alma humana, seja para compreender a gênese da realidade científica que temos diante de nós, seja para melhor iluminar o caminho que nos conduzirá a incorporar novas regiões de seres aos domínios de nosso saber. Ora, recorda-nos o filósofo que, no início de seu tratado,[29] antes mesmo de abordar o estudo do conhecimento científico e de suas condições de possibilidade, expusera-nos como, em toda a esfera dianoética, parte-se sempre de um conhecimento anterior, caminhando do conhecido para algo novo que se vem a conhecer:[30] os mesmos princípios introduziram-se, precisamente, como aquelas premissas previamente conhecidas, aqueles προγινωσκόμενα que a demonstração exige.[31] Se isso, então, ocorre, onde quer que se exerça o conhecimento pelo pensamento e não, pela sensibilidade, há que convir também, diz-nos agora Aristóteles, que o próprio conhe-

---

26 *Seg. Anal.* II, 19, 99ᵇ28-30.
27 Cf., acima, I, 2.1.
28 Cf., por exemplo, as considerações do próprio Aristóteles sobre o processo histórico de constituição da teoria matemática das proporções, acima, III,3.2; cf. também III, 3.4. Veja-se, também, no livro A da *Metafísica* (cap.3-10), a descrição crítica da descoberta progressiva, pelos filósofos, da doutrina da causalidade.
29 Cf. *Seg. Anal.* I, 1, com., 71ᵃ1 seg.
30 Cf., acima, I, 3.4.
31 Cf. *Seg. Anal.* I, 2, 71ᵇ31-2; acima, II, 4.2 e n.99 a 103.

cimento dos princípios se não efetua sem um outro conhecimento anterior que o torne possível; de fato, ele não poderia ter lugar em quem, totalmente ignorante, não possuísse nenhuma disposição ou "hábito" cognoscitivo.[32] O conhecimento dos princípios não é o princípio de nossos conhecimentos.

Esse simples fato de que outros conhecimentos precedem o conhecimento dos princípios não teria, em si mesmo, por que dar margem a aporias, uma vez que se trata dos princípios da ciência e não, de princípios do conhecimento qualquer. A ciência começa pelos princípios e, anteriormente à aquisição dos princípios, não há ciência – estes dois pontos foram clara e suficientemente estabelecidos para que não tenhamos de pô-los novamente em discussão.[33] O que parece constituir, porém, fonte de aporias é a vinculação que se tem de pressupor entre o conhecimento dos princípios científicos e o saber não científico que o precede e de que emerge o primeiro, vinculação cuja irrecusabilidade o filósofo constatou em toda a esfera do pensamento, onde nenhuma irrupção mágica vem brindar-nos com conhecimentos novos, independentemente de conhecimentos anteriores que lhes sirvam, de algum modo, de ponto de partida e de apoio. Mas é certo que se não podem conceber, entre o conhecimento dos princípios e o conhecimento anterior a que ele sucede, laços idênticos aos que a teoria da ciência nos revelou vincular a coisa demonstrada aos mesmos indemonstráveis princípios a partir dos quais ela se demonstra; de fato, estaríamos privando, obviamente, os princípios de sua mesma condição de princípios, de sua anterioridade e de seu caráter de premissas primeiras, se, por absurdo, os fizéssemos *imediata e diretamente decorrentes* de qualquer outro conhecimento, isto é, se os quiséssemos *engendrar* a partir de algo anteriormente conhecido, tal como a partir deles se engendram os silogismos demonstrativos: estaríamos constituindo princípios para os próprios princípios, o que, por definição, configura um empreendimento contraditório. E

---

32 Cf. *Seg. Anal.* II, 19, 99^{b}31-2.
33 Cf., acima, II, 5 .3 e n.224.

é-nos, também, fácil compreender como uma tal concepção do saber anterior ao dos princípios inquinaria a mesma ciência de... a-cientificidade.

A resposta aristotélica às questões ensejadas por tais aporias parece não ter satisfeito a bom número de seus intérpretes. Não se disse, com efeito, que "tanto quanto a filosofia de Aristóteles é clara, quando se trata de conhecer e de explicar os objetos intermediários, ela é obscura quando se trata dos princípios das coisas e dos limites do conhecimento"?[34] Houve, aliás, quem considerasse o conhecimento dos princípios como o "ponto fraco" do aristotelismo.[35] E um dos mais eminentes estudiosos do aristotelismo, a quem tanto se deve na retomada dos estudos sobre o filósofo a que nossos dias assistem, escreveu sobre o capítulo que nos ocupa: "é notável que, sobre um ponto dessa importância, os desenvolvimentos de Aristóteles são bastante curtos: suas indicações mais explícitas são constituídas pelo capítulo 19 do livro II dos *Segundos Analíticos*: ele oferece uma síntese duma inegável beleza, mas sua interpretação fiel e clara permanece singularmente incômoda".[36] Poderíamos, também, relembrar, a interpretação que acima recusamos,[37] segundo a qual o saber anterior ao conhecimento dos princípios de cada ciência seria "uma especulação mais alta" que as ciências particulares,[38] uma ciência universal que, entretanto, "é impossível, se bem que seja a mais alta, a mais útil, a mais indispensável das ciências";[39] atribuindo, então, ao νοῦς a apreensão dos princípios, o último capítulo dos *Analíticos* não proporia senão uma "explicação residual", sem que nada, de fato, nos garanta que os princípios sejam conhecíveis.[40]

---

34 Bonitz, *Aristotelis Metaphysica*, II, p.410, *in* θ 10, 1051ᵇ, nota 1, *apud* Le Blond, *Logique et méthode*..., 1939, p.122 e n.1.
35 Cf. Eucken, *Die Methode der aristotelischen Forschung*, 1872, p.33, *apud* Le Blond, *ibidem*.
36 Le Blond, *Logique et méthode*..., 1939, p.121.
37 De Aubenque, cf., acima, IV, 4.3 e n.256.
38 Cf. Aubenque, *Le problème de l'être*..., 1962, p.422.
39 Ibidem, p.219.
40 Cf. ibidem, p.56 e n.2.

1.3 Sensação, "experiência" e apreensão dos universais

Voltemos, pois, ao texto de Aristóteles e acompanhemos as indicações que nos proporciona sobre o problema em debate. Se se exige, para a apreensão dos princípios, um saber anterior, é preciso, então, diz-nos o filósofo,[41] que se possua alguma faculdade (δύναμις) com que ele se relacione, a qual, entretanto, por razões óbvias, não deverá ser superior em exatidão (κατ'ἀκρίβειαν) ao conhecimento dos princípios e à ciência demonstrativa. Ora, uma tal faculdade pertence manifestamente a todos os animais, já que possuem, com efeito, uma faculdade congênita de discernimento, aquela, precisamente, a que chamamos "sensação". Em nem todos os animais, porém, mas tão somente em alguns, dá-se a permanência da impressão sensorial (μονὴ τοῦ αἰσθήματος); para aqueles animais em que tal permanência não se dá, em geral ou no que concerne a determinados objetos, não há, correspondentemente, conhecimento outro que não a sensação atual; mas outros há para os quais é possível, após a sensação, reter ainda algo em sua alma.[42] Quando ocorrem muitas impressões persistentes dessa natureza, uma diferenciação vem a surgir, na medida em que, para alguns animais, mas não para outros, produz-se uma razão ou concepção (λόγος). Assim, a sensação dá origem à memória (μνήμη) e a repetição da memória, à "experiência" (ἐμπειρία) um número grande de memórias constituindo uma só "experiência".[43] A partir da "experiência", "tendo-se aquietado na alma o universal (ἠρεμήσαντος τοῦ καθόλου ἐν τῇ ψυχῇ)",[44] essa unidade de múltiplas coisas que nelas reside identicamente,[45] têm princípio a arte e a ciência, a arte no âmbito do devir, a ciência no âmbito do ser. Tais "hábitos" ou disposi-

---

41 Cf. *Seg. Anal.* II, 19, 99ᵇ32 seg.
42 Aceitamos, com Ross, a conjectura de Ueberweg: αἰσθομένοις, em lugar da lição da quase totalidade dos códices: αἰσθανομένοις, em *Seg. Anal.* II, 19, 99ᵇ39; cf. Ross, nota *ad locum*.
43 Cf. *Seg. Anal.* II, 19, 100ᵃ3 seg.
44 Ibidem, l. 6-7; cf., acima, III, 2.4 e n.100.
45 Como o contexto imediato claramente o indica (cf. ibidem, l. 7-8), não se trata obviamente, malgrado a expressão τοῦ ἑνὸς παρὰ τὰ πολλά (a l. 7, cf., acima, III, 2.4 e n.103), de um universal "separado".

ções, então, nem são inatos, no que respeita às suas determinações próprias, nem procedem de outras ἕξεις mais cognitivas, uma vez que provêm da percepção sensível.[46] Tudo se passa, diz o filósofo, como com um exército em fuga, após uma batalha, quando, detendo-se um homem, outro deteve-se e outro, em seguida, até restabelecer-se a formação original.[47] A natureza da alma é de molde a comportar um processo semelhante.[48] E, tendo proposto essa comparação, retoma Aristóteles, para maior clareza,[49] a explicação de há pouco: "Assim, detendo-se uma das coisas indiferenciadas (τῶν ἀδιαφόρων ἑνός), produz-se pela primeira vez na alma um universal (e, com efeito, percebe-se sensorialmente o particular, mas a sensação é do universal, como, por exemplo, de homem, mas não do homem Cálias); nestes, dá-se uma nova parada, até que se detenham os indivisíveis (ἀμερῆ) e os universais, como, por exemplo, de tal animal até animal e, com este, de modo idêntico".[50] O texto é, talvez, um pouco menos claro do que pretende o filósofo e exige alguma explicação.

Em verdade, verificamos que, procurando mostrar-nos como advém à alma o conhecimento dos princípios científicos, relaciona-o o filósofo com a sensação, faculdade por certo inferior e menos exata, de que todos os animais compartilham, da qual, porém, aquele conhecimento emerge. Já víramos, aliás, ser doutrina aristotélica que "sem ter a sensação, absolutamente nada se poderia apreender nem compreender".[51] Demora-se, então, o filósofo, em descrever-nos, de modo semelhante ao que emprega no mesmo início de sua *Metafísica*,[52] os mecanismos psicológicos mediante os quais surgem em nossa alma

---

46 Cf. ibidem, l. 10-1.
47 Cf. ibidem, l. 12-3. Muito se discutiu sobre a significação, a l. 13, de ἕως ἐπὶ ἀρχὴν ἦλθεν, cf. Colli, nota *ad locum*; nossa interpretação ("até restabelecer-se a formação original") acompanha, de perto, a tradução de Mure (cf. *ad locum*): "until the original formation has been restored".
48 Cf. *Seg. Anal.* II, 19, 100ª13-4.
49 Cf. ibidem, l. 14-5.
50 *Seg. Anal.* II, 19, 100ª15-ᵇ3. O texto é extremamente conciso mas, ainda assim, tentamos dar à nossa tradução o máximo de literalidade possível.
51 *Da Alma* III, 8, 432ª7-8; cf., acima, II, 4.7 e n.181.
52 Cf. *Met.* A, 1, 980ª27 seg.

as afecções que correspondem aos universais objetivos, que assim vêm nela "deter-se" e "aquietar-se".[53] Tais *universais em nós* provêm, portanto, em última análise, da nossa apreensão das coisas individuais pela sensação,[54] daquelas coisas que são, *para nós*, anteriores e mais conhecidas.[55] É certo que não se apreende o universal pela sensação,[56] a qual apreende tão somente um "isto", aqui e agora.[57] Mas o aparecimento da memória faz "deter-se" na alma – e a cristalização do processo de repetição da memória numa ἐμπειρία ("experiência")[58] faz nela "aquietar-se" – o universal inteligível que se encontra nas formas sensíveis:[59] a permanência da impressão sensorial, fixando em nós um particular, fixa, em verdade, algo especificamente indiferenciado e retém o elemento formal idêntico em todos os particulares que não diferem entre si especificamente;[60] já tem início, assim, um processo de universalização, o que nos permite dizer, encarando sob esse prisma o funcionamento da percepção sensível, que "a sensação é do universal", que, percebendo o homem Cálias, eu tenho sensação de

---

53 Cf., acima, III, 2.4 e n.100.
54 Cf., acima, II, 4.7 e n.180.
55 Cf. *Seg. Anal.* I, 2, 72ª1-3; *Met.* Δ, 11, 1018ᵇ33-4; acima, II, 1.2; II, 4.4 e n.121; II, 4.5; II, 4.7 e n.179.
56 Cf. *Seg. Anal.* I, 31, 87ᵇ30-1.
57 Cf. ibidem, l. 29-30; acima, III, 2.7 e n.152 a 154.
58 Cf., além de *Seg. Anal.* II, 19, 100ª5-6 (v. acima, n.43 deste capítulo), o texto de *Met.* A, 1, 980ᵇ29-981ª1: "as múltiplas 'memórias' da mesma coisa produzem finalmente a capacidade para uma 'experiência' singular".
59 Cf. *Da Alma* III, 8, 432 ª4-5; acima, II, 4.7 e n.182.
60 Enquanto Ross interpreta os ἀδιάφορα a que se refere o filósofo em *Seg. Anal.* II, 19, 100ª15 (cf. nota *ad locum*) como as *infimae species*, Colli (cf. nota *ad* 100ª15-ᵇ3, onde o autor aceita a interpretação de Zabarella), Mure (cf. sua tradução, *ad locum*) e Tricot (cf. sua tradução e nota *ad locum*) entendem-nos como os particulares sensíveis. Ora, o termo em questão é empregado por Aristóteles tanto para designar as coisas particulares que não diferem quanto à forma ou espécie (εἴδει, κατὰ τὸ ε δος), cf. *Tóp.*I, 7, 103ª10-3; IV, 1, 121ᵇ15-23; *Ger. Anim.* II, 7, 746ª31; 8, 748ª1 etc. como para designar as mesmas formas ou espécies últimas que não mais comportam nenhuma *diferença* (διαφορά), cf. *Seg. Anal.* I, 13, 97ª28-31; *Met.* Z, 12, 1038ª16 etc. Embora estejamos com Ross, dado todo o contexto e a proximidade da passagem de I, 13, 97ª28-31, é manifesto que, quer se traduza de uma quer de outra maneira, o sentido geral de nosso texto não se altera, uma vez que o que pretende o filósofo mostrar é que a fixação de um desses "indiferenciados" na alma é a fixação do elemento formal comum a todos os sensíveis particulares através dos quais um mesmo ε δος se individua.

"homem".⁶¹ Mecanismos semelhantes possibilitam, então, a progressão do processo que, "produzindo" na alma universais de universalidade cada vez mais extensa – formas ou espécies, gêneros e gêneros de gêneros –, vai culminar nos gêneros supremos e indivisíveis, isto é, nas categorias.⁶² Ora, quando as múltiplas noções da ἐμπειρία cedem lugar à unidade de uma só concepção (ὑπόληψις) universal e se dá, por fim, a apreensão "consciente", numa apercepção unitária, da universalidade retida pela alma desde o processo de "fixação" da experiência sensível, substitui-se à "experiência" a τέχνη,⁶³ principiam arte e ciência.⁶⁴ E Aristóteles conclui: "É evidente, então, que nos é necessário conhecer os elementos primeiros por meio da indução (ἐπαγωγῇ); e, de fato, a sensação produz dessa maneira o universal (καὶ γὰρ ἡ αἴσθησις οὕτω τὸ καθόλου ἐμποιεῖ)".⁶⁵

1.4 A indução dos princípios

A exata interpretação desta última passagem requer um certo cuidado. Com efeito, *não se trata de identificar* o processo de aquisição dos elementos primeiros ou princípios com o processo de formação das noções universais a partir da sensação mas tão somente *de compará-los*, mostrando que o conhecimento das proposições assumidas pela ciência como seus princípios é obtido, a partir de um conhecimento

---

61 Cf. *Seg. Anal.* II, 19, 100ª16-ᵇ1.
62 Τὰ ἀμερῆ καὶ τὰ καθόλου (cf. *Seg. Anal.* II, 19, 100ᵇ2) designando, como mostra Ross (cf. nota *ad locum*), os gêneros de máxima universalidade, "the universals par excellence, the most universal universals", isto é, as categorias; cf., também, G. Rodier, *Traité de l'Âme*, II, p.474, *apud* Le Blond, *Logique et méthode*..., 1939, p.117 e n.2.
63 Cf. *Met.* A, 1, 981ª5 seg.; enquanto a ἐμπειρία produz a concepção de que tal remédio fez bem a Cálias atingido por tal doença, assim como a Sócrates e a muitos outros, considerados individualmente, a τέχνη enseja a concepção de que o remédio fez bem a todos que tinham tal constituição (delimitados segundo um ε δος), quando afetados de tal doença, como, por exemplo, aos fleumáticos ou aos biliosos, ardendo em febre, cf. ibidem, l. 7-12. Como nota Ross (cf. nota *ad* ibidem, 980ᵇ26), o homem ou animal que possui apenas "experiência" age inconscientemente afetado pelo elemento idêntico nos diferentes objetos a que correspondem as várias memórias que constituem, precisamente, a sua "experiência".
64 Cf. *Seg. Anal.* II, 19, 100ª6-9.
65 Ibidem, ᵇ2-5.

anterior fundamentado, em última análise, na sensação, através de um raciocínio epagógico ou indutivo que se pode assemelhar a – e que, de algum modo, está em continuidade com – um processo indutivo mais simples que, partindo diretamente da sensação, leva os universais contidos nas formas sensíveis a fixar-se na alma. É evidente, então, que a descrição, a que procede o último capítulo dos *Segundos Analíticos*, dos mecanismos psicológicos que levam a uma tal "fixação" não deverá entender-se como uma descrição de um "processo de generalização que nos confere a posse dos princípios"[66] nem fazer-nos crer estar Aristóteles, guiado, no momento, por uma inspiração "sensualista", a supor "que a sensação é, por si mesma, suficiente para explicar todo conhecimento dos princípios":[67] uma tal suposição aberraria manifestamente de toda a doutrina aristotélica dos *Segundos Analíticos* e de outras obras, no que concerne tanto ao conhecimento sensível quanto ao conhecimento dos princípios, conforme quanto, até agora, sobre essas questões expusemos. O que o filósofo quer deixar-nos claro é que, num e noutro daqueles casos, trata-se de um processo indutivo, isto é, de "uma passagem dos particulares ao universal",[68] lembrando-nos a impossibilidade de obterem-se os universais sem

---

66 Le Blond, *Logique et méthode...*, 1939, p.116; e Aristóteles, continua o autor, "déclare que ce procès aboutit à la formation, dans l'âme, des *indivisibles* – ἀδιαίρετα –, des *simples* –, ἀμερῆ – qui constituent les universels au sens plein". S. Mansion critica com razão essa interpretação, cf. *Le jugement d'existence...*, 1946, p.142 e n.36.

67 Le Blond, *Logique et méthode...*, 1939, p.132; segundo o autor (cf. ibidem, p.132-6), toda essa primeira parte do cap.19 do livro II dos *Seg. Anal.*, que estamos a comentar, possui um caráter "sensualista" dominante, que se manifestaria na apresentação, desde o início, da sensação como a faculdade dos princípios: estes seriam conhecidos por uma indução que não seria mais do que o resultado do depósito progressivo das próprias sensações, cuja acumulação e condensação produziria em nós o καθόλου, princípio universal específico, qual um aluvião (sic!, cf. ibidem, p.135).

68 *Tóp.*I, 12, 105ᵃ13-4: ἐπαγωγὴ δ᾽ ἡ ἀπὸ τῶν καθ᾽ἕκαστα ἐπὶ τὸ καθόλου ἔφοδος; cf., acima, III, 2.4 e n.101; cf., também, S. Mansion, *Le jugement d'existence...*, 1946, p.102 (e n.45), 142 (e n.34). E, como diz Ross (cf. seu comentário introdutório a *Seg. Anal.* II, 19), após lembrar que os princípios são proposições: "It would not be difficult to argue that the formation of general concepts and the grasping of universal propositions are inseparably interwoven. But A. makes no attempt to show that the two processes are so interwoven; and he could hardly have dispensed with some argument to this effect if he had meant to say that they are so interwoven. Rather he seems to describe the two processes as distinct, and alike only in being inductive".

indução e a impossibilidade de uma indução que não repouse, em última análise, na percepção sensível.[69] Eis por que se pode dizer que cabe à ἐμπειρία fornecer os princípios de cada gênero de coisas, à "experiência" astronômica fornecer, por exemplo, os princípios da ciência astronômica, o mesmo podendo dizer-se para qualquer outra arte ou ciência;[70] diremos, mesmo, que a falta de uma determinada sensação terá como necessária consequência a supressão de um determinado saber científico.[71] E também a *Ética Nicomaqueia* ensina-nos haver *indução* dos princípios universais de que partem os silogismos da ciência.[72] No que respeita, aliás, aos "o que é" dos gêneros das ciências particulares, por elas assumidos em suas definições-princípios, vimos também a *Metafísica* falar-nos de uma indução que leva à apreensão do "o que é" e nos permite um outro modo de mostrá-lo (τις ἄλλος τρόπος τῆς δηλώσεως).[73]

Sabedores de que o conhecimento anterior sobre o qual se constitui o dos princípios é um conhecimento de tipo "empírico" fundamentado na percepção sensível, compreendemos também que a regressão necessária a um conhecimento anterior para explicar que algo de novo se conheça é uma exigência, exclusivamente, da esfera *dianoética*:[74] o conhecimento da coisa demonstrada exige um conhecimento anterior, o dos princípios, e este último, pertencente também àquela esfera, pressupõe, por sua vez, um outro conhecimento anterior de onde possa emergir por via indutiva – tal é o conhecimento de tipo "empírico", que repousa, em última análise, sobre a apreensão dos

---

69 Cf. *Seg. Anal.* I, 18, 81ᵇ2-6: ἀδύνατον δ τὰ καθόλου θεωρῆσαι μὴ δι'ἐπαγωγῆς ... ἐπαχθῆναι δ μὴ ἔχοντας αἴσθησιν ἀδύνατον; cf., também, *Ét. Nic.* VI, 3, 1139ᵇ28-9.
70 Cf. *Prim. Anal.* I, 30, 46ᵃ17 seg.
71 Cf. *Seg. Anal.* I, 18, com., 81ᵃ38-9.
72 Cf. *Ét. Nic.* VI, 3, 1139ᵇ29-31: "Há princípios, portanto, dos quais parte o silogismo, dos quais não há silogismo: há portanto, indução".
73 Cf. *Met.* E, 1, 1025ᵇ15-6; cf., acima, cap.IV, n.263; cf., também, *Met.* M, 4, 1078ᵇ23-30, onde se elogia Sócrates por ter utilizado os argumentos indutivos e o método de definir universalmente, procedimentos que concernem, ambos, "ao princípio da ciência"; acima, IV, 2.4 e n.87.
74 Cf., acima, I, 3.4.

sensíveis particulares pela sensação. Esta configura-se, assim, como o fundamento primeiro de todo saber humano, sem que nenhuma regressão a um saber anterior se faça necessária ou, mesmo, possa conceber-se: sem a sensação nada poder-se-ia aprender nem compreender.[75] Mas também é óbvio, por outro lado, que não se nos explicou ainda como pode o raciocínio indutivo produzir o conhecimento dos princípios, sem obstar ao caráter imediato e primeiro dessas proposições que, como sabemos, "por si mesmas fazem fé"[76] e "por si mesmas naturalmente se conhecem".[77] Como entender uma gênese a partir do inferior e menos exato e cognoscitivo[78] que não inquine dessa mesma inferioridade o que dela resulta? Como falar de anterioridade, prioridade e autonomia, a propósito de um conhecimento que pressupõe um conhecimento anterior e que dele depende? Por outro lado, como pretender que as definições-princípios possam obter-se por indução, se o que induz mostra apenas "que tudo é assim por nada ser de outra maneira; com efeito, não mostra o que é a coisa, mas ou que é ou que não é"?[79] Dificuldades como essas explicam que intérpretes menos preocupados com a descoberta da unidade profunda da doutrina do que interessados no inventário das dificuldades que ela comporta tenham julgado disparatada a fórmula aristotélica que atribui à indução um papel fundamental na aquisição dos princípios da ciência e tenham invocado passagens como a que, por último, citamos, para sustentar a possibilidade de relevar-se, nos *Analíticos*, "toda uma série de textos que tendam a fazer concluir ser a indução incapaz de conferir a posse desse conhecimento das essências, rigoroso, imperturbável, em que deve consistir a apreensão de um princípio".[80]

---

75 Cf. *Da Alma* III, 8, 432ᵃ6-7; acima, VI,1.3 e n.51. Leia-se o bom estudo que Louis Bourgey consagra à importância do conhecimento sensível em Aristóteles, na sua obra *Observation et expérience chez Aristote*, 1955, p.37-55.
76 *Tóp.*I, 1, 100ᵇ18-9; cf., acima, n.13 deste capítulo.
77 *Prim. Anal.* II, 16, 64ᵇ34-5: δι'αὑτῶν πέφυκε γνωρίζεσθαι.
78 Cf. *Seg. Anal.* II, 19, 100ᵃ10-1; acima, VI, 1.3 e n.46. Cf., também, acima, cap.I, n.177, onde nos referimos ao caráter não científico da indução.
79 *Seg. Anal.* II, 7, 92ᵃ38-ᵇ1; cf., acima, V, 2.3 e n.145.
80 Le Blond, *Logique et méthode...*, 1939, p.122.

1.5 Indução ou inteligência dos princípios?

E nossa aporia poderia parecer agravar-se, se consideramos a sequência do texto, na qual, imediatamente após ter apontado o papel da indução na apreensão dos princípios, conclui o filósofo, pondo termo aos *Analíticos*: "Uma vez que, dos estados ou 'hábitos' concernentes ao pensamento com os quais apreendemos a verdade, uns são sempre verdadeiros, outros comportam a falsidade, como, por exemplo, a opinião e o cálculo, mas são sempre verdadeiras ciência e inteligência (νοῦς) e nenhum outro gênero é mais exato (ἀκριβέστερον) que a ciência senão a inteligência; e que, de outro lado, os princípios das demonstrações são mais conhecidos e toda ciência se acompanha de discurso (ἐπιστήμη δ'ἅπασα μετὰ λόγου ἐστί), não haverá ciência dos princípios e, uma vez que nada pode haver mais verdadeiro que a ciência senão a inteligência, haverá inteligência dos princípios – eis o que resulta destas considerações e, também, do fato de que princípio de demonstração não é demonstração nem, por conseguinte, é ciência princípio de ciência. Se, além da ciência, não possuímos nenhum outro gênero verdadeiro, a inteligência será princípio da ciência. E ela será princípio do princípio, enquanto a ciência inteira guarda uma relação semelhante com a totalidade do objeto".[81] Como se pode ver, fundamenta-se a argumentação no reconhecimento da maior cognoscibilidade dos princípios, que a doutrina da demonstração, desde o início,[82] estabelecera: porque *mais conhecidos* – e mais conhecidos, como sabemos,[83] em sentido absoluto –, impossível é que se efetue sua apreensão por meio de uma ἕξις que comporte tanto a verdade como a falsidade, se é certo que se pode dizer, a respeito do mesmo conhecimento cuja instauração a apreensão dos princípios condiciona: "não pode ... a ciência ora ser ciência, ora ignorância".[84] Excluídos, por essa razão,

---

81 *Seg. Anal.* II, 19, 100^{b}5-17.
82 Cf. *Seg. Anal.* I, 2, 71^{b}20-2; 29 seg.; acima, II, 4: "Do que se conhece mais e antes"; cf. também II, 5.1 e n.199.
83 Cf., acima, II, 4.7 e n.175 a 189.
84 *Met.* Z, 15, 1039^{b}32-3. Cf., acima, I, 1.1 e n.27 a 34; II, 2.4.

a opinião e o cálculo, porque somente ciência e inteligência são sempre verdadeiros, há que buscar-se entre estas a faculdade que conhece os princípios; ora, o mesmo caráter da maior cognoscibilidade destes exige que sejam apreendidos por uma ἕξις mais exata e, por assim dizer, mais verdadeira que a ciência, tanto mais que esta, em virtude de seu caráter discursivo (ela caminha de algo já conhecido para algo que, em decorrência desse conhecimento anterior, vem a conhecer),[85] não poderia conhecer, de modo imediato, seus mesmos princípios; nem pode a ciência ser o princípio de si mesma nem fundar-se a demonstração num processo demonstrativo. Resta-nos, então, reconhecer a inteligência como a faculdade superior em exatidão e verdade, infalível por intrínseca necessidade, graças à qual os princípios, de modo não discursivo, se conhecem e a ciência se instaura. Di-la-emos, corretamente, então, um princípio dos princípios da ciência e, por isso mesmo, princípio da ciência; porque dela decorre, poderá, também, a ciência inteira comportar-se em relação à totalidade de seu objeto com características de verdade, certeza e exatidão semelhantes às que qualificam a apreensão dos princípios.

Essa competência da inteligência ou νοῦς para a apreensão dos princípios já nos fora indicada por outros textos dos *Segundos Analíticos*. Com efeito, ao criticar as concepções errôneas da ciência que só reconheciam na demonstração um processo de conhecimento rigoroso,[86] já afirmava o filósofo "haver, não apenas ciência, mas também um certo princípio de ciência (ἀρχὴν ἐπιστήμης), pelo qual conhecemos as definições";[87] também ao distinguir ciência e opinião (δόξα)[88] e mostrar que não cabe à ciência o conhecimento do contingente, acrescentava Aristóteles que também não concerne à inteligência ou "ciência não demonstrativa" um tal conhecimento, uma vez que lhe compete a

---

85 Cf., acima, I, 3.4; II,1.3; cf. também *Ét. Nic.* VI, 6, 1140ᵇ33.
86 Cf. *Seg. Anal.* I, 3 (o capítulo inteiro); acima, II, 5.3 e II, 5.4.
87 Ibidem, 72ᵇ23-5; acima, II, 5.3 e n.220.
88 Em *Seg. Anal.* I, 33, capítulo especialmente consagrado ao estudo dessa distinção; cf., acima, I, 1.1 e n.27 seg.

apreensão das premissas imediatas,[89] explicando: "com efeito, chamo de inteligência o princípio da ciência".[90] E, afirmando a simplicidade dos princípios, vimo-lo caracterizar a premissa imediata como a unidade no silogismo, o νοῦς como a unidade na ciência e na demonstração.[91] E a *Ética Nicomaqueia* confirma a doutrina, ao concluir, após ter mostrado que não apreendem os princípios a ciência, a prudência (φρόνησις) ou a sabedoria (σοφία): "resta que a inteligência se ocupe dos princípios (λείπεται νοῦν ε ναι τῶν ἀρχῶν)".[92]

Ora, um mínimo de reflexão é suficiente para compreender que toda a dificuldade do problema do conhecimento dos princípios reside na relação a estabelecer entre o método *indutivo* cuja importância vimos, há pouco,[93] o filósofo realçar ("é necessário conhecer os elementos primeiros por meio de indução"[94]) e a função cognitiva da *inteligência*, cuja competência exclusiva ele reconheceu, no último capítulo dos *Segundos Analíticos*, nas mesmas linhas que seguem seu pronunciamento sobre o valor heurístico da indução.[95] Como harmonizar a infalibilidade da inteligência que só apreende o verdadeiro (e apreende-o de modo não discursivo) e o discurso indutivo, que repousa, em última análise, na percepção sensível[96] e que nos pareceu impotente para atingir, por exemplo, as definições-princípios?[97] Verificamos, assim, que toda a aporia precedente sobre a dificuldade em atribuir à indução o conhecimento das proposições que "por si

---

89 Cf. ibidem, 88ᵇ33-7.
90 Ibidem, l. 36: λέγω γὰρ νοῦν ἀρχὴν ἐπιστήμης.
91 Cf. *Seg. Anal.* I, 23, 84ᵇ37-85ᵃ1; acima, III, 6.5 e n.324.
92 *Ét. Nic.* VI, 6, 1141ᵃ7-8; cf., também, 11, 1143ᵃ35-ᵇ11. Que não seja da competência da σοφία a apreensão dos princípios deve entender-se no sentido de que tal apreensão cabe apenas a uma de suas partes, isto é, precisamente ao νοῦς que, com a ciência, constitui a σοφία, cf. ibidem, 7, 1141ᵃ18-9, ᵇ2-3; acima, I, 1.3 e n.70. Como explica Aristóteles (cf. ibidem, 6, 1141ᵃ1-3), não há sabedoria dos princípios, na *medida em que* compete *também*, ao sábio ter, de certas coisas, um conhecimento demonstrativo.
93 Cf., acima, VI, 1.4.
94 *Seg. Anal.* II, 19, 100ᵇ4; cf., acima, VI, 1.3 e n.65.
95 Cf. ibidem, 100ᵇ5-17 e, acima, n.81 deste capítulo.
96 Cf., acima, VI, 1.4 e n.69.
97 Cf., acima, VI, 1.4 e n.79.

mesmas naturalmente se conhecem"[98] dizia, em verdade, respeito às relações entre inteligência e indução. E não tem cabimento, por certo, querer identificá-las, como se o filósofo estivesse a dizer-nos que a indução a que ele, em tal contexto, se refere consistisse em usar a sensação como uma intuição racional.[99]

Tentemos, então, encontrar em outros textos do filósofo subsídios para uma leitura correta desse último capítulo dos *Analíticos*, cuja doutrina sobre o conhecimento dos princípios sua mesma concisão nos tornou tão problemática. Porque, com efeito, não temos "a impressão de passar bruscamente a um plano de pensamento totalmente outro", quando, no fim do capítulo, Aristóteles explica a função do νοῦς, após ter exposto o papel da indução,[100] nem cremos correto pretender que "é por um verdadeiro salto, que permanece injustificado, que Aristóteles passa de um ponto de vista a outro".[101] Tampouco podemos

---

98 Cf., acima, VI, 1.4 e n.77.
99 Tal era, com efeito, a solução de Hamelin, cf. *Le système d'Aristote*, 1931, p.258-9. Em apoio à sua interpretação, invocava o autor o texto de *Ét. Nic.* VI, 11, 1143ᵇ5, em que o filósofo, falando da percepção dos particulares a partir dos quais os universais se apreendem, dela diz, "esta é inteligência" (αὕτη δ'ἐστὶ νοῦς). Ora, se se lê atentamente todo o contexto (isto é: todo o capítulo 11 do livro VI da Ética, o qual concerne, fundamentalmente, ao papel da inteligência ou νοῦς na moral), verifica-se, entretanto, que Aristóteles nele atribui à inteligência a função de apreender *tanto* os princípios primeiros e universais do processo demonstrativo *quanto*, através da percepção sensível, o fato particular e contingente que se exprimirá na menor de um silogismo da ação, reconhecendo a universalidade inscrita na particularidade: nem se trata, obviamente, então, de uma confusão entre a inteligência e a sensação nem da redução da inteligência dos princípios a um uso intuitivo da percepção sensível. Mas, tendo assim interpretado o pensamento aristotélico, era natural que não se satisfizesse Hamelin com ele: "Cette solution des problèmes de l'induction et de l'origine des principes par une intuition de l'intellecte dans la sensation est assurément trop facile" (*Le système d'Aristote*, 1931, p.250); e o autor conjectura que se tenha imposto ao filósofo uma tal solução "par l'état rudimentaire des méthodes d'observation et d'expérience à son époque" (*ibidem*).
100 Como julga Le Blond, cf. *Logique et méthode...*, 1939, p.136. Como acima vimos (cf. VI,1.4 e n.66 e 67), para esse autor, as indicações de Aristóteles, em *Seg. Anal.* II, 19, sobre a função do método indutivo na apreensão dos princípios científicos obedeceriam a uma inspiração "sensualista"; introduzindo, em seguida, o νοῦς, Aristóteles teria abordado o problema de um ponto de vista radicalmente oposto e incompatível com o primeiro.
101 Cf. Le Blond, *Logique et méthode...*, 1939, p.138. Essa dualidade de perspectivas manifestaria, então, um "mal-estar" do filósofo diante do problema e uma oposição entre a orientação sistemática, dogmática, de Aristóteles e as suas tendências positivas de observador e

aceitar que a introdução do νοῦς configure uma mera solução *de direito*, necessária para salvar o sistema aristotélico da ciência, em virtude da ausência de uma experiência clara da intuição dos princípios.[102] Λείπεται νοῦν ε ναι τῶν ἀρχῶν[103] é mais que uma explicação meramente residual, como se o νοῦς não mais fosse que o correlato cognitivo do princípio, "aquilo sem o que o princípio não pode ser conhecido, se ao menos ele é conhecível".[104] Mas não mais duvidamos de que os princípios sejam conhecíveis; falta-nos, tão somente, explicitar o modo de sua apreensão.

2 Os Tópicos e a dialética

2.1 A dialética e as "ciências filosóficas"

Deixemos, por um momento, de lado, a problemática da aquisição dos princípios, tal como ela se coloca no último capítulo dos *Analíticos* e consideremos, porque a ela também se refere, uma passagem dos

---

psicólogo (cf. ibidem, p.137), traduzindo um perene conflito, ainda mais radical, "entre le théoricien et la practicien, entre la logique, la théorie abstraite de la science, et la méthode réelle" (ibidem, p.146; cf. também, acima, II, 4.7 e n.192 seg.).
102 Cf. ibidem, p.137.
103 Cf. *Ét. Nic.* VI, 6, 1141ª7-8; acima, n.92 deste capítulo.
104 Aubenque, *Le problème de l'être*..., 1962, p.56; cf., também, *ibid.*, n.2; acima, VI, 1.2 e n.40. O autor entende que o verbo λείπεται introduz esse gênero de explicações que consiste em imputar a algo (à inteligência ou a Deus, por exemplo) determinada competência ou atributo, por via de exclusão e como solução *residual*, sem que se trate, propriamente, de fornecer uma elucidação explícita e positiva, ou de supor tal elucidação possível (assim, por exemplo, se nenhuma outra faculdade pode ocupar-se dos princípios, concluímos que a inteligência é a faculdade que lhes corresponde, *se é que pode haver um conhecimento humano deles*). Ocorre, entretanto, que a obra aristotélica contém exemplos do uso daquele verbo em raciocínios estruturalmente análogos, sem que tenhamos por que duvidar da possibilidade de uma compreensão adequada e completa da solução "residual"; assim, por exemplo, em *Seg. Anal.* I, 33, 88ᵇ32 seg., Aristóteles mostra-nos que cabe à opinião (δόξα) o conhecimento das verdades e realidades contingentes por não poderem ocupar-se delas nem a ciência nem a inteligência: "*resta* (λείπεται), por conseguinte, que a opinião se ocupe do que é verdadeiro ou falso, mas pode também ser de outra maneira" (ibidem, 89ª2-3). É-nos o exemplo tanto mais interessante porque é a competência da opinião que se descobre por via da exclusão, excluindo-se νοῦς e ἐπιστήμη, cujas competências se introduzem como conhecidas.

Tópicos de Aristóteles, cuja contribuição para a solução das dificuldades com que nos defrontamos haverá de revelar-se decisiva. No início daquele tratado, com efeito, após definir como seu propósito a descoberta de um método que nos permita raciocinar sobre todo o problema proposto a partir de premissas *aceitas* (ἐξ ἐνδόξων), assim como defender nossas opiniões sem incidir em contradição,[105] o filósofo, tendo distinguido as várias espécies de silogismo e definido o silogismo dialético, objeto principal de sua investigação,[106] continua: "Em seguida ao que foi dito, deve dizer-se para quantas e quais coisas é útil este tratado. Ele o é para três coisas: para exercício, para os encontros casuais, para as ciências filosóficas. Que é útil para exercício é manifesto a partir do que já foi dito; com efeito, possuindo um método, poderemos mais facilmente argumentar sobre o problema proposto. Para os encontros casuais, porque, tendo inventariado as opiniões da maioria dos homens, pôr-nos-emos em relação com eles, apoiados, não em pontos de vista que lhes são estranhos, mas nos seus próprios, fazendo mudar o que não nos pareçam dizer corretamente. Para as ciências filosóficas, porque, sendo capazes de percorrer as aporias em ambos os sentidos (πρὸς ἀμφότερα διαπορῆσαι), perceberemos mais facilmente, em cada caso, o verdadeiro e o falso; também no que concerne às primeiras dentre as proposições que respeitam a cada ciência. De fato, é impossível, a partir dos princípios apropriados à ciência em questão, dizer algo sobre eles mesmos, uma vez que os princípios são primeiros dentre todas as proposições; mas é por meio das proposições aceitas a respeito de cada ponto que é necessário discorrer sobre eles. Ora, esta é a tarefa própria, ou mais apropriada, à dialética, pois, de natureza perquiridora, ela possui o caminho que leva aos princípios de todas as doutrinas científicas".[107]

---

105 Cf. *Tóp.*I, 1, com., 100ª18-21; acima, cap.IV, n.124. Sobre a tradução de ἔνδοξον por proposição *aceita*, cf., acima, cap.II, n.5.
106 Cf. ibidem, 100ª22-101ª24. Sobre a distinção entre o silogismo dialético e o silogismo científico, cf., acima, I, 3.1 e n.154 a 157; II, 1.1 e n.4 a 6; sobre o sentido e a importância dessa distinção, cf. cap.I, n.159.
107 *Tóp.*I, 2, 101ª25-b4 (o capítulo inteiro).

As duas primeiras utilidades da dialética apontadas pelo filósofo não nos interessam aqui especialmente, tanto menos por ser óbvio que o estudo de uma técnica geral de argumentação constitui, não somente uma excelente ginástica mental, mas também um instrumento eficaz para discutir com – e triunfar de – os eventuais interlocutores com que deparamos nos encontros cotidianos. Mas a terceira, havemos de particularmente relevá-la. Pois, expondo-a, Aristóteles descreve-nos a dialética como uma propedêutica às ciências "filosóficas" em geral, isto é, às que o são no sentido rigoroso da definição proposta nos *Analíticos*;[108] como um método que conduz, mediante um raciocínio *diaporemático*, à apreensão dos princípios científicos. E o filósofo invoca explicitamente a anterioridade absoluta dos princípios – eles não podem provar-se uns pelos outros, eles "são primeiros dentre todas as proposições", conforme nos mostrara também a sólida doutrina dos *Analíticos*[109] – para argumentar em favor da necessidade de discorrer sobre eles a partir de ἔνδοξα, isto é, de proposições *aceitas* pela opinião, que a dialética converte em premissas de seus raciocínios.[110]

Ora, tendo o capítulo anterior dos mesmos *Tópicos* explicado, a propósito das premissas da demonstração, que "são verdadeiras e primeiras as premissas que, não por meio de outras, mas por si mesmas fazem fé (não se deve, com efeito, nos princípios científicos, investigar o porquê, mas é preciso que cada um dos princípios seja, ele próprio, por si mesmo, digno de fé)",[111] não vê Aristóteles contradição alguma entre esse caráter absolutamente primeiro dos princípios e o fato de apreenderem-se eles graças a uma investigação dialética que descreve como metodologicamente capaz de até eles levar-nos; nem

---

108 Por oposição a um sentido lato e menos rigoroso em que Aristóteles também, por vezes, usa a palavra ἐπιστήμη cf., acima, I, 1.4.
109 Cf., acima, II, 5.1 e II, 5.2; III, 6.5.
110 Cf. *Tóp*.I, 1, 100ᵃ29-30: διαλεκτικὸς δ συλλογισμὸς ὁ ἐξ ἐνδόξων συλλογιζόμενος. Cf., também, 10, 104ᵃ8 seg.; *Ref. Sof.* 2, 165ᵇ3-4; *Prim. Anal.* I, 1, 24ᵇ1-3; 30, 46ᵃ9-10 etc.; acima, II, 1.1 e n.4 a 6.
111 *Tóp*.I, 1, 100ᵃ30-ᵇ21; cf., acima, IV, 4.2 e n.266; VI, 1.1 e n.13; VI, 1.4 e n.76.

vê qualquer dificuldade em fazer emergir o conhecimento dessas proposições absoluta e infalivelmente verdadeiras[112] a partir do uso de um método cujo ponto de partida são, tão somente, as opiniões, a opinião da maioria ou, ainda, a opinião dos sábios, de todos ou apenas de alguns,[113] embora não se confundam opinião e verdade[114] (já que a opinião comporta a falsidade e concerne igualmente ao verdadeiro e ao falso[115]), embora baste ao raciocínio dialético que algo pareça verdadeiro, ainda que não o seja.[116] Não lhe parecem tampouco óbices, portanto, para a eficácia propedêutica da argumentação dialética no estabelecimento das premissas categóricas da demonstração, que assumem de modo definido (ὡρισμένως) uma das partes da contradição e que não se formulam pois interrogativamente,[117] nem o fato de ela ser essencialmente interrogativa e poder assumir indiferentemente como premissa, qualquer dos membros da contradição[118] nem mesmo aquela capacidade, que a dialética exclusivamente com a retórica comparte, de provar proposições contraditórias.[119]

---

112 Cf., acima, II, 2.4; cf. também Seg. Anal. II, 19, 100ᵇ5 seg.
113 Veja-se, com efeito, a definição de ἔνδοξον em Tóp.I, 1, 100ᵇ21-3; acima, cap.II, n.5. Cf. também 10, 104ᵃ8 seg.
114 E Aristóteles opõe sempre, com efeito, o raciocínio κατ'ἀλήθειαν dos silogismos científicos à argumentação κατὰ δόξαν dos silogismos dialéticos, cf. Prim. Anal. I, 30, 46ᵃ8-10; II, 16, 65ᵃ35-7; Seg. Anal. I, 19, 81ᵇ18-23; Tóp.I, 14, 105ᵇ30-1.
115 Cf. Seg. Anal. I, 33, 89ᵃ2 seg.; II, 19, 100ᵇ7; Da Alma III, 3, 428ᵃ19; Met. Z, 15, 1039ᵇ31 seg.; Ét. Nic. VI, 3, 1139ᵇ17-8 etc.; acima, I, 1.1 e n.30 seg.; VI, 1.5 e n.81 seg.
116 Cf. Seg. Anal. I, 19, 81ᵇ20-2.
117 Cf. Prim. Anal. I, 1, 24ᵃ23-4; Seg. Anal. I, 2, 72ᵃ10-1; 11, 77ᵃ33-4; acima, II, 2.4 e n.53.
118 Com efeito, a proposição dialética é uma pergunta ἔνδοξος, cf. Tóp.I, 10, 104ᵃ8-9; a dialética é interrogativa (ἐρωτητική), cf. Ref. Sof. 11, 172ᵃ17-8; a premissa dialética é pergunta que formula uma alternativa contraditória, cf. Prim. Anal. I, 1, 24ᵃ24-5; a argumentação dialética assume indiferentemente qualquer das partes da contradição, cf. Seg. Anal. I, 2, 72ᵃ9-10; acima, II, 2.4 e n.53.
119 Cf. Ret. I, 1, 1355ᵃ29 seg. A retórica, "faculdade de considerar o que pode em cada caso ser persuasivo" (ibidem, 2, com. 1355ᵇ25-6), é a contraparte da dialética (cf. ibidem l. com., 1354ᵃl), é uma ramificação da dialética (cf. ibidem, 2, 1356ᵃ25-6), uma parte da dialética, que lhe é semelhante (cf. ibidem, l. 30-1). Cf., por outro lado, em Ref. Sof. 2, 165ᵇ3-4, a definição dos raciocínios dialéticos como argumentos "silogísticos de contradição, a partir de premissas aceitas".

2.2 Características gerais da arte dialética

Essa arte dialética, à qual compete tão elevada missão, qual seja a de conduzir-nos à apreensão das verdades primeiras das ciências, concebe-a o filósofo fundamentalmente como uma arte de argumentar criticamente, de examinar, pôr à prova, isto é, como uma *peirástica* (πειραστική).[120] Porque todas as disciplinas e ciências utilizam elementos "comuns" (κοινά), ao lado das proposições que lhes são próprias,[121] através dos quais todas as ciências umas com as outras se comunicam,[122] porque é da natureza desses "comuns" serem tais que nada impede acompanhar-se o seu conhecimento da ausência de conhecimentos particulares e específicos (ainda que, desconhecidos os "comuns", nenhum conhecimento particular seja possível),[123] todos podem deles servir-se para examinar, criticar e refutar, mesmo na falta de conhecimentos precisos e específicos, quantos exibem a pretensão de possuir saber em tal ou qual domínio particular;[124] em verdade, até certo ponto, todos os homens examinam e sustentam teses, defendem e acusam.[125] Ocorre apenas que, "da maior parte, uns o fazem ao acaso, os outros graças a um costume que provém de uma disposição ou 'hábito'";[126] ora, é evidente que se podem fazer essas mesmas coisas metodicamente por meio de uma técnica, que as considera sob o prisma da causalidade:[127] "de fato, [subent.: todos] participam, de um modo não técnico (ἀτέχνως), dessa prática de que a dialética se ocupa tecnicamente (ἐντέχνως) e aquele que critica por

---

120 Cf. *Ref. Sof.* 8, 169ᵇ25; 11, 171ᵇ4-6; 172ᵃ21 seg.; 34, 183ᵃ39-b1; acima, IV, 3.2 e n.122 a 124. Embora Aristóteles diga a "peirástica" uma *parte* da dialética, mostra-nos suficientemente que concebe a crítica como a *função* fundamental daquela arte. Como diz De Pater, a crítica "ne fonde pas une branche à part de la dialectique: elle s'identifie avec la dialectique au sens spécifique" (*Les* Topiques *d'Aristote et la dialectique platonicienne*, 1965, p.87-88, n.114, *ad finem*).
121 Cf. *Ref. Sof.* 11, 172ᵃ29-30; acima, IV, 3.2 e n.119.
122 Cf. *Seg. Anal.* I, 11, 77ᵃ26-7; acima, IV, 3.2 e n.145.
123 Cf. *Ref. Sof.* 11,172ᵃ23-7; acima, IV, 3.2 e n.120.
124 Cf. ibidem, l. 30-4. Cf., também, no entanto, acima, III, 4.5 e n.280 a 283.
125 Cf. *Ret.* I, 1, com., 1354ᵃ4-6.
126 Ibidem, l. 6-7.
127 Cf. ibidem, l. 8-11.

meio da técnica silogística é dialético",[128] aquele que formula proposições e objeções.[129] Comunicando-se, destarte, com todos os ramos do saber,[130] precisamente porque não se ocupa, tal como a retórica, de nenhum gênero delimitado,[131] exercendo sua competência sobre todo silogismo,[132] constituindo uma verdadeira indagação metódica sobre as proposições em geral[133] e sendo, nessa medida, capaz de compreender as artimanhas das refutações sofísticas e o modo de produção dos raciocínios reais ou aparentes, sofísticos, dialéticos ou críticos,[134] tem a dialética (como indubitavelmente a tem também a mesma sofística) a mesma universalidade que a filosofia ou ciência do ser: se podem os dialéticos discutir sobre todas as coisas,[135] não é se não porque "é comum a todas as coisas o ser"[136] e porque os "comuns" de que o dialético se serve são propriedades do ser enquanto ser, cujo estudo compete ao filósofo, constituindo precisamente os objetos apropriados (οἰκεῖα) à filosofia.[137] Diremos, então, que a dialética, ocupando o mesmo domínio universal e comum que é o da filosofia primeira, é *prova e exame* no que respeita àquelas mesmas coisas que a filosofia *conhece* e que a sofística, sabedoria meramente aparente,[138] tão somente *aparenta conhecer*, mas de fato desconhece.[139] A dialética integra, assim, essencialmente, aquela cultura geral de que nos fala o

---

128 Ref. Sof. 11, 172ª34-6; cf., também, 172ª39-b1.
129 Cf. Tóp.VIII, 14, 164ᵇ2-4: ἔστι ... διαλεκτικὸς ὁ προτατικὸς καὶ ἐνστατικὸς.
130 Cf. Seg. Anal. I, 11, 77ª29; acima, IV, 3.2 e n.146.
131 Cf. ibidem, l. 31-2; Ref. Sof. 11, 172ª11 seg.; Ret. I, 1, 1355ᵇ8-9; 2, com., 1355ᵇ25 seg.; acima, IV, 1.2 e n.25.
132 Cf. Ret. I, 1, 1355ª8-9.
133 Cf. Ret. Sof. 11, 172ᵇ7-8.
134 Cf. Ref. Sof. 9, 170ᵇ8-11; 11, 172ᵇ5-8; Ret. I, 1, 1355ᵇ16-21. E, como esses dois últimos textos implicam, o dialético tem a mesma δύναμις que o argumentador sofístico, dele diferindo pela intenção (προαίρεσις) que anima sua argumentação; é também pela intenção que anima sua vida que o filósofo se distingue do sofisma, cf. Met. Γ, 2, 1004ᵇ24-5.
135 Cf. Tóp.I, 1, com., 100ª18-20; acima, VI, 2.1 e n.105.
136 Cf. Met. Γ, 2, 1004ᵇ20: κοινὸν δ πᾶσιν τὸ ὄν ἐστιν.
137 Cf. ibidem, l. 15-22.
138 Cf. Ref. Sof. 1, 165ª21.
139 Cf. Met. Γ, 2, 1004ᵇ25-6: ἔστι δ ἡ διαλεκτικὴ πειραστικὴ περὶ ὧν ἡ φιλοσοφία γνωριστική, ἡ δ σοφιστικὴ φαινομένη, οὖσα δ᾽οὔ. E a filosofia distingue-se da dialética, portanto, pela natureza da faculdade envolvida (τῷ τρόπῳ τῆς δυνάμεως), cf. ibidem, l. 24.

princípio do *Tratado das Partes dos Animais*,[140] ao descrever-nos as duas atitudes que se encontram em face de toda especulação e pesquisa; uma é a ciência do objeto, a outra, precisamente, uma certa παιδεία: "Compete, com efeito, ao homem cultivado (πεπαιδευμένου), ser capaz de julgar, de modo pertinente, sobre a maneira correta ou incorreta por que se exprime aquele que fala".[141] Tal é, com efeito, o resultado da educação e formação cultural, o de permitir que um único homem se torne capaz de julgar (κριτικόν) de todas as coisas, em oposição à competência especializada do homem de ciência, que concerne tão somente a um determinado domínio.[142] Ora, todos esses caracteres, "universalidade, função crítica, caráter formal, abertura à totalidade",[143] vimo-los igualmente pertencentes à dialética aristotélica.[144]

2.3 Estrutura e conteúdo dos Tópicos

Quais sejam os recursos e meios da arte dialética e qual o modo por que ela efetivamente os utiliza para alcançar os objetivos que colima, eis o que constitui o conteúdo precípuo dos *Tópicos* de Aristóteles. O tratado possui uma estrutura bem definida nas suas linhas gerais e seu livro I serve-lhe de introdução, enquanto as *Refutações Sofísticas* constituem, por assim dizer, seu livro nono e último e algo como um apêndice. Principiando por definir o escopo do tratado e distinguir o silogismo dialético, do qual vai fundamentalmente ocupar-se, das outras

---

140 Cf. *Part. Anim.* I, 1, com., 639^{a}1-12.
141 Ibidem, l. 4-6.
142 Cf. ibidem, l. 6-10.
143 Cf. Aubenque, *Le problème de l'être...*, 1962, p.285. E, como diz justamente o autor: "On voit assez en quel sens cette conception de la culture constitue une réhabilitation de la sophistique et de la rhétorique contre les attaques platoniciennes. La fonction critique est radicalement distinguée par Aristote de la compétence; la science suprême des Platoniciens, dont Aristote a démontré, par ailleurs, l'impossibilité, se voit ici détrônée au profit d'une universalité seulement formelle; enfin le privilège synoptique est retiré au savant pour être restitué à l'homme qu'aucun savoir n'enferme dans un rapport particulier à l'être" (ibidem).
144 Já Le Blond (cf. *Aristote philosophe de la vie. Le livre premier du Traité sur les Parties des Animaux*, p.128, nota ad 639^{a}4) julgara natural aproximar a παιδεία, a que se refere esse tratado, da dialética, no que Aubenque o seguiu (cf. *Le problème de l'être...*, 1962, p.286).

formas de silogismo, o filósofo, após enumerar e explicar as utilidades da dialética[145] e afirmar o desejo de proceder de modo metódico, segundo o exemplo de outras artes já constituídas, para atingir o fim proposto,[146] passa (a) ao estudo, definição e classificação das proposições e problemas dialéticos[147] para, em seguida, tendo distinguido (b) as formas de raciocínio dialético,[148] empreender (c) o estudo dos "instrumentos" (ὄργανα) da argumentação dialética[149] – tais são, em resumo, o conteúdo e as divisões do livro I dos *Tópicos*.

(a) Distinguem-se, nele, assim, as proposições (προτάσεις, pontos de partida da argumentação, ἐκ ὧν οἱ λόγοι, para os quais se postula o assentimento do interlocutor) e os problemas (προβλήματα, proposições a serem provadas, objetos da indagação dialética, περὶ ὧν οἱ συλλογισμοί), explicando-se que toda proposição e todo problema – e toda proposição pode "problematizar-se" – concernem a uma definição (ὅρος) ou a um *próprio* (ἴδιον) ou a um gênero (γένος) ou a um acidente (συμβεβηκός) e que toda argumentação dialética diz portanto respeito à atribuição de um desses "predicáveis" a um sujeito.[150] Define-se, em seguida, cada um deles[151] e evidencia-se como as indagações sobre os três últimos "predicáveis" podem vir a integrar funcionalmente a indagação sobre a definição à qual se amoldam.[152] Estudam-se os vários sentidos do "mesmo" (ταὐτόν), mostrando-se como os diferentes "predicáveis" configuram outras tantas significações da identidade.[153] Justifica-se a classificação das proposições e problemas segundo os quatro "predicáveis", mostrando-se como é

---

145 Cf. *Tóp*.I, 1 e 2; VI, 2.1 e n.106.
146 Cf. *Tóp*.I, 3 (o capítulo inteiro).
147 Cf. *Tóp*.I, 4-11.
148 Cf. *Tóp*.I, 12.
149 Cf. *Tóp*.I, 13-8.
150 Cf. *Tóp*.I, 4.
151 Cf. *Tóp*.I, 5.
152 Cf. *Tóp*.I, 6, part. 102ᵇ27-35. No restante do capítulo (102ᵇ35-103ᵃ5), Aristóteles explica as razões para, apesar dessa redução possível de toda indagação à problemática da definição, não constituir-se um método único de investigação mas, ao contrário, seguirem-se linhas distintas de pesquisa para os diferentes "predicáveis".
153 Cf. *Tóp*.I, 7.

exaustiva.¹⁵⁴ Relembra-se a doutrina das categorias, para indicar que as quatro formas de atribuição apontadas se distribuem segundo as dez categorias, podendo significar qualquer uma delas.¹⁵⁵ Definem-se, finalmente, proposição dialética¹⁵⁶ e problema dialético.¹⁵⁷ Por outro lado (b), reconhecem-se duas formas de raciocínio dialético: a indução (ἐπαγωγή) e o silogismo, definindo-se e exemplificando-se a primeira, de que ainda não se falara.¹⁵⁸

Os seis últimos capítulos do livro I¹⁵⁹ são consagrados (c) a uma explanação geral sobre os "instrumentos" (ὄργανα) dialéticos,¹⁶⁰ "por meio dos quais disporemos dos silogismos em abundância".¹⁶¹ Dizendo-nos que os "instrumentos" são em número de quatro (aquisição de proposições, capacidade de distinguir as múltiplas significações de cada termo, descoberta das diferenças, exame do semelhante),¹⁶²

---

154 Cf. *Tóp*.I, 8.
155 Cf. *Tóp*.I, 9.
156 Cf. *Tóp*.I, 10. E não somente as proposições interrogativas *aceitas* (ἔνδοξαι) são entendidas como proposições dialéticas (cf. ibidem, 104ᵃ8-11; acima, n.118 deste capítulo), como também as que são semelhantes às *aceitas*, as que lhes são contrárias, se propostas na forma negativa, e, finalmente, quantas opiniões se conformam às técnicas e disciplinas constituídas, cf. *ibid*, l. 12-5. O resto do capítulo consagra-se a exemplificar e justificar essa extensão da noção de proposição dialética. Sobre o sentido dialético originário do próprio termo πρότασις, cf., acima, n.278 do cap.IV.
157 Cf. *Tóp*.I, 11. O problema é definido como "um objeto de pesquisa que contribui seja para escolher e evitar seja para a verdade e o conhecimento" (ibidem, com., 104ᵇ1-2), isto é, como uma questão de ordem prática ou teórica, ética ou "física".
158 Cf. *Tóp*.I, 12. Com efeito, definira-se o silogismo já no primeiro capítulo do tratado, cf. *Tóp*.I, 1, 100ᵃ25 seg.
159 Cf. *Tóp*.I, 13-8.
160 Sobre os diferentes usos aristotélicos do termo ὄργανον, que a tradição, seguindo os comentadores gregos, tomaria para designar o conjunto da obra "lógica" de Aristóteles, cf. Bonitz, *Index*, p.521ᵃ50 seg. Leiam-se, também, as considerações de De Pater (cf. *Les Topiques d'Aristote et la Dialectique Platonicienne*, 1965, p.129) sobre o uso platônico do termo; nessa obra, que constitui um grande passo para o estudo da estrutura e significação dos *Tópicos* (cf., acima, cap.I, n.159), consagra devidamente o autor grande importância ao estudo dos "instrumentos" dialéticos (cf. ibidem, p.127-39; 151-62), chamando a atenção para o pouco interesse que sempre despertou nos estudiosos e para a verdadeira causa desse fato: "La raison historique de l'oubli des instruments semble être en effet que leur sens méthodologique a échappé aux commentateurs des *Topiques*" (ibidem, p.151).
161 *Tóp*.I, 13, 105ᵃ21-2: δι'ὧν εὐπορήσομεν τῶν συλλογισμῶν.
162 Cf. ibidem, l. 22-5.

mostra-nos o filósofo como todos eles – e não apenas o primeiro – conduzem, de modo semelhante à formulação de proposições.[163] Estuda, em seguida, o procedimento a seguir com cada um deles, tendo em vista os fins propostos: expõe-nos como encontrar e classificar, mediante uma busca metódica e ordenada, as proposições que se utilizarão na argumentação,[164] mostra-nos que linhas de argumentação utilizar para detectar a homonímia,[165] explica-nos onde e como proceder à busca das diferenças[166] e das semelhanças.[167] O último capítulo diz respeito, finalmente, à utilidade e função de cada um dos "instrumentos" na pesquisa dialética.[168] Assim, o exame das múltiplas significações dos termos introduz clareza na investigação e a garantia de que o raciocínio se construirá "conforme ao próprio objeto e não segundo o nome",[169] isto é, ele visa clarificar a linguagem e convertê-la em instrumento adequado da pesquisa, corrigindo-lhe a ambiguidade natural;[170] mas será também um antídoto contra os paralogismos que a posição adversária eventualmente nos oponha.[171] Assegurado nosso domínio sobre a δύναμις dos nomes,[172] cumpre, também, investigar diferenças e semelhanças entre as coisas: a busca das diferenças é útil,[173] sobretudo, para a construção de silogismos

---

163 Cf. ibidem, l. 25 seg.
164 Cf. *Tóp*.I, 14. O filósofo recomenda, inclusive, que se recorra a coleções de proposições registradas por escrito, tiradas da opinião comum ou das obras filosóficas, cf. ibidem, 105ᵇ12-3.
165 Cf. *Tóp*.I, 15.
166 Cf. *Tóp*.I, 16.
167 Cf. *Tóp*.I, 17.
168 Cf. *Tóp*.I, 18.
169 *Tóp*.I, 18, 108ᵃ21: καθ'αὑτὸ τὸ πρᾶγμα καὶ μὴ πρὸς τὸ ὄνομα. Cf, também, *Ref. Sof.* 11, 171ᵇ6-7: "Pois o que considera os 'comuns' segundo o objeto (κατὰ τὸ πρᾶγμα) é dialético, o que o faz em aparência é sofístico".
170 Sobre as razões dessa equivocidade inata da linguagem, cf. *Ref. Sof.* 1, 165ᵃ6-13.
171 Cf. *Tóp*.I, 18, 108ᵃ26 seg. Poderia o tópico empregar-se, diz o filósofo, também para cometer paralogismos, prática de que se guardará, entretanto, o dialético, por não ser apropriada à sua arte (cf. ibidem, 33-5). E sabemos, com efeito, que não diferem a dialética e a sofística pela sua δύναμις, mas pela προαίρεσις, pela sua intenção (cf., acima, n.134 deste capítulo).
172 Cf. *Ref. Sof.* 1, 165ᵃ16.
173 Cf. *Tóp*.I, 18, 108ᵃ38 seg.

sobre "o mesmo e o outro" (capacita-nos, portanto, para a denúncia das falsas identidades) e para o conhecimento do que é cada coisa, ou seja: para a construção da definição ou discurso da essência de cada coisa, mediante o discernimento das diferenças apropriadas;[174] por sua vez, a busca das semelhanças[175] permitir-nos-á a formulação de raciocínios indutivos e de silogismos hipotéticos, assim como, de modo semelhante, a construção de definições, graças à descoberta do elemento genérico comum que integra o discurso do "o que é".[176]

Terminada a exposição dos "instrumentos", anunciam-nos as últimas linhas do capítulo: "Os instrumentos, então, por meio dos quais se produzem os silogismos são esses; os lugares (τόποι) para os quais são úteis as coisas mencionadas são os que seguem".[177] E, de fato, os livros seguintes dos *Tópicos* constituem um inventário extenso, ainda que não exaustivo, e razoavelmente ordenado[178] dos tópicos ou "lugares" apropriados a uma investigação crítica sobre a atribuição dos diferentes "predicáveis": *acidente* (livros II e III), *gênero* (livro IV), *próprio* (livro V), *definição* (livros VI e VII). Não nos explicam os *Tópicos* o que se deve entender por "lugar",[179] mas a consideração atenta dos exemplos inumeráveis[180] que o tratado fornece permite-nos compreen-

---

174 Cf. ibidem, ᵇ4-6. Constrói-se, com efeito, a definição, indicando-se o gênero e as diferenças, cf. 8, 103 15-6; VI, 4, 141ᵇ25-7; VII, 3, 153ᵇ15-8; *Met.* Z, 12, 1037ᵇ29-30 etc.
175 Cf. *Tóp.*I, 18, 108ᵇ7 seg.
176 Cf. ibidem, l. 19 seg.
177 Ibidem, l. 32-3. τὰ λεχθέντα ("as coisas mencionadas", a l. 33), designa evidentemente os instrumentos, de que se acabou de falar. Como mostrou De Pater, estudando como se efetua a pesquisa pelos "lugares" e pelos "instrumentos" (cf. *Les Topiques d'Aristote...*, 1965, p.129-39), estes últimos "sont des facultés ou des actions de recherche pour trouver ou pour multiplier les données" (ibidem, p.148).
178 Como diz De Pater: "Les Topiques ne présentent pas un amas de lieux, mais une méthode dynamique, élaborée à titre d'exemple" (*Les Topiques d'Aristote...*, 1965, p.230). Nessa obra encontramos (cf. p.170-228) um bom estudo sistemático e geral dos "lugares" da dialética aristotélica.
179 Somente na *Retórica* (cf. II, 26, 1403ᵃ16), encontramos uma como definição, bem insatisfatória aliás, do "lugar" ou tópico retórico: "aquilo sobre que incidem muitos entimemes". Como sabemos, Aristóteles tem a retórica por uma ramificação da dialética, cf., acima, n.119 deste capítulo.
180 Tricot (cf. nota *ad Met.* A, 6, 987ᵇ32) contou 337: 103 para o acidente, 81 para o gênero, 69 para o próprio e 84 para as definições.

der que se trata de *regras* para a pesquisa dos "predicáveis" extraídas da *aceitação* de certas "leis" ou *fórmulas* de caráter geral, que a dialética utilizará como premissas maiores de seus silogismos (as menores, vai descobri-las, precisamente, graças àquelas regras que a assunção das maiores autoriza).[181] Tais fórmulas gerais, assumidas como ἔνδο-ξα[182] – como o serão, também, as premissas menores que se tiverem encontrado – parecem concretizar aqueles κοινά ou "comuns" de que nos falam as *Refutações Sofísticas*[183] e cujo estudo científico compete à filosofia primeira, já que seu conhecimento sabemos concernir àquele domínio universal sobre que se exerce também a dialética,[184] mas como *peirástica*. E é esse mesmo caráter de arte de exame e prova, pelo qual a dialética se distingue,[185] que nos explica por que a maio-

---

[181] E, simplificando-se, dir-se-ão também "lugares" as mesmas "leis" ou fórmulas. A título de esclarecimento, tomemos aos *Tópicos* (cf. *Tóp*.IV, 6, 127ᵇ5-7) um exemplo simples de "lugar": *"Examinar, também, se não é sinônimo o gênero da espécie; com efeito, o gênero atribui-se a todas as espécies em sinonímia"*. Trata-se, como se vê, de um tópico para o exame e eventual refutação da atribuição, como gênero, de um predicado dado G a uma espécie dada E, que se nos apresenta como uma *regra* ("examinar... se...") autorizada por uma proposição *aceita* de caráter geral e "legal" ("o gênero atribui-se..."). Dispondo dessa "lei", que nos diz serem os gêneros sinônimos de todas as suas espécies, por ela orientados, pesquisaremos no sentido de estabelecer a existência, ou não, de uma sinonímia entre G e E; se descobrirmos, então, por exemplo, que não há uma tal sinonímia, formularemos esse resultado como a premissa menor de um silogismo dialético cuja maior será aquela mesma "lei": "Todo gênero atribui-se à sua espécie em sinonímia. G não se atribui à sua (pretensa) espécie (E) em sinonímia. G não é gênero de sua (pretensa) espécie (E)". E refutamos, desse modo, a tese em exame. A análise do exemplo dado permite-nos, por outro lado, verificar como se pode construir o silogismo dialético segundo os esquemas descritos nos *Primeiros Analíticos*, contrariamente ao que pretende De Pater (cf. *Les Topiques d'Aristote...*, 1965, p.144 e n.345), quando dá razão à interpretação de Solmsen, segundo a qual *"Von bestimmten Gesetzen des Schlusses weiss ueberhaupt die Topik nichts"* (Die Entwicklung der aristotelischen Logik und Rhetorik, Berlin, Weidmann, 1929, p.49, *apud* De Pater, loc. cit.); cf., acima, também, n.159 do capítulo I.
[182] Como sabemos ser o caráter de todas as proposições dialéticas, cf. *Tóp*.I, 1, 100ᵃ20; 29-30; 10, 104ᵃ8 seg. etc.; acima, VI, 2.2 e n.110.
[183] Cf. *Ref. Sof.* 11, 172ᵃ29 seg.; acima, VI,2.2 e n.121.
[184] Cf. *Met.* Γ, 2, 1004ᵇ17-26; acima, VI, 2.2 e n.128 seg. Os *Tópicos* encerram, assim, a "lógica da filosofia". Faz-nos, ainda, falta um estudo que mostre, no detalhe, como os diferentes tópicos encontram sua fundamentação última – de que se prescinde, por certo, na prática da argumentação – na ciência do ser enquanto ser. Advirta-se, por outro lado, que os *Tópicos* também contêm um certo número de tópicos "próprios", isto é, regras e fórmulas probatórias de caráter mais especializado, dotadas de conteúdo preciso, em oposição ao caráter "ontoformal" dos tópicos "comuns": tais são os tópicos do *preferível* em *Tóp*.III, 1-4.
[185] Cf., acima, VI, 2.2 e n.120.

ria dos tópicos expostos no tratado a que dão nome são "destrutivos" (ἀνασκευαστικοί) e não, "construtivos" (κατασκευαστικοί),[186] isto é, servem para refutar as atribuições incorretas dos "predicáveis", ainda que não sejam poucos os que servem, também, para estabelecê-las.

Formulados os tópicos,[187] o livro VIII do tratado mostra-nos como ordenar a argumentação e efetuar a interrogação dialética;[188] indica-nos, também, como responder e como criticar uma argumentação oposta, quando nos cabe a função de interrogado.[189] As *Refutações Sofísticas* podem, por seu lado, considerar-se como o livro nono e último dos *Tópicos*, estudando como se produzem e como se podem resolver as refutações e demais argumentos falaciosos que empregam sofistas e quantos de algum modo se lhes podem assemelhar. É o próprio Aristóteles, com efeito, quem nos autoriza a assim incorporá-las ao seu tratado sobre os "lugares" da argumentação; com efeito, o último capítulo das *Refutações*, após resumir o seu conteúdo,[190] refere-se ao propósito inicial, expresso nas primeiras linhas dos *Tópicos*[191] (o de encontrar uma faculdade de raciocinar sobre todo problema proposto, a partir das proposições mais aceitas possíveis pela opinião), para mostrar, em seguida, procedendo à recapitulação de todo o itinerário seguido – trata-se, com efeito, de um resumo sucinto, mas fiel, dos diversos temas abordados nos *Tópicos*, aos quais se acrescenta a indicação do estudo dos paralogismos (efetuado pelas *Refutações*)[192] –, que o progra-

---

[186] Sobre o sentido geral desses termos (que o filósofo repete com grande frequência ao longo de todo o tratado, assim como os verbos correspondentes ἀνασκευάζειν (e ἀναιρεῖν) e κατασκευάζειν, cf. *Tóp*.II, 1, com., 108ᵇ34 seg., onde Aristóteles nos explica, também, a razão da predominância dos argumentos "destrutivos".

[187] Leiam-se as linhas finais de *Tóp*.VII (5, 155ᵃ37-8): "Os tópicos, então, graças aos quais poderemos facilmente argumentar (ἐπιχειρεῖν) sobre cada um dos problemas, foram, por assim dizer, suficientemente enumerados". O verbo ἐπιχειρεῖν (literalmente: "pôr a mão em") tem o significado dialético de "argumentar contra uma tese", donde, simplesmente, "argumentar"; vejam-se exemplos em *Tóp*.II, 11, 115ᵃ26; V, 5, 136ᵃ6; VI, 14, 151ᵇ3 etc. Em *Tóp*.VIII, 11, 162ᵃ16, o silogismo dialético é dito um *epiqueirema* (ἐπιχείρημα); cf., também, II, 4, 111ᵇ12; VI, 14, 151ᵇ23 etc.

[188] Cf. *Tóp*.VIII, 1-3.
[189] Cf. ibidem, 4 seg.
[190] Cf. *Ref. Sof.* 34, com., 183ᵃ27-34.
[191] Cf. *Ref. Sof.* 34, 183ᵃ34 seg.
[192] Cf. ibidem, ᵇ8-15.

ma proposto foi suficientemente cumprido.[193] E o filósofo manifesta a sua consciência de ter inovado, dando início a uma sistematização da arte de raciocinar que ninguém antes dele empreendera.[194]

É legítimo lamentar que Aristóteles não tenha levado essa sistematização ainda mais longe, sobretudo nos livros centrais do tratado que expõem os diferentes tópicos numa infindável enumeração, por vezes fastidiosa. Mas quanto expusemos da ordem interna dos *Tópicos* é suficiente para mostrar como eles constituem uma obra organicamente articulada e possuidora de uma estrutura razoavelmente construída e perfeitamente definível. Por isso mesmo, não pode valer, como argumento contra a unidade da obra a possibilidade, talvez real, de terem sido escritos posteriormente àqueles onde se enumeram os tópicos os livros I e VIII e as *Refutações Sofísticas*.[195] E seria errôneo, por certo, querer daí inferir uma qualquer ambiguidade doutrinária.[196] Com efeito, seria muito estranho que se dispusesse Aristóteles a redigir tardiamente, já inspirado por novas concepções, para um trabalho antigo e portanto superado, uma introdução (o livro I), uma complementação (o livro VIII) e um apêndice (as *Refutações*), em cujo final, recapitulando o conjunto da obra, se congratulasse de ter cumprido um programa e criado uma nova disciplina. Se se pudesse comprovar efetivamente o caráter tardio da composição de certas partes dos *Tópicos*, já nisso se teria ponderável argumento a confirmar a importância doutrinária desse tratado no conjunto da obra aristotélica e no plano geral de seu sistema. De qualquer modo, se permanecemos no plano

---

193 Cf. ibidem, l. 15-16: ὅτι μ ν οὖν ἔχει τέλος ἱκανῶς ἃ προειλόμεθα, φανερόν.
194 Cf. ibidem, l. 16 seg., part. 184^{b}1-3.
195 Cf. Le Blond, *Logique et méthode...*, 1939, p.22, n.2; L. Bourgey, *Observation et expérience chez Aristote*, p.28, n.3. Lembre-se, por outro lado, que, de um modo geral, é aceito terem sido redigidos os *Tópicos* anteriormente à maioria das obras do *Corpus*.
196 Como pretenderam Maier, Le Blond e Aubenque, por exemplo (cf., acima, n.159 do capítulo I), a partir do fato de não encontrar-se o termo συλλογισμός nos livros II-VII dos *Tópicos* (onde se expõem e desenvolvem, precisamente, os "lugares"), enquanto aparece nos outros (I, VIII e *Refutações*). Isso parece, então, demonstrar, diz Le Blond (cf. *Logique et méthode...*, 1939, p.30), que o silogismo não constitui um procedimento característico do método dialético, devendo-se seu aparecimento nos livros mencionados à sua redação tardia.

da análise interna dos *Tópicos*, tudo faz-nos crer que Aristóteles leva a sério a doutrina da dialética que neles explicita e que a concebe como instrumento metodológico necessário e suficiente para levar a cabo a missão precípua que, desde o começo, lhe confere, qual seja a de conduzir-nos ao conhecimento dos princípios das ciências.[197]

2.4 Os Tópicos e a metodologia da definição

Ora, se relembramos que são princípios das ciências tanto as *definições* que se assumem, conjugadas com hipóteses, nas teses iniciais por que as cadeias demonstrativas principiam quanto todas aquelas proposições imediatas cuja contínua introdução é exigida para o desenvolvimento da demonstração;[198] se recordamos, também, que estas últimas proposições, porque premissas necessárias que exprimem atributos *por si*,[199] por isso mesmo atribuem *próprios* a seus respectivos sujeitos[200] e que todos os princípios, portanto, exprimem *próprios* ou *definições*, torna-se-nos manifesto que a argumentação dialética codificada nos *Tópicos*, toda ela voltada para a problemática da atribuição dos "predicáveis",[201] concerne fundamentalmente à pesquisa dos princípios científicos. E todo o tratado organiza-se em função de uma pesquisa da definição, de modo a poder-se dizer que é "o fim principal da dialética ... o conhecimento da essência e de sua fórmula, a definição".[202] Vimos, aliás, que, desde o início do tratado, após mostrar que toda argumentação dialética concerne a um dos quatro "predicáveis", Aristóteles, definindo e exemplificando cada um deles, explicava-nos como tanto a pesquisa do acidente como a do gênero e a do próprio podiam considerar-se como

---

197 Como acima vimos, cf. VI, 2.1 e n.107 a 108.
198 Cf., acima, VI, 1.1.
199 Cf., acima, III, 5.1 a III, 5.3.
200 Cf., acima, III, 1.2. E sabemos, aliás, que os *próprios* se subdividem em *próprios* em sentido estrito e definições, cf., acima, cap.II, n.239, e cap.V, n.120.
201 Cf., acima, VI, 2.3 e n.150.
202 De Pater, *Les Topiques d'Aristote*..., 1965, p.90; cf., também, ibidem, p.2. Por isso mesmo, estuda e sistematiza o autor os "lugares", expostos nos *Tópicos*, num capítulo a que dá o título de: "Les procédés définitionnels", cf. ibidem, p.151 seg.

momentos da pesquisa sobre a definição;[203] por outro lado, o terceiro e o quarto "instrumentos" revelaram-se-nos, de modo explícito, como diretamente úteis para a construção do discurso da essência de cada coisa.[204] E, principiando sua exposição dos tópicos do gênero, apresenta-os o filósofo, juntamente com os do *próprio*, como "elementos dos que concernem à definição".[205] Finalmente, iniciando seu estudo sobre os tópicos da definição,[206] diz-nos que tem cinco partes o tratado sobre as definições, a primeira respeitando à validade da atribuição de um predicado a um sujeito nomeado; a segunda, à inclusão do sujeito em seu gênero apropriado; a terceira, ao caráter *próprio* do predicado, relativamente ao sujeito; a quarta, à definição propriamente dita; a quinta, à formulação correta da definição. Ora, acrescenta o filósofo, as três primeiras partes aí enunciadas dizem respeito, respectivamente, aos tópicos do acidente, do gênero e do *próprio*, restando-lhe apenas tratar das duas restantes. É o próprio autor dos *Tópicos*, assim, que nos indica ter concebido sua obra sobre a argumentação dialética como um tratado sobre a metodologia da definição.[207]

2.5 A dialética e a "visão" dos princípios

É chegado, então, o momento de voltarmos ao texto dos *Tópicos* que nos fala das diferentes utilidades do método dialético.[208] Vimos como o filósofo atribui à dialética, de modo eminente, a competência para a aquisição dos princípios das ciências, malgrado a precariedade reconhecida de seu ponto de partida – a simples δόξα – e apesar da

---

203 Cf. *Tóp*.I, 6; acima, VI, 2.3 e n.152.
204 Cf., acima, VI,2.3 e n.173 a 176.
205 Cf. *Tóp*.IV, 1, com., 120ᵇ12-3.
206 Cf. *Tóp*.VI, 1, com., 139ᵃ24 seg.
207 Embora, por certo, como diz com razão De Pater, os *Tópicos* não formulem toda a metodologia da definição e se deva, para reconstruí-la, recorrer, também, aos livros Z e H da *Metafísica*, aos *Segundos Analíticos*, ao *Da Alma* e ao livro I das *Partes dos Animais*, cf. *Les Topiques d'Aristote...*, 1965, p.233. E o mesmo autor mostra (cf. ibidem, p.79-80, n.76) como a doutrina da definição exposta no livro Z da *Metafísica* não difere da que encontramos nos *Tópicos*, apesar do que, à primeira vista e a propósito de alguns pontos particulares, pareceria constituir uma divergência relevante.
208 Cf. *Tóp*.I, 2; acima, VI, 2.1 e n.107.

anterioridade absoluta por que se caracterizam as proposições primeiras e imediatas a cuja apreensão deve conduzir-nos.[209] Diz-nos que a dialética é útil para as ciências "filosóficas" porque, "sendo capazes de percorrer as aporias (διαπορῆσαι) em ambos os sentidos, perceberemos mais facilmente, em cada caso, o verdadeiro e o falso".[210] O que equivale, portanto, a afirmar que o surgimento da verdade, no que respeita aos princípios, deve surgir da prática de um método *diaporemático*, através do qual, servindo-se de seus "instrumentos" e "lugares", a dialética raciocina contraditoriamente, provando o "sim" e o "não", opondo tese a tese, argumento a argumento,[211] buscando "demonstrar", "no que concerne a toda tese, tanto que as coisas são assim como que não são assim",[212] transformando em problemas proposições *aceitas* em que se apoia,[213] utilizando na sua argumentação crítica, que prova e examina, também as mesmas opiniões professadas pelos sábios e filósofos[214] e aquelas que se conformam aos resultados das disciplinas e artes descobertas.[215] Os raciocínios dialéticos podem definir-se como argumentos "silogísticos de contradição, a partir de premissas aceitas",[216] cuja eficácia instrumental para o conhecimento e para a filosofia não se dissocia daquela capacidade, que proporcionam, de uma visão sinóptica das consequências que resultam de hipóteses contraditórias;[217] após um tal exame, somente "resta, com efeito, escolher corretamente uma delas".[218]

---

209 Cf., acima, VI, 2.1 e n.108 seg.
210 *Tóp.*I, 2, 101ª35-6; cf., acima, VI, 2.1 e n.107.
211 Cf., acima, VI, 2.1 e n.118 e 119.
212 *Tóp.*VIII, 14, 163ª36-7; cf., também, ibidem, ᵇ7-9.
213 Cf. *Tóp.*I, 4, 101ᵇ35-6; acima, VI, 2.3 e n.150.
214 Cf. *Tóp.*I, 14, 105ᵇ12 seg.
215 Cf. *Tóp.*I, 10, 104ª14-5; 33-7.
216 *Ref. Sof.* 2, 165ᵇ3-4. Em *Tóp.*VIII, 11, 162ª16-8, Aristóteles estabelece uma distinção entre o *epiqueirema*, silogismo dialético, e o *aporema*, silogismo de contradição. O *epiqueirema* é o raciocínio dialético que prova simplesmente uma tese, ou que refuta uma tese oposta (sobre a etimologia de ἐπιχείρημα, v., acima, n.187 deste capítulo); o *aporema* é o raciocínio dialético contraditório, levando a uma aporia, na medida em que prova uma conclusão que contradiz quer uma premissa *aceita* quer uma proposição que resulta de um outro argumento dialético.
217 Cf. *Tóp.*VIII, 14, 163ᵇ9-12.
218 Ibidem, l. 11-2.

Como resultado de um tal procedimento, teremos, promete-nos o filósofo, uma visão mais fácil da verdade que buscamos: "perceberemos (κατοψόμενα) mais facilmente, em cada caso, o verdadeiro e o falso". Se a dialética, então, não demonstra coisa alguma;[219] se não é possível ao conhecimento científico construir-se sobre os "comuns" que a dialética utiliza e se é certo que se tornaria sofística qualquer pretensão à cientificidade, por parte de uma argumentação dialética;[220] se não lhe cabe, pois, fundamentar os princípios de que parte o conhecimento científico e, assim, legitimá-lo, porque nenhuma ciência ou disciplina recebeu em herança, no aristotelismo, as funções da dialética platônica,[221] não nos fica menos evidente, porém, como pode contribuir a dialética para a aquisição dos princípios da ciência: é que ela é uma propedêutica à ciência, um método preliminar de argumentação, contraditório e crítico, que laboriosamente "prepara o terreno" para uma *visão* posterior cujo advento ele terá tornado possível. O conhecimento dos princípios *emerge* da argumentação dialética sem ser *engendrado* por ela, os princípios conhecem-se *graças a ela*, ainda que não *por ela*, e sua mesma indemonstrabilidade é, destarte, plenamente compatível com a utilização de um método que os busca – ou busca estabelecer as condições para que se dê a sua apreensão –, partindo, não de verdades indubitáveis, mas de premissas *aceitas* pela opinião dos homens. Considerando os "comuns" segundo o objeto da pesquisa,[222] "cercando-o" aos poucos, apropriando cada vez mais sua argumentação à natureza, que se vai descobrindo, do princípio buscado, escolhendo cada vez *melhor* suas premissas e substituindo progressivamente tópicos "próprios" ou "ideias" (εἴδη) aos tópicos "comuns", vai o dialético, insensivelmente,

---

219 Cf. *Ref. Sof.* 11, 172ª12-3: o dialético não é δεικτικὸς οὐδενός; 17-20: a dialética é interrogativa mas, se demonstrasse, como poderia interrogar?
220 Cf., acima, IV, 4.4. Lembremos, nesse sentido, que, se é próprio à dialética raciocinar λογικῶς, tal procedimento, diz-se com razão, sofístico, quando, ao invés de tomar-se como momento da pesquisa, propõe-se como instrumento de saber efetivo e científico, cf., acima, cap.III, n.141.
221 Cf., acima, IV, 4.3.
222 Cf. *Ref. Sof.* 11, 171ᵇ6-7; acima, n.169 deste capítulo.

produzindo uma ciência outra que não a dialética: uma vez encontrados os princípios, não mais se move na dialética, mas tem instaurada a ciência cujos princípios agora possui.[223]

Tal é a solução que os *Tópicos* – e conjuntamente com eles, a *Retórica* – fornecem ao problema, que nos preocupa, da aquisição dos princípios da ciência. Perfeita e acabada em si mesma, lógica e coerente, ela respeita, como vimos, as características que os *Analíticos* atribuem à natureza dos princípios científicos. Todo nosso problema reside, então, agora, em decidir da compatibilidade ou eventual incompatibilidade dessa doutrina dialética do conhecimento dos princípios, naquele tratado explicitada, com quantas informações nos prestam, sobre a mesma questão, as outras obras do filósofo. E tratar-se-á sobretudo, de descobrir, finalmente, se a leitura dos *Tópicos* lança, ou não, alguma luz sobre o difícil e célebre último capítulo dos *Analíticos* cujo exame nos brindou com tantas aporias:[224] como conciliar, com efeito, inteligência dos princípios, indução e dialética? Deveremos apontar para uma multiplicidade de soluções divergentes e conflitantes, a testemunhar da indecisão do filósofo e da magnitude do problema? Ou terá o filósofo abandonado uma primeira fase de seu pensamento – todos ou quase todos acordam em considerar os *Tópicos* uma obra da primeira fase –, superando-a e evoluindo para uma diferente concepção filosófica, sob cuja inspiração teria reelaborado toda a sua doutrina do processo de aquisição dos princípios científicos? Em verdade, se nos é lícito desde já antecipar nossos resultados, encontraremos que os diferentes textos exprimem, sob diferentes prismas, a unidade coerente de uma só doutrina em que

---

223 É como interpretamos a importante passagem de *Ret.* I, 2, 1358ª17-26, onde Aristóteles expõe como, de modo semelhante para o dialético e para o retórico, o uso dos tópicos "próprios" leva finalmente a argumentação a adentrar-se no domínio de uma ciência particular e a "encontrar" seus princípios. O termo "ideias" (εἴδη), para designar os tópicos "próprios", é introduzido algumas linhas adiante, cf. ibidem, l. 30-1. Sobre a distinção entre tópico "comum" e tópico "próprio", nos *Tópicos* e na *Retórica*, leia-se o bom estudo de De Pater em *Les Topiques d'Aristote...*, 1965, p.117-27; é a esse autor, aliás, que tomamos (cf. ibidem, p.124) a tradução de ε δος, na passagem há pouco citada, por "ideia", em lugar da tradução mais frequente "espécie".
224 Cf., acima, VI, 1.4 e VI, 1.5.

a tópica e a analítica vêm encontrar seus devidos lugares. Mostrar como isso se dá, eis a tarefa final que, neste momento, nos propomos.

3 A solução

3.1 O método dialético nos tratados

Uma das constatações mais imediatas, por parte de quem conhece a doutrina aristotélica da ciência, tal como a expõem os *Segundos Analíticos*, é a de que não se constroem, aparentemente ao menos, em conformidade com ela, os grandes tratados de Aristóteles; com efeito, ao contrário do que poderíamos esperar, não é sob a forma de rígidas cadeias de silogismos demonstrativos, deduzindo rigorosamente suas conclusões a partir de princípios assumidos no ponto de partida como verdades indubitáveis e por si mesmas conhecíveis, que se apresentam ao leitor as mais importantes obras em que o filósofo desenvolve sua doutrina: a *Física*, os *Tratados Do Céu, Da Geração e Perecimento* e *Da Alma*, a *Metafísica*, a *Ética Nicomaqueia* etc. Mas já sabemos que tal fato em nada representa uma contradição ou ambiguidade qualquer da doutrina, nem uma oposição, que se poderia pretender natural, entre a teoria ideal da ciência e sua prática efetiva: trata-se, simplesmente, como desde há muito vimos,[225] da distinção, estabelecida e proclamada pelo filósofo, entre ciência e pesquisa, entre o saber alcançado e definitivamente estabelecido e o saber em constituição. Ora, em todos aqueles tratados, não se contenta o filósofo com expor os resultados obtidos pelo conhecimento científico, nos diferentes ramos do saber, mostrando como decorrem silogisticamente das premissas indemonstráveis, anteriores e mais conhecidas que garantem sua mesma cientificidade e sua adequação à ordem externa por que as coisas se articulam. Ao contrário, o que Aristóteles sempre – ou quase sempre – nos expõe são os meandros de sua investigação em marcha, o lento tatear do trabalho preliminar de pesquisa que antecede à aquisição de cada uma

---

[225] Cf., acima, II, 4.7 e n.190 seg.

daquelas premissas e que, por isso mesmo, prepara a emergência das condições de possibilidade do silogismo demonstrativo. E o conhecimento dos *Tópicos* e da concepção aristotélica da dialética permitem-nos compreender que são os procedimentos dialéticos de pesquisa que Aristóteles, assim, põe em prática na exposição e resolução dos problemas específicos que aborda nas suas obras científicas, onde a argumentação se desenvolve conforme a quanto se expõe naquele tratado e onde, não apenas facilmente se identificam, praticamente aplicados às questões em exame, os diferentes "lugares" ou tópicos[226] mas, também, pode constantemente surpreender-se a utilização do raciocínio *diaporemático* que vimos constituir, por excelência, o método de que se serve a dialética como propedêutica ao conhecimento e aquisição dos princípios científicos.[227]

Todo um livro, aliás, da *Metafísica*, o livro B, é exclusivamente *diaporemático*, procedendo, em seus vários capítulos, a um levantamento geral das aporias e problemas a que a investigação sobre o ser deverá trazer resposta, expondo-nos os argumentos que militam a favor de e contra as soluções opostas e conflitantes; a ele refere-se o filósofo com a expressão ἐν τοῖς διαπορήμασι ("*nos* diaporemas").[228] As primeiras linhas desse livro são dedicadas a considerações gerais sobre a utilidade do método *diaporemático*.[229] Começam por falar-nos da necessidade de discorrer primeiramente, em face da investigação que se empreende, sobre as dificuldades que se devem em primeiro

---

226 Como diz De Pater (cf. *Les Topiques d'Aristote...*, 1965, p.79-80): "Ceux qui considèrent les Topiques comme une étape juvénile d'Aristote, ne mentionnent pas les nombreuses applications de ce livre dans la *Métaphysique*. Solmsen a signalé l'emploi des méthodes topiques dans la *Physique* et dans l'*Éthique*. On peut étendre cela à pesque tous les autres écrits". Em verdade, falta ainda um estudo da metodologia aristotélica da pesquisa que mostre, em detalhe, como se processa efetivamente, nos diferentes tratados, o desenvolvimento da argumentação tópica.
227 Cf., acima, VI, 2.5 e n.210 seg. E de tal modo se confirma a doutrina dos *Tópicos* nos tratados aristotélicos que se pode dizer, com C. Thurot (cf. *Études sur Aristote*, Paris, Durand, p.133, apud Le Blond, *Logique et méthode...*, 1939, p.45): "A peu près partout les principes sont établis dialectiquement".
228 Cf. *Met*. I, 2, 1053^{b}10; M, 2, 1076^{a}39-^{b}1; 10, 1086^{b}15-6.
229 Cf. *Met*. B, 1, com., 995^{a}24-^{b}4. Sobre a significação e o emprego do método "diaporemático" em Aristóteles, consulte-se, de Aubenque, "Sur la notion aristotélicienne d'aporie", in *Aristote et les problèmes de méthode*, 1961, p.3-19.

lugar discutir (περὶ ὧν ἀπορῆσαι δεῖ πρῶτον); o que implica, não apenas o inventário das opiniões que outros professaram sobre essas questões mas, também, a elaboração das questões que tenham sido por acaso omitidas. Impõe-se, assim, corretamente percorrer as aporias (διαπορῆσαι) se queremos, superando-as, livremente caminhar (εὐπορῆσαι); "com efeito, a 'euporia' subsequente é solução das aporias que se levantaram preliminarmente"[230] e é certo, por outro lado, que não se desatam ataduras que se desconhecem e que uma aporia no pensamento indica algo dessa mesma natureza do lado do objeto; enquanto aquele permanece na aporia, assemelha-se aos que estão atados porque, em ambos os casos, é impossível progredir – eis por que se exige o exame prévio de todas as dificuldades, tanto mais porque investigar sem percorrer as aporias (ἄνευ τοῦ διαπορῆσαι) é como não saber para onde se deve caminhar; nem mesmo se saberá se se encontrou, ou não, o que se procurava. E está, obviamente, em melhor situação para julgar quem ouviu todos os argumentos em conflito, como se fossem partes em juízo.[231] *A diaporia é, então, o caminho necessário que leva da aporia à euporia* porque, como nos diz a *Ética Nicomaqueia*, "com efeito, a solução da aporia é descoberta".[232]

Não é por outra razão que o exame dos grandes temas que abordam os tratados aristotélicos e a definição de seus objetos fundamentais são sempre precedidos pelo emprego do método dialético dos *diaporemas*.[233] Tivemos, aliás, a ocasião de ver que nem mesmo a doutrina aristotélica da ciência dispensa o uso de tal método: com efeito, o estudo das relações entre a demonstração e a definição, no livro II

---

230 *Met.* B, 1, 995ª28-9.
231 Cf. ibidem, ᵇ2-4.
232 *Ét. Nic.* VII, 3, 1146ᵇ7-8: ἡ γὰρ λύσις τῆς ἀπορίας εὕρεσίς ἐστιν.
233 Assim, para dar apenas alguns exemplos, os estudos, no livro III da *Física*, sobre o infinito (cap.4-7); no livro IV, sobre o lugar (cap.1-5), o vácuo (cap.6-9) e o tempo (cap.10-14) constroem as soluções de seus problemas (definições do lugar e do tempo, prova da inexistência do vácuo) mediante uma longa argumentação "diaporemática"; todo o livro I do tratado *Da Alma* é, por sua vez, uma extensa discussão crítica, segundo aquele mesmo método, das opiniões dos predecessores sobre a alma, preparando a definição aristotélica da mesma, que se propõe no início do livro II, cf. *Da Alma*, II, 1, 412ᵇ5-6.

dos *Segundos Analíticos*, desenvolve-se *diaporematicamente* e, portanto, *dialeticamente*, preparando laboriosamente a solução final.[234] E é, também como procedimento exigido por esse método e nele inserto que recorre sempre o filósofo à "história" do pensamento filosófico, fazendo comparecer ao debate dialético as opiniões dos predecessores, utilizadas como momentos de uma argumentação contraditória;[235] parte dessas opiniões conflitantes dever-se-á, após discussão e exame, demolir e abandonar, parte deverá ser conservada.[236] Considerando quanto se disse sobre cada objeto que investigamos pelos que, antes de nós, sobre ele se debruçaram, evitaremos, também, expor-nos às incorreções que cometeram, além de garantir-nos contra um tratamento inferior, de nossa parte, daqueles pontos em que porventura estejamos de acordo com eles.[237] Assim, antes de determinar, por exemplo, a natureza da alma, é necessário percorrer e tomar conosco as opiniões de quantos sobre ela se pronunciaram, a fim de poder assumir quanto de correto disseram e guardar-nos de incidir nos erros que cometeram.[238] Do mesmo modo, o livro I da *Metafísica* confirma a doutrina da causalidade exposta na *Física*, "historiando" o surgimento da noção

---

[234] Cf., acima, V, 2: "Aporias sobre a definição"; cf. também V, 3.5 e n.232 e 233. Como então mostramos, os capítulos 3-7 do livro II dos *Segundos Analíticos* constituem um aprofundamento "diaporemático" do problema das relações entre a definição e a demonstração, ao qual o cap.8 virá trazer a solução definitiva. E é o próprio Aristóteles quem explicitamente se serve da linguagem dialética; assim, propõe que se estude a possibilidade da redução da definição à demonstração, "percorrendo primeiro as aporias que respeitam a essas questões" (*Seg. Anal.* II, 3, 90ª37-8: διαπορήσαντες πρῶτον περὶ αὐτῶν; cf., acima, V, 1.7 e n.84; cf., também, *Seg. Anal.* II, 4, com., 91ª12 e, acima, V, 2.2 e n.116); terminada a exposição e estudo das aporias, fala-nos o filósofo da necessidade de retomar os resultados da análise feita, examinando-se "quais dessas coisas se dizem corretamente e quais, incorretamente" (*Seg. Anal.* II, 8, com., 93ª1-2; acima, V, 3.1 e n.164). Recordemos, por outro lado, que também não desdenha a teoria da ciência o emprego de argumentos meramente "lógicos", de caráter dialético, ao lado dos argumentos analíticos, cf., acima, III, 2.6 e n.136 seg.

[235] Sobre o significado dialético da "história" da filosofia em Aristóteles, leia-se o excelente artigo de Guéroult, subordinado ao título "Logique, argumentation et histoire de la philosophie chez Aristote", in *La Théorie de l'Argumentation*, p.431-49.

[236] Cf. *Ét. Nic.* VII, 3, 1146ᵇ6-7.

[237] Cf. *Met.* M, 1, 1076ª12-5.

[238] Cf. *Da Alma* I, 2, com., 403ᵇ20-4. Do mesmo modo procede o filósofo, como uma simples leitura imediatamente o mostra, na grande maioria de suas obras.

de causa para mostrar como as aporias em que se debateu, desde os seus inícios, a jovem filosofia grega encontram uma feliz solução na doutrina aristotélica dos quatro sentidos da causalidade.[239]

3.2 A dialética e os Analíticos

Por outro lado, podemos, agora, plenamente compreender, uma vez conhecido o caráter dialético da pesquisa que prepara o advento do saber científico, como, em verdade, toda a doutrina do silogismo demonstrativo, por nós estudado nos capítulos anteriores, ao mesmo tempo que nos descrevia e analisava o seu objeto próprio, também esclarecia de algum modo, por certo indireto e complementar, a mesma natureza do processo dialético. Com efeito, dialéticos afiguram-se-nos necessariamente, agora, os silogismos do "que", na medida em que, momentos de uma pesquisa que prepara a demonstração e a construção dos silogismos do porquê, caracterizam a etapa pré-científica do conhecimento;[240] por isso mesmo, era referir-se, também, à argumentação dialética mostrar como o conhecimento do "que" precede o do porquê,[241] surgindo a ciência da causa posteriormente a uma investigação que parte de seus efeitos conhecidos. E dizer, então, que caminhamos das coisas mais conhecidas *para nós* em direção das que são mais conhecíveis *por natureza*, a fim de transformar a sua maior cognoscibilidade segundo a natureza e a essência numa maior cognoscibilidade também *para nós*, operando a inversão de perspectiva que torna a ciência possível,[242] também significava, ao mesmo tempo que se reconhecia a espontaneidade do estado de "servidão" do espírito hu-

---

239 Cf. *Met.* A, 10, com., 993ª11 seg.; cf., também, todo o capítulo 7 do mesmo livro, no qual Aristóteles resume as posições dos filósofos anteriores, no que concerne à problemática da causa (expostas nos cap.3-6), mostrando como somente distinguiram as quatro acepções de "causa" expostas na *Física* e como o fizeram, também, obscuramente (ἀμυδρῶς, cf. 988ª23; cf., também, 10, 993ª13); os capítulos 8 e 9, consagra-os à discussão crítica das aporias que aquelas posições encerram.
240 Cf., acima, II, 3.3.
241 Cf. *Seg. Anal.* II, 1, 89ᵇ29-31; 2, 89ᵇ39-ª1; 8, 93ª17-9; cf., acima, II, 3.3 e n.89 e 90; II, 4.3 e n.112; V, 3.3 e n.185 e 186.
242 Cf., acima, II, 4.7.

mano[243] e a distância originária que separa a alma dos homens da posse "formal" das articulações por que o ser se ordena, portanto, da ciência, a atribuição implícita à dialética da tarefa ingente de libertar-nos daquela servidão e de preencher aquela distância. Pois, se lhe cabe, como arte da investigação e da pesquisa, que atua como propedêutica ao saber científico, levar à aquisição dos princípios de que ele decorre, tais princípios representam, por sua vez, precisamente, o ponto de inflexão em que se consuma a inversão do processo de conhecimento, em que a sua etapa ascendente, prospectiva e heurística cede lugar a um movimento descendente que procede do mais universal ao mais particular, da causa ao causado, do mais cognoscível em sentido absoluto ao que o é menos, por natureza.[244] E é a essa mesma complementaridade entre os processos dialético e demonstrativo que se refere a *Ética Nicomaqueia*, quando, lembrando que já se interrogara Platão sobre tal problemática, distingue entre os discursos que provêm dos princípios (οἱ ἀπό τῶν ἀρχῶν λòγοι) e os que remontam aos princípios (οἱ ἐπὶ τὰς ἀρχάς), assim como se pode correr, nos estádios, dos "atlotetas" ao marco ou no sentido inverso.[245] Também o tratado *Da Alma* opõe implicitamente, então, a pesquisa dialética das definições e princípios à ciência demonstrativa, ao expor-nos que "parece não apenas ser útil conhecer o 'o que é' para o estudo das causas dos acidentes das essências, como nas matemáticas ... mas, também, inversamente, os acidentes contribuem em grande parte para que se conheça o 'o que é'",[246] já que, se formos capazes de explicar a totalidade, ou a maioria, dos atributos, conforme ao que se nos manifesta, estaremos em condições de tratar, da melhor maneira possível, da própria essência.[247]

Não é senão muito natural, então, que os *Analíticos* retomem, para estudá-las do ponto de vista da análise do silogismo, questões

---

243 Cf., acima, cap.II, n.187.
244 Cf., acima, II, 4.7 e n.190 seg.
245 Cf. *Ét. Nic.* I, 4, 1095ª30-ᵇ1.
246 *Da Alma* I, 1, 402ᵇ16-22.
247 Cf. ibidem, l. 22-5. Em seguida, relembra o filósofo (cf. l. 25 seg.) que o "que é" é o princípio de toda demonstração, acrescentando que definições de que não decorre o conheci-

próprias à dialética. É assim, por exemplo, que, após considerar a gênese do silogismo e a solução dos problemas em cada uma de suas figuras, propõe-se o filósofo explicar como dispor sempre de silogismos em abundância em relação aos problemas propostos e por que caminho assumir os princípios que concernem a cada tema, uma vez que também se impõe adquirir a δύναμις de produzir silogismos e não apenas o estudo teórico de sua formação.[248] Falar-nos-á, de novo, da aquisição das proposições[249] e da classificação das atribuições, distinguindo entre os atributos que se dizem no "o que é" e os que são *próprios* ou acidentes,[250] retomando, portanto, a doutrina tópica

---

mento dos atributos, nem mesmo uma conjectura fácil a seu respeito, "é evidente que se disseram, todas, de modo dialético e vazio", cf. ibidem, 403ª2: δῆλον ὅτι διαλεκτικῶς εἴρηνται καὶ κενῶς ἅπαντες. Não se trata, aqui, como poderia parecer a uma interpretação precipitada, de uma desqualificação qualquer da dialética; pretende o filósofo, tão somente, recordar que as definições-princípios da ciência, se apreendem realmente o "o que é", devem necessariamente tornar possível o conhecimento dos "acidentes *por si*" (cf., acima, III, 1.1 e n.20 e 21) que decorrem das quididades de seus sujeitos; definições que não possuem tal característica serão abstratas e meramente verbais, isto é, "lógicas", em que o discurso não se apropria à natureza da coisa definida (cf., acima, III, 2.6 e n.136 seg.), e, por isso mesmo, poderão dizer-se "vazias" (cf. *Ét. Nic.* II, 7, com., 1107ª28-32, onde Aristóteles nos adverte de que, nas ciências da πρᾶξις, uma vez que as ações humanas concernem a fatos particulares, não basta falar de modo universal (καθόλου) mas é, também, preciso adaptar nosso discurso a particularidades desses fatos: "com efeito, dos argumentos que concernem às ações, os universais são mais vazios (κενώτεροι, lição de alguns manuscritos, que preferimos a κοινότεροι), os particulares mais verdadeiros" (ibidem, l. 29-30)); se a dialética pode servir-se de tais definições "vazias" – assim como se serve, em geral, da argumentação "lógica" – como momentos de uma pesquisa que tende ao estabelecimento das verdadeiras definições do "o que é", é certo que aquelas primeiras, por razão de sua mesma universalidade abstrata, não podem substituir-se às definições-princípios e fazer as vezes dos princípios das demonstrações, sem que se converta em sofístico o proceder λογικῶς (cf., acima, cap.III, n.141; cf. também VI, 2.5 e n.220). Tal é, também, o caso de quantos argumentos, "universais" e "vazios" (κενοί), não procedendo dos princípios apropriados, parecem, no entanto, apropriados à natureza dos objetos, ainda que de fato não o sejam, cf. *Ger. Anim.* II, 8, 748ª7-11; do mesmo modo, diremos que os platônicos, introduzindo a Ideia do Bem e todas as outras, hipostasiando desse modo os universais a que conferem uma realidade separada, procedem em verdade λογικῶς καὶ κενῶς, cf. *Ét. Eud.* I, 8, 1217ᵇ19-21.

248 Cf. *Prim. Anal.* I, 26, 43ª16-27, 43ª24.
249 Que constitui, como vimos (cf., acima, VI, 2.3 e n.159 a 164), um dos "instrumentos" da pesquisa dialética.
250 Cf. *Prim. Anal.* I, 27, 43ᵇ1 seg.

dos "predicáveis";[251] mostrar-nos-á a função da "experiência" (por exemplo: da "experiência astronômica") na formulação das proposições e, portanto, na constituição dos princípios[252] e remeter-nos-á expressamente, para um estudo mais exato dessa problemática, ao que expôs "no tratado sobre a dialética (ἐν τῇ πραγματείᾳ τῇ περὶ τὴν διαλεκτικήν)",[253] isto é, aos *Tópicos*. Um estudo comparativo entre os *Primeiros Analíticos* e os *Tópicos* haveria, por certo, de mostrar como a doutrina analítica do silogismo resulta, em boa parte, de um reexame da argumentação dialética, sob o prisma das estruturas silogísticas.

Por outro lado, no que respeita aos *Segundos Analíticos* e ao problema da aquisição dos princípios da ciência que neles se aborda, se o difícil último capítulo do tratado onde inteligência e indução pareceriam digladiar-se sobre as respectivas competências,[254] sempre mereceu um cuidado atento de parte dos autores, não é menos verdade que não se tem devidamente reconhecido que os capítulos que imediatamente precedem aquela passagem final,[255] constituindo um estudo sobre a etapa pré-científica do conhecimento e dizendo respeito à "organização" do material científico que utilizarão as demonstrações,[256] *concernem, em boa parte, ao processo dialético de pesquisa.*[257] Assim é que, dando por resolvida a questão das relações entre definição e demonstração, estudada nos doze primeiros capítulos do livro II, continua o filósofo: "Digamos agora, como se devem buscar (θηρεύειν, lit.: caçar) os elementos que se atribuem no 'o que é'".[258] E estende-se

---

251 Cf., acima, VI, 2.3 e n.150.
252 Cf. *Prim. Anal.* I, 30, 46ª17 seg.; acima, VI, 1.4 e n.70.
253 Cf. ibidem, l. 28-30.
254 Cf., acima, VI, 1.5 e n.93 seg.
255 Isto é: *Seg. Anal.* II, 13-8.
256 Cf., acima, V, 3.8.
257 Le Blond, entretanto, reconheceu, a propósito de *Seg. Anal.* II, 13, que os *Segundos Analíticos* se aproximam aí da doutrina dos *Tópicos* e que aquele capítulo "est très proche, par son allure générale et par les procédés qu'il préconise, des passages des *Topiques* consacrés à l'étude de la définition" (*Logique et méthode...*, 1939, p.145).
258 *Seg. Anal.* II, 13, 96ª22-3. Também em *Prim. Anal.* I, 30, 46ª10-3, refere-se Aristóteles a uma "caça" aos princípios dos silogismos; e, em *Seg. Anal.* I, 31, 88ª3-4, fala-nos da possibilidade de "caçar" (θηρεύειν) o universal, a partir de uma percepção repetida que vai, então, ensejar a demonstração, cf., acima, III, 2.7 e n.157.

sobre como proceder para chegar à οὐσία de uma coisa a partir dos atributos que, embora de maior extensão que o ε δος considerado, não são exteriores ao seu gênero;[259] mostra-nos como se pode chegar ao conhecimento das propriedades das espécies mais complexas de um gênero, a partir das definições de suas espécies mais simples;[260] também longamente considera como pode aplicar-se o método das divisões (διαιρέσεις), cuja incapacidade para concluir a definição não há muito denunciara,[261] na mesma "caça" aos elementos do "o que é";[262] e descreve-nos como se pode chegar à definição através de um processo indutivo, que considerando as semelhanças – e não esqueçamos que o exame das semelhanças constitui um "instrumento" da dialética,[263] cuja utilidade para a formulação de raciocínios indutivos os *Tópicos* nos indicavam[264] – e o que há de idêntico e comum entre as coisas, pouco a pouco constrói o discurso uno que é definição,[265] passando sempre dos particulares aos universais, porque é mais fácil definir os particulares, onde as homonímias passam menos despercebidas,[266] e evitando nas definições uma linguagem metafórica, já que não se deve discutir (διαλέγεσθαι) com metáforas.[267] Também nos mostra o filósofo como utilizar o método das divisões para a própria formulação dos

---

259 Cf. *Seg. Anal.* II, 13, 96ª20-ᵇ14.
260 Cf. ibidem, l. 15-25. Seguimos a interpretação de Ross, cf. nota *ad locum*.
261 Em *Seg. Anal.* II, 5, cf., acima, V, 2.2 e n.128 seg.
262 Cf. *Seg. Anal.* II, 13, 96ᵇ25 seg.; cf., acima, cap.V, n.134.
263 Cf., acima, VI, 2.3 e n.160 a 167.
264 Cf. *Tóp.*I, 18, 108ᵇ7 seg.; acima, VI, 2.3 e n.175.
265 Cf. *Seg. Anal.* II, 13, 97ᵇ7 seg.
266 Cf. ibidem, l. 28 seg. E, conforme explica o filósofo, assim como não prescindem as demonstrações de silogismos conclusivos, assim também impõe-se a clareza (τὸ σαφές) nas definições, cf. ibidem, l. 31-2. Recordemos que um dos "instrumentos" dialéticos era a capacidade de denunciar as homonímias, mediante a distinção das múltiplas significações dos termos, cf., acima, VI, 2.3 e n.159 seg.; e, falando da utilidade de um tal "instrumento", diziam-nos os *Tópicos* que ele era útil para a clareza (πρὸς ... τὸ σαφές) e para que se construa o raciocínio segundo o objeto e não, segundo o nome, cf. *Tóp.*I, 18, com., 108ª18-22; acima, VI, 2.3 e n.169. Por outro lado, ao expor os tópicos da definição, a pesquisa da eventual homonímia dos termos surge como um dos tópicos destinados a prevenir a obscuridade da definição, cf. *Tóp.*VI, 2, com., 139ᵇ19 seg.: Εἷς μ ν οὖν τόπος τοῦ ἀσαφῶς, εἰ ὁμώνυμόν ἐστι ...
267 Cf. *Seg. Anal.* II, 13, 97ᵇ37-9. E também o exame de eventuais metáforas no discurso da definição constitui, em *Tóp.*VI, um dos tópicos contra a obscuridade, cf. ibidem, 2, 139ᵇ32 seg.

problemas a serem resolvidos,[268] ao mesmo tempo que expõe como pode a linguagem seja auxiliar-nos seja estorvar-nos no processo da pesquisa.[269] E discute-se da possibilidade de serem idênticos certos problemas, por terem um mesmo termo médio,[270] e da eventual subordinação de um problema a outro, devido a uma correspondente relação de subordinação entre seus respectivos termos médios.[271] Finalmente, aborda Aristóteles a questão da pluralidade das causas[272] e, ao mesmo tempo que propõe uma solução que concilia com a doutrina da ciência a pluralidade aparente das causas imediatas de um só e mesmo efeito,[273] mostra-nos como se organizará a pesquisa das causas e como se ordenarão elas para a posterior demonstração. Um pouco antes, portanto, de propor a inteligência ou νοῦς como o estado ou "hábito" ao qual compete a apreensão dos princípios, demora-se o filósofo, como vemos, numa longa explanação, que também aborda a etapa preparatória à constituição da ciência e onde o leitor dos *Tópicos* não terá dificuldade em reconhecer a presença da doutrina do método dialético como propedêutica ao conhecimento dos princípios. O que nos adverte de que não é lícito reduzir ao último capítulo dos *Segundos Analíticos*[274] o testemunho desse tratado sobre a problemática do conhecimento dos ἀρχαί, como muito costumeiramente se fez. E impõe-nos, também, que o leiamos – ou melhor: que o releiamos – à luz desse acordo que descobrimos entre a Tópica e a Analítica, à luz, portanto, dos ensinamentos da doutrina aristotélica da dialética.[275]

---

268 Cf. *Seg. Anal.* II, 14, com., 98ª1-2: Πρὸς δ τὸ ἔχειν τὰ προβλήματα ἐλλέγειν δεῖ τάς τε ἀνατομὰς καὶ τὰς διαιρέσεις. No fim desse mesmo capítulo, refere-se Aristóteles à utilidade, para as mesmas finalidades, do método analógico, cf. l. 20-4.
269 Veja-se o comentário introdutório de Ross a *Seg. Anal.* II, 14, cf. *Aristotle's Prior and Posterior Analytics*, p.662-3; também, ibidem, p.82.
270 Cf. *Seg. Anal.* II, 15, com., 98ª24-9.
271 Cf. ibidem, l. 29-34.
272 Cf. *Seg. Anal.* II, 16-8.
273 Cf., acima, III, 5.4.
274 Pois sua leitura já nos foi aporia, cf., acima, todo o § 1 deste capítulo.
275 É o que não conseguiu Le Blond, o qual, reconhecendo embora o caráter dialético de *Seg. Anal.* II, 13 (cf. *Logique et méthode...*, 1939, p.145; acima, n.257 deste capítulo) e estar implícita, no capítulo, a doutrina tópica sobre a função da dialética no conhecimento dos

3.3 Indução e método dialético

Nosso problema consistirá, então, como acima dissemos,[276] em conciliar dialética, indução e inteligência dos princípios. Comecemos por interrogar-nos sobre as relações entre o método dialético e a indução, cuja participação no conhecimento dos princípios é afirmada tanto pelos *Segundos Analíticos*,[277] como por outros textos do filósofo.[278] Ora, enquanto os *Tópicos* nos apresentam, explicitamente, a indução (ἐπαγωγή) como uma das formas do raciocínio dialético, ao lado do silogismo,[279] nenhum texto de Aristóteles confere cientificidade ao raciocínio indutivo.[280] E como se poderia falar em indução científica, se a indução parte das coisas que são mais conhecidas *para nós*,[281] se caminha para as coisas desconhecidas a partir das que são conhecidas da maioria dos homens, portanto, das que se conhecem pela sensação?[282] Porque "passagem dos particulares ao universal", como a definem os *Tópicos*,[283] por isso mesmo "é a indução mais persuasiva, mais clara, mais conhecida segundo a sensação e comum à maioria dos homens".[284] Aliás, se a reduzíssemos a uma formulação silogística, teríamos um silogismo que provaria pertencer o termo maior ao médio, através do menor,[285] invertendo destarte as relações que

---

princípios, julga, no entanto, que "cela correspond mal aux exigences d'Aristote au sujet de la necessité des principes, ... cela ne s'accorde pas davantage avec l'affirmation que ces principes sont atteints par le νοῦς: comment de pareilles méthodes, tâtonnantes, provisoires, pourraient-elles conduire à une intuition infaillible, supérieure à la science et source de la nécessité de celle-ci?" (ibidem).

276 Cf., acima, VI, 2.5 e n.224.
277 Cf. *Seg. Anal.* II, 19, 100^{b}3-5; acima, VI, 1.3 e n.65.
278 Cf. *Ét. Nic.* VI, 3, 1139^{b}29-31; *Met.* E, 1, 1025^{b}15-16 etc.; acima, VI, 1.4 e n.72 e 73.
279 Cf. *Tóp.*I, 12 (todo o capítulo); acima, cap.I, n.177; VI, 2.3 e n.158.
280 Cf., acima, cap.I, n.177.
281 Cf. *Seg. Anal.* I, 3, 72^{b}27-30; acima, II, 5.4 e n.230; também cap.II, n.190.
282 Cf. *Tóp.*VIII, 1, 156^{a}4-7. Recorde-se que, em *Seg. Anal.* I, 2, 72^{a}1-5, dizia o filósofo: "Chamo anteriores e mais conhecidas para nós às coisas mais próximas da sensação, anteriores e mais conhecidas em absoluto às mais afastadas. As mais universais são as mais afastadas, as individuais, as mais próximas".
283 *Tóp.*I, 12, 105^{a}13-4; cf., acima, VI, 1.4 e n.68.
284 Ibidem, l. 16-8.
285 Cf. *Prim. Anal.* II, 23, 68^{b}15 seg. Como diz Ross, cf. seu comentário introdutório ao capítulo, "the statement is paradoxical; it is to be explained by noticing that the terms are named with

se explicitam num silogismo do porquê. Dizendo respeito, portanto, ao momento heurístico e ascendente do conhecimento, *a indução é de natureza dialética*[286] e não, científica.[287]

É verdade que são pouco numerosos, nos *Tópicos*, os "lugares" propriamente indutivos e que algumas poucas passagens, somente, tratam, explicitamente, da indução.[288] Por outro lado, Aristóteles, que nos diz provirem todas as nossas convicções ou da indução ou do silogismo,[289] parece sempre opor, uma à outra, essas duas formas de raciocínio. Ocorre, porém, que, num texto importante dos *Segundos Analíticos*, não mais opõe o filósofo a indução ao silogismo, mas à demonstração; "aprenderemos ou por indução ou por demonstração, mas procede a demonstração dos universais, a indução, dos particulares".[290] Também a *Ética Nicomaqueia*, lembrando procederem ou por indução ou por silogismo todos os ensinamentos e dizendo ser a indução princípio também do universal, enquanto o silogismo procede dos universais,[291] parece, em verdade, não estar opondo a indução ao silogismo qualquer, mas ao demonstrativo, que deduz dos princípios universais as propriedades *por si* dos gêneros científicos. Ora, se atentamos em que "passagem dos particulares ao universal" é expressão de sentido bem amplo e no fato de que Aristóteles chama de indução

---

reference to the position they would occupy in a demonstrative syllogism (which is the ideal type of syllogism)". De fato, o que mostra o filósofo é que somente a indução completa poderia adequadamente formular-se sob forma silogística, cf. ibidem, l. 28-30; a preocupação de Aristóteles, neste capítulo, é menos a de estudar a real natureza da indução que a de mostrar como se poderia abordar a indução, de um ponto de vista silogístico. E observe-se que o "silogismo da indução" corresponde a um silogismo do "que".

286 Alexandre de Afrodísio tinha, pois, razão ao dizer ὁ ἐπακτικὸς διαλεκτικός (cf. *In Top.*, Wallies, 37-7 apud Le Blond, *Logique et méthode...*, 1939, p.20, n.3).
287 Como pretendem, por exemplo, Zeller (cf. *Die Philosophie der Griechen* II, 2, p.203: "Der Beweis und die Induktion sind ... die zwei Bestandtheile des wissenschaftlichen Verfahrens und die wesentlichen Gegenstände der Methodologie"; do mesmo modo, o grande historiador via no processo de conhecimento que remonta aos princípios, tanto como no que dele descende, uma das direções do pensamento científico, cf. ibidem, p.240-1) e De Pater, para quem a indução pode tanto ser científica como dialética, cf. *Les Topiques d'Aristote...*, 1965, p.85.
288 Como observa De Pater, cf. *Les Topiques d'Aristote...*, 1965, p.149.
289 Cf. *Prim. Anal.* II, 23, 68^{b}13-4; acima, cap.I, n.177; V, 2.3 e n.146.
290 *Seg. Anal.* I, 18, 81^{a}40-^{b}1.
291 Cf. *Ét. Nic.* VI, 3, 1139^{b}26-9.

tanto a passagem de uma multiplicidade de sensações a uma noção universal como a passagem de juízos particulares a um juízo geral,[292] compreenderemos que possa o filósofo designar por ἐπαγωγή também *o conjunto dos processos dialéticos* (incluindo silogismos e induções, *stricto sensu*) que conduzem o pensamento em direção do conhecimento dos princípios, caminhando do mais particular para o mais universal – e a maior proximidade do princípio corresponde sempre a uma maior universalidade[293] –, do mais conhecido para nós ao mais conhecível por natureza, do mais próximo da sensação ao que está mais afastado dela. Nesse sentido, diremos, então, *que a etapa ascendente e dialética* do conhecimento que prepara a posse dos princípios *é de natureza indutiva*. Sob esse prisma particular, não contradizem, pois, os *Analíticos* aos *Tópicos* e não nos parece lícito, então, afirmar que Aristóteles busca, no método dialético, apenas um meio de preencher as lacunas da indução.[294] Por outro lado, compreendemos também que, se a "experiência" (ἐμπειρία), que se constitui por via indutiva a partir da percepção sensível, pode fornecer às ciências seus princípios,[295] é porque se exprime ela sob a forma de opiniões (δόξαι) que, formuladas como proposições aceitas (ἔνδοξαι) onde se traduz o resultado das observações que se fizeram,[296] são objeto de um tratamento dialético que as toma como ponto de partida para pô-las à prova e utilizá-las criticamente. Observação e

---

292 Cf. S. Mansion, *Le jugement d'existence...*, 1946, p.141-2 e 102. Sobre a provável origem da significação de ἐπαγωγή e os diversos usos aristotélicos do termo (assim como do verbo de mesmo radical ἐπάγειν), cf. Ross, coment. introd. a *Prim. Anal.* II, 23.
293 Cf., acima, III, 2.3 e n.135.
294 Como quer Zeller, cf. *Die Philosophie der Griechen*, 1963, II, 2, p.245. De qualquer modo, cabe-lhe plena razão, quando afirma: "Die Eigenthumlichkeit und die Richtung des aristotelischen Systems ist durch die Verschmelzung der zwei Elemente bedingt ... des dialektisch-spekulativen und des empirisch-realistischen" (ibidem, p.797).
295 Cf., acima, VI, 1.4 e n.70. E não esqueçamos que cabe à opinião (δόξα) o conhecimento do contingente (cf., acima, I, 1.1 e n.30), assim como também diremos conhecidos apenas por opinião as mesmas coisas necessárias, quando não se apreende sua necessidade (cf., acima, I, 1.1 e n.35 e 36).
296 Lembremos que Aristóteles estende a noção de proposição dialética às proposições que exprimem as opiniões que se conformam às artes e disciplinas constituídas, isto é, as opiniões dos que fizeram estudos em tais domínios, cf. *Tóp.*, I, 10, 104ª14-5; 33-7; acima, n.156 deste capítulo.

argumentação destarte se conjugam para que o conhecimento dos princípios das ciências – e, também, portanto, as próprias ciências – possam constituir-se.

3.4 Indução dialética e "visão" dos princípios

Resta-nos agora, tão somente, compreender como se relaciona o método indutivo – isto é: o método dialético de natureza indutiva – com a inteligência ou νοῦς, a que vimos Aristóteles atribuir o conhecimento dos princípios. Ora, a aporia que tão grave nos parecia[297] ver-se-á facilmente resolvida se estabelecermos um paralelo entre o último capítulo dos *Analíticos* e a passagem dos *Tópicos* que nos mostrou a utilidade da dialética como propedêutica ao conhecimento científico.[298] Com efeito, Aristóteles passa, nos *Segundos Analíticos*, da indução à inteligência *do mesmo modo como*, nos *Tópicos*, faz surgir a *visão* da verdade a partir da prática da argumentação contraditória e crítica que caracteriza o método *diaporemático*, faz *emergir* da prática dialética o conhecimento dos princípios.[299] Em outras palavras: não pretende o filósofo que o *método dialético-indutivo*, que nos leva aos princípios, nos confira também diretamente a sua posse.[300] E é certo que se não pode falar em *gênese* da inteligência dos princípios a partir do processo de conhecimento menos exato e cognoscitivo[301] que o filósofo designou como ἐπαγωγή. Nem se pretenderá, por certo, que possa uma indução construir diretamente uma definição princípio, mostrando o que é a coisa, se um raciocínio indutivo simples não vai além do "que é".[302]

---

297 Cf., acima, VI, 1.5.
298 Isto é: *Tóp*.I, 2, 101ª34 seg.; cf., acima, VI, 2.1.
299 Cf., acima, VI, 2.5.
300 Le Blond lia, então, corretamente, os textos aristotélicos que deixam manifesto não poder o método indutivo diretamente engendrar o conhecimento dos princípios (cf. *Logique et méthode...*, 1939, p.122 seg.; acima, VI, 1.4 e n.80); sua falha, porém, consistiu, como estamos a ver, em não saber conciliá-los com aqueles outros que, sem desmentir a doutrina dos primeiros, apontam no entanto o papel relevante que a indução desempenha no processo de aquisição dos princípios da ciência.
301 Cf., acima, VI, 1.4 e n.78.
302 Cf., acima, VI, 1.4 e n.79.

Ocorre, porém, que "como são os olhos dos morcegos em relação à luz do dia, assim é também a inteligência (νοῦς) de nossa alma em relação às coisas que são, por natureza, as mais manifestas de todas".[303] O que significa, portanto, que não está nas coisas, mas em nós próprios, a causa das dificuldades com que deparamos em nosso anseio de conhecer:[304] habitando os domínios da verdade, possuímo-la como um todo cujas partes não somos capazes de corretamente apreender.[305] Mas, se efetuamos a ascensão dialética e nos deixamos libertar dos entraves que nos impõe o termos na percepção sensível nosso ponto necessário de partida,[306] se a prática correta de um método indutivo adequado nos conduz progressivamente em direção do que é mais universal e, em sentido absoluto, mais conhecível, eis que pouco a pouco se constituem as condições necessárias e suficientes para que a luz da verdade possa brilhar e para que a parte noética de nossa alma, inteligência separada, impassível e sem mistura,[307] em si mesma acolha o próprio ser dos objetos investigados, com os quais, em ato, então se identifica.[308] A ninguém escapará a ressonância platônica de uma tal doutrina, que revive, em nós, a lembrança da escalada libertadora empreendida pelos prisioneiros da caverna em direção da luz do dia, cujo esplendor

---

303 Met. α, 1, 993^{b}9-11. Leia-se, também, a passagem imediatamente anterior.
304 Cf. ibidem, l. 7-9.
305 Cf. ibidem, l. 6-7.
306 Cf., acima, IV, 1.3; cf. também II, 4.7 e n.175 a 181.
307 χωριστὸς καὶ ἀπαθὴς καὶ ἀμιγής, cf. Da Alma III, 5, 430^{a}17-8. Não abordaremos aqui, por não respeitar diretamente ao problema que nos interessa, a difícil e famosa questão das inteligências agente e paciente, de que se ocupa o filósofo nos cap.4 e 5 do livro III do tratado Da Alma e que foi objeto de tantas polêmicas entre as escolas aristotélicas. Ler-se-á, ainda com proveito, o trabalho de Hamelin, publicado por E. Barbotin, sob o título: La théorie de l'intellecte d'après Aristote et ses commentateurs, 1953.
308 A alma é idêntica, de um certo modo, a todos os seres (cf. Da Alma III, 8, 431^{b}21) e suas partes sensitiva e "científica" (τὸ ἐπιστημονικόν) são seus mesmos objetos (o sensível e o cientificamente conhecível, respectivamente), em potência, cf. ibidem, 431^{b}26-8. A ciência, então, identifica-se em ato com seu objeto, cf. Da Alma III, 4, 430^{a}3-5; 5, 430^{a}19-20; 7, com., 431^{a}1-2; cf., também, Met. Λ, 7, 1072^{b}21; 9, 1075^{a}3-5; e a alma tem, na inteligência, uma como "forma das formas" (ε δος εἰδῶν), do mesmo modo como, na sensibilidade, uma forma dos sensíveis" (ε δος αἰσθητῶν), cf. Da Alma III, 8, 432^{a}2-3.

não podem suportar quando, por vez primeira, a deparam e por ela se ofuscam;[309] à claridade, porém, habituados, terminarão por olhar e contemplar o próprio sol, tal como é.[310] E, servindo-nos ainda da terminologia platônica, diremos que o exercício do método dialético-indutivo é um despegar-se do mundo das imagens e um caminhar para a visão final das Formas, a que se deixavam conduzir os interlocutores de boa índole pela maiêutica libertadora do Sócrates platônico. Terminada a ascensão, podem agora os princípios por si sós fazer fé e por si sós naturalmente conhecer-se[311] e, porque por eles todas as coisas se conhecem, que lhes são posteriores, pode a alma, por fim, propiciar-se um saber que discurso algum virá despersuadir.[312]

Nesse sentido preciso, que agora explicitamos, e sem contradizer, portanto, nenhum dos textos acima citados, dizia o filósofo "que nos é necessário conhecer os elementos primeiros por meio da indução",[313] que "há princípios ... dos quais parte o silogismo, dos quais não há silogismo: há, portanto, indução".[314] E compreendemos todo o processo que o filósofo tinha em mente, ao dizer-nos na *Metafísica*, referindo-se ao conhecimento do "o que é" de que as ciências partem, assumindo-o por hipótese: "é manifesto que não há demonstração da essência nem do 'o que é', a partir de uma tal indução, mas algum outro modo de mostrar".[315] Porque vimos como, a partir do método dialético-indutivo e graças a ele, pode operar-se um salto em que outro modo surge – isto é: a inteligência – de mostrar-se a verdade dos princípios; um salto, porém, que não permanece injustificado[316] e que,

---

309 Cf. *Rep.*VII, 515ᶜ-516ᵃ. A aproximação entre os dois textos, o de *Met.* α e o da *República*, é feita, entre outros, também por De Pater, cf. *Les Topiques d'Aristote*..., 1965, p.84.
310 Cf. *Rep.*VII, 516ᵇ.
311 Cf., acima, VI, 1.4 e n.76 e 77.
312 Cf. *Seg. Anal.* I, 2, 72ᵇ3-4: "se é preciso que o que conhece cientificamente, em sentido absoluto, não possa ser despersuadido"; acima, II, 2.4 e n.58.
313 *Seg. Anal.* II, 19, 100ᵇ3-4; acima, VI, 1.3 e n.65.
314 *Ét. Nic.* VI, 3, 1139ᵇ29-31; acima, VI, 1.4 e n.72.
315 *Met.* E, 1, 1025ᵇ14-6; acima, VI, 1.4 e n.73.
316 Como quer Le Blond, cf. *Logique et méthode*..., 1939, p.122; acima, VI, 1.5 e n.101. Precisamente por não compreender o sentido e a natureza desse "salto", condenou-se o eminente autor a não compreender, também, a unidade profunda da doutrina aristotélica da

no que concerne particularmente às definições-princípios, isto é, aos primeiros princípios das ciências, permite ao discurso da argumentação e da indução *ceder o lugar* a uma intuição plena, absoluta e infalível que não se acompanha de discurso,[317] porque visão que coincide com o objeto que vê: não se transmuda o discurso em inteligência mas suprime-se ante ela, uma vez cumprida a tarefa preliminar que lhe competia, a de assim preparar a sua mesma negação.[318]

E tem-se, então, uma verdade que não mais consiste numa combinação do pensamento dianoético a imitar a composição ou a separação das coisas[319] mas que, para essas coisas simples (τὰ ἁπλᾶ) e não compostas (ἀσύνθετα) que são o "o que é" e a quididade,[320] é tão somente um νοεῖν, um apreender pela inteligência, um entrar em contato (θιγεῖν, θιγγάνειν) com o objeto.[321] Por isso mesmo, não está na διάνοια, no pensamento discursivo, uma tal verdade, mas na inteligência, no νοῦς que, entrando em contato com o inteligível (τὸ νοητόν) e pensando-o, em dele participando, a si próprio se pensa e se torna, assim, inteligível, identificado com ele.[322] É, então, uma

---

aquisição dos princípios das ciências, assim como a gravemente equivocar-se a respeito da natureza das definições-princípios e da definição, em geral, ao comentar diferentes textos em que Aristóteles expõe a metodologia da definição, cf. *Logique et méthode...*, 1939, Deuxième partie, Chap.IIIe, § 1: "La Méthode comme recherche", p.270-91. Assim, por exemplo, porque alguns textos do filósofo insistem no caráter difícil e laborioso da pesquisa que leva ao estabelecimento das definições, conclui Le Blond que elas não podem ser obtidas por intuição, cf. ibidem, p.272.

317 Ao contrário da ciência, se "toda ciência se acompanha de discurso"(ἐπιστήμη δ'ἅπασα μετὰ λόγου ἐστί), cf. *Seg. Anal.* II, 19, 100^{b}10; cf., também, *Ét. Nic.* VI, 6, 1140^{b}33; acima, I, 3.1 e n.152.

318 Não tendo razão, pois, Le Blond, quando, mostrando como a pesquisa da definição é marcha em direção de um ideal representado por uma intuição verdadeiramente intelectual, acrescenta: "Idéal irréalisable d'ailleurs, que le discours ne pourrait atteindre sans se nier lui-même" (*Logique et méthode...*, 1939, p.281).

319 Cf., acima, III, 2.1.

320 Cf. *Met.* E, 4, 1027^{b}27-8; Θ, 10, 1051^{b}17-21; acima, II, 2.2; II, 2.4 e n.50. Cf. também *Seg. Anal.* II, 13, 96^{b}22-3: "... por serem o princípio de todas as coisas a definição e o simples".

321 Cf. *Met.* Θ, 10, 1051^{b}22 seg.; acima, II, 2,2 e n.32.

322 Cf. *Met.* Λ, 7, 1072^{b}18-21; cf., também, *Da Alma* III, 4, 430^{a}2 seg. Ao dizer, então, em *Met.* E, 4, 1027^{b}27-8, que não se encontra nem mesmo na διάνοια a verdade que respeita aos simples e às quididades (cf., acima, VI, 2.2 e n.30), está o filósofo a opor o pensamento discursivo ao noético e indutivo (cf., acima, cap.II, n.32), como também o faz em *Da Alma* I, 4,

intelecção de indivisíveis que se opera,[323] por um elemento indivisível da alma e num tempo indivisível pensando-se o que é indivisível segundo a forma (ἀδιαίρετον τῷ εἴδει),[324] o "simples" (τὸ ἁπλοῦν), que é a significação primeira e fundamental da necessidade.[325] Unidade da ciência e da demonstração,[326] a inteligência indivisível e una que pensa a quididade pensa o que é causa da unidade formal das coisas que são indivisíveis do ponto de vista da inteligibilidade e do conhecimento.[327]

Necessário é, porém, para que as ciências possam constituir-se e explicitar, nos silogismos da demonstração, a causalidade das propriedades *por si* de seus sujeitos genéricos, que a visão intuitiva dos princípios se traduza no discurso, isto é, que ela se manifeste e formule nas definições-princípios que, fusionadas com as hipóteses correspondentes, exprimem, concomitantemente, o "o que é" e o "que é", proposições em que os mesmos discursos das quididades se fazem predicados dos termos definidos.[328] E, se "por si mesmo, todo o discurso é divisível",[329] nem por isso se pretenderá que a definição trai a unidade da essência, se se entende que a faz una o ser expressão de uma intelecção indivisível.[330] E, se o desenvolvimento da demonstração exige, por certo, que se "divida" o discurso da quididade, para corretamente deduzir o que dela decorre, não há por

---

408ᵇ24 seg., ainda que, frequentemente use διάνοια e νοῦς em sinonímia e fale, por exemplo, da διάνοια que, ao mesmo tempo, torna evidentes o "o que é" e o "se é", cf. *Met.* E, 1, 1025ᵇ17-8; acima, IV, 4.3 e n.259. Por outro lado, não vemos por que falar no que concerne a esse uso de tais termos, em evolução da doutrina, como sugere Bourgey (cf. *Observation et expérience*..., 1956, p.62, n.1), apoiando-se nos trabalhos de Nuyens.
323 Cf. *Da Alma* III, 6, com., 430ª26 seg.; acima, cap.II, n.32.
324 Cf. ibidem, ᵇ14-5; lemos, com Ross, ἀδιαιρέτῳ <τῳ> τῆς ψυχῆς.
325 Cf. *Met.* Δ, 5, 1015ᵇ11-2; acima, I, 1.1 e n.47.
326 Cf. *Seg. Anal.* I, 23, 84ᵇ37-85ª1; acima, III, 6.5 e n.324.
327 Cf. *Met.* Δ, 6, 1016ᵇ1-2; I, 1, 1052ª29 seg. Sobre a indivisibilidade da forma, cf. Rodier, *Traité de l'âme, texte, traduction, commentaire*, Paris, Leroux, 1900, II, p.474-5, *apud* Le Blond, *Logique et méthode*..., 1939, p.278, n.4.
328 Cf., acima, IV, 2.4.
329 *Met.* Δ, 6, 1016ª34-5; cf., também, Z, 10, com., 1034ᵇ20: "Todo discurso tem partes".
330 Cf. ibidem, l. 35-ᵇ1. Sobre a importante questão da unidade da definição, correlata à do *definiendum*, cf., sobretudo, *Met.* Z, 10-2; cf., também, De Pater, *Les Topiques d'Aristote*..., 1965, p.217-20, além da nota n.76, a p.79.

que imputar a esse método *abstrativo* de que a demonstração tem de servir-se, uma infidelidade qualquer à unidade do princípio. Por outro lado, também no que concerne àqueles outros princípios que, sucessivamente assumidos pela ciência, ensejam a expansão da cadeia demonstrativa de silogismos, exprimindo as causalidades imediatas dos atributos a demonstrar,[331] porque os conhece a inteligência mediante um ato de apercepção imediata da relação necessária entre sujeito e predicado, falaremos, de igual modo, de indivisibilidade e de unidade, já que "premissa una, em sentido absoluto, é a imediata".[332]

Assim, a inteligência vem coroar, em apreendendo os princípios indemonstráveis, o trabalho propedêutico de natureza indutivo--dialética; ao mesmo tempo, instaurando na alma um saber absoluto e infalível, vem proporcionar-lhe a faculdade de percorrer, numa marcha descendente em direção do particular, as mesmas articulações por que o real se ordena, levando-a a conhecer, cientificamente agora, aquelas mesmas coisas entre as quais reconhecerá o ponto de partida do qual, em obscuramente conhecendo-o, precariamente partira para aquela investigação preliminar. E o processo total do conhecimento cumpre desse modo o seu ciclo.[333]

E essa rápida apreciação da doutrina aristotélica da inteligência vem também esclarecer por que não podia contentar-se o filósofo, em seus diversos tratados, com expor apenas o saber cientificamente constituído,[334] lá mesmo onde o creu efetivamente constituído, sob a forma dos silogismos da demonstração, a partir da enunciação dos seus princípios. Pois, se a inteligência que intui as verdades imediatas e indemonstráveis não se nos dá, como mostramos, senão após as laboriosas peripécias da aventura dialética, de nada adiantaria – e a nenhum leitor – a mera leitura do discurso em que o saber se tivesse traduzido. Porque despreparado para apreender a intenção que o

---

331 Cf., acima, VI, 1.1 e n.3; IV, 4.6 e n.304 a 309; II, 3.2 e n.78.
332 *Seg. Anal.* I, 23, 84ᵇ36-7; cf., acima, III, 6.5 e n.317 a 323.
333 Cf., acima, II, 5.4 e n.229 e 230.
334 Cf., acima, VI, 3.1.

anima, incapaz de, em sua alma, reviver a vida de inteligência e ciência que nele se exprime,[335] quem as lesse só encontraria, diante de si, fórmulas mortas e vazias, cujo aprendizado lhes seria ocioso; pois "dizer os discursos que procedem da ciência nada significa; também, com efeito, os que se encontram nesses estados [subent.: dormindo, loucos, embriagados] dizem demonstrações e versos de Empédocles; e os que apenas começaram a aprender soltam os seus discursos, mas ainda não têm saber; é preciso, de fato, que este se integre nas suas naturezas (δεῖ γὰρ συμφυῆναι), mas isto demanda tempo".[336] Ora, o percurso atento dos caminhos que a dialética trilhou em busca dos princípios contribui para uma tal tarefa, para que a alma do discípulo e leitor pouco a pouco se prepare para entrar em posse de um saber, que virá constituir um "hábito" duradouro, uma parte de si própria.

---

335 "Pois o ato da inteligência é vida" (ἡ γὰρ νοῦ ἐνέργεια ζωή), cf. *Met.* Λ, 7, 1072^{b}26-7.
336 *Ét. Nic.* VII, 3, 1147^{a}18-22.

Conclusão

1.1 A "ciência lógica" e o sistema aristotélico

Exposta a doutrina aristotélica da ciência, mostrou-nos nosso último capítulo como o filósofo concebe o processo dialético preliminar que leva à instauração do saber científico. Uma vez mais, ficou-nos manifesto como se distinguirão a ciência e a pesquisa "científica", a posse acabada do saber e os caminhos que a tornam possível. Cabe-nos, agora, perguntar que lugar concede Aristóteles a essa doutrina do conhecimento científico, exposta nos *Segundos Analíticos*, no interior de seu sistema. E a primeira coisa a recordar é que ele considera os *Primeiros* e os *Segundos Analíticos* como um todo, cujo escopo geral é o estudo da demonstração e da ciência demonstrativa,[1] ou, melhor: a *análise* do saber demonstrativo, que nos faz remontar a seus elementos

---

1 Cf., acima, I, 3.1 e n. 158; também, cap.VI, n. 18. Para um estudo pertinente das relações entre os *Primeiros* e os *Segundos Analíticos*, cf. Ross, *Prior and Posterior Analytics*, Introduction, p. 6-23.

e a suas condições de possibilidade,[2] como o próprio nome do tratado já o indica.[3]

Ora, um texto bastante explícito da *Metafísica* indica-nos, com precisão, a função que atribui Aristóteles à sua *Analítica*. Com efeito, criticando os que colocam o problema que respeita ao modo de acolher a verdade ao mesmo tempo que procuram estabelecê-la, diz-nos o filósofo que assim procedem "por ignorância dos *Analíticos* (δι' ἀπαιδευσίαν τῶν 'Αναλυτικῶν)": desconhecendo-os, ignoram que somente se deve abordar a problemática científica se já se possui um conhecimento preliminar das questões de que se ocupam os *Analíticos*, ao invés de proceder ao seu estudo concomitante.[4] Mais adiante,[5] denuncia-se análoga ἀπαιδευσία na indevida postulação de uma demonstração para o mais firme de todos os princípios, o de não contradição: "é ignorância, com efeito, desconhecer de que coisas se deve buscar demonstração e de que coisas se não deve",[6] isto é, igno-

---

2 Porque o estudo da silogística demonstrativa empreendido nos *Segundos Analíticos* é procedido pela silogística geral, de que os *Primeiros* se ocupam, é diferente o objeto da análise num e noutro tratado. Como diz Ross: "*In the former* [i. é: nos *Primeiros Analíticos*] *it is syllogism in general that Aristotle analyses; his object is to state the nature of the propositions which will formally justify a certain conclusion. In the latter* [i. é: nos *Segundos Analíticos*] *it is the demonstrative syllogisms that he analyses; his object is to state the nature of the propositions which will not merely formally justify a certain conclusion, but will also state the facts on which the fact stated in the conclusion depends for its existence*" (*Aristotle's Prior and Posterior Analytics*, Introduction, p. 1-2).

3 Cf. Zeller, *Die Philosophie der Griechen* 1963, II, 2, p.186: "*Auch der Name der Analytik weist darauf hin, dass es sich für Aristoteles bei der Untersuchungen, welche wir zu formalen Logik rechnen würden, zunächst darum handelt, die Bedingungen des wissenschftlichen Verfahrens, und näher des Beweisverfahrens, zu bestimmen*". E Trendelenburg explicava-nos, referindo-se ao nome 'Αναλυτικά, que ele designa, no próprio Aristóteles, a obra "*In quo ἀναλύειν nihil aliud est quam, quod compositum est, ad elementa tamquam ad causas redigere. Quemadmodum geometræ figuras, ut cognoscantur, in simplicissimas quasque velut polygona in trigona resolvunt: ita in analyticis cognoscendi retiones ad primas quasi formas tanquam causas revocantur*" (*Elementa logices aristoteleæ*, editio nona, Berolini, W. Weber, MDCCCXCII, p.47).

4 Cf. *Met*. Γ, 3, 1005^{b}2-5. Encontrar-se-ão em Ross (cf. nota *ad locum*) os argumentos com que Maier procura mostrar que Aristóteles visa diretamente aqui (assim como em 4, 1006^{a}5-8 e em várias outras passagens da *Metafísica*), o pensamento antistênico. Também em *Met*. α, 3, 995^{a}12-4, fala-nos o filósofo da necessidade de estar-se bem instruído sobre o modo de acolher as verdades próprias a cada saber, para não incorrer-se no absurdo de buscar, ao mesmo tempo, a ciência e o seu modo próprio de cientificidade.

5 Cf. *Met*. Γ, 4, 1006^{a}5 seg.

6 *Met*. Γ, 4, 1006^{a}6-8.

rar a absoluta impossibilidade de demonstrarem-se todas as coisas e a regressão estéril ao infinito a que se condena o desconhecimento da indemonstrabilidade dos princípios.[7] E essa ignorância é responsável[8] por inumeráveis aporias em que infindavelmente se enreda e debate bom número de pensadores que, julgando haver razão (λόγος) de todas as coisas, "buscam razão das coisas de que não há razão; pois um princípio de demonstração não é demonstração".[9] Mostra-nos, assim, o filósofo que atribui ao conhecimento de sua doutrina da demonstração e de toda a sua Analítica, em geral, um caráter eminentemente propedêutico: é imperativo metodológico que tal conhecimento preceda todo esforço de constituição de um saber científico, porque garantia de que não nos emaranhemos em dificuldades insanáveis e em falhas grosseiras de método. Esclarecida a noção de ciência, conhecidas as condições de possibilidade do conhecimento científico, resolvidas as questões que lhe respeitam, poderemos corretamente orientar os trabalhos de investigação preliminar de que deve resultar o estabelecimento de um saber real.

Ora, vimos acima, ao expor a concepção aristotélica da dialética, como esta disciplina, que constitui uma propedêutica às ciências,[10] porque arte de examinar criticamente e de pôr à prova, integrava aquela παιδεία que o *Tratado das Partes dos Animais* opunha às ciências dos objetos particulares,[11] já que "compete, com efeito, ao homem cultivado (πεπαιδευμένον) ser capaz de julgar, de modo pertinente, sobre a maneira correta ou incorreta por que se exprime aquele que fala".[12] Esclarece-se-nos manifestamente, então, como a *Tópica* e a *Analítica* – ou, mais precisamente: a arte dialética e a doutrina do silogismo e da demonstração científica – representam momentos complementares dessa *Cultura* que o filósofo opõe às competências determinadas dos

---

7 Cf. ibidem, 1. 8-9. Cf. *Seg. Anal.* I, 3, 72^{b}7 seg. (acima, II, 5.3); 22, 83^{b}32 seg. (acima, III, 6.3).
8 Cf. *Met.* Γ, 6, com., 1011a3 seg.
9 Ibidem, 1. 12-3: λόγον ... ζητοῦσιν ὧν οὐκ ἔστι λόγος. ἀποδείξεως γὰρ ἀρχὴ οὐκ ἀπόδειξίς ἐστιν.
10 Cf., acima, VI, 2.1 e n. 108; VI, 2.5 e n.219 seg.
11 Cf. *Part. Anim.* I, 1, com., 639^{a}1-12; acima, VI, 2.2 e n.140 a 142.
12 Ibidem, l. 4-6.

diversos saberes científicos, caracterizando-a por sua universalidade e por sua significação propedêutica. Ela compreende uma arte da argumentação crítica de que não pode, em geral, prescindir, como sabemos, o esforço da instauração científica; por outro lado, torna-se óbvio, também, que se orientam os passos da investigação dialética pelo conhecimento da doutrina da ciência, que vem precisar-lhes o sentido, definir-lhes as metas e indicar-lhes os limites de sua aplicabilidade. Não estranharemos, então, que a *Retórica*, tendo caracterizado a retórica como contraparte da dialética[13] ou como parte dela,[14] e tendo-a descrito "como uma ramificação da dialética ... e da disciplina concernente aos caracteres, que é justo denominar política",[15] ao retomar, mais adiante, esta última descrição, se exprima em termos que, à primeira vista, pareceriam dever desconcertar-nos: "com efeito, aquilo mesmo que também tivemos a ocasião de dizer acima é verdadeiro, que a retórica se compõe da ciência analítica (ἐκ τῆς ἀναλυτικῆς ἐπιστήμης) e da ciência política concernente aos caracteres".[16] Aproximadas as duas últimas passagens, pareceria que se nos sugere uma sinonímia entre a dialética e a "ciência analítica"; se nos faltam, no entanto, elementos para crer tenha Aristóteles pretendido incorporar o conteúdo de sua tópica numa Analítica Geral – assim como não se encontrará texto que, inversamente, aponte para uma subordinação qualquer da doutrina da ciência a uma arte geral da Dialética –, compreendemos, sem maior dificuldade, que o filósofo se permite substituir, um pelo outro, os nomes daquelas duas disciplinas, na medida em que ambos podem, por metonímia, designar a *Cultura*, que tem, precisamente na analítica e na dialética, suas partes constitutivas fundamentais, complementares, uma da outra, uma à outra, em verdade, imprescindíveis. E, se nos é fácil reconhecer que se lhes podem agregar uma elucidação dos ele-

---

13 Cf. *Ret.* I, 1, com., 1354ª1; acima, cap.VI, n.119.
14 Cf. *Ret.* I, 2, 1356a30-1; acima, cap.VI, n.119.
15 Ibidem, l. 25-7.
16 *Ret.* I, 4, 1259ᵇ8-11. Como observa, com razão, Robin, é tão somente no sentido lato do termo ἐπιστήμη que Aristóteles fala, aqui, de *ciência* analítica, cf. Robin, *Aristote*, 1944, n. 40.

mentos do discurso enquanto expressões da polivalência semântica do ser, assim como um estudo sobre o juízo e a proposição,[17] como outros tantos elementos que vêm integrar naturalmente o mesmo conjunto, torna-se manifesto que a παιδεία a que se refere o filósofo não é mais do que o domínio teórico e prático dos elementos a cujo estudo se consagram os tratados que constituem as diferentes partes do que a posteridade designaria com o nome de Ὄργανον; o homem cultivado (πεπαιδευμένος) é, correspondentemente, aquele que, nesse domínio exercitado, veio a adquirir, então, o que poderia chamar-se de "ciência lógica", isto é, veio a possuir a ciência do discurso e a conhecer a natureza do discurso da ciência, a dominar os recursos da argumentação e a compreender a natureza das falácias a que a linguagem dos homens naturalmente se presta.[18]

E, entretanto, não se falará, com propriedade, de "ciência lógica", no aristotelismo. Nem atribui ao filósofo, como se sabe, tal significação ao termo λογικός,[19] nem concebeu, tampouco, a sua "lógica" como um saber científico: opondo-se à doutrina da Antiga Academia, rejeitando a divisão xenocrática das ciências em Física, Ética e Lógica,[20] Aristóteles exclui a lógica de seu sistema do saber e não a faz figurar na famosa divisão tripartite das ciências em teóricas, práticas e *poiéticas*;[21] é que, nela, vê, como os comentadores gregos souberam reconhecer, antes um instrumento (= ὄργανον) que uma parte da filosofia,[22] um instrumento de que nos serviremos para promover o advento do saber

---

17 Isto é: o conteúdo dos tratados das *Categorias* e da *Interpretação*, respectivamente.
18 É assim que, na *Retórica*, Aristóteles opõe à dialética e à retórica as ciências particulares, como ἐπιστήμας ... πραγμάτων, ἀλλὰ μὴ μόνον λόγων, cf. *Ret.* I, 4, 1359b15-6.
19 Cf., acima, III, 2.6 e n.136 seg.
20 Que conhecemos por Sexto Empírico, cf. *Adv. Math.* VII, 16 seg. Goldschmidt tem certamente razão, quando vê, na divisão das proposições em éticas, físicas e lógicas, propostas em *Tóp.* I, 14, 105b19 seg., não a expressão de um ponto de vista aristotélico, mas uma retomada, a título de exemplo, da divisão xenocrática das ciências, cf. Goldschmidt, "Le système d'Aristote", 1958-59, p.25; acima, cap.I, n.116.
21 Cf., acima, IV, 5.1 e n. 326.
22 Desde as primeiras linhas de seu comentário ao livro I dos *Primeiros Analíticos* refere-se Alexandre de Afrodísio à polêmica sobre se se deveria considerar a "lógica" uma parte ou um instrumento da filosofia (cf. *Commentaria in Aristotelem Græca* edita consilio et auctoritate

científico e filosófico, um conjunto de técnicas que preparam o homem para sua atividade de conhecer. Pelo seu mesmo caráter propedêutico a todas as ciências, pela sua mesma universalidade "formal" e "vazia", que não a faz saber de um objeto determinado, não poderia a lógica constituir uma ciência nem integrar a Sabedoria: ela é tão somente o objeto de uma παιδεία. E a doutrina do saber científico, a que consagramos nosso estudo, nela encontra, como vimos, o seu lugar natural.

1.2 A doutrina da ciência e a problemática do critério

Se a análise do saber científico desempenha, então, a função instrumental que lhe descobrimos e nos serve para orientar o processo de investigação que deve conduzir-nos à instauração dos diferentes conhecimentos científicos de gêneros determinados, permitindo-nos a apreensão dos princípios de que eles necessária e essencialmente decorrem, resta-nos agora, tão somente, perguntar pela eficácia real do instrumento e pelas garantias que pode, eventualmente, proporcionar--nos sua utilização atenta. Com efeito, que certeza se pode obter de que se removerão os obstáculos que estorvam a inteligência luminosa dos objetos de pesquisa? E, por outro lado, que critério haverá que possa tornar-nos evidente o sucesso da investigação empreendida, revelando-nos a posse obtida da visão procurada? O que equivale, também, a perguntar, já que o discurso da ciência se engendra daquelas visões e intuições primeiras, sobre o critério último da cientificidade

---

Academiæ Litterarum Regiæ Borussica, Voluminis II Pars I, *Alexandri in Aristotelis Analyticorum Priorum Librum I Commentarium*, ed. Maximilianus Wallies, Berolini, Typis et imprensis G. Reimeri, MDCCCLXXXIII, p.1, l. 8-10), dizendo-nos que já os antigos sustentaram tratar-se de um instrumento (cf. ibidem, p.3, l. 9-10), opinião que perfilha. Para referências aos outros comentadores que também assumiram esse ponto de vista, cf. Zeller, *Die Philosophie der Griechen*, 1963, II, 2, p.182, n.5. O estoicismo combaterá violentamente essa tese aristotélica do caráter instrumental da lógica, que lhe recusa um lugar no sistema do saber, e retomará a divisão xenocrática, cf. Goldschmidt, "Le système d'Aristote", 1958-59, curso inédito, p.22-7; no mesmo curso, o autor procede a uma sucinta exposição crítica das principais interpretações modernas da questão.

de quanto se nos afigurar científico e estruturado segundo as exigências da doutrina analítica da ciência. Se é correto dizer que a ciência, sempre verdadeira, não pode ser despersuadida pelo discurso,[23] o que nos garantirá, entretanto, contra a pretensão indevida de atribuir uma tal natureza a conhecimentos sujeitos a uma eventual despersuasão, por parte de um discurso crítico que venha desvendar-lhes as insuficiências e operar sua desmistificação? Se é infalível a inteligência dos princípios, se eles por si sós fazem fé,[24] como assegurar-nos, entretanto, contra a falsidade das evidências enganosas, contra os fantasmas de pretensas intuições?

Afinal, é o próprio Aristóteles que nos põe em guarda contra as ilusões da cientificidade aparente. Com efeito, vimo-lo, ao denunciar os erros contra a "catolicidade",[25] mostrar-nos como fatores de ordem contingente, provindos das próprias condições de elaboração do processo de conhecimento, podem contribuir para que um conhecimento a que falta a universalidade própria à ciência assuma as aparências da universalidade.[26] As vicissitudes da formação do conhecimento científico pareceram, em verdade, advertir-nos contra uma cega confiança em que esteja o discurso de *nossa ciência* definitivamente a salvo de reformulações que, oportunamente, o corrijam. E, no seu mesmo início, buscavam os *Segundos Analíticos* validar a definição de ciência que propunham, em recorrendo à coincidência de pontos de vista entre os que efetivamente possuem um saber científico e quantos, não o possuindo, *pretendem possuí-lo,* por julgar conformar-se àquela definição o seu "estado",[27] destarte testemunhando não constituir a noção correta da ciência um antídoto infalível contra uma cientificidade ilusória.

Nesse mesmo sentido, cabe relembrar a crítica aristotélica contra a teoria platônica do *Timeu*[28] que explica as transformações mútuas

---

23 Cf., acima, II, 2.4 e n.58.
24 Cf., acima, VI, 1.1 e n.13; VI, 1.4 e n.76; VI, 3.4 e n.311.
25 Cf., acima, III, 3.1 a III, 3.3.
26 Cf., acima, VI, 3.4.
27 Cf., acima, I, 2.1.
28 Cf. *Tim.*, 53 c seg., part. 56^c-7^d.

dos elementos, resolvendo-os em triângulos elementares:[29] tais pensadores, falando a respeito dos fenômenos, propõem enunciados que não concordam com os fenômenos e "disso é causa o assumirem incorretamente os primeiros princípios"[30] e quererem tudo reduzir a certas opiniões determinadas, às quais de tal modo se apegam que se assemelham aos que, nas discussões, "montam guarda em torno de suas posições". Acontece, assim, que, *crentes de que possuem princípios verdadeiros*, admitem qualquer consequência que dos princípios decorra: "como se alguns não se devessem julgar pelos seus resultados e, sobretudo, pelo seu fim (ἐκ τοῦ τέλους). Ora, o fim da ciência *poiética* é a obra produzida, o da física é o que, de modo sempre dominante, se manifesta fenomenicamente à percepção sensível (τὸ φαινόμενον ἀεὶ κυρίως κατὰ τὴν αἴσθησιν)".[31] Não se poderia melhor dizer quanto de precariedade pode insinuar-se na tarefa de apreensão das verdades primeiras das ciências; nem melhor denunciar o *dogmatismo inconsequente* dos que preferem renunciar à evidência da observação e da experiência para defender, a qualquer preço, as teses que derivam da aceitação de certos postulados primeiros cuja verdade julgada infalível se não aceita pôr em dúvida. Aos olhos de Aristóteles, porém, vê-se como o desmentido oposto pelos fenômenos à doutrina é indício suficiente de que se deve modestamente retomar o caminho da investigação e reconhecer a não cientificidade do que se nos afigurara científico, a não intuitividade do que nos parecera o objeto de uma inteligência luminosa. No domínio das coisas físicas, esse modo inferior de conhecimento que é a sensação[32] retoma, assim, uma nova importância, ao converter-se em crité-

---

29 Cf. *Céu* III, 7, 306ª1 seg.
30 *Céu* III, 7, 306a7-8. Do mesmo modo, no tratado *Da Geração e do Perecimento*, o filósofo opõe os que se familiarizam com os fenômenos e são, por isso, capazes de assumir adequadamente os princípios aos que, partindo de uma multiplicidade de discursos (ἐκ τῶν πολλῶν λόγων), mas desconsiderando os fatos, pronunciam-se facilmente, após um pequeno número de observações, destarte evidenciando a diferença existente entre proceder "fisicamente" (φυσικῶς) e proceder "logicamente" (λογικῶς) no exame de uma questão, cf. *Ger. e Per.* I, 2, 316a6-11. Sobre a significação da argumentação "lógica", cf., acima, cap.III, n.141.
31 *Céu* III, 7, 306a14-7.
32 Cf., acima, VI, 1.3.

rio negativo de aferimento da cientificidade de uma doutrina. Sob esse prisma, opondo, então, os fenômenos ao discurso da teoria, também o tratado *Da Geração dos Animais* tomará decididamente o partido dos primeiros; com efeito, tendo exposto o que lhe parece ser o processo de geração das abelhas ao mesmo tempo que apontava a dificuldade em estabelecer corretamente a verdade dos fatos,[33] conclui o filósofo, mostrando[34] como sua descrição se manifesta em conformidade tanto com as exigências do discurso da teoria quanto com o que parece ser os fatos da experiência; entretanto, reconhece que tais fatos não foram ainda suficientemente apreendidos e acrescenta: "mas, se um dia forem apreendidos, dever-se-á, então, confiar mais na sensação que nos discursos (τῇ αἰσθήσει μᾶλλον τῶν λόγων πιστευτέον) e, nos discursos, se mostrarem coisas que se acordem com os fenômenos".[35]

Assim, de um modo que poderia parecer paradoxal, em face da doutrina da inteligência dos princípios que estudamos no capítulo precedente,[36] surge-nos Aristóteles como o adversário tenaz do "logicismo", eternamente desconfiado dos embustes do λόγος, sempre precavido contra os possíveis desmandos da "imaginação" filosófica, sofisticamente dissimulada sob as aparências do conhecimento intuitivo. Combatendo, na *Física*, o argumento que pretende provar haver em ato realidades infinitas, por não haver limite ao nosso poder de pensá-las,[37] responde o filósofo que "é absurdo confiar no pensamento",[38] projetando, sem mais, nas próprias coisas, as figuras que ele engendra. E, nos mesmos *Segundos Analíticos*, encontramos, junto aos

---

33 Cf. *Ger. Anim.* III, 10 (todo o capítulo).
34 Cf. ibidem, 760ᵇ27 seg.
35 Ibidem, l. 30-3. O modelo extremo do divórcio entre a realidade e o discurso é fornecido ao filósofo pelo eleatismo que, desprezando o testemunho da percepção sensível e julgando dever seguir unicamente o λόγος, afirma a unidade e a imobilidade do Todo, conclusões que pareceriam impor-se no plano do discurso (ἐπὶ τῶν λόγων), mas cuja aceitação, se se consideram os fatos (ἐπὶ τῶν πραγμάτων), é algo vizinho da demência, cf. *Ger. e Per.* I, 8, 325ᵃ13 seg.
36 Cf., acima, VI, 3.4.
37 Cf. *Fís.* III, 4, 203b22-30.
38 Cf. *Fís.* III, 8, 208ᵃ14-5: τὸ δ τῇ νοήσει πιστεύειν ἄτοπον.

mesmos textos que expõem a doutrina dos princípios, a expressão cuidadosa dessa desconfiança: "É difícil saber se se conhece, ou não; é difícil, com efeito, saber se conhecemos a partir dos princípios de cada coisa, ou não; o que é, precisamente, o conhecer".[39] Não nos é difícil, portanto, compreender como se possa ter dito que Aristóteles não provou nem a infalibilidade nem, mesmo, a possibilidade do saber que diz competir ao νοῦς.[40] Mas outro é, por certo, o significado de sua posição.

E, de fato, cumpre não esquecer o ponto de partida da doutrina aristotélica do saber científico. Vimos, com efeito, que a meditação do filósofo sobre a natureza do conhecimento científico se exerceu sobre as ciências matemáticas já constituídas em seu tempo;[41] saber científico conseguido pelos homens, puderam as matemáticas revelar-nos a natureza da ἐπιστήμη e se nos tornaram, ao mesmo tempo, caução de que a ciência é humanamente possível.[42] E não é de admirar que tenha sido no domínio matemático que o conhecimento humano se tornou, pela primeira vez, realmente *epistêmico* e que o saber matemático tenha, por isso mesmo, podido oferecer-se paradigmaticamente à reflexão analítica sobre a ciência: é que as matemáticas são as mais exatas das ciências,[43] na mesma medida em que são exatas as ciências que não se ocupam de um substrato (μὴ καθ' ὑποκειμένου) que as que se ocupam de um substrato[44] e em que, de um modo geral, há tanto mais exatidão quanto maior for a simplicidade das coisas a que o saber concerne, se o exato é o simples (τὸ ἁπλοῦν).[45] Por isso mesmo, é menos frequente o paralogismo na esfera da matemática que em ou-

---

39 *Seg. Anal.* I, 9, 76ª26-8.
40 Cf. Zeller, *Die Philosophie der Griechen*, 1963, II, 2, p. 236: "*Bewiesen hat er aber freilich weder die Unfehlbarkeit noch auch nur die Möglichkeit dieses Wissens*".
41 Cf., acima, I, 2.3 e n.109 a 116.
42 Cf., acima, I, 2.3 e n.127 seg.
43 Cf. *Céu* III, 7, 306a27-8; cf., também, *Filebo*, 56c seg.
44 Cf. *Seg. Anal.* I, 27, 87a33-5; assim, a aritmética é mais exata que a harmônica, cf., acima, II, 3.4 e n.96.
45 Cf. *Met.* M, 3, 1078a9 seg.

tros domínios,[46] uma vez que as ambiguidades concernem sempre ao termo médio dos silogismos e os termos médios aos outros se ligam mediante relações que, nos silogismos matemáticos, se podem ver, por assim dizer, pelo pensamento (οἷον ὁρᾶν νοήσει), ao mesmo tempo que se dissimulam mais, nos discursos dialéticos.[47] Desse modo, enquanto o método indutivo que pratica a argumentação dialética[48] é chamado a desempenhar uma função tanto mais importante quanto mais complexo é o objeto investigado, como nos domínios da ciência física e, sobretudo, nos das ciências da πρᾶξις humana[49] – nos quais, por esse mesmo motivo, corremos risco maior de deixar-nos seduzir pelas artimanhas do λόγος –, a simplicidade dos seres matemáticos dispensa a argumentação dialética propriamente dita, oferecendo-se, sem maiores obstáculos, ao conhecimento intuitivo, após uma indução relativamente simples e imediata.[50] Uma inteligência dos princípios, destarte, vem a ocorrer luminosa e infalível, numa evidência que se impõe de modo irrecusável.

Se a matemática se constitui, então, em campo privilegiado do exercício da razão humana, comprovando a sua competência para elevar-se à esfera da plena cientificidade, é inegável que a outros ramos do saber correspondem processos de investigação mais complexos e de variada dificuldade. Mas é inegável, também, ao contrário do que se tem pretendido,[51] que a perspectiva do filósofo permanece invariavelmente *otimista*: é que o homem habita os domínios da verdade,

---

46 Cf. *Seg. Anal.* I, 12, 77ᵇ27 seg.
47 Com Colli, cuja interpretação desta passagem coincide com a nossa (cf. sua tradução, *ad locum*), fazemos sujeitos de ἐν δ τοῖς λόγοις λανθάνει (cf. ibidem, l. 31) as relações entre o termo médio e os termos maior e menor, a que acaba de referir-se o texto e não "a ambiguidade" (τὸ διττόν), a l. 28, como entendem Ross, Mure e Tricot (cf. suas interpretações, *ad locum*).
48 Cf., acima, VI, 3.3.
49 Cf. Rodier, *Traité de l'âme* II, p. 189, *apud* Le Blond, *Logique et méthode*..., 1939, p.281, n.1: "Un acte unique d'abstraction suffit à l'intellect pour découvrir dans un triangle sensible, les éléments nécessaires du triangle. Au contraire, lorsqu' il s'agit de concepts complexes, comme ceux de la *Physique* et de l'*Étique, l*e passage de ce qui est clair pour nouns à ce qui est clair en soi est loin d'être aussi facile".
50 Cf. *Seg. Anal.* I, 18, 81b2-5.
51 Como é o caso de Aubenque, cf., acima, II, 4.7 e n.183; cap.II, n.173, 187, 190, 206.

que ele possui como um todo cujas partes não pode, inicialmente, corretamente apreender,[52] pela distância que espontaneamente se instaura entre o seu saber e o que é, por si mesmo e por natureza, mais conhecível.[53] É que a investigação da verdade é fácil e difícil, ao mesmo tempo;[54] se ninguém é capaz de adequadamente atingi-la, também não podem todos falhar em relação a ela, mas cada um diz algo sobre a natureza das coisas e das pequenas contribuições individuais algo grande e considerável resulta para o seu conhecimento. Parece acontecer com a verdade, tomada como um todo e na sua generalidade o mesmo que com a porta do provérbio, que ninguém erra.[55] E se a dialética comparte com a retórica, a capacidade de provar proposições contraditórias e de concluir o sim e o não,[56] vimos também ser certo que isso contribui para que o verdadeiro e o falso melhor se percebam.[57] Suficientemente inclinados, por natureza, ao verdadeiro, no mais das vezes os homens atingem a verdade,[58] tanto mais porque, dentre as proposições contraditórias, as verdadeiras e as melhores são, sempre e em sentido absoluto, mais apropriadas ao raciocínio silogístico e mais capazes de persuasão (εὐσυλλογιστότερα καὶ πιθανώτερα).[59] Desenvolvida a argumentação dialética, exploradas as consequências das teses contraditórias restará "escolher corretamente uma delas (ὀρθῶς ἐλέσθαι θάτερον)",[60] escolha que depende de um bom natural. "E isto é o bom natural (εὐφυ α) concernente à verdade, o ser capaz de escolher corretamente o verdadeiro e de evitar o falso".[61]

Ora, a leitura das obras físicas e de ciência "prática" do filósofo, por exemplo, informa-nos suficientemente de que ele pretende, ao

---

52 Cf. *Met.* α, 1, 993ᵇ6-7; acima, VI, 3.4 e n.305.
53 Cf., acima, II, 4.7.
54 Cf. *Met.* α, 1, com., 993a30 seg.
55 Cf. ibidem, ᵇ4-5.
56 Cf., acima, VI, 2.1 e n.118 e 119.
57 Cf., acima, VI, 2.5 e n.219 seg.
58 Cf. *Ret.* I, 1, 1355a15-7.
59 Cf. ibidem, l. 36-8.
60 Cf. *Tóp.* VIII, 14, 163b9 seg.; acima, VI, 2.5 e n.218.
61 Ibidem, l. 13-5.

menos no que concerne a certos problemas fundamentais de seus domínios, ter levado a bom termo a exploração dialética preliminar e ter sido capaz de efetuar, com correção, a escolha do verdadeiro, mediante uma visão noética dos princípios. O que significa dizer que o filósofo creu possível, mesmo fora da esfera matemática, instaurar, graças ao uso do instrumental apropriado, as condições de possibilidade de um saber que se constituísse segundo as exigências da doutrina da ciência exposta nos *Analíticos*. No uso propedêutico de sua "lógica", Aristóteles não viu, por certo, a garantia infalível de um êxito absoluto, nem julgou tampouco fossem as evidências subjetivas que acompanham as pretensas intuições dos princípios imediatos critérios irrecusáveis da posse da verdade buscada; sob esse prisma, é lícito dizer que, do mesmo modo como Platão, não nos oferece Aristóteles *nenhuma garantia absoluta* de que, numa circunstância particular determinada, se esteja efetivamente configurando o funcionamento adequado de um critério de verdade. Mas nem por isso se persuadiu menos de que, graças aos trabalhos preliminares da natureza indutivo-dialética, orientadas pela doutrina da ciência, era possível superar a servidão natural do conhecimento humano. E quis deixar-nos, não apenas a teoria mas, também, exemplos concretos da prática dessa superação.[62]

Mas deixou-nos, também, advertidos de que "não se deve buscar de modo semelhante a exatidão em todos os discursos",[63] mas procurar adequar, em cada caso, o conhecimento à natureza da matéria, "porque é próprio do homem cultivado (πεπαιδευμένου) buscar a exatidão, em cada gênero, tanto quanto a natureza da coisa o admite",[64] contentando-nos, por exemplo, se falamos de coisa apenas *frequentes* e partimos de proposições *frequentes*, em ter conclusões que compartilhem dessa mesma natureza.[65] Eis, também, por que, no que concerne ao objeto da *Política*, aceitamos que se mostre a verdade somente "de

---

62 Cf., acima, cap.II, n.187.
63 *Ét. Nic.* I, 3, 1094b12-3.
64 Ibidem, l. 23-5.
65 Cf. ibidem, 1. 21-2; acima, III, 4.6 e n.230; IV, 5.3 e n.352.

maneira grosseira e esquemática",[66] assim como cremos tão descabido aceitar razões meramente persuasivas do matemático quanto pedir demonstrações ao retórico.[67] Do mesmo modo, conhecendo que se não pode exigir o rigor matemático nas disciplinas que não concernem a objetos sem matéria, compreenderemos que o método matemático não se aplica à ciência física, na medida em que contém matéria a natureza (φύσις) inteira.[68] E, em cada caso, buscaremos, sempre, chegar aos princípios da maneira que lhes for naturalmente mais apropriada.[69] Mas guardar-nos-emos sempre, também, de tentar o conhecimento científico de um objeto sem o conhecimento prévio da maneira pela qual se hão de acolher as verdades que lhe concernem: somente a ignorância dos *Analíticos* justificaria um tal empreendimento,[70] visto que é realmente absurdo buscar uma ciência (ἐπιστήμη), ao mesmo tempo que se ainda busca determinar seu modo próprio de cientificidade (τρόπος ἐπιστήμης).[71] Por outro lado, diante de questões particularmente complexas, saberemos limitar-nos a dizer o que nos parece verdadeiro, julgando valer como pudor, antes que como temeridade, o zelo daquele que, impelido pela sede da filosofia, se contenta de pequenos resultados, quando se enfrentam as máximas aporias.[72] E, tendo delimitado as soluções conforme à nossa capacidade, utilizá-las-emos decididamente como resultados estabelecidos.[73]

Tal é a significação, tal a eficácia da doutrina aristotélica da ciência, se as aferirmos pelos termos com que o próprio filósofo as tematiza. Coerente e estruturada, conforme temos a pretensão de havê-la apresentado, ela integra uma visão sistemática e unitária das coisas e do saber que as diz e conhece. Indissociável dessa visão e da filosofia que a exprime, ela desafiou os séculos que a comentaram, utilizaram

---

66 Cf. *Ét. Nic.* I, 3, 1094^{b}19-21.
67 Cf. ibidem, l. 25-7.
68 Cf. *Met.* α, 3, 995a14-7.
69 Cf. *Ét. Nic.* I, 7, 1098b3-5.
70 Cf., acima, VI, 1.1 e n.4.
71 Cf. *Met.* α, 3, 995a12-4.
72 Cf. *Céu* II, 12, com., 291b24-9.
73 Cf. *Céu* II, 13, 294^{b}34-295^{a}2.

ou combateram, marco primeiro do pensamento epistemológico. Ela apoiou-se, como vimos, no saber matemático constituído e nutriu-se do prestígio de sua apoditicidade, interpretando-o como desvelamento da verdade e do ser. Eis por que devia o filósofo repelir quantas doutrinas contradissessem os resultados das matemáticas e proclamar a injustiça de qualquer veleidade de recusá-los, se não se podiam recusar com razões mais convincentes que as hipóteses que lhes eram fundamentos.[74] Nem creu o filósofo que tais razões pudessem propor-se. O século XIX as propôs.

---

74 Cf. *Céu* III, 1, 299ª1-6.

Referências bibliográficas

Textos, traduções e comentários utilizados

Aristóteles

Aristotelis Opera ex recensione Immanuelis Bekkeri edidit Academia Regia Borussica, editio altera quam curavit Olof Gigon, Berolini *apud* W. de Gruyter et Socios, MCMLX.

Edições críticas da *Scriptorum Classicorum Bibliotheca Oxoniensis*. Oxonii, e typographeo Clarendoniano:

- *Ars Rhetorica* (W. D. Ross).
- *Categoriæ* et *Liber de Interpretatione* (L. Minio-Paluello).
- *Ethica Nicomachea* (I. Bywater).
- *Politica* (W. D. Ross).
- *Topica* et *Sophistici Elenchi* (W. D. Ross).

Edições críticas de W. D. Ross acompanhadas de introduções e comentários dos textos (Oxford, at the Clarendon Press):

- *De Anima.*
- *Metaphysics.*

- *Parva Naturalia.*
- *Physics.*
- *Prior and Posterior Analytics.*

Edições críticas da *Collection des Universités de France*, acompanhadas de introduções e traduções (Paris: Sociéte d'Édition "Les Belles Lettres"):

- *De l'Âme* (A. Jannone).
- *Du Ciel* (Paul Moraux).
- *De la Génération et de la Corruption* (Charles Mugler).
- *Physique* (Henri Carteron).
- *Politique* (Jean Aubonnet).
- *Rhétorique* (Médéric Dufour).

Edição, acompanhada de tradução, introdução e comentário, do texto do livro I do tratado *Das Partes dos Animais*, por J.-M. Le Blond (*Aristote, philosophe de la vie*. Paris: Aubier/Montaigne, 1945).

The works of Aristotle. Translated into English under the editorship of W. D. Ross. London: Oxford University Press.

Traduções, acompanhadas de notas, de Jean Tricot (Paris: Vrin):

- *De l'Âme.*
- *De la Génération et de la Corruption.*
- *La Métaphysique.*
- *La Politique.*
- *Les Météorologiques*
- *Traité du Ciel.*

Órganon: I. *Catégories*;
   II. *De l'Interprétation*;
   III. *Les Premiers Analytiques*;
   IV. *Les Seconds Analytiques*;
   V. *Les Topiques*;
   VI. *Les Réfutations Sophistiques.*

Tradução, acompanhada de introdução e notas, do *Órganon*, por Giorgio Colli (Milão: Einaudi).

Commentaria in Aristotelem Græca. Ed. consilio et auctoritate Academiæ Regiæ Borussicæ, 23 v. 1882-1909. Nossas referências aos comentadores remetem, todas, a esta edição.

S. Thomæ Aquinatis in Aristotelis libros Peri Hermeneias et Posteriorum Analyticorum Expositio, Marietti.

Bonitz, H., *Index Aristotelicus*. Graz, Akademische Druck / U. Verlagsanstalt, 1955².

Platão

Edições críticas da *Collection des Universités de France*, acompanhadas de introduções e traduções (Platon, *Œuvres Complètes*. Paris: "Les Belles Lettres").

Places, Édouard des, *Lexique de la langue philosophique et religieuse de Platon*. Paris: 1964 (publicado como tomo XIV das *Œuvres Complètes* de Platão, na *Collection des Universités de France*).

Sexto Empírico

Sextus Empiricus, with an English translation by the Rev. R. G. Bury, in four volumes, London: William Heinemann, Cambridge, Mass: Harvard University Press, MCMLV.

Gramáticas e léxicos da língua grega citados

BAILLY, A. *Dictionnaire grec-français*. Édition revue par L. Séchan et P. Chantraine. Paris: Hachette, 1950.

HUMBERT, J., *Syntaxe Grecque*. S. l.: Librairie C. Klincksieck, 1954.

Obras citadas

AUBENQUE, P. "Sur la notion aristotélicienne d'aporie" in *Aristote et les problèmes de méthode*. Louvain, Paris: 1961, p. 3-19.
_____.*Le problème de l'être chez Aristote*. Paris: PUF, 1962.
_____. *La prudence chez Aristote*. Paris: PUF, 1963.
AYER, J. A. *Langage, vérité et logique*. Paris: Flamarion, 1956.
BOURGEY, L. *Observation et expérience chez Aristote*. Paris: Vrin, 1955.
BRÉHIER, E. *Histoire de la philosophie*. Paris: PUF, 1955.
BRUNSCHVICG, L. *Les étapes de la philosophie mathématique*. Paris: PUF, 1947.
_____. *L'expérience humaine et la causalité physique*. Paris: PUF, 1949.

CASSIRER, E. *El problema del conocimiento em la filosofía y en la ciencia modernas.* Trad. del aléman de W. Roces. México/Buenos Aires: Fondo de Cultura Economica.

CHERNISS, H. *Aristotle's Criticism of Plato and the Academy.* Baltimore: Johns Hopkins Press, 1944.

CHEVALIER, J. *La notion du nécessaire chez Aristote et chez ses prédécesseurs, particulièrement chez Platon.* Paris: Felix Alcan, 1915.

CORREIA, A., Noção de análise e de hipótese na filosofia de Aristóteles. *Revista da Faculdade de Filosofia e Letras de S. Bento*, p. 15-40, mar. 1931.

DE PATER, W. A. *Les Topiques d'Aristote et la dialectique platonicienne.* Fribourg, Suisse: Éditions St. Paul, 1965.

DÉCARIE, V. *L'objet de la métaphysique selon Aristote.* Montréal: Institut d'Études Médiévales; Paris: Vrin, 1961.

DIÈS, A. Notice in *Platon, Œuvres Complètes.* Tomo IX, 1ère partie, *La politique.* Paris: Les Belles Lettres, 1950.

EUCKEN, R. *Die Methode der Aristotelischen Forschung in ihrem Zusammenhang mit den philosophischen Grundprincipien des Aristoteles.* Berlin: Weidmann, 1872.

FESTUGIÈRE, A. J. *La révélation d'Hermes Trismégiste.* Paris: J. Gabalda et Cie., 4v., 1949.

GILSON, E. *L'être et l'essence.* Paris: Vrin, 1948.

GOLDSCHMIDT, V. "Temps historique et temps logique dans l'interprétation des systèmes philosophiques in *Actes du XIème Congrès international de philosophie*, v.XII, North-Holland, Amsterdan/E. Nauwelaerts, Louvain, 1953.

_____. *Les dialogues de Platon.* Paris: PUF, 1963².

_____. *Le système d'Aristote.* Curso inédito professado na Universidade de Rennes, em 1958-1959.

GOMPERZ, TH. *Pensadores Griegos.* Trad. del alemán por C. G. Koerner. Asunción del Paraguay: Guarania, 1952.

GRENET, P. *Aristote ou la raison sans démesure.* Paris: Seghers, 1962.

GUÉROULT, M. Logique, argumentation et histoire de la philosophie chez Aristote, in *La Théorie de l'argumentation.* Louvain/Paris: Centre National Belge de Recherches de Logique.

HAMÉLIN, O. *Le système d'Aristote.* Paris: Félix Alcan, 1931² rev..

_____. *Essai sur les éléments principaux de la représentation.* Paris: PUF, 1952.

_____. *La théorie de l'intellect d'après Aristote et ses commentateurs.* Paris: Vrin, 1953.

HARTMANN, N. *Aristóteles y el problema del concepto.* Trad. Barnabé Navarro B. Centro de Estudios Filosóficos, Universidad Nacional Autónoma de México, 1964.

HEATH, TH. L. *Mathematics in Aristote*. Oxford: Clarendon Press, 1949.
_____. *A History of Greek Mathematics*. Oxford, Clarendon Press, 1965.
LE BLOND, J.-M. *Logique et méthode chez Aristote*. Paris: Vrin, 1939.
MAIER, H. *Die Syllogistik des Aristoteles*. 3v. Tübingen: H. Laup, 1896-1900.
MANSION, A. *Introduction à la physique aristotélicienne*. Louvain/Paris: 1946.
_____.*L'origine du syllogisme et la théorie de la science chez Aristote in Aristote et les problèmes de méthode*. Louvain/Paris: 1961.
MANSION, S. *Le jugement d'existence chez Aristote*. Louvain/Paris: 1946.
MILHAUD, G. *Les philosophes géomètres de la Grèce: Platon et ses prédécesseurs*. Paris: Vrin, 1934.
MOREAU, J. *Aristote et son école*. Paris: PUF, 1962.
MURE, G. R. G. *Aristotle*. New York: Oxford University Press, 1964.
OWENS, J., *The Doctrine of Being in the Aristotelian Metaphysics*. Toronto: Pontifical Institute of Mediaeval Studies, 1951.
PIAGET, J. *Introduction à l'Épistémologie génétique*. Paris: PUF, 3 v., 1950.
PRANTL, C. *Geschichte der Logik in Abendlande*. Graz, Akademische Druck/U. Verlagsanstalt, 1955[3].
RÉGIS, L.-M. *L'opinion selon Aristote*. Paris-Ottawa: Vrin, 1935.
REY, A. *L'apogée de la science technique grecque: L'essor de la mathématique*. Paris: Albin Michel, 1948.
REYMOND, A. *Histoire des sciences exactes et naturelles dans l'antiquité gréco--romaine*. Paris: PUF, 1955.
ROBIN, L., Sur la conception aristotélicienne de la causalité in *La pensée hellénique des origines à Épicure*. Paris: PUF, 1942.
_____. *Aristote*. Paris: PUF, 1944.
ROSS, W. D. *Aristotle*. London: Methuen, 1956[5].
SOLMSEN, F. *Die Entwicklung der Aristotelischen Logik und Rhetorik*. Berlin: Weidmann, 1929.
TRENDELENBURG, F. A. *Elementa logices aristoteleæ*. Berolini: W. Weber, MDCCCXCII, editio nona.
WEIL, E. La place de la logique dans la pensée aristotélicienne. *Revue de métaphysique et de morale*, juil.-sept. 1951, p.283-315.
ZELLER, E. *Die Philosophie der Griechen in ihrer geschichtlichen Entwicklung*. 6v. Hildesheim: Georg Olms Verlagsbuchhandlung, 1963[7].

SOBRE O LIVRO

Formato: 16 x 23 cm
Mancha: 27,5 x 49,5 paicas
Tipografia: IowanOldSt BT 11/16
Papel: Pólen soft 80 g/m² (miolo)
Cartão Supremo 250 g/m² (capa)
1ª edição: 2001
1ª reimpressão: 2022

EQUIPE DE REALIZAÇÃO

Produção Gráfica
Edson Francisco dos Santos (Assistente)

Edição de Texto
Nelson Luís Barbosa (Assistente Editorial)
Carlos Villarruel (Preparação de Original)
Ana Luiza França (Revisão) e Barbara Eleodora Benevides Arruda (Acordo Ortográfico)

Editoração Eletrônica
Lourdes Guacira da Silva Simonelli (Supervisão)
Luís Carlos Gomes e Barbara Eleodora Benevides Arruda (Diagramação)

(011) 4393-2911